NOTES DE VOYAGE

LEON XIII

NOTES
DE VOYAGE

FRANCE, ITALIE, ESPAGNE, IRLANDE, ANGLETERRE, BELGIQUE
ET HOLLANDE

Par **J.-P. TARDIVEL**

Rédacteur en chef de la Vérité

Montréal :
EUSÈBE SENÉCAL & FILS, IMPRIMEURS-ÉDITEURS
20, RUE SAINT-VINCENT
1890

A LA

JEUNESSE CANADIENNE-FRANÇAISE

—

C'est à la jeunesse canadienne-française que je dédie ce livre. Elle y trouvera, je l'espère, un certain intérêt. Non pas que je me flatte d'avoir écrit des pages d'un grand mérite littéraire ; mais je parle de choses qui offrent par elles-mêmes un puissant attrait aux esprits avides d'agrandir le cercle de leurs connaissances. Or la jeunesse studieuse aime toujours à apprendre, même lorsque celui qui l'entretient n'est pas éloquent.

Pendant mon récent voyage en Europe j'ai écrit, au jour le jour, des *notes* pour mon journal la *Vérité*. Ces notes, rédigées souvent à la hâte, après une journée de fatigue passée en chemin de fer ou en diligence, se ressentaient nécessairement de leur origine : la phrase n'était guère soignée, les sujets étaient plutôt effleurés que traités. Cependant des personnes compétentes, de l'Europe aussi bien que du Canada, ont jugé que ces lettres pouvaient, moyennant quelques retouches, faire un livre présentable. C'est pourquoi je les mets aujourd'hui en volume, après les avoir corrigées et augmentées, soit par des additions faites au texte, soit par des notes. Je leur conserve, toutefois, la forme originelle de *journal* écrit jour par jour et sous l'impression du moment.

Ces lettres ont, au moins, le mérite de la sincérité : je ne parle que de ce que j'ai vu et entendu, et j'en dis ce que je pense, m'occupant assez peu de suivre les sentiers battus, soit en traçant mon itinéraire, soit dans mes appréciations. Je me suis efforcé de faire quelque chose de plus qu'une simple chronique de voyage. D'un autre côté, en cherchant à joindre l'utile à l'agréable, je n'ai pas voulu prendre un ton trop solennel. Procurer à mes lecteurs quelques heures de délassement et leur faire faire, avec moi, des réflexions opportunes sur les hommes et les choses, voilà mon but. A ceux qui voudront bien parcourir ces pages de dire si j'ai réussi à ne le pas manquer tout à fait.

J.-P. Tardivel.

Québec, en la fête de l'Annonciation, le 25 mars 1890.

NOTES DE VOYAGE

PREMIÈRE LETTRE

Sommaire :—Départ.—De Québec à Montréal.—Nos compatriotes expatriés.—De Montréal à New-York.— Coup d'œil sur la métropole américaine.—*L'elevated.*— Le pont.—Les marchés. — *The meadows.*—Le parc central.— L'église St-Patrice.—La cinquième avenue.—Wall street.—Édifices publics.—Broadway.— Un embarras de voitures.—Au *Freeman's Journal.*—Sur le *Servia.*—En pleine mer.—La houle.— Le mal de mer.—Tempête. — Brume — Les passagers. — *Divine service* —La mer.—Les navires.—Oiseaux aquatiques.— Arrivée à Queenstown.

MONTRÉAL, mercredi 5 septembre 1883.

Me voici donc en route pour l'Europe ! C'est chose vraie, incontestable, mais je vous l'assure, cela ne me paraît guère vraisemblable. C'est comme un rêve, rêve moitié agréable, moitié pénible. Visiter le vieux monde si riche en souvenirs, en monuments ; connaître plus intimement les hommes que l'on a admirés de loin, voilà le côté agréable de ce voyage Quitter tous les siens pour si longtemps, qui pourrait le faire sans un douloureux serrement de cœur ?

***

Jusqu'ici, mon voyage n'a été marqué par aucun incident. Parti hier soir de Québec par le bateau, avec les bons souhaits de plusieurs amis qui avaient bien voulu m'accompagner à l'embarcadère, j'ai fait un trajet fort agréable, malgré un peu de pluie qui a changé complètement la température. Hier, à Québec, il faisait chaud comme en été, ici il fait froid.

Pendant la soirée, j'ai eu l'occasion de converser assez longuement avec un jeune prêtre des Etats-Unis. Nous avons parlé de la condition de nos compatriotes établis dans la république voisine, des périls auxquels ils sont exposés, de leurs aspirations, de leurs besoins. M. l'abbé X m'a signalé le travail que font auprès des nôtres les nombreuses sociétés secrètes qui ont englobé les classes ouvrières. Il est souvent très difficile d'obtenir de l'ouvrage si l'on ne porte le signe de la bête. C'est une terrible tentation, à laquelle, malheureusement, plusieurs succombent. Là où il est possible d'avoir des prêtres canadiens dévoués pour grouper nos compatriotes et maintenir chez eux la langue et la tradition de la patrie absente, si intimement liées à la conservation de la foi, on constate les plus heureux résultats. Mais lorsque nos compatriotes, pour une raison ou pour une autre, se dénationalisent, on remarque que la foi baisse, que les œuvres diminuent. Il paraît donc important, au point de vue du salut des âmes, de conserver à nos compatriotes de là bas leur cachet national, ce qui ne doit pas les empêcher d'apprendre la langue du pays qu'ils habitent (1).

(1) Il n'est pas hors de propos de rappeler ici la lettre que Léon XIII adressa, pendant l'hiver de 1888-89, aux archevêques et évêques des Etats-Unis, au sujet des nombreux Italiens qui vont s'établir dans la république voisine. Après avoir rappelé les misères dont sont victimes ces pauvres émigrants et affirmé que la cause principale de ces maux se trouve dans le manque de prêtres capables de parler l'italien, Sa Sainteté indique le remède que, dans sa sollicitude apostolique, il a résolu d'appliquer : " Nous avons décidé, dit le Souverain Pontife, d'envoyer chez vous plusieurs prêtres italiens qui soient à même de soulager leurs nationaux en parlant leur propre langue, de les instruire de la doctrine de la foi et des préceptes ignorés ou négligés, de la vie chrétienne, d'exercer auprès d'eux l'administration salutaire des sacrements, d'élever la génération croissante dans la religion et dans des sentiments d'humanité, d'être enfin utiles à tous par le conseil et l'assistance et de leur venir en aide par les soins du ministère sacerdotal ". Demander pour les Canadiens-français établis aux Etats-Unis des prêtres qui sachent parler " leur propre langue ", ce n'est donc pas faire preuve d'un faux nationalisme. Ce qui est bon pour les Italiens, ne saurait être mauvais pour nos compatriotes.

NEW-YORK, jeudi le 6 septembre.

Parti de Montréal, ce matin à 7 heures et demie, je suis arrivé à New-York à 9 heures et demie du soir. Temps splendide, beau soleil, belle brise fraîche du nord-ouest.

Nous passons par le pont Victoria, puis nous traversons la belle et fertile vallée de la rivière Chambly, Lacadie, Saint-Jean, Lacolle, etc. Vient, ensuite, Rouse's Point situé au pied du lac Champlain, et à l'entrée de l'état de New-York. Un douanier américain vient visiter nos malles. Pour moi, c'est une pure formalité. Il faut croire que je n'ai pas la figure d'un contrebandier. C'est toujours cela. J'ai tant d'autres défauts, et l'on m'en prête tant d'autres encore que ma conscience ne me reproche guère !

De Rouse's Point à Whitehall, nous longeons presque constamment la rive ouest du lac Champlain, belle nappe d'eau qui étincelle au soleil. A l'est du lac, du côté opposé, se dessinent, dans le lointain, les premiers contreforts des Montagnes Vertes qui portent mal leur nom en ce moment, puisqu'elles sont d'un beau bleu foncé. A notre droite, nous avons de belles campagnes, légèrement ondulées, bien cultivées et parsemées de bouquets d'arbres.

Peu à peu, l'aspect général du pays se modifie, ainsi que la physionomie des personnes qui montent dans le train ou que nous voyons sur les quais des gares. Il est facile de voir que nous avons quitté notre cher Canada et que nous sommes en pleine république américaine. Nous n'entendons guère plus de français, et le type yankee (1) s'accentue de plus en plus.

Vers une heure nous nous arrêtons au Fort Ticonderoga, autrefois le théâtre d'événements importants, aujourd'hui petit village tranquille et insignifiant. Comme il n'y a pas de buf-

(1) On appelle quelquefois *yankee* tout citoyen des Etats-Unis. C'est une erreur. A proprement parler, *yankee* ne doit se dire qu'en parlant d'un habitant de l'un des six états de la Nouvelle-Angleterre ou de cette partie de New-York qui touche au Vermont. Donner ce nom à un sudiste, ce serait l'insulter.

fet à la gare, nous nous embarquons sur un bateau à vapeur, le *Vermont*, amarré au quai, où l'on nous sert un repas fort passable pour lequel on nous demande, sans sourciller, la modique somme d'une piastre. Heureusement, pour ma bourse, j'ose l'espérer du moins, le boire et le manger ne me coûteront pas toujours aussi cher. Les restaurateurs de chemin de fer ont le monopole et ils en profitent, naturellement.

A Troy, nous quittons le chemin de fer *Delaware and Hudson* pour prendre le *New-York Central*, l'une des plus belles lignes des États-Unis. C'est un chemin à double voie, bien entretenu, et nous filons à toute vitesse n'arrêtant qu'à de rares intervalles. Nous sommes maintenant sur la rive est de l'Hudson que nous côtoyons presque tout le temps. Jolie rivière, mais qui n'a rien d'imposant comme le Saint-Laurent. Sur le soir, nous apercevons, à l'ouest de la rivière, les monts Catskill, qui ressemblent assez aux Laurentides un peu en bas de Québec. C'est dans les monts Catskill que ce pauvre Rip Van Winkle, héros d'un des plus jolis contes de Washington Irvine, s'est endormi pour ne se réveiller qu'au bout de vingt ans. Puis les ténèbres nous dérobent peu à peu la vue du charmant paysage.

A la gare centrale de New-York, mon beau-frère M. W.-H. Pambrun, qui demeure ici depuis deux ou trois ans, m'attend. Au plaisir de le revoir s'ajoute la satisfaction d'avoir un guide sûr pour me conduire à travers les rues de la grande métropole américaine que je visite pour la première fois.

Les moyens de communication à New-York sont très faciles ; il y a des *tramways* dans toutes les principales rues et en tout sens ; tandis que l'*elevated*, ou chemin de fer *aérien*, qui parcourt cinq ou six des principaux boulevards du nord au sud, vous transporte d'un bout à l'autre de la ville dans le temps d'y penser, pour la modeste somme de cinq sous. A New-York, tout le monde voyage par ces singuliers tramways qui, je crois, n'existent nulle part ailleurs. Il me semblait que leur aspect devait être très disgracieux ; il n'en est pas ainsi cependant, et ils n'assombrissent pas les rues autant qu'on pourrait le croire. Le bruit des trains qui vous passent à dix ou quinze pieds au-dessus de la tête, à chaque instant, surprend d'abord un peu, mais on finit par s'y habituer.

Les cochers de place, à New-York, sont relativement peu nombreux et encore moins demandés par ceux qui savent voyager, car leurs prix sont exorbitants. Prendre une voiture ici c'est un luxe que peu aiment à se permettre. Du reste, c'est un luxe inutile. Pour transporter votre personne vous avez les innombrables tramways ; tandis que des messageries se chargent de porter vos bagages partout où vous voulez pour une somme raisonnable. Avant d'arriver à New-York, un agent passe par le train ; vous lui donnez la contre-marque de vos malles et vous n'avez plus à vous en occuper, certain que vous êtes de trouver vos bagages à l'endroit indiqué.

En attendant le départ du train qui doit nous transporter à Avondale, petit village de New-Jersey où réside mon beau-frère, nous visitons un peu la ville, car New-York est bien éclairé—pas tout à fait aussi bien que Québec, cependant. On se plaît à dire que Québec est toujours en arrière des autres villes de l'Amérique. Il ne l'est pas sous le rapport de l'éclairage, dans tous les cas.

Nous nous avançons jusqu'au milieu du pont qui relie New-York et Brooklyn. C'est une construction imposante, et, du centre, nous avons un magnifique coup d'œil qui embrasse New-York, Brooklyn, Jersey City, la baie sillonnée par d'innombrables bateaux, Staten Island, etc.

Vers le milieu de la nuit, d'immenses voitures chargées de légumes et de fruits commencent à arriver de partout ; ces produits encombrent les trottoirs, car il y a peu de marchés à New-York.

Enfin, minuit sonne, et nous prenons le train pour Avondale, après avoir traversé la rivière Hudson qui sépare ici New-York de New-Jersey. Le chemin de fer passe par un endroit remarquable appelé *The meadows*. C'est un immense marais qui s'étend derrière Jersey City. Cette solitude absolue, aux portes mêmes de la grande ville de New-York produit un singulier contraste. Les *meadows* traversés, nous arrivons à Newark, grande ville industrielle; puis bientôt, car nous filons vite, à Avondale dont la petite église catholique s'élève près de la gare. Il est une heure du matin. Voilà dix-huit heures que je voyage presque sans interruption. C'est une bonne journée, et je me couche fatigué.

Vendredi, le 7 septembre.

De retour à New-York dès huit heures du matin, j'expédie, aussitôt que possible, quelques petites affaires à l'agence Cook et aux bureaux de la ligne Cunard, puis je me mets en devoir de visiter la ville. Prenant le tramway de Broadway, je me dirige d'alord vers le parc central, véritable forêt située au cœur de la cité. Les new-yorkais sont fiers de leur parc, et il faut dire que ce n'est pas sans raison. Y entre qui veut, sans payer. Une police spéciale maintient partout un ordre parfait.

On prétend même que cette police du parc central est d'une sévérité draconienne. Les journaux se plaisent à lui " monter des scies " avec une verve tout américaine. En voici une affreuse :

La scène se passe en police correctionnelle, dans quelques années d'ici :

LE MAGISTRAT :—De quoi cette dame est-elle accusée ?

LE GARDIEN DU PARC CENTRAL :—De vandalisme, Votre Honneur ; sa robe a renversé une fleur.

LE MAGISTRAT :—Madame, avez-vous quelque chose à dire avant que je prononce contre vous la sentence de mort ?

Revenant par la *cinquième avenue*, j'admire, plus ou moins, les célèbres palais de pierre de taille brune qu'habitent les *magnats* de la finance américaine. C'est beau, un peu ; c'est grand ; surtout, c'est curieux. Mais au point de vue purement humain cela ne donne pas le bonheur. Et au point de vue de l'éternité, que tout cela est petit, inutile !

A côté de ces monuments de l'orgueil humain, faisant face à la cinquième avenue et occupant tout un *bloc*, s'élève la nouvelle cathédrale de Saint-Patrice, monument de foi et de zèle religieux ; car, m'assure-t-on, cette belle église, tout en marbre blanc, a été érigée, en très grande partie du moins, grâce aux souscriptions des catholiques pauvres de New-York. Je dois dire que la cathédrale m'a un peu désappointé ; dans ce sens que je l'ai trouvée moins grande que je me l'étais figurée. N'ayant aucune prétention à des connaissances en architecture, je n'entreprendrai pas la description de ce temple que, du reste, je n'ai pu visiter que très rapidement.

J'ai parcouru ensuite la trop fameuse rue Wall, rendez-vous des courtiers qui s'appellent, par euphémisme, banquiers, et qui ne sont, au fond, que de vulgaires *joueurs* sur une vaste échelle. Parce qu'ils ont pour bureaux de véritables palais, le monde n'a pour eux que faveurs, estime, respect. Toutefois, de son vrai nom, leur genre d'affaires se nomme *gambling*. Parmi les édifices publics, le plus remarquable est le bureau de poste. L'hôtel de ville situé tout près de là, est long mais très bas, et n'offre pas un coup d'œil bien imposant. Par contre, les bureaux de l'Assurance *Equitable*, sur Broadway, occupent un édifice vraiment grandiose et d'une richesse extraordinaire.

※※※

Le mouvement dans Broadway est considérable, mais je m'attendais à plus de bruit, plus de confusion, plus de foule. C'est l'absence relative de bruit surtout qui m'a frappé. A part les voitures des chemins de fer élevés et des tramways, tout va doucement, presque au petit pas. Vous pouvez traverser Broadway à tout instant de la journée sans vous exposer à être écrasé par un cheval lancé à toute vitesse. Sous ce rapport, New-York l'emporte sur Québec. Une autre chose que j'ai remarquée, c'est la patience des cochers et des charretiers. Remontant la rue Warren, vers Broadway, j'ai été témoin d'un embarras de voitures : à droite et à gauche, en avant et en arrière, ce n'était qu'un amas confus et inextricable de *cars*, de gros camions, de voitures de charge et de place. Et, chose singulière, pas un cri ! Des charretiers et des cochers canadiens, placés dans une circonstance semblable, se seraient époumonés, tout simplement. Effet d'habitude et de caractère ; l'américain est avant tout *utilitaire* : lorsque *crier* ne peut servir de rien, il ne crie pas, voilà tout.

Le soir, je me rends aux bureaux du *Freeman's Journal*, organe catholique important fondé par McMaster et dirigé longtemps par lui et par M. Maurice Francis Egan. Ce dernier, comme je l'ai annoncé naguère dans la *Vérité*, vient d'être nommé professeur de littérature anglaise à l'université Notre-Dame, de South Bend. Il est rendu à son poste et je n'ai pas le plaisir de le rencontrer, mais son remplaçant, M. A. Ford me donne des lettres d'introduction pour Mgr Croke, archevêque de Cashell et pour plusieurs députés irlandais.

Vers onze heures, je me rends à bord du *Servia* qui doit faire voile demain matin à 7 heures précises, afin de profiter de la marée pour traverser le *bar*, endroit peu profond à l'entrée de la Baie.

A BORD DU "SERVIA," du 8 au 15 septembre.

Malgré tout le bruit et le va et vient qui ont dû régner toute la nuit sur le steamer en partance, j'ai dormi d'un sommeil de plomb. C'est notre concitoyen. M. T. Béland, de passage à New-York, qui vient me réveiller et me dire adieu, pour ainsi dire, en même temps ; car fidèle à son programme, à sept heures précises, l'immense bâtiment quitte lentement son quai et descend la baie vers la mer.

Me voici donc parti, vraiment et irrévocablement parti ! Plus moyen de reculer maintenant. J'ai bien mon billet de retour dans ma poche, mais pour pouvoir m'en servir il faut que je traverse l'océan ! La nostalgie est dans l'air, prête à fondre sur moi. Je la combats de mon mieux et je réussis à échapper à son étreinte mortelle. Je l'ai eue deux fois dans ma vie ; c'est une terrible maladie qui rend l'existence insupportable.

*_**

Le temps est peu agréable ; il tombe de la pluie, et une légère brume nous empêche de jouir du beau spectacle qu'offre, dit-on, la baie de New-York par un beau soleil. Bientôt nous sommes en pleine mer : à droite, à gauche, en avant, en arrière, de l'eau, rien que de l'eau. Ce n'est pas sans un certain saisissement que l'on perd de vue, pour la première fois, la terre ferme. Vers dix heures du matin, les nuages se dispersent, le soleil chasse les brouillards, une belle brise du sud-est se lève. Le temps est superbe et la traversée commence sous d'heureux auspices.

Le *Servia*, sans être très rapide comme l'*Umbria* et l'*Etruria*, est l'un des plus gros bâtiments de la ligne Cunard ; déplacement, 8,500 tonneaux ; longueur, 555 pieds ; largeur, 65 ; profondeur, 47 ; solide, propre et "confortable," autant qu'un navire peut l'être.

La brise n'est pas forte et il semble que la houle n'est pas assez accentuée pour remuer cette masse de fer et de bois. Erreur ! A peine avons-nous quitté la baie que le tangage et le roulis commencent à se faire sentir, non pas violemment, mais d'une manière assez accentuée pour faire faire de sérieuses réflexions à tous ceux qui, comme moi, affrontent les terreurs du mal de mer pour la première fois. En partant de Québec, j'avais promis à mes amis et à moi-même que je n'aurais pas le mal de mer ; je m'étais persuadé que c'était une *affaire de nerfs* que l'on peut contrôler avec un peu de *volonté*. Or il parait que j'ai tant de volonté que j'en suis entêté ; c'est là, du moins, l'opinion de mes adversaires qui prétendent me connaître. Donc, pas de mal de mer pour moi. Par surcroît de prudence, cependant, j'achète une boîte d'antipyrine, nouvelle drogue allemande que l'on dit être un excellent préservatif contre le terrible mal, et je me ceinture fortement le corps d'une bande de flanelle, autre moyen préventif qui m'a été recommandé par des connaisseurs. Est-ce dû à ma volonté,— appelez-la entêtement si vous voulez,— à la drogue allemande, à la ceinture de flanelle? Est-ce dû à ces trois forces combinées ou à des causes inconnues? Je l'ignore. Toujours est-il que...... j'ai été malade comme les autres, ce qui n'est pas peu dire, je vous l'assure. Pour être juste, il faut ajouter que j'ai résisté courageusement pendant trois jours, samedi, dimanche et lundi. Mon compagnon de cabine, qui avait pourtant déjà traversé l'Atlantique, était malade, tandis que moi, novice, je faisais bonne contenance. J'étais trop fier. Aussi, mardi soir, le vent s'élevant et le roulis s'accentuant d'une manière formidable, ai-je succombé...... Tirons un rideau sur ces deux jours horribles. Je n'en ai, du reste, qu'un vague souvenir. C'est un mélange affreux de malaise indescriptible, de bruits sinistres, de craquements du navire, de bris de vaisselle, de battement des vagues, de sifflement du vent dans les cordages, de lamentations humaines, et de cet éternel et épouvantable roulis qui vous étourdit, vous noie le cœur et met votre cabine sens dessus dessous. Quel rêve affreux! Ce n'est qu'après 48 heures d'anéantissement que j'ai commencé à revenir un peu à la vie.

Jeudi soir, avec mille précautions, en me cramponnant à tout ce qui m'offre un point d'appui, je parviens à monter l'escalier et à regarder par la porte que l'on vient d'ouvrir pour la première fois depuis deux jours, si je ne me trompe. Le vent commence à tomber, mais la mer est encore terriblement grosse. Impossible de faire deux pas sur le pont qui est souvent incliné à un angle de 45 degrés. On dirait que la quille va sortir de l'eau à chaque instant et que le navire ne pourra plus se redresser.

Nous courons sur le flanc des montagnes; nous côtoyons, nous franchissons de véritables abîmes. Tout à l'heure, au fond d'une vallée, nous ne voyions de chaque côté, en avant et

S. E. LE CARD. PAROCCHI

en arrière, qu'une haute muraille verdâtre surmontée de créneaux blancs. Maintenant, du sommet d'une vague immense, nous découvrons au loin et dans toutes les directions une vaste étendue de la plaine liquide, soulevée ici, creusée là, bouleversée, tourmentée partout.

> Hi summo in fluctu pendent; his unda dehiscens
> Terram inter fluctus aperit.

Que l'homme se sent petit en face de ces grands déploiements des forces de la nature qui ne sont, après tout, qu'une faible manifestation de la puissance divine. Car pour la main qui a lancé dans les espaces des millions de mondes, soulever et abaisser ces flots si redoutables à nos yeux, n'est qu'un jeu d'enfant.

A part cette tempête, la traversée a été sans incident remarquable. Les trois premiers jours, vent du sud, chaleur humide et fatigante, souvent de la brume, surtout la nuit. Nous traversons le *gulf-stream* et les bancs de Terreneuve. Quand la brume devient trop épaisse, on marche à petite vitesse, et le sifflet d'alarme se fait entendre toutes les minutes. Parfois, un autre steamer répond, dans le lointain. Il n'y a rien de plus sinistre; car alors toutes les histoires d'abordages dont vous avez jamais entendu parler vous reviennent à la mémoire.

Parmi les passagers, rien de bien intéressant. Mon confrère de cabine est un jeune Anglais aussi inoffensif que peu remarquable. Impossible de lier une conversation qui dépasse les lieux communs les plus désespérants. A notre table, il y a un commis-voyageur écossais nommé Bowers qui ne manque pas d'esprit et de jovialité. Il achève de faire le tour du monde. Sans lui, nous n'aurions rien pour nous dérider. Car les quelques Américains et Anglais qui veulent bien parler un peu sont d'une insignifiance marquée. Les autres se drapent dans leur raideur britannique et ne sont bons qu'à exciter la verve inépuisable de Bowers.

Dimanche, à peu près tous les passagers de cabine, à part votre humble serviteur, se réunissent dans le grand salon pour un *divine service* quelconque. En quoi cela a-t-il consisté ? Je l'ignore naturellement ; mais ça dû être très varié pour convenir à toutes les sectes qui doivent être plus ou moins représentées à bord.

Vendredi et samedi, le 14 et le 15, il a fait un temps superbe, ni chaud, ni froid. La mer est calme et d'un si beau bleu ! Elle paraît nous sourire. On ne dirait pas que c'est la même mer qui, hier encore, semblait, dans sa fureur, vouloir engloutir notre navire. Onde perfide ! Si j'étais poëte, vous m'inspireriez des vers, sans doute. Mais comme je ne suis qu'un pauvre prosateur et un misérable terrien, vous ne m'inspirez qu'une chose, c'est une très grande envie d'être débarrassé de vos charmes ! Vive la terre ferme. L'océan est sans doute grandiose, majestueux, imposant, tout ce que vous voulez ; mais pour que l'homme puisse en jouir réellement il faut qu'il le voie de son élément naturel. Ne voir que de l'eau pendant huit jours, cela devient monotone et l'on a hâte de voir autre chose, ne fût-ce qu'un rocher nu.

Ce qui m'a surpris, c'est le petit nombre de navires que l'on rencontre pendant la traversée. Pour moi bien que j'aie passé sur le pont autant de temps que possible, je n'ai vu pendant les huit jours, qu'un seul steamer ; et je n'ai entendu parler que de deux ou trois autres que nous avons rencontrés pendant la nuit. Cela dépend, paraît-il, de ce que chaque ligne a sa route particulière afin de diminuer, autant que possible, le danger des rencontres. Du reste, à cause de la rondeur de notre globe, l'horizon en pleine mer est relativement très borné.

Autre chose qui m'a frappé, c'est la distance considérable que parcourent les oiseaux aquatiques de toutes sortes. J'en voyais encore mardi matin, et, dès vendredi matin, le navire en était de nouveau entouré. Un vieux matelot à qui j'en parlais m'a dit que les goëlands se rendent parfois jusqu'à mille milles des côtes (1).

Terre enfin ! Samedi soir, vers huit heures, nous apercevons la première lumière sur la côte sud-ouest de l'Irlande. Bientôt d'autres lumières se dessinent à l'horizon ; nous voyons même les falaises assez élevées et arides qui bordent cette partie de l'île. A dix heures, le steamer montre des signaux. On lui répond de terre, et la nouvelle de notre arrivée est aussitôt télégraphiée à Queenstown afin que le bateau qui doit venir à notre rencontre puisse appareiller. A deux heures du matin, dimanche, nous sommes au large de Queenstown. Le *tender* nous accoste, prend les malles et ceux des passagers qui ne se rendent pas jusqu'à Liverpool. Nous sommes encore à dix ou douze milles de Queenstown où nous arrivons vers trois heures. Il fait une très belle nuit heureusement, car l'heure est peu propice pour débarquer. Il faut faire examiner nos bagages à la douane : encore une simple formalité. Décidément, je n'ai pas l'air d'un contrebandier. J'insiste sur ce point. Un policier prend nos noms et notre adresse pour le cas où nous serions jugés *suspects*, car nous sommes dans le district de Cork, qui est *proclaimed* en vertu des lois de coercition, c'est-à-dire, mis sous une surveillance plus particulière. On nous demande si nous avons des armes à feu, mais une simple négation suffit pour rassurer le représentant de Sa Majesté. Je dis *nous*, car sur le steamer j'ai lié connaissance avec M. Deady, excellent Irlandais catholique employé dans une banque près de Dublin. Il connaît bien son monde, et je me laisse guider par lui. A quatre heures du matin nous sommes finalement installés dans une chambre bien confortable à l'hôtel Rob Roy, et nous essayons de goûter quelques instants de sommeil, tâche assez difficile pour moi, car me voici dans le nouveau pour tout de bon.

(1) Au voyage de retour j'ai vu un goëland à peu près à mi-chemin entre Liverpool et New-York.

QUEENSTOWN, dimanche le 16 septembre.

Le soleil se lève radieux sur la baie, et ses premiers rayons, dardant dans ma fenêtre sans rideaux, me réveillent en sursaut. Il me faut quelques instants pour me rendre bien compte de la situation et me persuader que tout ceci n'est pas un rêve, que je suis réellement sur un autre continent, à des centaines de lieues de mon pays, de ma famille.

Je suis donc en Irlande, en irlandais *Erin*, ce qui signifie, paraît-il, *île verte*, de sorte que, quand nous disons la *Verte Erin*, nous commettons un pléonasme. Pauvre Irlande, pays de douleurs et de souffrances, je te vois pour la première fois en la fête des Sept Douleurs de Notre-Dame !

Je n'ai que quelques instants dont je puisse disposer, avant le départ du courrier qui doit porter nos lettres au steamer parti de Liverpool hier soir et que l'on attend tout à l'heure.

A sept heures et demie j'entends une messe basse avec mon excellent ami M. Deady, à la cathédrale en voie de construction sur la colline qui domine la baie. Car Queenstown est la résidence de l'évêque du diocèse de Cloyne. La cathédrale, dont une partie de la pierre vient de France, sera, une fois terminée, un magnifique temple. L'église est remplie de fidèles qui prient avec ferveur et recueillement. Nous sommes en pays aussi catholique que la province de Québec : tout le monde va à la messe. le dimanche. Après la messe, courte mais très substantielle instruction sur la fête du jour.

**

Queenstown est une petite ville de dix mille habitants, qui s'élève en amphithéâtre autour de la baie de Cork. Cette dernière ville est située à une dizaine de milles au nord : la rivière Lee rejoint les deux endroits. Autrefois Queenstown s'appelait tout simplement : *The Cove of Cork*. Le nom actuel lui a été donné à la suite d'une visite de la reine Victoria, en 1849. Il va sans dire que je n'ai pas encore eu le temps de rien visiter. Du reste il y a peu de choses à voir ici. De ma fenêtre. j'ai une belle vue du port qui est vaste et sûr, tout encaissé par des promontoires.

DEUXIÈME LETTRE

Sommaire :—Encore Queenstown.—Un capitaine de long cours et le canal de Panama.—A travers les champs.—Nouveau genre de sport. La vallée de la Lee.—Cork.—Un mot d'histoire.—Le château de Blarney et sa merveilleuse pierre.—A travers les rues.—Father Mathew.—Father Kennedy.—De Cork à Glengarriffe.—Un système maudit de Dieu et des hommes.—Deux poëtes irlandais.—En diligence.—Les chemins.—De Glengarriffe à Kenmare et à Killarney.—Paysans.—A propos de langage.—Des montagnes, encore des montagnes.—Les fameux lacs.—Ruines et souvenirs.—Paysages irlandais et canadiens comparés.—Quelques *fermes* irlandaises.—Dernier coup d'œil.—De Killarney à Thurles.—Mgr Croke.—Une soirée agréable.—Communautés religieuses et ruines.—Courte entrevue.—Désappointement.—Father Bannon.—Un mot sur Dublin.—Le patriotisme irlandais.

CORK, dimanche le 16 septembre.

Je suis arrivé ici, de Queenstown, ce soir, vers 4 heures et demie.

Après avoir expédié ma première lettre, je me suis mis à explorer un peu Queenstown et ses environs. C'est une ville de minime importance, au point de vue de la population. Mais le commerce maritime y est considérable, ce qui produit un mouvement remarquable. Le port est rempli de navires qui viennent de toutes les parties du monde. A dîner j'avais en face de moi deux capitaines de bâtiments italiens, et à ma droite un capitaine irlandais qui arrivait de San Francisco, aujourd'hui même. Il était parti le 12 avril dernier ! La distance parcourue est de 17,000 milles. Il fait ce trajet deux fois par année, apportant du blé de la Californie et y rapportant du fer, du charbon, etc. Comme il paraissait très intelligent et aimant à converser, je lui ai parlé du canal de Panama, destiné à raccourcir de beaucoup ce long voyage. Le capitaine Vincent,—c'est son nom,—ne paraît guère rassuré sur le succès de l'entreprise, à cause du caractère absolument meurtrier du climat (1). Du reste, dit-il, ce canal, si toutefois il se termine jamais, ne saurait profiter qu'aux steamers ; les voiliers n'y passeront pas, pour deux raisons ; parce que les taux de péage absorberont les profits, et parce que dans ces régions on rencontre tant de vents et de temps défavorables que les navires à voile n'y gagneront pas grand'chose et se rendront à peu près aussi vite d'un océan à l'autre, en continuant à passer par le cap Horn. Voilà l'opinion d'un capitaine de long cours ; je vous la donne pour ce qu'elle vaut.

Les environs de Queenstown sont fort jolis. La campagne est ondulée et beaucoup plus boisée que nos campagnes canadiennes. Je ne suis pas botaniste, aussi me garderai-je bien d'entreprendre une description de la flore irlandaise. Les arbres ne m'ont pas paru familiers du tout. J'ai reconnu le hêtre. Il y a beaucoup d'autres arbres qui ressemblent passablement à notre orme et à notre frêne, mais ils ne sont que *semblables*, nullement *pareils*. Il y a des ronces, des aubépines, mais ce ne sont pas les nôtres. J'ai cru, d'abord, me trouver en face de l'universelle corneille. Erreur ! La couleur, la forme et la grosseur sont à peu près les mêmes ; mais le cri est différent (2). Pour tout dire, en un mot, c'est un autre pays, un autre continent. Ce qui vous frappe, surtout, c'est le vert foncé du feuillage. *Erin* porte bien son nom, *Ile verte*. C'est certainement plus vert, beaucoup plus vert que chez nous, même au mois de juin.

Bien entendu, pas de clôtures de bois dans les champs : quelques haies, mais surtout des murailles de pierre et de terre, sur lesquelles grimpent toutes sortes de vignes, de lierres, etc.

(1) La malheureuse catastrophe survenue quelques mois plus tard à la compagnie du Panama est venue donner trop raison au capitaine Vincent.

(2) C'est le *rook* ; en français *grolle* ou *freux*, je crois.

DE QUEENSTOWN A CORK

Les parcs, car il y a de très jolies résidences aux environs, sont entourés de belles murailles en pierre. Les récoltes sont terminées. Comme dans la province de Québec, on se plaint de la trop grande quantité de pluie qui est tombée cet été. Pas de granges, comme au Canada, du moins, pas aussi apparentes. Le foin et le grain se mettent en meules, comme aux Etats-Unis.

En sortant de Queenstown pour visiter la campagne, vous êtes assaillis par une nuée de gamins, gras, gros et rougeauds, qui n'ont nullement l'air misérables, au contraire. Ils vous crient à tue-tête : *Heave us a copper, Sir.* Il faut les voir se bousculer pour ramasser le sou qu'on leur jette. Cette mendicité juvénile est plutôt une manière de *sport* qu'une nécessité ; car j'ai remarqué parmi ces petits mendiants plusieurs qui étaient mieux habillés que moi. En somme, cette partie de l'Irlande ne me paraît pas pauvre outre mesure. La misère noire est plus à l'ouest. Nous irons de ce côté là bientôt.

Il y a dans Queenstown des rues tellement à pic qu'elles peuvent rendre des points aux côtes de Québec. J'ai descendu un escalier plus long peut-être que celui de la rue de la Couronne et tout en belle pierre de taille. Les maisons sont généralement bien bâties, en pierre et en crépi. En somme, c'est une petite ville qui ne fait pas pitié à voir.

Remontons maintenant la Lee jusqu'à Cork, par voie ferrée, douze milles. C'est ma première course en chemin de fer européen. Je préfère notre système de wagons ; je n'aime pas ces petits compartiments où vous êtes comme de véritables prisonniers. On s'y habitue peut-être. Il faut dire qu'il y a ici beaucoup moins de bruit, moins de fumée et moins de poussière. C'est un bon point.

Rien de plus charmant que la vallée de la rivière Lee entre Queenstown et Cork. Villas, champs, parcs, bosquets, coteaux, se succèdent sans trop se ressembler. Et toujours ce merveilleux vert foncé de la terre qui se marie si bien avec le bleu foncé des cieux. Il faut dire aussi que je vois l'Irlande, pour la première fois, par la plus belle journée qu'il soit possible d'imaginer.

Nous voici donc à Cork, en irlandais *Corcach*, ce qui signifie, paraît-il, endroit marécageux. Belle ville de 80,000 habitants environ. A Cork, comme dans presque toutes les villes irlandaises, la population tend plutôt à diminuer qu'à augmenter. Ce pays, plus encore que la province de Québec, souffre du fléau de l'émigration.

Cork est une vieille ville, car elle paraît avait été fondée dès le sixième ou le septième siècle. On fait remonter sa fondation à saint Finn-Barr, moine du septième siècle. Au dixième et au onzième siècle, Cork a été ravagé par les Danois. Au douzième siècle, cette ville était la capitale du royaume de Munster, et les MacCarthys y gouvernaient. En 1172, Henri II d'Angleterre s'en empara. En 1688, le roi Jacques II fuyant devant son gendre Guillaume d'Orange, d'odieuse mémoire, vint y demeurer. Deux ans plus tard, pendant la guerre fatale qui a donné naissance à la détestable secte des *orangistes*, la ville fut prise par le duc de Marlborough.

———

CORK, lundi le 17 septembre.

Encore une belle journée. J'en ai profité pour pousser une pointe jusqu'à Blarney, à cinq ou six milles au nord ouest de Cork. En lui-même le village de Blarney est peu de chose : quelques maisons et une grande fabrique de *tweeds*. Mais il y a dans les environs le fameux château qu'il faut visiter, de toute nécessité, si l'on veut se vanter d'avoir vu l'Irlande. J'ai donc pris le tramway à vapeur et pour dix deniers je me suis fait transporter à Blarney, en remontant la toujours pittoresque et charmante vallée de la Lee. A notre droite, nous avons l'asile d'aliénés de Cork, institution du gouvernement qui renferme plus de mille patients ; à notre gauche. le *Munster dairy school*. Enfin, nous voici à la gare.

Encore trois *pennies*, s'il vous plaît, pour un permis de visiter le château ; car cette ruine est située sur le terrain d'un landlord quelconque qui ne manque pas de tirer un joli revenu de cette relique du moyen âge.

Ruine imposante, en vérité ; je ne regrette pas d'être venu. Elle s'élève sur un rocher au pied duquel coule la petite rivière Martin, un des tributaires de la Lee, et domine au loin les plaines et les coteaux. Masse noire et sinistre, haute de cent trente pieds, couverte de lierre et habitée par d'innombrables choucas, qui voltigent sans cesse autour des créneaux, en faisant entendre leurs croassements lugubres. La tour principale, carré immense, est très bien conservée, ainsi que la tour du donjon. Un escalier en spirale de 108 marches, conduit jusqu'au sommet, d'où l'œil embrasse, de tous côtés, une vaste étendue de champs, de coteaux, de vallons et de bosquets dont l'aspect paisible offre un singulier contraste avec cette vieille forteresse qui n'évoque que des souvenirs guerriers. Les murs sont encore solides ; les créneaux, les meurtrières, les fenêtres, parfaitement découpés. J'ai visité quelques-unes des cellules, basses et étroites, du vieux donjon : on frémit et l'on frissonne à l'idée que des êtres humains ont été renfermés là dedans (1). Dans ce donjon il y a un escalier dérobé, et un passage secret qui communique avec une caverne naturelle, laquelle s'étend, me dit-on, à un quart de mille sous le rocher. En somme, c'est une ruine qu'on ne saurait visiter sans éprouver de fortes émotions, car elle nous parle éloquemment du passé.

D'après tout ce que j'ai pu apprendre, le château de Blarney a été construit au quatorzième siècle par Cormac MacCarthy. Cette forteresse a joué un rôle dans les guerres de Cromwell dont les troupes en firent, avec succès, le siège.

Plusieurs des lecteurs de la *Vérité* ont, sans doute, entendu parler du *Blarney stone* auquel s'attache une singulière tradition : on prétend que celui qui parvient à baiser cette pierre

(1) Toutefois, ces cellules ne sont guère plus inhabitables que les cabanes de terre où la civilisation moderne a contraint beaucoup d'Irlandais à se réfugier dans le sud et l'ouest de l'île.

sera doué, pour le reste de ses jours, d'une éloquence très persuasive. De là le dicton : *He has kissed the Blarney stone*, pour dire qu'un homme a la langue bien pendue. La *véritable* pierre magique portait autrefois, paraît-il, cette inscription aujourd'hui effacée : *Cormac MacCarthy fortis me fieri fecit* ; mais comme elle était dans un endroit à peu près inaccessible, on y a substitué, sur un des créneaux, une pierre que plus d'un touriste s'amuse à baiser. Comme je ne tiens guère à l'éloquence, même irlandaise, je me suis contenté d'un coup d'œil.

Voici un résumé de la légende que l'on raconte à propos de cette pierre réputée merveilleuse du château de Blarney.

Le seigneur Cormac MacCarthy, qui venait de construire son château, était à la chasse avec ses gens, et avait remonté la Lee à une distance considérable. Poursuivant le cerf avec plus d'ardeur que ses compagnons, il se trouve enfin seul dans un endroit sauvage. Au moment même où il va atteindre le noble gibier, il voit une femme qui, ayant voulu traverser la rivière à pied, est exposée à se noyer. Aussitôt il abandonne la chasse et se lance au secours de l'infortunée. Pour le récompenser de son acte de charité, cette femme lui dit de choisir entre la richesse, la puissance et l'éloquence. Cormac, brave soldat et intrépide chasseur, s'exprimait avec difficulté ; il choisit l'éloquence. La femme lui déclare que dorénavant le don de l'éloquence sera attaché à telle pierre de son château, et qu'il lui suffira de la baiser pour devenir le plus disert des hommes. Le lendemain, de grand matin, les gens du seigneur Cormac le virent grimper sur la tour, se suspendre aux créneaux, se pencher tellement que sa chute paraissait inévitable et toucher de ses lèvres une des pierres du mur extérieur. On le crut fou ; mais bientôt après on constata qu'il était devenu le plus bel orateur de l'Irlande.

Quittant le château et la gare du tramway je me rends, à pied, à la gare du chemin de fer de Dublin. C'est une petite promenade très agréable qui me donne l'avantage de voir, de près, un peu des campagnes irlandaises. En fait de grain, on ne cultive guère ici que l'avoine dont on fait actuellement la récolte. J'ai vu des champs où l'avoine est encore assez verte, beaucoup de pâturages et de magnifiques troupeaux de vaches et de moutons.

Rentré à Cork vers deux heures, je prends un *car* pour visiter un peu la ville. Je dirai franchement que je n'aime pas le *car* ou *cab* irlandais ; c'est encore pire que nos fameuses *calèches*. Imaginez deux roues, sur lesquelles sont fixés deux sièges latéraux à deux places, et dos à dos. Vous montez par les côtés et vous avez une planchette sous les pieds. Il y en a qui sont couverts ; dans ceux-là les sièges sont encore latéraux, mais font face l'un à l'autre, et vous montez par derrière.

J'ai visité rapidement toute la ville, à peu près. Dans la partie commerçante et sur le coteau au nord de la Lee, les édifices, sans être somptueux, ont une assez belle apparence ; les rues sont larges, propres, bien entretenues. Dans les environs, de très jolies villas se cachent à moitié dans des bouquets de hêtres, d'ormes, de frênes, etc. Mais comme dans toutes les villes du monde, il y a des quartiers pauvres, très pauvres. Je suis entré dans plusieurs églises catholiques très convenables, sans être riches ou bien remarquables. L'édifice le plus grandiose et le plus coûteux est la cathédrale protestante : Saint-Finn-Barr, de construction relativement moderne. Cela serre le cœur de voir un temple aussi magnifique consacré à un faux culte. L'or anglais a pu ériger sur cette terre classique de la religion catholique des monuments superbes à l'hérésie ; mais, grâce à Dieu, cet or a été impuissant à arracher au peuple irlandais la vieille foi implantée par saint Patrice.

J'ai visité, aussi, le cimetière Saint-Joseph, très proprement entretenu, mais où l'on ne voit aucun monument fastueux. Ici repose le corps du célèbre Father Mathew, l'apôtre de la tempérance, né en 1790, mort en 1856. Une grande croix indique le lieu de sa sépulture, et cet endroit paraît être tenu en grande vénération : j'ai vu plusieurs, hommes et femmes, qui y priaient. La statue de Father Mathew s'élève sur une des principales rues de la ville, et sur le piédestal on lit cette inscription : *A tribute from a grateful people.*

En faisant le tour de la ville, j'ai passé devant la prison ; mon cocher, un bon patriote, me dit, avec cet accent inimitable particulier aux Irlandais : *There's many a good man inside those walls* ? En effet, on y enferme plus d'un qui n'a jamais enfreint le droit commun. Dans le moment actuel, Father Kennedy y purge une sentence de quatre mois de réclusion pour avoir pris part à une réunion prohibée par le gouvernement. Ai-je besoin de dire qu'il ne sera nullement déshonoré au sortir de prison !

GLENGARRIFFE, mardi le 16 septembre.

En irlandais, *Glengarriffe* veut dire *vallon sauvage.* Il porte bien son nom, en vérité. Quel paysage pittoresque ; mais aussi quels rochers, quel sol aride ! Pourtant, il y a des endroits fertiles, entre les crans, et là la végétation est très belle. L'hôtel Roche, où je suis descendu, est situé sur une de ces oasis qui descend en pente douce jusqu'à la baie de Bantry, un des meilleurs ports de l'Irlande, au fond de laquelle se trouve le petit village de Glengarriffe. De ma fenêtre, j'ai une vue grandiose et charmante à la fois. Au premier plan, entre l'hôtel et la baie, un magnifique parc planté de chênes, de hêtres, de houx, etc. ; puis la baie,.et au delà, dans le lointain bleuâtre, les montagnes Caha qui séparent la baie de Bantry d'avec la baie Kenmare et dont plusieurs pics s'élèvent comme des pyramides gigantesques. La baie est parsemée d'îlots, sur un desquels j'aperçois d'ici les ruines d'un château. Tantôt, en me promenant sur les bords de la mer, je voyais un autre château, le château de Glengarriffe, dont une partie est encore habitée, je crois. Le climat Glengarriffe est remarquablement doux, car cette vallée qui s'ouvre au sud et qui est protégée contre les vents froids, reçoit l'air chaud du *Gulf stream*. Il y a ici deux hôtels où logent beaucoup de touristes et de personnes délicates qui viennent chercher la santé. Aujourd'hui, la température est délicieuse, mais quelque peu énervante, ce me semble.

Je me souviens d'avoir lu, dans l'*A travers l'Europe* de M. le juge Routhier, qu'un jour, au sortir de la cathédrale de Burgos, je crois, l'honorable magistrat éprouva le besoin, à la suite de je ne sais plus quel auteur romantique, de se coucher dans un coin, une pierre sous la tête. Certes, les pierres ne manquent pas ici ; toutefois, comme oreillers, elles ne me tentent pas ; mais je ne vous cache pas que, tout à l'heure, je me serais volontiers étendu sur l'herbe pour me livrer au *dolce far niente*, n'eût été la crainte prosaïque mais salutaire du rhumatisme.

Glengarriffe est à 69 milles de Cork, au sud-ouest. Pour y arriver on fait 57 milles en chemin de fer, jusqu'à Bantry ; puis les derniers douze milles en diligence. Partis de Cork à neuf heures et demie du matin, nous avons mis trois heures à faire les 57 milles. Pas tout à fait vingt milles à l'heure. Comme vous voyez, ce n'est pas l'éclair.

Pendant quelque temps, après avoir quitté Cork, nous traversons un pays fertile ; mais, peu à peu, à mesure que nous nous approchons du bord de la mer, le sol devient aride, les coteaux se changent en collines, puis en montagnes rocheuses. Entre Bantry et Glengarriffe, c'est tout simplement inhabitable et pourtant c'est habité. Les Laurentides, en arrière de Québec, me paraissent être un pays où coulent le miel et le lait en comparaison de ce que je vois ici. On parle, et avec raison, de la vie dure de nos défricheurs. Grand Dieu ! leurs cabanes de bois rond sont de véritables palais à côté de ces misérables huttes de pierre et de terre, souvent sans la moindre fenêtre, couvertes de chaume, remplies de l'âcre fumée que dégage le pauvre feu de tourbe. Au moins, nos pauvres défricheurs ont la perspective, avec quelques années d'un rude labeur, d'arriver à une modeste aisance, d'avoir un *chez soi*, d'être *propriétaires* du coin de terre qu'ils arrosent de leurs sueurs ; ils ont *l'espérance*, cette douce consolation de l'homme dans les plus dures épreuves ; tandis que ces pauvres fermiers irlandais ont vécu comme ils vivent aujourd'hui depuis des générations ; et ils sont condamnés à vivre ainsi, de père en fils, Dieu sait pendant combien de siècles encore. La vue de ces effroyables huttes, perchées sur le flanc des montagnes ou se cachant au fond des ravins, huttes où nos plus pauvres ne voudraient pas passer la nuit ; le contraste entre ces taudis et les somptueuses résidences des landlords que l'on voit çà et là ; tout cela m'a navré le cœur. Juste ciel ! jusques à quand un tel état social durera-t-il ? Il suffit de passer par ces régions, de jeter un coup d'œil sur cette misère extrême à côté de cette extrême opulence, pour se convaincre qu'un système qui produit de telles iniquités crie vengeance au Père commun des hommes. Tout cela peut être *légal* ; mais sous cette légalité, non-seulement il n'y a point la plus petite parcelle de la divine charité de Jésus-Christ ; il n'y a pas même un peu d'humanité. Ah ! lecteurs de la *Vérité*, c'est en voyant ce que j'ai vu cette après-midi, ce que je verrai demain, que l'on *commence* à comprendre tout ce qu'il y a d'inénarrables souffrances, d'inconcevables amertumes dans ce problème social qu'on nomme la question agraire en Irlande.

Entre Cork et Glengarriffe il n'y a que deux villes de quelque importance, Bandon et Bantry. Bandon renferme plusieurs brasseries et distilleries très considérables. Autrefois, cette ville était le château fort du protestantisme dans le sud, comme Londonderry et Belfast le sont encore, dans le nord. On l'appelait le *southern Derry*. Aujourd'hui on y compte un grand nombre de catholiques. A propos des luttes religieuses, on rapporte ce qui suit. Jadis la ville était entourée de murailles.

Au-dessus de la porte principale, un protestant fanatique s'était avisé d'afficher l'inscription suivante, exécrable de forme et de fond :

> Turk, Jew or Atheist
> May enter here, but not a Papist.

Mais les irlandais catholiques sont, pour le moins, aussi bons versificateurs que les protestants, et beaucoup plus spirituels. Aussi l'un d'eux ajouta-t-il aussitôt à l'inscription protestante le *post-scriptum* que voici :

> The lad who wrote this, wrote it well,
> For the same is written on the gates of hell.

Dans Bandon et Bantry il y a beaucoup de vieilles maisons qui tombent en ruines et qui donnent un aspect triste à ces deux endroits.

La diligence qui nous a transportés de Bantry à Glengarriffe n'est pas une petite machine, je vous prie de le croire. C'est un immense char découvert : cinq bancs à quatre places chacun, juchés très haut ; au-dessous, une espèce de *caveau* où l'on entasse les bagages. Nous étions justement vingt personnes, hommes et femmes ; et comme plusieurs de ces dames avaient plus d'embonpoint et de carrure que de raison, nous étions empaquetés là-dedans à la façon des sardines. Passe pour 12 milles. Mais demain nous avons 42 milles à faire pour aller à Killarney ! Faisons des vœux pour que quelques-unes de ces délicates créatures se décident à passer une journée ou deux ici.

Une dernière observation avant de serrer ma plume pour ce soir : les chemins à voiture en Irlande sont tout simplement magnifiques (1) partout. Ils sont tous macadamisés et entretenus, même dans ces régions lointaines et sauvages, avec un soin incroyable. Pas la moindre ornière, pas la moindre butte,

(1) Pendant la famine de 1847-48, le gouvernement anglais fit construire plusieurs de ces belles routes afin de donner de l'ouvrage à la population de ces régions éprouvées.

mais une surface absolument unie. J'ai rougi pour nos commissions à barrières en songeant à nos chemins soi-disant macadamisés des environs de Québec.

KILLARNEY, le 19 septembre.

Quel pays étrange, grandiose, et en même temps triste, je viens de traverser ! Quarante-deux milles de montagnes : c'est une bonne journée en diligence.

Heureusement, me dis-je en partant, quelques-unes de ces dames vont rester à Glengarriffe. Pourtant, voilà la plus grosse qui monte ! Par bonheur, elle prend un siège en avant de moi. Hier, je l'avais à mes côtés. Aujourd'hui, j'ai pour voisine une dame écossaise. Elle est mince, il y a moyen de se remuer un tantinet.

Nous partons de Glengarriffe à neuf heures et demie. Nos quatre chevaux ne sont pas de trop, car nous sommes dix-sept et le chemin, toujours magnifiquement entretenu, passe par dessus les montagnes à deux reprises différentes. Nous gravissons, en spirale, le mont Esk, et à mesure que nous montons un panorama d'une grande beauté sauvage se déroule à nos regards ravis et étonnés. Enfin, rendus à une hauteur de 1393 pieds, nous passons par un tunnel qui a 200 verges de longueur, et nous nous trouvons sur le versant occidental des montagnes Caha, dans le comté de Kerry. Devant nous est la vallée de la rivière Sheen. Ici, le moindre filet d'eau est une rivière. Si la montée a été longue et difficile, la descente est rapide, presque vertigineuse ; car nous longeons souvent de véritables précipices. Mais la route est excellente, les freins solides, et le cocher habile. Montagnes en avant, en arrière, à gauche, à droite ; chacune d'elles a son nom particulier. En voici un pour vous exercer la langue : Macgillicuddy.

**

Voici maintenant la baie de Kenmare—prononcez *mer*, s'il vous plaît, et non pas *mar*—qui s'offre à nos regards. Comme

S. E. LE CARD SIMEONI

la baie de Bantry, que nous venons de quitter, la baie de Kenmare est une immense échancrure par laquelle la mer pénètre à une dizaine de lieues dans l'intérieur. Nous traversons l'extrémité de la baie sur un pont suspendu et nous entrons dans la petite ville de Kenmare, habitée par 1200 personnes. Il y a ici un couvent où l'on fabrique de la dentelle très en renom. Nous avons parcouru juste la moitié du trajet, 31 milles. Il faut changer de chevaux et prendre le goûter. Il reste ensuite quelques minutes que je consacre à parcourir le marché où il y a foule. J'ai devant moi le vrai paysan irlandais pauvre, car le comté de Kerry, après celui de Galway, est peut être le moins riche de l'Irlande. A peu près toutes les femmes sont nu-tête et pieds nus; quelques-unes ont un châle sur la tête. Hommes et femmes sont pauvrement vêtus; tout indique la grande pauvreté, souvent l'indigence et la misère. Une chose qui m'attriste, c'est de voir que ce peuple a perdu sa langue et a subi, sans l'apprendre, la langue du vainqueur. Les Canadiens-français ne sauraient assez remercier la divine Providence de les avoir préservés de cette triste humiliation. Je n'ai pas entendu un mot d'irlandais; tous parlent l'anglais, même entre eux; mais avec un accent tellement étrange que je suis obligé d'écouter de mes deux oreilles pour saisir ce qui se dit. Le *brogue* des Irlandais instruits, et même celui d'une foule d'Irlandais illettrés est très agréable à entendre, infiniment plus agréable que le *broad scotch* ou le *broad english*; mais celui-ci me surpasse. Ce matin, à Glengarriffe, une femme m'a demandé l'heure. J'ai dû lui faire répéter la question trois fois avant de la comprendre. Les enfants, toutefois, ceux qui vont aux écoles, parlent bien l'anglais, avec un accent particulier, mais fort agréable. Hier soir, je me suis amusé à faire jaser deux petites filles, de dix et onze ans, qui, moyennant quelques *pennies*, m'avaient fait voir les beautés de Glengarriffe. Elles se montraient très intelligentes et répondaient bien à mes questions. Une particularité que j'ai remarquée: dans cette partie du pays, on ne répond pour ainsi dire jamais par un *oui* ou *non*. *Are you sisters ?—We are, Sir.—Are your father and mother living?—They are, Sir.—Do you both go to school?—We do, Sir.—Is your father a farmer? He is not, Sir.* J'ai essayé, pendant un quart d'heure, de leur faire dire *yes* ou *no*, sans réussir. Ma voisine de diligence, la dame écossaise, a fait la même observation que moi. Je suppose que ces braves gens considèrent que *yes* et *no* ne sont pas une formule très polie.

Nous quittons donc Kenmare, vers une heure et demie, et commençons à gravir les montagnes de Killarney. Nous sommes tout entourés de pics qui dépassent souvent 2000 pieds. Nous traversons le sommet à une hauteur de 15 ou 16 cents pieds, à *Windy Gap*. Bientôt après, nous avons à nos pieds les fameux lacs au nombre de trois. Oh! le coup d'œil grandiose! Les cimes des montagnes sont nues, mais les pentes et les vallées sont assez boisées. Le lac supérieur, de beaucoup le plus petit, est tout entouré de falaises ; les deux autres sont au milieu d'une plaine fertile et riante.

Mais faut-il le dire : la beauté de ces paysages, œuvre du Dieu infiniment bon, est singulièrement gâtée par l'aspect de l'affreuse misère des habitants de ces régions, misère qui est l'œuvre de l'homme égoïste et cruel. Tout le long du chemin, on mendie avec une persistance qui fait peine à voir.

Il faudrait plusieurs jours pour visiter les principaux endroits de cette région pittoresque, et je n'ai que quelques heures. Car je dois partir demain pour Thurles. J'ai hâte d'arriver à Dublin ; j'y attends des nouvelles du Canada. Voilà deux semaines hier que j'ai quitté Québec. J'ai tant voyagé et tant vu dans ces quinze jours que ce court espace de temps m'a paru comme un siècle.

Arrivé à l'hôtel O'Sullivan vers cinq heures, j'ai visité aussitôt la ruine de l'abbaye de Muckross, sur les bords du lac inférieur. Quels vénérables décombres ! D'après les dates qu'on m'a communiquées, cette abbaye a été fondée en 972, brûlée en 1192, rebâtie en 1340 par McCarthy More, fermée par Elisabeth en 1580, occupée de nouveau par les moines en 1626, et finalement ruinée du temps de Cromwell. Depuis cette époque, l'abbaye et les environs servent de cimetière. Que de vieilles tombes, oubliées aujourd'hui, et où dorment de leur dernier sommeil nombre de personnages qui, dans les siècles passés, ont fait leur petit tapage dans le monde. Je vous assure que l'on fait de sérieuses réflexions sur le néant des choses humaines lorsque l'on se trouve en face d'une pareille ruine. Au centre de la cour s'élève un vénérable if, planté, dit-on, en 1340.

Autour du lac inférieur se trouvent un grand nombre d'autres ruines que je n'aurai pas le temps de visiter, entre autres, l'antique cathédrale d'Aghadoe, et le vieux château du même nom ; le château de Ross, sur une île ; et la célèbre abbaye d'Innisfallen, sur l'île du même nom. Cette abbaye a été fondée, affirme-t-on, par saint Finian, en 600. C'est ici qu'ont été composées les *Annales d'Innisfallen*, source précieuse où sont allés puiser ceux qui ont écrit l'histoire de l'Irlande entre l'époque de saint Patrice et le 14e siècle. Comme vous voyez, Killarney est non-seulement pittoresque, c'est aussi l'un des endroits où l'on retrouve le plus de souvenirs historiques et religieux.

Certes, les lacs et les montagnes de Killarney sont d'une beauté réelle ; leur réputation n'est point surfaite, loin de là. C'est un coin du globe qu'on n'oublie jamais, une fois qu'on l'a vu. Mais en justice pour notre cher Canada, je dois dire qu'il renferme des paysages qui valent ceux de Killarney. Comme spectacle grandiose et sauvage, y a-t-il rien qui surpasse certains endroits des Laurentides, en bas de Québec ? Je me souviens qu'étant un jour à la chasse, en arrière de Sainte-Agnès, comté de Charlevoix, j'ai grimpé sur une *morne*,—on montagne dénudée par le feu et lavée par la pluie,—qui domine le " lac du pied des monts. " Je n'oublierai jamais le panorama qui se déroulait à mes pieds. Du point où j'étais au fleuve, il y a sept lieues ; le fleuve, à cet endroit, a sept lieues de large ; et je voyais les montagnes de Kamouraska, sept lieues plus loin encore. Voilà pour le sud. Au nord, à l'est, à l'ouest, une mer de montagnes au milieu desquelles j'ai pu compter quatorze lacs. Et du nord au sud, la rivière de la Malbaie s'é ; dant, à perte de vue, comme un ruban d'argent. Puis, le lac Magog, la montagne d'Orford, le haut de la rivière Saint-François, entre Sherbrooke et Weedon ! J'admire, certes, les lacs de Killarney, mais je n'admets pas qu'ils surpassent certains de nos paysages dans la province de Québec.

Un dernier mot, et je termine pour ce soir. Comme hier, entre Bantry et Glengarriffe et Kenmare, j'ai vu tout le long du chemin, surtout entre Glengarriffe et Kenmare, des habitations humaines qui font pleurer, littéralement ; de misérables huttes au milieu de misérables lopins de terre, non pas *arable*, mais à peine *béchable*, si l'on veut bien me permettre de fabriquer un mot. Huttes et terrain se cramponnent aux flancs des montagnes pour ne point rouler au fond des vallées. Comment des familles entières peuvent-elles trouver une existence quelconque dans de tels endroits ? C'est, pour moi, un profond mystère. Mais ce qui surpasse tout, c'est qu'on ose demander un *loyer* pour des *fermes* semblables. C'est absolument incroyable, inconcevable, inhumain.

Pour tout combustible, ces pauvres gens n'ont que de la tourbe que l'on extrait de partout, même sur les sommets des montagnes. Vous connaissez l'odeur particulièrement âcre qui se dégage de la terre noire qui brûle. Eh bien ! cette odeur me poursuit depuis que je suis parti de Bantry. C'est la fumée de la tourbe.

KILLARNEY

Thurles, le 20 septembre.

Ce matin, en attendant le départ du train de Killarney pour Mallow et Thurles,—prononcez ce dernier mot en deux syllabes bien distinctes,—j'ai voulu voir encore quelques-uns des sites remarquables de cet endroit enchanteur. Je me suis donc rendu, avant déjeuner, à la chute Torc ; jolie promenade d'un mille et demi. Ici, en Europe, on se contente de peu de chose en fait d'eau ; dans le moindre ruisseau on voit une rivière ; le moindre étang devient un lac. Nous autres, Américains, habitués à la grande nature, à nos immenses fleuves, à nos lacs qui sont de véritables mers, nous trouvons tout cela petit. A mes yeux, la chute Torc n'est guère plus remarquable qu'un des filets qui s'échappent de la chute Montmorency. C'est joli, mais nullement imposant. Le sentier conduisant à la chute, se prolonge jusqu'au sommet d'un des contre-forts de la montagne Torc ; de là, on a une très belle vue du lac mitoyen, ou lac Torc. Cette petite excursion me coûte six deniers, car tout ce territoire appartient à M. Herbert, un landlord de la pire espèce ; un de ces *absentees* qui retirent, chaque année, des milliers de louis sterling, et qui les dépensent en pays étrangers, souvent à Monaco ou à Hambourg. *L'absentéisme* est une des plaies de l'Irlande. Outre l'injustice économique qui prive le pays des capitaux qu'il produit, l'agent du landlord absent est souvent un homme sans entrailles qui, pouvant impunément rejeter la responsabilité de ses actes sur un maître qu'on n'a jamais vu et qu'on ne verra jamais, pressure et opprime les pauvres fermiers avec une odieuse tyrannie.

Un dernier mot des lacs de Killarney : une des curiosités de cet endroit est l'écho du *nid de l'aigle*. Au moment où la diligence venant de Glengarriffe passe devant ce rocher, un vieux type irlandais surgit tout à coup au bord du chemin et nous arrête d'un geste éloquent. Il est armé d'un vénérable cor de chasse sur lequel il nous joue un air national que l'écho répète avec une fidélité remarquable. Le bonhomme fait une abondante récolte de *pennies*. Tout en donnant mon *penny*, comme les autres, je me dis tout bas que j'ai entendu, pour rien, un aussi bel écho sur le lac Aylmer, dans la province de Québec. Vous le voyez, je suis toujours national ; je ne dénigre pas les belles choses des autres pays, mais je tiens pour ma patrie.

Le voyage de Killarney à Thurles n'offre rien de remarquable. Nous traversons un beau pays agricole, ayant à notre droite plusieurs montagnes peu élevées. Nous quittons le comté de Kerry, traversons celui de Limerick, et entrons dans Tipperary, l'un des comtés les plus essentiellement *irlandais* de l'île. A Mallow, ville assez considérable, arrêt de deux heures. Enfin, j'arrive à Thurles, vers six heures du soir. C'est ici que demeure Mgr Croke, archevêque du diocèse de Cashel, le prélat patriote par excellence, l'âme du mouvement national, le guide du peuple irlandais, conseiller aussi prudent et éclairé que zélé et résolu ; celui, enfin, qui, plus que tout autre peut-être, a su s'emparer des aspirations nationales et les diriger, sans les étouffer, dans les sentiers de la justice.

Le cher frère Arnold, de Montréal, m'avait donné une lettre pour son neveu, Father Innocent Ryan, du séminaire Saint-Patrice. Je me rends à cette belle institution où je suis reçu avec la plus grande cordialité par Father Ryan qui me présente à un de ses collègues, Father Mullins. Nous passons ensemble une très agréable soirée, comme je n'en ai pas encore passé depuis mon départ du Canada, une vraie soirée de jouissances intellectuelles. Ce sont deux prêtres non seulement affables, mais fort instruits, et parfaitement renseignés sur les affaires de leur pays. Il va sans dire que nous parlons à cœur ouvert et que j'ai plus appris, dans les deux heures que j'ai eu l'avantage de passer avec eux, que dans les cinq jours précédents. Ils m'ont invité à retourner demain matin ; je ne manquerai pas de me rendre à cette gracieuse et honorable invitation. Sur leur recommandation, je visiterai aussi, demain, les ruines de Sainte-Croix et de Cashel, les plus remarquables de l'Irlande.

Dublin, le 21 septembre.

J'ai assisté à la messe, ce matin, dans la belle cathédrale de Thurles. C'est un magnifique temple. Les autels, surtout, sont des chefs-d'œuvre : ils sont tout en marbre de diverses couleurs. Le tabernacle du maître-autel vient de Rome.

Après le déjeuner, Father Ryan me fait visiter le grand séminaire, belle et solide construction en pierre de taille où plus de cent ecclésiastiques suivent un cours théologique de huit ans. Puis nous avons parcouru rapidement le couvent des sœurs de la Présentation qui donnent l'instruction à plus de cinq cents élèves et reçoivent un nombre considérable d'orphelines. Ensuite, nous passons chez les révérendes dames ursulines qui ont un magnifique pensionnat. Elles ne sont pas cloîtrées comme les nôtres. La mère supérieure, apprenant que j'arrive de Québec, s'informe du procès de canonisation de la vénérable mère Marie de l'Incarnation. Toutes nos communautés, me dit-elle, font une prière spéciale pour obtenir la prompte canonisation de la Thérèse du Canada. La chapelle des ursulines est un véritable bijou. C'est ce que j'ai vu de plus beau en Irlande.

A dix heures je prends un *car* pour aller à Cashel, éloigné de Thurles d'une dizaine de milles. C'est aujourd'hui une ville peu considérable ; mais jadis c'était la résidence des rois de Munster. Saint Patrice lui-même y a fondé un diocèse.

Sur un rocher, près de la ville, s'élève une ruine imposante, la plus belle, dit-on, de toute l'Irlande ; c'est celle de la chapelle et de la tour ronde construites, en 901, par Cormac Mac-Cullenan, roi de Munster et évêque de Cashel, et du château et de la cathédrale, construits en 1134, par Cormac MacCarthy. Il y a aussi, tout près, une pierre druidique sur laquelle on a érigé une autre pierre représentant, d'un côté, Notre Seigneur en croix, et de l'autre, saint Patrice. C'est ainsi que partout dans le monde civilisé la vraie foi s'est élevée sur les ruines des faux cultes. Là où le christianisme n'a pu pénétrer, la barbarie règne encore. Il suffit de jeter un coup d'œil sur cette vénérable relique pour se convaincre que l'on est en face d'une véritable antiquité. Les chapitaux, les sculptures, les inscriptions font les délices des antiquaires qui ont beaucoup écrit sur cette ruine. Les connaissances voulues pour traiter pertinemment de pareils sujets me font absolument défaut ; il faut bien que je me contente d'admirer en silence ces figures étranges et à demi effacées. Dans la chapelle se trouve le tombeau du fondateur, Cormac MacCullenan. C'est un immense coffre en pierre, couvert de sculptures bizarres. On l'a ouvert il y a cent ans, et l'on a trouvé une crosse d'évêque, laquelle a été transportée au musée de l'Académie royale de Dublin. Dans la cathédrale et tout à l'entour se trouvent un grand nombre de tombeaux dont plusieurs sont très anciens.

En revenant de Cashel, je me suis arrêté un quart d'heure pour admirer une autre vieille ruine, celle de l'abbaye de la Sainte-Croix, construite en 1132, par Daniel O'Brian, roi de Munster, pour les moines cisterciens. On y conservait autrefois, assure-t-on, un morceau de la vraie croix ; de là le nom : *Holy Cross abbey.* Quelques-uns trouvent cette ruine encore plus belle que celle du rocher de Cashel. Chose certaine, c'est que même les profanes, comme moi, peuvent admirer les sculptures, car elles sont vraiment remarquables. Le tout est couvert de lierre, ce qui manque à la ruine de Cashel. On monte jusqu'au sommet des deux ruines par un escalier en spirale. Le panorama qui s'offre aux regards est très beau.

Après avoir passé une bonne partie de la journée à visiter ces antiquités, je retourne à Thurles. Là j'apprends que Mgr

MGR CROKE ARCHEV DE CASHEL.

Croke, absent depuis quelques jours, doit revenir vers cinq heures. Mais comme je dois partir bientôt après son arrivée, il me sera impossible de faire autre chose que saluer Sa Grandeur. N'importe ! Je pourrai toujours dire que je ne suis pas parti de Thurles sans l'avoir vue. Je me présente donc, accompagné de Father Ryan. Sa Grandeur me reçoit avec bonté et daigne me dire qu'elle regrette de ne pouvoir converser un peu plus longtemps avec moi, car, dit-elle, je m'intéresse grandement à tout ce qui vient de l'Amérique et surtout aux journalistes catholiques.

Mgr Croke est un homme de 64 ans, grand, vigoureux, bien conservé. Sa figure est sévère et respire une énergie extraordinaire. Sévère et énergique, il l'est quand il s'agit de combattre les ennemis de l'Église et de son peuple. Mais Father Ryan m'assure qu'avec ses prêtres, avec les enfants, il fait preuve d'une grande bonté, même de jovialité.

Je suis arrivé à Dublin, ce soir, vers neuf heures et demie, par une brume épaisse.

Dublin, samedi 22 septembre.

J'ai eu un terrible désappointement, ce matin. J'avais une lettre d'introduction pour le R. P. Wm Delany, S. J. Je comptais beaucoup sur cette visite au père Delany. Le matin, de bonne heure, je me rends à University College, Stephens Green, où l'on m'avait dit qu'il demeurait. Le portier m'informe qu'il est transféré, depuis deux mois, à l'église Saint-François-Xavier, Gardiner street. C'est à l'autre côté de la ville ; n'importe, je m'y rends en toute hâte. Là on m'annonce que le père Delany, obligé de voyager pour sa santé, est rendu en Angleterre et ne sera pas de retour avant une dizaine de jours. Heureusement, j'ai une lettre pour le père Bannon, S. J. que M. l'abbé McAuley, curé de Coaticooke, avait bien voulu me donner. Il demeure précisément ici et me reçoit avec une grande cordialité.

Le père John Bannon est un des plus beaux hommes que j'aie jamais vus ; grand de six pieds deux ou trois pouces et taillé en véritable Hercule. Il est très affectueux et vous met à l'aise tout de suite. Au bout de deux minutes nous conversons comme deux vieux amis. Il connaît son Irlande parfaitement, et bien d'autres pays et bien d'autres choses encore. Si j'en avais le temps, je vous ferais part de quelques-uns des anecdotes et des traits qu'il m'a contés, dans la demi-heure de conversation que j'ai eue avec lui. Ce sera pour plus tard. Il m'a invité à retourner le voir, ce que je ne manquerai pas de faire. Pour le moment, il faut que je termine mes lettres, si je veux profiter du prochain courrier.

Un mot sur Dublin et je mets fin à cette interminable correspondance.

La ville a une population de 250,000 habitants, environ. Elle est située sur la rivière Liffy qui la traverse de l'est à l'ouest et la divise en deux parties à peu près égales. Neuf ponts et plusieurs bateaux passeurs relient les deux rives. Les principales rues : O'Connell, Westmoreland et Dame, sont très belles. A propos de la rue O'Connell, voici un trait qui montre l'esprit national qui règne ici. Autrefois cette rue, la principale de toutes, s'appelait Sackville street. C'est encore son nom *officiel*, je crois. Mais ce nom anglais déplaisait aux patriotes irlandais qui résolurent, un beau matin, de l'appeler O'Connell street. Et à force d'énergie, ils sont en voie d'imposer ce nom. Voilà ce que c'est que l'esprit national.

Il y a plusieurs monuments importants que je tâcherai de visiter un peu ; jusqu'ici je n'ai pu les voir que de l'extérieur. Je dois partir lundi matin pour Galway et Connemara ; c'est-à-dire pour la partie la plus pauvre de l'Irlande.

Dublin est une ville dont l'origine véritable se perd dans la nuit des siècles. On croit que c'était l'*Eblana* que mentionne Ptolémée. *Duibhlinne*, comme le nom s'écrivait autrefois, veut dire : *Etang noir*. En 448, saint Patrice convertit le roi de Dublin et le baptisa à l'endroit appelé, le puits de Saint-Patrice, au sud de la ville. Au neuvième siècle, Dublin était la capitale des possessions danoises. Brian Borhu en prit possession en l'an 1000 ; puis les Danois rentrèrent de nouveau dans la ville. Enfin, en 1172, elle tomba au pouvoir de Henri II, roi d'Angleterre. Depuis lors, Dublin a été le théâtre de plusieurs luttes sanglantes entre Irlandais et Anglais.

TROISIÈME LETTRE

Sommaire :—La population de Dublin.—Quelques églises.—Odieuses spoliations.—Le Phœnix Park.—" Pardonnez-nous nos offenses comme nous pardonnons à ceux qui nous ont offensés." — Les édifices publics et statues. — Le port. — De Dublin à Galway.—Relations avec l'Espagne.—Le *Claddagh*.—L'amour de la justice *versus* l'amour paternel.— Les RR. PP. jésuites de Galway. — Dîner en famille.—Un vrai roi.—Eglise volée.—En diligence.—Pays inculte.—A propos de landlords. — Anecdote du père Bannon. — Une bonne récolte.—La mode.—Visite à Father Lynsky. — De Clifden à Westport.—Accueil sympathique.—Réflexions sur la manière de voyager en Europe et en Amérique.—La plaie du pourboire. — Croagh-Patrick.—Progrès matériel.—Nouvelles du pays.—Antiquités irlandaises — Remerciements à qui de droit.—La question scolaire. — Les fameux *outrages*.—Moissons célestes.—Le *boycottage*.—Le *plan de campagne*.— Emigration.—Félicitations à un confrère.

Dublin, dimanche le 23 septembre.

J'ai entendu la messe ce matin dans la très belle église des RR. PP. jésuites,—Saint-François-Xavier,—située sur le haut de la rue Gardiner.

A propos de messes le dimanche, à Dublin, voici ce que le père Bannon m'a raconté, hier soir :—Il y a, dans toute la ville, une soixantaine d'églises et chapelles. Presque dans chacune, les basses messes commencent à six heures et demie et se continuent, de demi-heure en demi-heure, jusqu'à midi. Et à chaque messe il y a foule.

Le père Bannon m'a aussi dit que les catholiques de Dublin sont très pieux ; qu'un nombre considérable de personnes communient tous les jours ; un nombre plus considérable encore, toutes les semaines ; tandis que la moitié au moins de la population s'approche de la sainte Table une fois par mois.

J'ai assisté aux vêpres et au salut, dans la pro-cathédrale, à 4 heures. Il y avait foule.

Dans le cours de la journée j'ai visité pour ainsi dire toute la ville, du nord au sud, de l'est à l'ouest ; j'ai parcouru les quais et les endroits les plus écartés, et je n'ai pas vu un seul homme sous l'influence de liqueurs enivrantes, pas un seul. L'ordre le plus parfait régnait partout. Il y a du mouvement, car l'observation du dimanche ici n'a rien de puritain, mais il n'y a pas de tapage, pas de *travail*, pas de scandale. En un mot, la tenue de la population m'a vraiment édifié.

Il y a plusieurs belles églises catholiques à Dublin, entre autres, la pro-cathédrale, ou l'église de l'Immaculée Conception. Trois immenses statues ornent la façade : celles de la sainte Vierge, de saint Patrice et de saint Laurent O'Toole. L'intérieur est peint à fresque.

L'église Saint-Patrice, temple vénérable et imposant, a été commencée en 1190 et terminée en 1370. Hélas ! depuis Cromwell, elle est livrée au culte protestant. Quel vol honteux et sacrilège ! C'est ainsi que l'on a fait les choses en Irlande (1). La terre, on l'a volée aux légitimes propriétaires pour la donner à des favoris ; les églises, on les livre à l'hérésie ; et si l'on n'a pas perverti les habitants, ce n'est pas faute d'avoir essayé de mille manières. Voilà le régime auquel l'Irlande est soumise.

Le Phœnix Park, situé à l'extrémité ouest de la ville, a une superficie de 1760 arpents et une circonférence de 7 milles. Il y a là de beaux arbres et un jardin zoologique qui renferme un certain nombre d'animaux sauvages. Mais, en somme, le

(1) On raconte que quelqu'un ayant demandé un jour à Swift, auteur des *Voyages de Gulliver*, de souscrire pour l'érection d'un temple protestant, le célèbre *doyen* répondit : "Ce n'est pas comme cela qu'il faut faire. On laisse les *papistes* construire des églises, puis on les vole !"

Phœnix Park ne vaut pas, selon moi, le parc central de New-York.

C'est dans ce parc qu'eut lieu, le 6 mai 1882, l'horrible meurtre de lord Frederick Cavendish, premier secrétaire de l'Irlande, et de M. Thomas Burke, sous-secrétaire, au moment où ils entraient chez eux.

Le *Herald*, de Tuam, a publié, à propos de ce lugubre événement, un récit fort édifiant que je crois devoir résumer pour montrer la puissance du bon exemple.

Joe Brady, l'un des *invincibles*, auteurs du double meurtre, était condamné à mort. Le jour fatal approchait et le malheureux ne voulait pas pardonner à l'*informer* Carey qui, après avoir trempé dans l'affreuse conspiration, s'était donné comme témoin contre ses complices. Brady se déclarait prêt à pardonner à tous les autres, au juge qui l'avait condamné, au bourreau qui devait l'exécuter, à tous, excepté Carey. "Celui-là, disait-il, je le maudirai jusqu'au dernier instant de ma vie." Le chapelain de la prison avait beau l'exhorter; il avait beau lui parler de l'Homme-Dieu innocent pardonnant à tous ses cruels ennemis; il avait beau lui dire qu'avec de tels sentiments dans le cœur c'était assurément l'enfer qui l'attendait; rien ne pouvait l'émouvoir, rien ne pouvait l'ébranler dans son effroyable résolution de mourir en maudissant son ennemi.

Le chapelain était au désespoir, et ne savait que faire pour arracher cette pauvre âme à la damnation éternelle. Tout à coup une inspiration du ciel lui vient. Dans un des couvents de Dublin est une religieuse, sœur de Thomas Burke, l'une des victimes du meurtrier. Le chapelain court au monastère et supplie la sœur de charité de se rendre auprès du misérable assassin de son frère. La religieuse, sans hésiter un instant, se transporte à la prison de Kilmainham. Sans dire qui elle est, elle se fait introduire dans la cellule du condamné. Brady l'écoute avec respect, mais ne donne aucun signe de repentir. Soudain, la religieuse s'écrie: "Je suis la sœur de celui que tu as si cruellement assassiné; et non-seulement je te pardonne, mais je viens t'aider à bien mourir, toi qui a envoyé mon frère devant son juge sans lui donner un instant pour se reconnaître. La délation de Carey t'envoie à l'échafaud, mais au moins tu as le temps de te préparer."

Cet appel de la religieuse fut l'instrument dont la grâce divine se servit pour remporter la victoire. Brady fondit en larmes, déclara pardonner à Carey comme aux autres, se confessa et mourut en chrétien repentant.

Les principaux édifices de Dublin sont le bureau de poste, le palais de justice, appelé *The four courts*, la caserne militaire, la banque d'Irlande (autrefois l'hôtel du parlement), Trinity College, et le *château* du vice-roi. Ce dernier édifice est principalement en brique et n'a guère de château que le nom. C'est une construction aussi laide que mal vue de la population.

Plusieurs statues ornent les principales rues : la plus belle est celle d'O'Connell, grandeur héroïque, près du pont de ce nom, à l'entrée de la rue Sackville, pardon, de la rue O'Connell, et presque en face de ma fenêtre. J'ai *tout à fait* en face de moi, entre l'hôtel impérial et le bureau de poste, une statue du trop fameux Nelson, plantée sur un piédestal qui doit avoir près de cent pieds de haut. Comme vous le voyez, il y en a pour tous les goûts ; mais pour le goût anglais, il y a peu de chose, car Dublin est une ville bien irlandaise, je vous l'assure.

La rivière Liffey, qui coule de l'ouest à l'est, au beau milieu de la ville, a tout bonnement l'apparence d'un canal ordinaire. Elle est parfaitement droite et encaissée par des murs en pierre de taille. On ne saurait rien imaginer de plus prosaïque. Dans la partie inférieure, en bas des ponts, on remarque un nombre considérable de navires à voiles et à vapeur. Le port de Dublin est mieux garni que celui de Québec ; mais les bâtiments qui le fréquentent ne sont pas aussi gros que ceux qui jettent l'ancre devant notre ville.

GALWAY, le 24 septembre.

Ce matin, j'étais sur la côte est de l'Irlande. Ce soir, me voici sur la côte ouest ; car il ne faut que cinq ou six heures pour traverser l'île en chemin de fer—et encore le train par lequel je suis venu est-il peu rapide. Parti à neuf heures du matin de Dublin je descendais à Galway à deux heures et demie— pourtant la distance n'est que de 126 milles.

A 15 milles à l'ouest de Dublin nous passons par la petite ville de Maynooth où se trouve le principal grand séminaire de l'Irlande. On y compte plus de 500 élèves en théologie. Le séminaire est un vénérable édifice gothique.

A Athlone, nous quittons la province de Leinster et entrons dans celle de Connaught. Dans les environs se trouve plus d'une ancienne ruine. La plus remarquable est celle du monastère de Clonmacnoise fondé en 544, et celle de la cathédrale érigée au commencement du 10e siècle.

A partir d'Athenry le pays devient rocailleux et pauvre. Ici, à Athenry, encore des ruines, car c'est une vieille ville dont l'origine remonte au temps des Saxons, paraît-il.

Enfin, nous arrivons à Galway, ville de 12,000 âmes aujourd'hui ; de 15,000 il n'y a pas bien longtemps.

Cet endroit devrait être très prospère et il l'était autrefois. Situé au fond d'une baie magnifique, il offre tous les avantages possibles au commerce maritime. C'est le port européen le plus proche de l'Amérique : la paroisse voisine de Saint-Jean, Terre-Neuve, selon l'expression du père Bannon. La distance entre Saint-Jean et Galway n'est que de 1,636 milles, tandis que la distance entre New-York et Liverpool est de 3,130, presque le double. De Halifax à Galway il y a 2,165 milles et de New-York ici, 2,700. Pour l'expédition des "malles" on pourrait gagner au moins huit heures, disent des personnes compétentes, si l'on voulait adopter cette route.

*_**

Autrefois, il se faisait un grand commerce entre le port de Galway et l'Espagne. Aujourd'hui tout cela est mort, je ne sais guère pourquoi. Il y a aussi en cet endroit un magnifique pouvoir moteur fourni par la décharge du lac Corrib. Cette rivière, qui descend en cascades vers la mer, pourrait alimenter un grand nombre de fabriques de tout genre ; à l'heure qu'il est, elle ne sert qu'à faire marcher quelques moulins à farine. Plusieurs autres moulins sont abandonnés. L'importation des farines américaines a ruiné les meuniers irlandais.

Les relations qui existaient jadis entre l'Espagne et Galway ont laissé leur empreinte : on la retrouve surtout dans le cachet particulier d'un grand nombre de vieilles maisons qui révèlent aux antiquaires le style moresque. Même pour un profane comme moi, il y a quelque chose de vraiment unique dans toutes les étranges arabesques qui ornent plusieurs édifices. On ne voit rien de semblable ailleurs qu'en Espagne, m'assure-t-on.

Il y a ici beaucoup de vieilles familles irlandaises, pur sang, des descendants, sans alliage, des anciens Celtes. Beaucoup parlent exclusivement l'irlandais, parmi les classes pauvres ; mais on remarque que ceux qui parlent l'anglais, le parlent mieux que les classes illettrées des autres provinces.

Un quartier de la ville s'appelle *The Claddagh*. Situé sur le bord de la mer, cet endroit n'est habité que par des pêcheurs. Ce sont des Celtes purs, qui ne se sont jamais mêlés aux Saxons et aux Normands. Presque tous parlent l'irlandais et ils ont leurs coutumes particulières qu'ils conservent religieusement. Ils élisent même un des leurs qu'ils appellent leur *roi*.

Tous les bateaux de pêche sont de même forme et de mêmes dimensions ; ils ont l'air un peu lourds, mais on les dit très sûrs. Demain, je me propose d'explorer un peu ce quartier, certainement l'un des endroits remarquables de l'Irlande.

Beaucoup de vieilles traditions à Galway. Par exemple, une inscription vous indique l'endroit où, en 1493, James

Lynch Fitz Stephen, alors maire ou premier magistrat de Galway, condamna à mort, et faute de bourreau, pendit son propre fils Walter, trouvé coupable de meurtre. Dans ce temps-là on faisait passer la justice avant toute autre considération.

La pêche au saumon, dans la décharge du lac Corrib, est très abondante. En regardant par-dessus un des ponts j'ai pu compter au moins une cinquantaine de magnifiques poissons que l'eau transparente laissait facilement apercevoir. On me dit que dans la véritable saison de pêche, les saumons sont littéralement *cordés* dans la rivière. Naturellement, cette pêche est la propriété exclusive du landlord.

Le père Bannon avait bien voulu me donner un mot d'introduction pour le père Hughes, S. J., recteur du collège Saint-Ignace, auquel est attaché une église qui porte le même nom. Le père Hughes a fait preuve, à mon égard, d'une amabilité vraiment extraordinaire. La première chose qu'il m'a dite, la voici : "C'est entendu, vous viendrez prendre le dîner avec nous à cinq heures et demie". Puis, il m'a conduit par toute la ville et m'a fait visiter le couvent des sœurs de la miséricorde *qui ont fait creuser un tunnel sous la rue* pour pouvoir communiquer avec une de leurs écoles, sans sortir. Il m'a aussi fait faire une très belle promenade dans les campagnes environnantes. Puis, au dîner, il m'a présenté à ses collègues, les pères Gallery, Flynn, Donovan, Lentaigne (celui-ci d'origine française) et Kenny. Depuis mon départ de New-York, c'est la première fois que je prends un repas "en famille." Ai-je besoin de le dire ? j'ai passé une belle et bonne *veillée* que je n'oublierai pas de sitôt. Car, après le dîner, nous avons conversé, jusqu'à huit heures et demie, de mille et une choses. Puis le père Hughes m'a fait monter à sa chambre pour une demi-heure, et a mis le comble à toutes ses amabilités en me reconduisant jusqu'à mon hôtel, malgré mes protestations. Le père Hughes a étudié en France (à Laval), à Rome et en Belgique. Le père Lentaigne a été longtemps en Espagne. Je me suis fait donner une courte leçon en prononciation espagnole.

Demain à midi, nous partons pour Clifden, petite ville située au cœur même de Connemara. Comme le chemin de fer se termine ici, il va falloir reprendre la diligence.

———

CLIFDEN, mardi le 25 septembre.

Ce matin, avant de partir de Galway, j'ai exploré le *Claddagh*. C'est un amas de maisons, ou mieux, de cabanes en pierre, couvertes de chaume, jetées pêle-mêle entre la ville proprement dite et la mer. La population de ce singulier bourg est de 4,000 environ. C'est là qu'on voit de vrais types et que l'on entend de l'irlandais. J'ai appris, ce matin, que le roi du *Claddagh* n'est pas précisément un roi pour rire. Il exerce beaucoup plus d'autorité que les rois constitutionnels de nos jours. Les différends qui surgissent entre ses 4,000 sujets lui sont soumis et ses décisions sont presque toujours acceptées. Il est très rare, paraît-il, que les habitants du Claddagh s'adressent aux tribunaux ordinaires.

Au milieu du *Claddagh* se trouve une petite et vieille église desservie par les pères dominicains depuis temps immémorial. Ce temple n'a rien de remarquable, à part son antiquité. C'est sa pauvreté qui l'a empêché de tomber entre les mains des hérétiques. Cromwell et les siens jugèrent que ça ne valait pas la peine de voler ce modeste sanctuaire. Il n'en a pas été de même de la cathédrale de Saint-Nicolas, vénérable construction qui date du 13e siècle et que les protestants ont volée, sans cérémonie aucune, aux catholiques.

Nous quittons Galway, à midi, par la diligence qui porte les "malles de Sa Majesté" et traversons le Connemara. Sur notre route se rencontrent les villages ou petites villes de

Maycullen et d'Oughterard. A partir de ce dernier endroit, situé sur le *lough* (*lac*) Corrib, et à 17 milles de Galway, le pays devient absolument sauvage et inculte. Nous ne franchissons pas les montagnes, comme dans le Kerry; nous les longeons constamment. Le pays a un aspect triste au delà de tout ce que l'on peut imaginer. Ce n'est que bruyères, montagnes, et marécages. Le sol est pauvre, il n'y a pas d'arbres, littéralement, à part deux ou trois petites oasis, à Ballinahinch, à Recess, etc. C'est désolant, navrant. Quelques cabanes par ci par là, mais pas une seule *maison*, si l'on excepte les casernes de la police. Celle-ci est bien logée, bien nourrie, et bien vêtue. C'est certainement une région plus morne, plus dénudée encore que le comté de Kerry. Là, au moins, il y a quelques vallées verdoyantes. Ici tout est brun, noir, sombre, monotone. Toutefois, les gens me paraissent moins misérables ici que dans les environs de Bantry, de Glengarriffe et de Kenmare; les cabanes sont un peu moins inhabitables peut-être. Cela doit s'expliquer par le fait que les *landlords* sont moins inhumains dans le district de Connemara que dans celui de Kerry. Ce dernier est l'un de ceux où les loyers sont écrasants au delà du possible, où les *landlords* font preuve d'une dureté inouïe. Là, un pauvre diable monte sur son dos, dans d'énormes paniers, un peu de glaise et un peu d'algues, qu'il dépose, précieusement, dans les anfractuosités des rochers; il entoure cette chétive terre rapportée d'une muraille pour empêcher les pluies de l'enlever; puis il y plante quelques légumes, sème peut-être un peu d'avoine. L'agent du *landlord* passe—le *landlord* lui-même est en Angleterre ou sur le continent—voit cette amélioration et augmente aussitôt le loyer; il le double, il le triple, il le quadruple. Le misérable fermier n'a pas le moyen de s'en aller ailleurs. Il n'est pas *libre*; il est obligé de se rendre aux exigences du *landlord*. Celui-ci, du reste, s'il chasse son fermier, ne lui donne rien pour les améliorations. Ce n'est pas là un tableau de fantaisie, c'est de l'histoire contemporaine et ancienne, en même temps. De tels *contrats* sont-ils de véritables contrats? sont-ils conclus dans les conditions voulues pour lier ? Je ne puis le croire. Et tous les théologiens à qui j'en ai parlé depuis que je suis en Irlande sont unanimes à dire que de telles conventions sont aussi nulles, en droit, que les promesses que le brigand vous arrache en vous mettant le couteau sur la gorge.

S'il y a moins de *rack-rents* dans le Connemara que dans le Kerry, la pauvreté est encore très grande ici. Car avec quoi voulez-vous payer un loyer quelconque ? C'est toujours la même solution. Les jeunes gens émigrent ; ils vont travailler aux récoltes en Angleterre ou dans les usines des Etats-Unis, afin de procurer à leurs familles le privilège de crever de faim sur le sol de la patrie. Voilà le système.

En passant à Baltinahinch il m'est revenu à l'esprit une petite anecdote que le père Bannon m'a racontée, l'autre soir.

Autrefois, il y avait ici un *landlord* du nom de Martin qui était bon pour ses fermiers, recevant ses loyers en nature et n'exigeant pas d'argent ; mais il n'avait guère d'autres qualités : il était violent, querelleur, et surtout plongé dans les dettes jusqu'aux oreilles. En ce temps-là l'emprisonnement pour dette était dans son plus bel épanouissement. Le débiteur ne pouvait pas être arrêté dans sa maison ; mais, par contre, il n'avait que le dimanche pour sortir. Tout autre jour de la semaine, s'il mettait le pied hors de sa porte, il s'exposait à se faire pincer.

Il y avait longtemps que les créanciers de Martin le guettaient, mais en vain : Martin ne sortait que le dimanche. Enfin on eut recours à la ruse. Connaissant le caractère emporté, quoique chevaleresque, de Martin, des conspirateurs firent mine, un jour, de vouloir se battre en duel sous les fenêtres mêmes du débiteur. Les préliminaires du combat péchaient contre toutes les règles de l'art et de l'honneur. Martin, n'y pouvant plus tenir, se précipite au dehors pour rappeler combattants et témoins au sentiment du *fair play*. Hélas ! C'est précisément ce que l'on attendait. Les prétendus duellistes ne sont que deux vulgaires huissiers qui empoignent le malheureux Martin et le traînent en prison.

Tout le long du chemin, entre Oughterard et Clifden, il y a une chaîne de petits lacs qui seraient fort pittoresques s'ils étaient entourés d'un peu de verdure. Mais un paysage sans arbres devient bientôt monotone au point d'être à peine supportable. Ces lacs sont assez poissonneux, dit-on. Naturellement tout cela appartient aux *landlords*, et ce ne sont que les *sportsmen* qui en profitent.

Une seule chose vient bien dans cette partie du pays : c'est la tourbe. De la tourbe, il y en a en quantités énormes. Partout, vous en voyez des tas gros comme des meules de foin.

Ici, presque toutes les femmes vont nu-pieds et tête nue. Même dans la ville de Galway, la moitié des femmes ne portent point de chaussures. Par contre, elles n'ont pas de *tournures*; il y a donc ample compensation.

Westport, mercredi, le 26 septembre.

Vous ne me direz toujours pas que je perds mon temps à flâner. Hier, j'ai fait 50 milles en diligence; aujourd'hui, 45. Demain, si Dieu le veut, je ferai une longue excursion en *cab* et à pied, et je vous en écrirai le compte-rendu à Dublin.

Ce matin, avant de partir de Clifden, j'ai fait une courte visite au curé de la paroisse, Father Lynski, qui n'a de polonais que le nom. C'est encore grâce au père Bannon que j'ai dû de connaître cet aimable prêtre qui m'a reçu avec cette exquise politesse et cette franche cordialité qui sont véritablement le trait caractéristique de tous les membres du clergé irlandais que j'ai eu l'honneur de rencontrer jusqu'ici. Malheureusement la diligence partait à neuf heures et un quart; de sorte que je n'ai pu échanger que quelques mots avec Father Lynski —ici tous les prêtres s'appellent *Father*, les séculiers comme les réguliers.—Mais ces quelques mots m'ont donné beaucoup de renseignements sur le Connemara. Comme je l'avais supposé, le pays est très pauvre; et si le peuple est moins misérable que dans le comté de Kerry, c'est dû à ce que les loyers sont moins écrasants ici que dans le sud. Il y a des *landlords* qui ont fait des réductions de loyer de pas moins de quinze *shillings* dans le louis, soit les trois quarts! Je soupçonne fortement l'abbé Lynski d'avoir grandement contribué à déterminer les seigneurs à faire cet acte d'humanité.

Father Lynski m'a aussi parlé d'une autre plaie de l'Irlande, celle du *prosélytisme* qui sévit tout particulièrement dans cette partie de l'Irlande. Profitant de la pauvreté de certaines familles, quelques ministres protestants tentent d'engager les enfants et même les parents dans la voie de l'hérésie, en leur offrant des avantages temporels. Heureusement ces tentatives sont ordinairement infructueuses; et quand elles réussissent ce n'est qu'à moitié. Quelquefois on détourne un catholique de sa religion, mais il devient tout simplement irréligieux, jamais *protestant pratiquant*. Tant il est vrai qu'on ne quitte pas de *bonne foi* la religion catholique. (1)

Le voyage de Clifden à Westport est plus intéressant que celui de Galway à Clifden. Le paysage est beaucoup moins monotone, beaucoup plus grandiose. Certes, ce n'est pas beau au point de vue agricole, loin de là. Les petits coins de terre arable sont clairsemés et de fort peu d'étendue. Les huttes sont toujours misérables, et souvent vous faites plusieurs milles sans en voir une seule. Mais les montagnes sont plus élevées et de formes plus variées. De temps à autre nous voyons la mer qui avance dans les terres par la baie de Clifden et celle de Killery. Nous longeons de jolis lacs et de petites rivières

(1) "Comme un signe dressé au milieu des nations, l'Eglise attire à elle ceux qui n'ont pas encore cru, et donne à ses enfants la certitude que la foi catholique qu'ils professent repose sur un très solide fondement."—Concile du Vatican.

bondissantes. La bruyère, à fleurs empourprées, le *whin*, espèce de houx nain, dont la fleur est jaune, et le fuschia sauvage en pleine floraison, reposent la vue. Sans la pauvreté navrante de quelques habitations que nous voyons, ce serait, pour le voyageur, un pays magnifique, bien qu'un peu triste, car ces landes et ces montagnes sans arbres ont un aspect morne. Sur tout le parcours, il n'y a littéralement que quelques bouquets d'arbres.

Nous passons par le petit village de Letterfrack, très propret, où il y a un bon hôtel, rendez-vous des *sportsmen* de l'endroit, car il a des bécassines et des coqs de bruyère dans ces parages.

Plus loin nous arrivons au lac et au défilé de Kylemare. *Kyle* veut dire *forêt*; et *mare*, *grande*. Toutefois, la forêt n'est *grande* que par comparaison. Sur les bords du lac, un *landlord* protestant, M. Mitchell Henry, a construit un véritable palais qui a les formes et les dimensions d'un château du moyen âge. Il a fait venir toute la pierre d'Angleterre. Cela a dû coûter des millions; car la petite chapelle protestante qu'il a fait bâtir près du château est évaluée à £30,000 sterling. Cette résidence vraiment royale, entourée qu'elle est de cabanes incroyablement pauvres, offre un coup d'œil qui ne fait guère aimer le *landlordisme*.

A Lesnane, à moitié chemin entre Clifden et Westport, autre magnifique hôtel fréquenté par les chasseurs anglais. Nous avons quitté le Connemara proprement dit et nous sommes dans le "pays de Joyce," une des divisions du comté de Galway. Ici, à Westport, nous sommes dans le comté de Mayo. Cette petite ville, de 4,500 habitants, est très bien située sur la jolie rivière Westport, et tout près de Clew Bay, l'une des baies les plus remarquables de l'Irlande. Mais ce qui rend Westport célèbre, c'est le voisinage de Croagh-Patrick, montagne que je me propose de gravir demain avant de partir pour Dublin.

**

Arrivé à Westport à cinq heures et demie, mon premier soin, après m'être débarrassé un peu de la poussière du chemin, a été de faire visite à Father Begley, administrateur, pour qui j'avais une carte de présentation de la part du père Bannon, et à son assistant, Father Canning, à qui Father Lynski avait bien voulu me présenter. Encore une soirée fort agréable, car ici, comme partout ailleurs, on me fait un accueil très sympathique, très affectueux. On me parle à cœur ouvert des souffrances du peuple irlandais. Autant que je puis en juger, le clergé irlandais, tant séculier que régulier, l'épiscopat en tête, est entièrement favorable aux aspirations nationales du peuple, aspirations qu'il dirige sagement, mais qu'il se garde bien de vouloir étouffer ou refouler. Aussi le clergé et le peuple n'ont-ils qu'un seul cœur et une seule âme. Le clergé vit de la vie du peuple, il prend part à ses joies et à ses douleurs; à ses douleurs surtout. Je vous parlais, l'autre jour, du père Kennedy, qui purge une sentence de six mois de réclusion dans la prison de Cork, pour avoir protesté contre les injustices des *landlords*. Voici que Father Begley m'apprend que deux prêtres d'Arklow viennent d'être condamnés à l'emprisonnement pour le même *crime*.

DUBLIN, jeudi le 27 septembre.

Me voici de retour dans la capitale de l'Irlande. Nous avons parcouru la distance entre Westport et Dublin, 161 milles, en cinq heures. Mais pour faire ce petit trajet il faut changer de convoi deux fois. Pour ceux qui voyagent avec beaucoup de bagages, c'est fort incommode; car il faut surveiller soi-même le transbordement de ses *impedimenta* si on ne peut pas les porter à la main. Le système américain est de beaucoup préférable, de l'aveu même des voyageurs européens qui tempêtent contre la manière dont les choses se font ici, mais qui paraissent impuissants à opérer le moindre changement. C'est quand on voyage à l'étranger qu'on apprécie mieux les avantages de notre système. Vous partez, par exemple, de Québec pour aller à n'importe quel endroit du Canada ou des Etats-Unis; vous faites enregistrer, ou *chéquer*, comme on dit, vos malles;

vous mettez votre contre-marque dans votre poche, et vous n'avez plus à vous inquiéter de rien. Au terme de votre voyage vous envoyez chercher vos paquets quand vous voulez. Ici, on met tous les bagages pêle-mêle dans un compartiment, et chacun réclame le sien le mieux qu'il peut. Je parle pour les autres, non pour moi-même, car en arrivant à Queenstown j'ai eu bien soin d'expédier ma grosse malle tout droit à Dublin, par le *goods train*, moyennant deux *shillings*; de Dublin, je l'enverrai à Londres, et de Londres à Paris. Je ne *trimbale* avec moi que le strict nécessaire. Aussi, quand il s'agit de changer de train, suis-je parfaitement à l'aise. J'ai même parfois le temps de voir faire les autres aux prises avec le redoutable problème *Looking after the luggage*. Il faut dire que les Anglais, les Irlandais et les Ecossais paraissent vouloir rendre ce problème aussi difficile que possible, car ils sont toujours entourés d'un tas de valises et de malles grosses et petites, de paquets de toutes formes et de toutes dimensions, de boîtes, de parapluies, de cannes, de couvertes, de châles, etc. Hier et aujourd'hui j'ai voyagé avec un homme qui avait tout cela, plus un chien. Rendu à Castlebar il avait déjà perdu une malle; et à Mullingar, où il a pris une autre route, il aurait oublié une boîte de cartouches—c'était un chasseur—si je n'étais pas venu à son secours. Pourtant, sa boîte de cartouches, il nous en avait entretenus souvent le long du chemin.

Pendant que je suis à parler de la façon de voyager en Europe, qu'on me permette de me soulager un peu à l'endroit des *pourboires*. De toutes les plaies, c'est la pire. Les Américains s'en plaignent, les Irlandais s'en plaignent, les Ecossais s'en plaignent, les Anglais s'en plaignent, tous ceux que j'ai rencontrés jusqu'ici s'en plaignent amèrement, et, cependant, le misérable système fleurit partout. Pourtant, je me trompe, on l'a aboli à Killarney. Cela prouve qu'on pourrait facilement l'abolir partout si l'on voulait. Ce qui m'a étonné surtout, c'est de rencontrer le pourboire sur les steamers de la ligne

Cunard. Il me semble que cette puissante compagnie pourrait payer convenablement ses employés, et ne pas les obliger à compter sur la générosité du public pour leur salaire.

Voici un petit trait pour vous donner une idée jusqu'à quel point on pousse le système. Vous achetez un billet de diligence, disons de Bantry à Glengarriffe ; sur le billet on a imprimé : *Driver's fees included.* Ce qui n'empêche pas le cocher, au bout du chemin, de tendre la main pour son *fee.* La première fois que cela m'est arrivé, j'ai cru naïvement à une méprise, et j'ai montré au cocher la déclaration du billet. *We get nothing, Sir,* fut sa seule réponse. Là-dessus j'ai payé comme les autres ; mais rendu à Dublin, je m'en suis ouvert à l'agence de Thomas Cook & Son, dans des termes très clairs. On a bien voulu reconnaître que c'était une imposition scandaleuse, et l'on a ajouté d'un air superbe : " Nous y mettrons fin, *l'année prochaine.*"

A Westport, ce matin, j'ai pris un *car* à huit heures pour me rendre à Croagh-Patrick—c'est-à-dire Mont-Patrice—sur le sommet duquel je m'étais proposé de grimper, afin de jouir du coup d'œil vraiment unique que l'on a de cette hauteur. La cime de la montagne était couverte de brume, et j'ai dû, à mon grand regret, me contenter de faire à peu près le tiers du chemin ; mais, même de cette hauteur relativement peu considérable, la vue s'étend au loin sur Clew Bay, longue de vingt milles, large de dix, et toute parsemée d'îles, d'îlots et de rochers. Au sommet de Croagh-Patrick, qui a 2,510 pieds de hauteur, la vue embrasse, non seulement Clew Bay, mais une vaste étendue de pays, de montagnes, de bruyères, de champs, au nord, à l'est et au sud ; et à l'ouest s'étend l'océan sans bornes.

Croagh-Patrick est un véritable lieu de pèlerinage pour les Irlandais catholiques. A certaine époque de l'année on y dit la messe, je crois. D'après la tradition, saint Patrice avait l'habitude de se retirer sur cette montagne pour jeûner pendant le carême. On dit que c'est là, aussi, qu'il a réuni tous les reptiles de l'île pour les précipiter dans la mer. Chose certaine, c'est que dans toute l'Irlande on ne saurait trouver ni serpents, ni couleuvres, ni crapauds.

J'ai entendu raconter qu'un touriste américain, voulant plaisanter un brave Irlandais sur cette légende, l'interpella ainsi : " Dis donc, Pat, que sont devenus tous les serpents et les crapauds que saint Patrice a chassés de l'Irlande ? " Et Pat de répondre, avec un sang froid imperturbable : " On prétend les avoir vu *ressourdre* de l'autre côté de la mer, où ils se sont tous changés en *yankees*." L'Américain n'a pas insisté davantage.

Je suis arrivé à Dublin ce soir, à six heures, par une pluie battante ; c'est la première pluie que nous ayons eue depuis que je suis débarqué à Queenstown. Les rues paraissent sombres ici, car je n'ai pas vu une seule lumière électrique, même sur O'Connell street, la principale artère de Dublin. Le téléphone n'est guère connu ici, non plus. Vous pouvez voir par là que, sous le rapport du progrès matériel, les villes américaines—même Québec—sont en avant. Si le progrès matériel constituait toute la vie de l'homme, l'Amérique serait certainement, et de beaucoup, le premier pays du monde.

DUBLIN, vendredi le 28 septembre.

Mon séjour en Irlande touche à sa fin. Demain soir, je coucherai à Londres, selon toutes les probabilités humaines.

Ce matin, aussi de bonne heure que la plus simple convenance le permettait, je me suis rendu à la résidence des RR. PP. jésuites, Stephens Green, et j'ai demandé à voir le R. P. Wheeler, ministre de la maison. Comme toujours, je suis reçu avec la plus grande bonté ; et de plus on me remet des lettres du Canada qui m'attendaient depuis lundi, sans doute. Grosse affaire dans la vie d'un homme que de recevoir des nouvelles de chez soi sur une terre étrangère et lointaine ! C'est une jouissance extraordinaire qu'il faut avoir éprouvée pour la comprendre.

Le père Wheeler m'entretient longtemps des affaires de l'Irlande et me présente ensuite au père Murphy qui me fait visiter le musée Royal de Dublin. Ce musée renferme des antiquités remarquables; des manuscrits vénérables; des crosses d'évêques et d'abbés mitrés du sixième, septième, huitième siècles ; des cloches aussi vieilles que le christianisme en Irlande—car il y en a une qui date du temps de saint Patrice ; —des lampes druidiques plus vieilles encore que le christianisme; des reliquaires, des croix, des calices ; puis des haches de guerre, des lances, des trompettes en bronze, etc. J'y ai vu la crosse de Cormac MacCullenan, évêque et roi de Munster, fondateur de la chapelle à Cashel, dont je vous ai parlé dans ma dernière lettre. Cette crosse est en bronze et elle est travaillée avec un art merveilleux. Il en est de même de plusieurs reliquaires et calices en or. Les lignes de l'ornementation sont tellement fines qu'il faut les examiner à la loupe ; et, cependant, elles ont été tracées avant l'invention de la loupe, m'assure le père Murphy. Une demi-heure passée dans ce musée suffit pour vous convaincre que la plus haute civilisation régnait en Irlande à une époque où beaucoup d'autres pays d'Europe étaient encore plongés dans la barbarie. Dans ces siècles lointains, l'Irlande était le foyer de la civilisation chrétienne, envoyait ses missionnaires dans toutes les parties du monde connu, et recevait de partout des élèves qui venaient puiser dans ses écoles la religion, les sciences et les arts. C'étaient les beaux jours de l'Irlande, avant l'invasion des Danois, des Saxons, des Normands et des Anglais.

Le soir, après souper, je me rends à la résidence des PP. jésuites, rue Gardiner, pour dire adieu au père Bannon, et pour le remercier de ses bontés. Il me donne encore un mot d'introduction pour les pères de Londres, et de précieux renseignements sur la grande cité.

*_**

Je désire offrir ici au père Bannon, au père Wheeler, au père Murphy, au père Hughes, de Galway, et à tous les autres prêtres, séculiers et réguliers, dont j'ai mentionné les noms au cours de cette lettre et dans ma dernière, l'expression de ma profonde et éternelle reconnaissance pour leur charité, leur urbanité à mon égard, et pour les services signalés qu'ils m'ont rendus. Le souvenir des heures agréables que j'ai eu la bonne fortune de passer avec eux est gravé dans ma mémoire et ne s'effacera jamais.

*_**

Maintenant pour terminer cette dernière lettre que j'écrirai en Irlande, quelques pensées jetées pêle-mêle sur le papier, telles qu'elles viennent à l'esprit.

Et d'abord je ne prétends pas avoir fait une *étude* de l'Irlande Qui pourrait faire l'étude d'un pays et d'un peuple dans quinze jours ? Je n'ai pu acquérir que quelques notions générales, qu'effleurer les grands et graves problèmes sociaux qui s'agitent ici. Je donne donc mes impressions pour ce qu'elles valent.

*_**

La question scolaire, en Irlande comme ailleurs, est de la plus haute importance. Il existe par tout le pays un système d'*écoles nationales*, soi-disant. Ce sont des institutions gouvernementales. Les lecteurs de la *Vérité* savent ce qu'il faut penser de l'Etat enseignant, surtout quand cet Etat est hérétique ou athée. Ces écoles sont *neutres* ; on n'y enseigne point la religion pendant les heures des classes ; les livres sont *neutres* et font silence sur les grandes vérités de la foi. C'est vous dire qu'en théorie ces écoles sont radicalement mauvaises ; qu'elles ont été instituées, par les ennemis de l'Irlande, pour déchristianiser et dénationaliser le peuple. Aussi les catholiques, les évêques et le clergé en tête, se sont-ils toujours montrés défiants à l'égard de ces institutions; ils se sont appliqués à neutraliser les mauvais effets du système, à le contrôler, à le modifier autant que possible. Et certes la plus grande prudence sur ce terrain n'était pas et n'est pas encore de trop, car tous reconnaissent que le système, théoriquement, est faux et nuisible et ne peut être que toléré, en attendant mieux. D'autres vont plus loin encore et ne veulent avoir absolument rien à faire avec ces écoles. Ont-ils tort ? Ce n'est pas à moi à me prononcer sur une question aussi délicate.

Malgré l'agitation politique et sociale à laquelle l'Irlande est livrée, les crimes agraires, ce que les Anglais appellent *outrages*, sont très rares, quoi qu'on en dise. Quand il se commet quelque acte de vengeance en Irlande, tout le monde le sait, le télégraphe et la presse en portent le récit jusqu'aux confins du globe. Les crimes analogues commis en d'autres pays passent pour ainsi dire inaperçus du reste de la terre. D'ailleurs, il est certain, me disent des personnes absolument dignes de foi, que plus d'un *outrage* a été commis par la police pour donner un prétexte à la coercition.

Certes, il faut condamner les actes de vengeance, et tous les catholiques irlandais les condamnent ; mais aussi il faut tenir compte de la provocation qui, parfois, est vraiment terrible. Par exemple, tel vieux *landlord* qui a été tué, il y a quelques années, et que je pourrais nommer, était un scélérat qui ne se contentait pas de pressurer ses fermiers, mais qui, chaque fois qu'il le pouvait, déshonorait les familles.

Puis les évictions, c'est une chose *légale*, sans doute, mais quelle barbarie on y met, parfois quelle injustice ! Par exemple, voici un petit coin de terre qui a été cultivé de père en fils, depuis des générations ; souvent ce coin de terre a été littéralement *créé* par le fermier, par son père, par son grand-père. C'est un ancien marais qu'on a desséché, une bruyère qu'on a mise en culture, un rocher qu'on a recouvert de terre. Toute la richesse que possède cette ferme, c'est le fermier actuel ou ses ancêtres qui en sont les auteurs. Qu'a fait le *landlord*? A fur et à mesure que la terre a augmenté en valeur, il a augmenté le loyer. Arrive un moment où le fermier, sa femme et ses enfants ont beau travailler et peiner du matin au soir, une récolte manque ; alors ils ne peuvent plus payer de loyer. Vient ensuite l'éviction, sans miséricorde, et sans la moindre compensation pour les améliorations dues uniquement au travail du fermier. Voilà, sans exagération, le système qui prévaut ici depuis des siècles. Et remarquez bien que, dans les commencements, du temps de Cromwell et d'Elizabeth et depuis, les terres qui sont aujourd'hui en la possession des *landlords* ont été *volées*, tout bonnement, aux propriétaires légitimes pour récompenser des favoris. Et l'on s'étonne de voir qu'il y a quelques actes de violence en Irlande ! Ce qui est vraiment étonnant, c'est de voir qu'il n'y en a pas plus. Dieu seul peut mesurer le degré de responsabilité de chacun, de ceux qui provoquent comme de ceux qui se vengent. Mais une chose à laquelle on ne songe pas assez, c'est qu'à côté des actes de violence dont on parle tant, il y a des milliers et des millions d'actes de sublime résignation, de pardon chrétien, de patience surhumaine que les anges gardiens de ce peuple enregistrent silencieusement depuis des siècles dans le livre de vie, et qui ne seront connus qu'au grand jour du jugement. Quelles riches moissons pour l'éternité fleurissent sur ces landes stériles, sur ces arides rochers !

A propos des actes de violence, on remarque qu'ils sont beaucoup moins fréquents, inconnus pour ainsi dire, dans les districts où les évêques sont favorables au mouvement national, où ils le dirigent et où ils permettent aux prêtres de s'y mêler en le dirigeant. Dans les rares endroits où les évêques ont cru devoir s'opposer à l'organisation de la ligue agraire et défendre à leurs prêtres d'y prendre part, les *outrages* sont beaucoup plus fréquents. C'est un fait historique qui ne manque pas d'importance, et que je tiens de personnes absolument dignes de foi.

S. E. LE CARD. RAMPOLLA.

Les lecteurs de la *Vérité* savent ce que c'est que le *boycottage* ou l'interdit social dont il a été souvent question. C'est un remède violent qui n'est justifiable que contre un ennemi déclaré de l'Eglise ou de la société civile. On le conseille comme remède contre les ravages de la franc-maçonnerie, puisque la ligue anti-maçonnique, louée et bénie par Léon XIII, n'est rien autre chose que le *boycottage* chrétien. Mais pour que ce remède ne dégénère pas en manque de charité, il doit être appliqué pour le bien général, et non point en vue d'une vengeance personnelle ; on ne doit pas, non plus, y recourir pour des motifs insuffisants.

Les journaux mentionnent souvent aussi le *plan de campagne*. Il est bon de savoir au juste ce que c'est. J'ai parlé, tout à l'heure, des fermiers qui ont vu leurs loyers injustement augmentés d'année en année jusqu'au point d'en être écrasés. Le *plan de campagne* est tout simplement une organisation qui offre, au nom des fermiers, un loyer jugé raisonnable. Si les *landlords* refusent d'accepter la somme offerte, elle est déposée en lieu sûr, en attendant une solution de la difficulté. Sans doute, le fermier n'a pas le droit de fixer lui-même le loyer ; mais on répond à cette objection en disant que les organisateurs du *plan de campagne* offrent, non point une somme arbitraire, mais un loyer basé sur l'évaluation des terres faite par le gouvernement, il y a quelques années. Mais voici une autre objection : le fermier a consenti à payer tel loyer ; c'est donc un contrat aux termes duquel il est tenu en stricte justice. Oui, répond-on, si le contrat a été librement consenti de la part du fermier ; non, si le fermier ne jouissait pas d'une liberté suffisante. Etait-il dans la possibilité physique et morale de consentir ou de ne pas consentir aux exigences du landlord ? d'abandonner sa terre et de s'expatrier ? N'était-il pas dans le cas d'un homme qui, pour s'empêcher de mourir de faim, promettrait à un boulanger avaricieux de payer vingt piastres un pain de vingt sous ? Pour des raisons que chacun comprendra facilement, je me contente d'exposer l'état de la question tel qu'on me l'a présenté.

Un mot sur le fléau de l'émigration. Depuis 1851, plus de 3,000,000 ont quitté l'Irlande : 95,000 en 1880 ; 78,000 en 1881 ; 89,000 en 1882 ; 108,000 en 1883 ; 75,000 en 1884 ; 62,000 en 1885, etc. Cette année, le chiffre a déjà atteint 80,000, je crois.

Cette émigration du peuple irlandais est-elle réellement un fléau ? Oui, elle l'est, sans aucun doute, sous certains aspects. Mais, d'un autre côté, c'est un mal dont Dieu tire un immense bien. Ces millions d'Irlandais contraints de s'expatrier par un système politique cruel et injuste, vont porter le flambeau de la vraie foi dans tous les pays où la langue anglaise est parlée, particulièrement aux Etats-Unis et en Australie.

DUBLIN, samedi le 29 septembre.

Je viens de lire dans le *Courrier du Canada*, du 8 et du 10 septembre, la suite de la réfutation de *Gallus*. M. Chapais et moi avons différé d'opinion assez souvent et d'une manière assez accentuée pour que je puisse, sans être accusé de tomber dans l'admiration mutuelle, lui offrir mes plus sincères félicitations. Il a fait là une œuvre vigoureuse, une œuvre de maître qui l'honore grandement. Ce pauvre *Gallus* se fait il éplucher, éreinter et confondre de la belle façon ! Aussi est-il mal tombé, le digne homme ; car s'il y a une question que M. Chapais possède à fond, c'est bien celle que *Gallus* a voulu maltraiter (1).

(1. Il s'agissait d'une discussion sur le libéralisme. M. Chapais, parlant de Lacordaire, avait dit que l'éloquent dominicain ne s'était pas toujours suffisamment préservé contre l'illusion libérale. Cette simple réserve, qui s'impose, du reste, fit partir en guerre l'estimable *Gallus* que tout le monde a fini par reconnaître : ce n'était autre que le R. P. Maricourt, supérieur des RR. PP. dominicains de Saint-Hyacinthe. Peu après cet incident, le père Maricourt fut rappelé en France.

QUATRIÈME LETTRE

Sommaire.—Londres par une nuit pluvieuse.—Souvenirs.—Aspect général du pays.—Un franc-maçon complaisant ou un *shilling* bien placé.—A la chapelle de Maiden Lane.—Fausses impressions sur Londres.—L'immensité de la ville.—Chez les frères et chez les pères.—A la cathédrale.—Prédicants.—Musées et exposition.—Hyde Park.—Un peu de navigation.—Le grondement de Londres.—Les rues.—La population catholique.—Meurtres.—Visite à l'est.—La cité.—Saint-Paul.—Mansion House.—Guild Hall.—Antiquités romaines.—La Tour de Londres.—Whitechapel.—Le chemin de fer souterrain.—Regent's Park.—Le collège de Tooting.—Chez madame Tussaud.—Notre-Dame de Willesden.—Un inventeur anglais.—Un jésuite poëte.—L'église de Farm street.—Un trait de fanatisme.—L'abbaye de Westminster.—Tombeau d'Edouard le Confesseur.—Persécutions secrètes.—Une statue de la sainte Vierge.—La conversion de l'Angleterre.—Le libéralisme anglais.

Londres, samedi le 29 septembre.

Londres, par une nuit pluvieuse, je te connaissais d'avance : Dickens m'avait parlé de toi.

Quand le grand romancier anglais veut donner un encadrement à quelque tableau lugubre, il décrit les rues de Londres, par un temps de pluie ou de brume ; et certes, un tel encadrement convient au tableau le plus lugubre que l'imagination puisse concevoir.

Je redoutais Londres. Il me semblait que l'affreuse nostalgie que, jusqu'ici, j'ai pu tenir à distance, y fondrait sur moi, impitoyablement. Les prières de mes amis, m'ont, sans doute, épargné cette épreuve. Car me voici arrivé dans la grande cité, par le temps le plus défavorable qu'il soit possible d'imaginer, temps gris et pluvieux, au milieu de la nuit, et cependant aucun symptôme de nostalgie ne se manifeste. Disons *Deo gratias*, du fond du cœur.

A la place de l'ennui que je craignais, je n'éprouve qu'une douce émotion. C'est ici même qu'est née ma mère. Que de souvenirs, tristes mais sans amertume, surgissent en moi ce soir! Cette famille anglaise que le malheur éloigne de ce pays d'hérésie et qui trouve, en Amérique, au milieu de durs labeurs, le don inestimable de la foi; cette mère que j'ai à peine connue; cette tante, cet oncle qui m'ont élevé et qui dorment, depuis de longues années, dans la paix du Seigneur; les années de mon enfance, de ma première éducation tout anglaise, mais profondément catholique; tout ce lointain passé revient et me parle au cœur.

**

Que dirai-je du voyage de Dublin à Londres ? Peu de chose, car le trajet a été sans intérêt particulier. Parti à neuf heures et demie du matin, je suis arrivé à dix heures et demie du soir: treize heures de marche, presque sans arrêt. A Dublin, nous avons pris le paquebot *Rose*, un solide bâtiment à roues; nous avons descendu la Liffey entre deux rangées de navires de tout genre, puis entre la rive plate du nord et les belles collines du sud; enfin nous avons traversé, en quatre heures et demie, le détroit de Saint-Georges lequel, entre Dublin et Holyhead, est large de 69 milles. Pas la moindre vague, pas de roulis, pas de tangage; par conséquent, pas de mal de mer.

A Holyhead, situé au coin nord-ouest du pays de Galles, le train nous attend, et nous filons, presque aussitôt, vers Londres, en passant par Bangor, Chester, Crewe, Stafford, Rugby et une foule d'autres villes dont j'ai oublié les noms, une distance de 263 milles. Les villes sont rapprochées et florissantes en Angleterre; les campagnes sont fertiles et bien cultivées. Quel contraste entre ce pays et certaines parties de l'Irlande que je viens de voir! Pas de terrain perdu ici: on cultive des choux, des navets, des pommes de terre entre la voie ferrée et les haies qui la longent. En général, le paysage est plat et peu pittoresque ; c'est joli, voilà tout. Cependant, entre Holyhead et Bangor, nous passons près de la mer et au pied de falaises assez imposantes. A partir de Crewe il faisait nuit.

Les employés des chemins de fer anglais sont très polis et infiniment plus complaisants que leurs congénères américains, tant au Canada qu'aux Etats-Unis. L'agence Cook, à Dublin, m'avait donné un billet pour Londres absolument ridicule. Rendu à Chester, d'après ce billet, au lieu de continuer tout droit par le North-Western, je devais prendre le Great Western. Or, par cette dernière route je ne serais arrivé à Londres que demain à midi ! Ne connaissant aucunement le chemin, j'avais accepté le billet sans défiance. Imaginez, si vous le pouvez, le moment de bonne humeur que j'ai éprouvé en apprenant cette réjouissante nouvelle ! Heureusement, j'avais eu l'excellente idée de glisser un *shilling* dans la main du chef du train en partant de Holyhead. C'est étonnant ce qu'un *shilling* peut faire. Voilà mon homme— un franc-maçon pourtant, puisqu'il portait une épinglette maçonnique—qui se met de mon côté, intercède auprès du chef de gare et du contrôleur des billets à Chester, et fait si bien qu'on finit par accepter mon billet. C'était un vrai tour de force : car c'était à peu près comme d'essayer de vous rendre de Québec à Montréal par le chemin de fer du Pacifique avec un billet du Grand Tronc. Le contrôleur des billets prétendait pouvoir se faire rembourser par la compagnie du Great Western. Je lui souhaite bonne chance. Toujours est-il que c'est la première fois que je ne regrette pas d'avoir donné de l'argent à un franc-maçon. Le malheureux ! s'il avait su à qui il avait affaire, je serais encore à Chester, sans aucun doute, malgré mon *shilling*.

Me voici donc à l'Arundel Hotel, sur le Strand. La maison me paraît fort convenable, propre, tranquille et centrale. Si je puis trouver une église, demain matin, dans ce dédale de Londres, je serai au comble de mes vœux.

LONDRES, dimanche le 30 septembre.

La petite église de Maiden Lane se trouve à cinq minutes de mon hôtel. Je me suis rendu sans la moindre difficulté pour la messe de 8 heures. Il y avait foule et beaucoup de communions. C'est aujourd'hui que se disent, dans toutes les églises et chapelles de l'univers, des messes de requiem pour donner à l'Eglise souffrante sa part des réjouissances du jubilé pontifical : fête touchante et unique, si je ne me trompe, dans les annales de l'Eglise.

C'est en assistant à la messe en pays étranger qu'on se rend tout à fait compte de l'admirable unité de l'Eglise : unité de croyance, unité de culte. J'aurais pu me croire à Québec à la chapelle de la Congrégation de la haute ville—avant son ornementation. Jusqu'à la cloche qui a le même son, absolument.

Après le déjeuner, j'ai commencé mes explorations à travers les rues de Londres.

D'abord, on a calomnié la grande cité ; les Anglais eux-mêmes l'ont calomniée, Dickens tout le premier. Il est vrai que je la vois aujourd'hui par un temps superbe. Mais où est cet éternel nuage de fumée qui, dit-on, enveloppe la ville du matin au soir et la tient constamment dans une demi-obscurité ? Il n'en existe pas la moindre trace. Le soleil darde ses rayons dans tous les coins et recoins, tout comme à Québec. Moi qui déteste toutes les grandes villes, je suis presque tenté d'aimer Londres ! Quel goût dépravé, dira-t-on. Peut-être. Mais je m'étais figuré une ville sale, boueuse, sombre ; et je trouve de belles grandes rues, larges, propres, bien pavées, pleines de lumière. J'en aurai peut-être une autre idée demain ; mais en attendant je suis "agréablement surpris." Et cette pauvre Tamise, ce n'est pas un simple canal vaseux, comme je le croyais, c'est une vraie rivière, petite à côté du Saint-Laurent, sans doute ; mais enfin, c'est une rivière.

Mais ce qui vous empoigne le plus, c'est l'immensité de Londres. Vous prenez un plan de la ville et vous vous dites : de tel endroit à tel autre, ce n'est pas loin ; allons-y à pied ; c'est une affaire de dix minutes. Puis vous vous mettez en route. Vos dix minutes se sont écoulées, et c'est à peine si vous avez fait trois ou quatre rues. Les dix minutes s'ajoutent aux dix minutes, vous allongez le pas. Enfin, vous êtes rendu à destination, mais vous avez mis trois quarts d'heure ou une heure à parcourir une distance qui, sur la carte, paraissait insignifiante.

Ma première course a été à l'académie Saint-Joseph, 164 Kennington Road. C'est une école dirigée par les frères des Ecoles chrétiennes, et je comptais y trouver le cher frère Aphraates que j'avais bien connu alors qu'il était directeur des Glacis. Hélas! il paraît que je suis voué aux désappointements : après le père Delany, le frère Aphraates ! Celui-ci n'est plus à Londres, il est parti pour l'Amérique ; il a dû débarquer à New-York aujourd'hui même. Heureusement, comme à Dublin, j'ai deux cordes à mon arc. Le cher frère Stephen, de Québec, m'avait donné une lettre circulaire. C'est le temps de m'en servir. Effet magique ! Les frères me reçoivent avec autant de cordialité que s'ils m'avaient connu depuis vingt ans. Ils sont obligés d'assister à la grand'messe de requiem, à la cathédrale Saint-George ; mais ils insistent pour que je revienne prendre le dîner avec eux, en famille, à une heure.

En attendant, je me rends à Farm street, près de Hyde Park, où les pères jésuites ont une résidence. Le père Christie, vénérable vieillard, me reçoit avec une grande bonté et me fait promettre de revenir quand les autres pères seront libres : ils étaient tous à la grand'messe, eux aussi.

Je retourne à la rue Kennington où je dîne avec les frères entourés de leurs élèves pensionnaires, une quinzaine. Ce sont presque tous de jeunes Français qui viennent ici apprendre l'anglais. La semaine, il leur faut parler la langue du pays ; mais comme c'est un dimanche on leur permet l'usage du français. Aussi s'en donnent-ils un peu ! C'est le premier français que j'entends depuis mon départ de New-York. Ça réjouit l'oreille.

Je fais la connaissance de M. L.-J. Gaynor, professeur laïque (catholique bien entendu) au collège de Tooting, vaste établissement que les frères viennent d'ouvrir à cinq milles au sud de Londres et qui remplace le *collège* Saint-Joseph, de Clapham—ne pas confondre avec l'académie Saint-Joseph, Kennington Road. M. Gaynor m'invite à visiter le nouveau collège, ce que je me propose de faire.

L'après-midi se passe fort agréablement. Et à six heures et demie le frère directeur et M. Gaynor me conduisent à la cathédrale Saint-Georges où a lieu une grande cérémonie qui dure plus de deux heures : vêpres, présidées par Mgr Butts, évêque du diocèse ; sermon sur la fête du jour, par le grand vicaire, M. le chanoine Murnane ; chant solennel du *Miserere*, et bénédiction du Saint Sacrement. La vaste église, qui peut contenir plusieurs milliers de personnes, est remplie. Le chant, dirigé par les frères et exécuté par leurs élèves pensionnaires et externes—ces derniers sont très nombreux—est beau.

Remarquez bien que la cathédrale Saint-Georges n'est pas du tout dans le diocèse du cardinal Manning ; c'est la cathédrale de Mgr Butts, évêque de Southwark ; car la ville de Londres renferme deux diocèses catholiques : Westminster au nord de la Tamise, Southwark au sud.

J'ai vu quelque part qu'un farceur avait fait un tableau de Londres, le dimanche : une rue remplie de brume et un *policeman* solitaire qui baille à se disloquer la mâchoire. C'est une charge abominable. Il y a bien assez de mouvement à Londres, le dimanche. Les omnibus, les tramways et les chemins de fer, tout cela roule du matin au soir. Ce qui ne veut pas dire que le puritanisme n'existe pas ici : il affecte même des formes quelque peu grotesques, dans certaines affiches, par exemple, sur la nature desquelles je n'ai pas besoin d'insister.

Le dimanche soir, aux coins des rues, des prédicants enthousiastes réunissent de petits groupes et les haranguent ; puis ils chantent, d'une voix peu mélodieuse, des hymnes quelconques. En revenant à mon hôtel, tout à l'heure, j'ai remarqué deux ou trois de ces attroupements. A part ces prêches populaires, il y a l'armée du salut, qui fait un peu de tapage.

———

Londres, lundi 1er octobre.

Visiter Londres et bûcher à la grande hache, ce sont deux besognes à peu près analogues au point de vue de la fatigue ; je préfère cependant la grande hache.

J'ai consacré la journée à parcourir l'ouest et le sud-ouest de Londres—une partie, s'entend. Plus je vais, plus l'immensité de cette ville m'accable. Il faut la voir pour s'en former une idée. Je trouvais New-York grand après Québec ; mais c'est un village à côté de Londres. La ville de New-York est longue mais étroite : de l'est à l'ouest, vous la traversez facilement. Mais Londres s'étend à peu près également de tous côtés. Vous pouvez parcourir des milles et des milles, et vous êtes toujours en pleine ville.

J'ai visité, aujourd'hui, les musées de Kensington, l'exposition italienne, l'église catholique de l'Oratoire et Hyde Park. La journée y a passé et je n'ai fait que parcourir rapidement les différents édifices. Pour examiner en détail ce que j'ai vu, il faudrait plusieurs journées. Les musées sont vastes et renferment une foule d'objets intéressants. La collection de minéraux, de pierres précieuses, de marbres, de minérais, etc., doit être très complète, ainsi que la collection d'animaux, d'oiseaux et de poissons empaillés. Il y a toute une galerie où il n'y a que des oiseaux-mouches. Quelle variété de formes et de couleurs ! Et quelques-uns prétendent que tout cela est l'effet du hasard ! Singulier hasard qui peut peindre avec toutes les couleurs de l'arc-en-ciel et qui y met une habileté que nul homme ne peut atteindre !

L'extérieur de l'église de l'Oratoire est loin d'être remarquable ; la façade n'est pas terminée. Mais l'intérieur, tout en marbre de diverses couleurs, est très riche.

Hyde Park est le rendez-vous des londonniens qui n'ont

rien à faire. C'est là que vous voyez de superbes équipages, des cochers et des laquais plus superbes encore ; tellement superbes qu'ils éclipsent les *milords* qui ne payent pas toujours de mine. Au milieu du parc il y a un fort joli lac artificiel, appelé la *Serpentine*, qui doit avoir près d'un mille de long. On y loue des chaloupes au prix d'un *shilling* l'heure, à ceux qui savent ramer. Je n'ai pu résister à la tentation, et je me suis payé le luxe d'une heure de navigation.

C'est lorsque vous êtes au milieu de ce lac que vous savez ce que c'est que le *London roar*, le *grondement* de Londres. Près de vous règne un profond silence ; mais de loin et de partout vous arrive un bruit confus mais puissant, comme la voix d'une immense cataracte. Ce sont les mille bruits de la grande cité qui se confondent et qui ébranlent toute l'atmosphère. Aussi le mouvement dans les principales rues : Piccadilly, the Strand, Oxford street, Pall Mall, etc., est-il simplement prodigieux toute l'après-midi et le soir. C'est sur l'impériale des omnibus qu'il faut se mettre pour jouir du spectacle.

La ville est bien éclairée, mais au gaz à peu près exclusivement. Je n'ai vu encore que trois ou quatre lumières électriques dans les rues. Plusieurs édifices, me dit-on, sont éclairés à l'électricité. Pour le dehors, on en est encore à l'antique réverbère.

Le soir vers sept heures, je suis allé saluer le R. P. recteur de l'église de Farm street. Il a bien voulu me donner quelques renseignements sur la population catholique de Londres. Avez-vous une idée du nombre d'églises et de chapelles catholiques dans la ville et les faubourgs ? Je suis certain que non. Eh bien ! il doit y en avoir entre trois et quatre cents ! Et l'on porte le nombre des catholiques qui habitent la capitale du protestantisme à plus d'un demi million (1) !

(1) A propos de l'état religieux de Londres, Son Eminence le cardinal Manning a prononcé, le 21 juillet 1889, à l'église de l'Oratoire, un sermon vraiment terrifiant. J'en extrais ce qui suit : " Nous vivons dans une cité, ou plutôt dans un immense gouffre de péché, où se trouvent quatre millions d'hommes. Si chaque église, chapelle ou temple de

Singulière transition, penserez-vous ; mais je dois vous dire un mot du principal sujet de conversation à Londres en ce moment. Depuis quelques semaines il y a eu, dans un des quartiers de Londres appelé Whitechapel, une série de meurtres épouvantables : deux encore dans la nuit de samedi à dimanche. Cela fait huit, je crois. Les détails sont trop horribles pour que je vous les donne. Ce qui inquiète surtout l'opinion, c'est qu'on ne trouve pas les auteurs de ces assassinats ; ou plutôt l'auteur, car plusieurs de ces meurtres paraissent être l'œuvre du même individu : les corps des victimes sont mutilés de la même manière. Comme on ne découvre aucun motif pour expliquer ces étranges et dégoûtants assassinats, on suppose que c'est le fait d'un fou possédé de la manie homicide. Peut-être si ces meurtres avaient lieu à Dublin serait-on moins empressé de les attribuer à la folie. On les appellerait plutôt *outrages* (1).

Le district de Whitechapel est un des plus mauvais de Londres. Je me propose de faire une petite excursion de ce côté-là demain. Ne craignez pas que je m'expose : l'endroit est rempli de gardiens de la paix qui vous accompagnent, au besoin, par les rues les plus scabreuses. J'ai vu le beau et le riche, à l'ouest ; je veux maintenant jeter un coup d'œil sur les quartiers misérables, à l'est.

toute espèce, de toute dénomination, se remplissait trois fois par dimanche. 1,500,000 personnes seulement y auraient pu trouver place. Il doit donc y avoir 2,500,000 personnes dans cette cité qui ne mettent jamais le pied dans un lieu destiné au culte, où l'on prononce le nom de Dieu, où l'on proclame son existence. Quelle peut être la condition morale d'une telle population ? Peut-on rien trouver de semblable dans le monde chrétien ? Y a-t-il rien de semblable dans l'Asie centrale ? Non. Peut-être existe-t-il un état de choses semblable dans le centre de l'Afrique."

(1) Ces assassinats mystérieux se sont continués depuis, à des intervalles plus ou moins rapprochés, sans que la police ait pu mettre la main sur le criminel.

LONDRES, mardi le 2 octobre.

Décidément, j'ai mangé mon pain blanc le premier. Je n'avais guère vu de Londres que la partie ouest, et le temps, hier et dimanche, était ravissant : frais, clair et sec. Aujourd'hui, je me suis dirigé vers l'est, par un vrai temps londonien : bas, gris, humide, collant ; et vers midi, la pluie, une pluie fine et pénétrante, a commencé à tomber. Au bout de cinq minutes, les rues étaient pleines de boue, glissantes et fumantes. C'est là que j'ai reconnu le Londres de Dickens. J'ai dû rescinder, aussitôt, toutes les " résolutions " que j'avais proposées et votées mentalement en faveur de la métropole, et avouer, en toute sincérité, qu'elle n'a pas volé sa réputation de ville maussade. Il paraît que les journées comme hier et dimanche font époque dans les annales de Londres : la règle, c'est le temps jaune d'aujourd'hui.

J'ai traversé d'abord ce qu'on appelle *the City*, la vieille ville, le quartier des affaires par excellence. Mon hôtel est situé sur les confins ouest de la cité, mais un peu éloigné des rues passantes ; de sorte que je suis en dehors du bruit. Mais aussitôt rendu sur le Strand, me voilà dans un vrai tourbillon. Puis, vient *Fleet Street* : c'est pire encore. Quel tohu-bohu inextricable, indescriptible, partout dans ce quartier, où les rues sont étroites, croches et d'inégale largeur, et où il y a plus de ruelles—*lanes*—que de rues, plus étroites et plus croches encore. Une de ces ruelles s'appelle *Nightingale lane, ruelle du rossignol*. Je plains le rossignol qui voudrait se faire entendre dans un pareil endroit ! Toutes ces rues et ruelles sont remplies d'une masse grouillante d'hommes, de chevaux, de voitures de place, de camions, d'omnibus, de caisses, de colis, de boîtes, de barils. Il n'y a de tranquilles que les sergents de ville qui restent souvent plantés au beau milieu de la rue pour empêcher les chevaux d'écraser les piétons.

Imaginez-vous que la cathédrale de Saint-Paul est située

juste au milieu de ce quartier d'affaires, au bout de Ludgate Hill. Je m'y suis réfugié, tant pour échapper au tumulte que pour la voir. On dit que Saint-Paul ne serait qu'une chapelle à côté de Saint-Pierre. Pourtant, c'est immense. Le chœur seul ferait une église de moyenne grandeur. Peu de choses à voir dans ce temple. A l'intérieur, vous n'avez guère que des colonnes et des murs nus et froids, comme le culte auquel cette église est livrée. Quelques tombeaux de personnages plus ou moins célèbres, quelques plaques commémoratives, voilà tout. Pourtant, je me trompe : au fond du chœur, il y a une sorte de maître-autel, une statue de la sainte Vierge tenant l'enfant Jésus dans ses bras, et un immense crucifix (1). Il y a même une lampe de sanctuaire, mais elle n'est pas allumée. Pauvres gens, ils éprouvent le besoin de faire *quelque chose*, et ils se contentent de certaines formes extérieures du culte catholique. Il paraît que ce crucifix et cette statue ont excité des murmures parmi les gens du *Low Church*, ou église protestante orthodoxe, qui ne veulent pas qu'on imite, en quoi que ce soit, les cérémonies de l'Église catholique.

(1) Depuis mon retour, j'ai vu que cette statue et ce crucifix ont valu au *lord bishop* de Londres un procès devant lord Coleridge. Au nom *de la Reine*, le *bishop* est accusé d'avoir, en janvier 1888, érigé ou laissé ériger dans la cathédrale, une image de la Vierge tenant l'enfant Jésus dans ses bras, et un crucifix qui ressemble aux crucifix en usage *dans l'Église d'Angleterre avant la réforme !* (textuel). Ces images, ajoutent les plaignants, sont de nature à encourager des idées et une dévotion non autorisées, superstitieuses et *illégales*. Lord Coleridge a donné tort au *bishop*. Son jugement est un fort singulier document. Il dit, entre autres choses : " Personnellement, je ne suis pas opposé au crucifix qui est un symbole, beau et touchant, du plus grand événement dans l'histoire du monde. Si *la loi le permettait, je l'accepterais volontiers.* Luther ne s'opposait pas à son usage, et dans plusieurs pays de l'Europe protestante, le crucifix se trouve dans toutes les églises; mais là son usage est légal : ici, je crois, son usage n'est pas *légal*." Et voilà l'abîme d'absurdité dans lequel est tombé un peuple naturellement religieux et intelligent pour s'être séparé du centre de la catholicité. Il est devenu l'esclave de la *légalité*. Pour lui, c'est une *loi* votée par des hommes qui crée le *droit* en matière de culte divin !

Un peu plus loin, toujours dans la cité, se trouve Mansion House, résidence officielle du lord maire de Londres. C'est une vaste construction en pierre, mais je ne voudrais pas y demeurer pour tout l'or du monde.

Tout près de Mansion House est situé Guild Hall, ou l'hôtel de ville. J'y ai visité un musée qui m'a fort intéressé : le musée des antiquités romaines trouvées à Londres même, ou dans les environs. Ces antiquités comprennent toutes sortes de choses imaginables. On remarque, d'abord, un immense morceau de pavé en mosaïque, trouvé à 15 pieds sous terre ; puis des pierres funéraires dont les inscriptions sont encore très lisibles. En voici une : " *D. M. Onesimo. vix. an. XIII. Domitius. Elainus. pater. filio. B. M.*" Ce qui signifie, paraît-il : " Aux dieux des mânes. Domitius Elainus a érigé cette pierre à son fils Onésime qui est mort à treize ans, après avoir bien vécu." Puis, vous avez des cuillers et des couteaux de toute grandeur et de toute sorte, en bronze, en argent et en fer, des lampes en terre cuite, et d'autres ouvrages de poterie, des épingles, des clous en fer, des outils d'ouvriers et d'artistes, des *grattoirs* pour le bain, des étriers, des mors, des grelots pour chevaux, des dés pour jouer, des hameçons, des fioles en verre pour mettre des parfums et des onguents. Les grelots, les hameçons, les mors et les dés sont très semblables aux nôtres. Ces antiquités prouvent que l'Angleterre était non seulement occupée militairement par les Romains, mais était devenue une terre romaine.

Ensuite, j'ai visité la fameuse tour de Londres. C'est une sombre construction, très bien conservée, ou plutôt restaurée, qui, autrefois, a joué un rôle important dans l'histoire du pays, mais qui ne sert aujourd'hui qu'à exciter la curiosité des étrangers. On nous fait voir d'abord la tour où sont déposés les " bijoux " de la couronne, collection fort riche. Puis, la tour blanche où se trouvent beaucoup d'armes et d'armures de l'ancien temps, des cottes de mailles, des épées, etc. En voyant toute cette masse de fer dont les guerriers d'autrefois se revêtaient, ces épées énormes qu'ils maniaient et que nous pourrions à peine tenir au bout du bras, nous n'avons pas de peine à nous convaincre de la dégénérescence physique de la race humaine. Il y a aussi dans cette tour un joli assortiment d'instruments de torture qui vous donnent la chair de poule.

A ce propos, j'ai oublié de mentionner, tout à l'heure, en parlant du musée de Guild Hall, que l'on y voit tout un *service* complet d'instruments de *contrainte* qu'on employait autrefois à Bedlam, fameux asile d'aliénés. Ces machines, qui feraient rêver le Dr Tuke, sont en fer massif et de première qualité. La *contrainte*, dans ce temps-là, n'était pas un jeu. Je pense que les instruments employés dans nos asiles canadiens sont un peu moins barbares que ces terribles ferrailles.

Pour revenir à la tour de Londres, on nous montre la *Beauchamp Tower* où l'on enfermait autrefois les prisonniers d'état. Vous ne sauriez deviner comment les Anglais prononcent *Beauchamp*; je vais vous le dire : *Bitchamm !* C'est fort, n'est-ce pas ? On voit aussi l'endroit où s'élevait jadis l'échafaud royal qui a fait couler des flots de sang. C'est ici que le charmant Henri VIII, fondateur du protestantisme anglais, faisait décapiter ses femmes.

J'aurais voulu visiter ensuite le quartier de Whitechapel et les *docks ;* mais je ne me suis pas rendu très loin dans mon exploration, car la pluie augmentant, la circulation dans ces rues mal pavées devenait impossible. Je suis donc revenu à mon hôtel et j'ai consacré le reste de l'après-midi à lire les lettres et les journaux que je viens de recevoir du Canada. Ça valait mieux que les rues de Whitechapel que j'ai vus d'assez près pour ne pas les admirer. La population de ce quartier, bien que je n'aie pas quitté la rue principale, qui a assez bonne apparence, m'a paru pauvre et triste. On dit que dans les ruelles en arrière, les *slums*, il règne une misère et une démoralisation incroyables sur lesquelles les hautes classes de la société londonnienne ferment les yeux pour n'être pas offusquées par cette vue qui est certainement *shocking*.

J'ai découvert, aujourd'hui, le fameux chemin de fer souterrain. C'est une grosse découverte, en vérité. Quand je dis *découvert*, c'est une façon de parler, tout simplement. Sans doute, je connaissais, de vieille date, l'existence de ce singulier chemin qui serpente sous Londres dans toutes les directions. Mais il faut s'habituer un peu à la ville, il faut s'orienter avant de pouvoir se servir avec avantage de cette voie ferrée. Il y a une gare à vingt pas, littéralement, de mon hôtel. De là je puis me rendre, en quelques minutes et pour quelques sous, aux quartiers les plus éloignés. C'est fort commode ; ce qui fait oublier un peu la fumée et le manque d'air et de lumière qui caractérisent, naturellement, l'*underground railway*. Je ne voudrais pas y passer ma vie comme font les milliers d'employés qui s'y tiennent, du matin au soir, et presque du soir au matin ; car les trains circulent jusqu'à deux heures après minuit, je crois, peut-être plus tard. Le chemin est à double voie, de sorte que les rencontres sont impossibles. Les convois se suivent à des intervalles très rapprochés, quatre ou cinq minutes. Ce chemin n'est pas souterrain partout ; à quelques endroits, où le terrain baisse, il vient à la surface, et à d'autres endroits, sans être au niveau de la surface du sol, vous avez la lumière du jour pour quelques instants. Pour le public voyageur, ça ne vaut pas l'*elevated* de New-York ; mais pour ceux qui demeurent le long de la route, c'est infiniment mieux.

LONDRES, mercredi le 3 octobre.

Aujourd'hui, temps passable pour un temps de Londres. Le matin, brouillard et fumée, celle-ci âcre, celui-là épais. Mais le soleil, à force de darder ses rayons sur cette masse grise et bleuâtre, l'a jaunie d'abord, puis l'a dissipée à peu près entièrement, vers onze heures.

J'ai visité, ce matin, Regent's Park, au nord-ouest. C'est vaste, et, autant que la brume m'a permis de voir, fort joli. Le jardin zoologique renferme beaucoup d'animaux sauvages, d'oiseaux rares, de reptiles, etc. J'ai pu les contempler, moyennant un shilling. Mais en voilà assez de singes, de lions et de tigres que je vois. Je ne me laisserai plus tenter.

L'après-midi je me suis rendu à Tooting, par voie ferrée. Tooting est à cinq ou six milles au sud de Londres. C'est une très jolie campagne, fertile, propre, bien boisée, tranquille : le type, ce me semble, de la campagne anglaise.

Mon ami, M. Gaynor, m'attendait ; et le frère Potamien, directeur, (qui était autrefois à Montréal) étant absent, c'est lui qui me fait très gracieusement les honneurs de la maison. C'est un bel établissement qui peut recevoir 200 pensionnaires et autant d'externes ; solidement bâti sur un grand et beau terrain que les frères ont acheté ; pourvu de toutes les améliorations modernes. Bien que la maison n'ait été ouverte que le 20 septembre, elle compte déjà près de cent élèves pensionnaires, dont plusieurs viennent de pays étrangers, de la France, de l'Espagne, des Etats-Unis même. Les chers frères des Ecoles chrétiennes sont grandement estimés en Angleterre comme éducateurs de la jeunesse, et certes, ce n'est pas sans raison ; car ils savent si bien unir, dans un seul *tout*, le meilleur enseignement des arts et des sciences et la formation chrétienne des enfants et des jeunes gens.

Le soir, pour terminer ma journée, j'ai passé une heure ou deux au milieu de la collection de figures en cire de madame Tussaud, fondatrice de l'établissement, morte il y a bien des années. On parle beaucoup de cette exposition à Londres, et même ailleurs. Il y avait foule ce soir ; il y a foule tous les soirs, paraît-il. Certes, il y a de fort jolies choses dans ce musée, bien que tout cela soit quelque peu mêlé ; mais aussi des insignifiances de première classe. Quelques ressemblances sont frappantes ; car il y a là des personnages contemporains. Mais quand il s'agit de reproduire les traits de Guillaume le Conquérant et de sa femme, vous ne me ferez pas croire que ce n'est pas de la pure fantaisie qu'on nous donne. Le catalogue qu'on vous fournit, moyennant *six pence*, renferme des inexactitudes historiques, pour employer une expression adoucie. Par exemple, quand on vous dit que Henri IV, roi de France, a été assassiné par un *jésuite*, c'est un peu fort. La "chambre des horreurs" renferme les figures peu intéressantes de presque tous les grands meurtriers de nos jours, Tropmann, Pranzini, Guiteau, etc. C'est, pour le moins, un hors-d'œuvre. En somme, il m'a paru que la réputation de ce musée est quelque peu surfaite.

LONDRES, jeudi le 4 octobre.

J'ai vu aujourd'hui quelque chose d'infiniment plus beau, aux yeux de Dieu et des hommes, que les plus belles figures de madame Tussaud. J'ai vu des religieuses, et, qui plus est, des religieuses françaises et canadiennes.

Mon ami, M. E.-A. Barnard, avait bien voulu me donner une lettre pour ses deux sœurs, religieuses au couvent de Jésus-Marie, à Willesden, faubourg considérable de Londres situé à une dizaine de milles au nord-ouest de Westminster. Comme le temps promettait de se comporter convenablement, j'ai fait le trajet, ce matin, par le chemin de fer souterrain, qui est si peu souterrain du côté de Willesden qu'il passe à quinze pieds au-dessus du niveau des autres chemins.

Willesden est un fort joli endroit, moitié ville moitié campagne, tout sillonné de voies ferrées. Regardez du côté que vous voulez, vous voyez toujours, à travers les arbres, le panache blanc des locomotives.

Autrefois, Notre-Dame de Willesden était un lieu de pèlerinage célèbre. Il y avait là, comme à Ipswich, une statue miraculeuse de la sainte Vierge. Les deux statues ont été brûlées par les protestants qui se sont emparés de toutes les églises catholiques. Pendant trois cents ans, le vrai culte a été, pour ainsi dire, complètement éteint sur ce coin de terre, jadis si favorisé. Dimanche dernier, pour la première fois depuis trois siècles, le sacrement de confirmation a été administré à Willesden. C'était une grande fête, vous pouvez l'imaginer, pour cette petite église renaissante et grandissante ; la modeste chapelle—plus que modeste, pauvre—pouvait à peine contenir les fidèles qui voulaient assister à cette cérémonie.

Son Eminence le cardinal Manning désire vivement voir se rétablir le culte de Notre-Dame de Willesden ; et certes le pieux prélat n'aurait pu trouver des auxiliatrices plus zélées que les bonnes sœurs de Jésus-Marie qui ont mis leur maison et toutes leurs œuvres sous la puissante protection de cette bonne Mère. On voit dans la chapelle du couvent une statue destinée à remplacer celle qui a été détruite par les hérétiques, dans les jours malheureux de la soi-disant réforme. Aussi la confiance des religieuses dans leur céleste patronne est-elle bien fondée ; car Notre-Dame leur a fait déjà des choses vraiment merveilleuses. Acheter un terrain de plusieurs arpents dans un endroit où la terre se vend de £1000 à £1500 l'acre ; y construire un fort joli couvent et le meubler convenablement ; entreprendre de telles œuvres sans avoir d'autres banquiers que les saints du paradis, et les mener à bonne fin, au milieu des épreuves de toutes sortes : ces choses-là ne s'accomplissent que par les personnes qui ont beaucoup plus de confiance en Dieu que dans les hommes. De telles personnes sont plus rares qu'on pourrait le supposer. Tous nous parlons volontiers de la providence, mais combien d'entre nous comptent véritablement sur elle ?

Les religieuses ont, dans leur couvent, un pensionnat et un externat, tous deux déjà importants et par le nombre des élèves et par les résultats brillants obtenus aux examens publics. Elles dirigent, de plus, l'école de la paroisse.

Les deux bonnes sœurs canadiennes-françaises et la mère supérieure, une Française, m'ont reçu avec une bonté que je n'oublierai jamais ? Ce n'est pas tous les jours qu'elles voient quelqu'un qui puisse leur parler le français et les entretenir de la patrie absente. C'est uniquement à mon titre de Canadien que j'attribue la réception particulièrement gracieuse dont j'ai été l'objet.

Le curé de cette paroisse si intéressante est M. l'abbé Clark, fils du célèbre publiciste catholique, et neveu, si je ne me trompe, de madame Pennée bien connue, à Québec, par ses travaux littéraires. Je n'ai pas eu l'honneur de le rencontrer. Peut-être serai-je plus heureux un autre jour ; car les bonnes sœurs m'ont fait promettre de retourner à Willesden lorsque je repasserai à Londres, en route pour le Canada, dans quelques mois d'ici.

**

Avant de quitter Willesden, je dois vous dire un mot d'un homme, aussi modeste que remarquable, qui m'a été présenté par les religieuses. C'est un simple menuisier du nom de Freeberry qui exerce son métier pour gagner la vie de sa famille, mais qui a dans sa tête de quoi faire la fortune de plusieurs hommes. Il a évidemment beaucoup étudié et s'exprime avec une facilité et une clarté remarquables. C'est un de ces génies inventeurs qui révolutionnent périodiquement la mécanique. Je ne suis guère mécanicien, mais il m'a fait comprendre plusieurs de ses projets, tant son langage est clair, ses démonstrations lucides, ses inventions simples. Il vient soumettre aux compagnies de chemin de fer tout un système de signaux automatiques, très peu compliqués mais efficaces. Combien d'accidents arrivent par défaut de signaux ! Son premier accueil a été très favorable et je ne serais pas surpris si vous entendiez dire, un jour ou l'autre, que son invention est acceptée. Si elle l'est, le menuisier Freeberry sortira tout à coup de l'obscurité ; car il a dans l'esprit bien d'autres machines dont il m'a fait voir les grandes lignes. J'aurais pu l'écouter toute une journée, tant je l'ai trouvé intéressant. Et savez-vous ce que cet homme se propose de faire s'il devient riche ?

Fonder des écoles pour apprendre aux enfants pauvres des métiers utiles. Ces idées-là, dit-il, me viennent de Dieu ; c'est en bonnes œuvres que je dois dépenser ce qu'elles pourront me rapporter. Cet homme-là est protestant. Certes en voilà un qui est meilleur que sa religion. Les sœurs, qui s'intéressent beaucoup à lui, sont convaincues qu'un homme naturellement si bon finira par avoir la grâce d'embrasser la vraie foi. Espérons-le.

Et voilà ma journée, car je ne suis revenu de Willesden que vers le milieu de l'après-midi, et j'ai consacré le reste de la journée à écrire quelques lettres.

LONDRES, vendredi le 5 octobre.

Vraie belle journée d'automne : beau soleil, temps frais. Les londonniens grelottent et se disent les uns aux autres : *It is very cold to-day !* Je voudrais les voir plantés, pour cinq minutes, devant l'église Saint-Jean-Baptiste de Québec par un froid de 30 degrés. Ils sauraient peut-être alors distinguer entre *frais* et *froid*.

Hier, le R. P. A.-J. Christie, S. J., a eu la gracieuseté de m'envoyer un très beau livre dont il est l'auteur : *The End of man*. Ce sont les exercices spirituels de saint Ignace mis en vers, et en vers d'une facture vraiment saisissante. Je n'ai pas le bonheur d'être poëte, mais je puis goûter la poésie, surtout la poésie anglaise ; et j'ai lu avec délices plusieurs chants de ce poëme dont le fond est aussi solide que la forme est belle. Je me suis rendu, ce matin, à l'église de Farm street pour remercier le père Christie de son précieux cadeau et le prier d'accepter, en retour, un peu de ma prose ; ce qu'il a eu la bonté d'agréer. Il m'a fait visiter ensuite la belle église des pères. Il y a là des tableaux, des vitraux, des mosaïques et un autel en marbre, don d'un protestant converti, qui feraient venir l'eau à la bouche du R. P. Désy, dont le zèle, pour la décoration de notre petite chapelle de la haute ville, est connu de tout Québec.

Cette église de Farm street est dans un des meilleurs quartiers de Londres. Les pères ont pu acheter le terrain par l'entremise d'un tiers. Malheureusement, lorsque les voisins ont su de quoi il s'agissait, ils ont bâti des écuries et d'autres dépendances aussi près de la future église que possible, ce qui a complètement bloqué la vue. Ce ne sont pas les pères jésuites qui m'ont raconté ce trait de fanatisme ; c'est un religieux d'un tout autre ordre.

Puis je me suis rendu à l'abbaye de Westminster, située entre le parc Saint Jacques et l'hôtel du parlement, tout près de la Tamise. Encore un monument superbe de la foi catholique tombé entre les mains des hérétiques ! C'est ici, comme vous le savez, que sont enterrés beaucoup de rois et de reines, de nobles et grandes dames, de guerriers, de savants, et de littérateurs célèbres. Deux tombeaux seuls m'intéressaient : celui de la malheureuse Mary Stuart et du saint roi Édouard le Confesseur. J'ai pu les voir tous les deux et prier auprès de ce dernier.

Depuis quelques années, à chaque fête de saint Édouard, les catholiques de Londres font un pèlerinage auprès de son tombeau et y prient pour la conversion de l'Angleterre. Il y a une trentaine d'années, m'a dit le père Christie, l'entrée de cette chapelle était absolument interdite au public le jour de la fête du saint. Aujourd'hui, les catholiques y font des pèlerinages publics. C'est un progrès considérable, les préjugés tombent, m'écriai-je. Ah ! reprit le bon père, avec un triste sourire, c'est sans doute un progrès, mais ne vous réjouissez pas trop ; car c'est plutôt dans les choses extérieures que le progrès s'est accompli. Vous ne savez pas quelles persécutions secrètes ont encore à subir, de la part de leurs proches, ceux des protestants qui se convertissent.

Au-dessus de la porte latérale de l'abbaye est une très belle statue de la sainte Vierge tenant l'enfant Jésus dans ses bras.

Cela produit un singulier effet et déplait terriblement aux protestants fanatiques. Il y a eu même, un jour, une interpellation adressée au ministère à ce propos, m'a-t-on dit. Mais la statue est restée.

Malgré cette statue de Westminster et celle de Saint-Paul, il ne faut pas, comme font quelques-uns, s'imaginer que l'Angleterre est à la veille de se convertir tout entière au catholicisme. Nous devons prier, prier avec ferveur, pour que Dieu hâte cet heureux jour qui ferait une glorieuse révolution dans le monde. Imaginez l'Angleterre convertie et implantant partout, au lieu de l'hérésie et de la franc-maçonnerie, la vraie foi de Jésus-Christ! Mais hélas! autant que l'homme peut prévoir l'avenir, ce jour est encore loin. Sans doute, le nombre des catholiques augmente rapidement en Angleterre ; mais il ne faut pas oublier que cette augmentation est due, en très grande partie, à l'immigration irlandaise. (1) Parmi les classes élevées, les nobles et les ministres ritualistes, il y a des conversions éclatantes ; mais la classe bourgeoise et le petit peuple ne sont guère entamés. Parmi la classe ouvrière, surtout dans les grands centres, c'est l'irréligion, plutôt que la vraie religion, qui fait des progrès.

Avant de quitter la grande métropole, disons un mot du *libéralisme anglais* dont nous entendons souvent parler. Les libéraux canadiens, M. Laurier en tête, nous affirment toujours qu'ils professent uniquement le *libéralisme anglais* qui, d'après eux, est un libéralisme purement politique et parfaitement anodin. Remarquons d'abord, en passant, que plusieurs de nos libéraux canadiens, tout en prétendant ne vouloir pratiquer que le libéralisme anglais, cachent fort mal leurs sympathies et leur admiration pour le libéralisme français. Mais voici le

---

(1) Dans une entrevue qu'il eut au mois de mai 1889 avec plusieurs députés irlandais, le cardinal Manning déclara que sur les 1,200.000 catholiques d'Angleterre *un million* sont irlandais de naissance ou d'origine. Voir l'*Univers* du 4 juin 1889.

point important. Existe-t-il, comme on le prétend, une différence *essentielle* entre le *libéralisme anglais* et les autres *libéralismes*? Je dis hardiment, non. Au fond, tout libéralisme, qu'il s'appelle anglais, français, italien, belge, espagnol ou canadien, constitue la même erreur. Les différences que l'on constate entre les manifestations du libéralisme en Angleterre et sur le continent proviennent uniquement des circonstances et des milieux; ce sont des différences accidentelles. Pour s'en convaincre, il suffit de réfléchir un instant sur la véritable nature de l'erreur libérale. D'abord, il n'y a pas, à proprement parler, de libéralisme purement politique. Préférer les institutions représentatives à la monarchie, c'est être républicain, non point *libéral*. Garcia Moreno était partisan de la forme républicaine, et cependant personne n'a jamais songé à lui donner le titre de *libéral*. D'un autre côté, le roi le plus absolu qu'il soit possible d'imaginer peut être un *libéral* échevelé. Le *libéralisme* est une erreur *politico-religieuse* qui peut se manifester sous toutes les formes de gouvernement. C'est, en deux mots, la *sécularisation* de la politique, sa *laïcisation*, pour employer un terme nouveau. Le vrai *libéral* veut que toute idée religieuse soit exclue du gouvernement des peuples; que, dans la rédaction des lois et l'administration des affaires publiques, on ne tienne compte d'aucune doctrine positive, d'aucune révélation, mais des seules lumières de la raison humaine. C'est pourquoi le *libéralisme* met tous les cultes sur un pied d'égalité devant la loi. Pour lui, la vraie religion et les sectes sont de simples *opinions particulières* dont l'État n'a pas à se préoccuper, en aucune façon, tant qu'elles ne troublent pas ouvertement la paix publique. Voilà le vrai *libéralisme*, qu'il ne faut pas confondre avec le *radicalisme*, c'est-à-dire la haine déclarée de l'Église et la persécution légale des catholiques. Sans doute, le libéralisme prépare les voies au radicalisme, mais les deux erreurs sont distinctes.

Or, n'est-il pas facile de voir qu'en Angleterre le libéralisme se propose d'atteindre le même but qu'en France, en Espagne, en Italie, en Belgique? Ce but, c'est la *sécularisation* de la politique. Dans les pays catholiques, ce travail se produit contre l'Eglise, ce qui fait que nous saisissons facilement tout ce qu'il a de dangereux et de subversif. En Angleterre, il dirige ses coups contre une secte, qui est la religion de l'Etat, pour la battre en brèche et mettre toutes les autres sectes, et même la vraie religion, sur un pied d'égalité devant la loi. Comme cette action du libéralisme anglais favorise la liberté et le développement de l'Eglise catholique en Angleterre, il est permis de l'admirer et de l'appuyer *relativement*. Si j'étais anglais, je serais tenté de seconder Gladstone et son parti de toutes mes forces, non seulement parce qu'ils sont favorables aux aspirations de l'Irlande, mais parce qu'ils tendent sans cesse à démolir la suprématie de la secte créée par l'affreux Henri VIII. Mais quoique les catholiques anglais puissent se servir, *chez eux*, de ce terrible bélier qu'on nomme le libéralisme, puisqu'il est toujours permis de tirer le bien du mal; il faut néanmoins reconnaître que le libéralisme, en Angleterre, comme le libéralisme de tous les autres pays, repose sur les faux principes du *naturalisme* et de la *laïcisation* de la politique. Donc, dire, au Canada, qu'on ne professe que le *libéralisme anglais*, c'est un non-sens. En réalité, il n'y a pas plusieurs libéralismes : il n'y en a qu'un seul qui se manifeste différemment en différents pays.

CINQUIÈME LETTRE

Sommaire.—De Londres à Cantorbéry.—La récolte du houblon.—Trait de mœurs anglaises.—Le collège Sainte-Marie.—Un monastère inachevé.—Coup d'œil sur la cathédrale et la ville.—Le père Du Lac.—Le père Herbreteau.—Promenade à travers la ville. — Le *stage coach.*—Encore la cathédrale. — Le gothique. — Saint Thomas et Henri VIII.—Relique de saint Augustin.—M. le comte de Mun.—Dernier coup d'œil sur la vieille basilique.—La traversée.—De Calais à Montreuil-sur-mer.—Commis-voyageurs anglais et français. Vingt-quatre heures dans une chartreuse.—Dom Jules.—Le monastère.—Ce que c'est qu'un chartreux.—Prêtres flamands.—Office au milieu de la nuit.—La messe des chartreux.—Deux heures avec le père Berthe.—La *Vie de Garcia Moreno.*—A Paris.—Aux bureaux de l'*Univers.*—A la rue de Sèvres.—Un hôtelier mystifié.

CANTORBÉRY, samedi le 6 octobre.

Parti de Londres à onze heures ce matin, je descendais à Cantorbéry, à midi vingt-cinq minutes. Comme la distance est de 61 milles, vous voyez que nous avons roulé bon train. Aussi suis-je venu ici par le convoi rapide qui vous transporte de Londres à Paris en huit heures.

Nous avons traversé le comté de Kent, l'un des plus beaux et des plus fertiles de l'Angleterre. C'est ici le grand pays du houblon ; c'est la principale récolte. Partout vous voyez des champs plantés de piquets ou de bâtons, hauts de dix à douze pieds. Quand ces bâtons sont tous couverts des vignes du houblon, le coup d'œil doit être très joli. Mais la récolte est faite depuis un mois, et il ne reste que des forêts de gaules sèches.

La cueillette du houblon dure deux ou trois semaines et exige une main d'œuvre considérable. A la fin d'août ceux qui font cette récolte arrivent des grandes villes, principalement de Londres. Leurs gages sont peu élevés ; et autrefois ils couchaient où ils pouvaient, le plus souvent à la belle étoile, le long des haies. Il a fallu un acte du parlement pour contraindre chaque cultivateur de houblon à construire des abris convenables pour ses employés. Un Anglais, quelque peu expansif, qui se trouvait dans le même compartiment que moi, m'a montré ces hangars imposés par la loi et m'a raconté ce petit trait de mœurs anglaises qui fait toucher du doigt les travers que trois siècles de protestantisme ont imprimés au caractère de ce peuple naturellement généreux. Ces braves gens s'apitoient très sincèrement sur les malheurs des esclaves nègres de l'Afrique, et ils permettent aux landlords d'Irlande d'exploiter et de pressurer leurs fermiers d'une manière révoltante ; ils forment des sociétés pour la protection des animaux, et dans aucun pays du monde civilisé on ne voit autant de " batteurs de femmes " ; ils colportent des bibles aux Indes, et chez eux des milliers, peut-être des millions d'ouvriers, dans les grandes villes, ne connaissent le nom de Dieu que pour le blasphémer.

Mon premier soin, en arrivant à Cantorbéry, a été de me rendre au collège Sainte-Marie, dirigé par les RR. PP. jésuites et dont le R. P. Du Lac est recteur. J'avais une lettre d'introduction pour lui ; mais il arrivait de France et était tellement occupé qu'il m'a envoyé un autre père pour me prier de l'excuser et pour me montrer le collège.

Cette institution est un collège français transplanté en Angleterre à la suite des néfastes décrets de 1880. La maison paraît fleurir sur la terre étrangère. C'est un château moderne que les pères ont acheté et auquel ils ont ajouté deux ailes. Le site est très beau : une petite élévation qui domine la ville et les campagnes environnantes. Les terrains, les cours de récréation sont fort spacieux. Quand j'y suis arrivé, les écoliers, au nombre de 250, se livraient à leurs joyeux ébats. Ce sont leurs cris qui m'ont guidé, car le collège est presque entièrement caché par les grands arbres qui l'entourent.

Ce château et ce terrain appartenaient jadis à une vieille demoiselle anglaise, catholique, qui s'est ruinée à vouloir bâtir un grand monastère pour je ne sais quelle communauté de femmes. A trois ou quatre arpents du collège s'élèvent les premières assises de ce couvent projeté. C'est immense ; et si le plan se fût réalisé, c'eût été un monument digne du moyen âge. Malheureusement, la pauvre femme avait plus de générosité et d'imagination que de génie pour les affaires. Toute sa fortune y a passé et elle est morte dans une véritable misère.

La chapelle du collège, construite en partie par cette vieille demoiselle et agrandie par les pères, est très belle. Le chœur, les autels, la chaire, les vitraux, etc., sont d'une grande richesse et d'un fini merveilleux.

Le R. P. Herbreteau, que plus d'un lecteur de la *Vérité* connait, est ici ; mais cette après-midi il faisait la classe et je n'ai pu le voir. Je retournerai demain et j'espère trouver les pères un peu plus libres.

**

Après mon dîner je suis allé jeter un coup d'œil sur la cathédrale. Je n'ai pu la voir que quelques instants, car on se préparait à la fermer. Mais ces quelques instants ont suffi pour me ravir. Quelles belles et grandes choses on faisait autrefois ! Il va sans dire que je ne quitterai pas Cantorbéry sans avoir visité la cathédrale à loisir.

J'ai parcouru ensuite les principales rues de la ville. Cantorbéry compte plus de 20,000 âmes, mais ne couvre qu'une étendue de terrain relativement peu considérable. Toutes les maisons sont serrées les unes contre les autres. Les rues sont étroites et tortueuses, mais propres. La rue principale, où se trouve mon hôtel—*La fleur de lis hotel*, qui n'a de français que le nom—est à peu près comme la rue Saint-Jean, à Québec, dans sa partie la plus étroite et avant son élargissement. Jugez par là de la largeur des autres.

Les Anglais sont essentiellement *conservateurs*. Bien que le pays soit tout sillonné de chemins de fer magnifiques, ils ont conservé l'antique *stage coach* — la vieille diligence de nos pères. Pendant la belle saison, il y a des lignes régulières entre plusieurs villes, et le nombre des voyageurs qui préfèrent ce moyen de transport est assez considérable. Ce soir, j'ai vu partir de mon hôtel le *stage* pour Folkestone situé sur la Manche, à seize milles d'ici. Les quatre chevaux fringants tenus par des laquais ; le cocher solennel et important, ganté et fier ; le cor qui annonce bruyamment le départ ; les voyageurs qui s'enveloppent soigneusement dans leurs capotes et leurs châles ; tout y était, comme dans un roman de Dickens.

CANTORBÉRY, dimanche, le 7 octobre.

Belle et bonne journée aujourd'hui. Beau temps d'automne, mais frais, tellement frais que j'ai dû faire faire du feu dans ma chambre, ce soir, sans quoi je n'aurais pas pu écrire.

Le père qui m'a montré le collège, hier, m'avait dit que la messe des élèves serait chantée à neuf heures. Je me suis donc rendu à l'heure dite. Par malheur ! le bon père s'était trompé de soixante minutes : la messe venait de finir. Heureusement, la messe de la paroisse ne commence qu'à onze heures ; j'ai donc le temps de me reprendre. En attendant, j'ai le plaisir de causer un peu avec le père Herbreteau. Quelle joie de se revoir ainsi, d'une manière si inattendue, car je le croyais en France et lui me croyait à Québec. Nous avons bien employé notre temps, vous n'en doutez pas. Le bon père me prie de revenir à deux heures et dit qu'il passera l'après-midi avec moi à visiter les monuments. Je retourne donc en ville pour la messe paroissiale de onze heures. La petite église catholique est tout près de la magnifique cathédrale où jadis ont pontifié saint Anselme et saint Thomas, livrée aujourd'hui, hélas ! à un culte hérétique. Le curé de la paroisse, Father Power, n'est pas très grand, mais je vous affirme qu'il a de l'*avoir du poids*. A côté de lui, M. le curé Labelle paraîtrait presque fluet. Il nous a lu un très beau mandement de Mgr Butts, évêque du diocèse de Southwark, sur la récitation du rosaire pendant le mois d'octobre et la nécessité de prier pour la restauration du pouvoir temporel des papes. A l'église je remarque une vingtaine de soldats appartenant à la garnison de Cantorbéry.

Après la messe, je retourne au collège où j'ai la bonne fortune de voir le père Du Lac pendant quelques instants. Le père Du Lac, c'est la bonté et l'amabilité faites homme. Il a l'extrême condescendance de m'expliquer le véritable caractère des occupations qui l'ont empêché de me voir hier : il était retenu auprès d'un de ses jeunes pères qui venait d'être saisi d'un accès de fièvre cérébrale. Il a passé une partie de la nuit auprès du cher malade en délire, ainsi que le père Herbreteau ; et il doit retourner à son poste tout à l'heure. Mais avant de me quitter, il me promet une lettre pour un des pères de Paris, le père Le Tallec.

Nous partons ensuite, le père Herbreteau et moi, pour visiter la ville et les églises. Mais je crois bien que nous avons quelque peu oublié le but principal de notre promenade, tant nous avions de choses à nous dire. Toujours est-il que nous avons marché par les rues tortueuses et tranquilles de Cantorbéry, pendant trois ou quatre heures, sans trop savoir où nous allions. Cependant, je me rappelle que nous avons fait le tour de la cathédrale et l'avons admirée à notre aise, tout en causant du Canada, de la France, de mille sujets divers. Nous ne sommes pas entrés, car l'on y chantait un *divine service* quelconque. Le père Herbreteau, qui est aussi instruit que modeste, a bien voulu me donner un petit cours d'architecture, ce dont j'avais grand besoin. Il m'a fait remarquer les différents styles qu'on trouve dans cet édifice grandiose qui comprend deux cathédrales vraiment distinctes, réunies par une tour centrale immense : le style roman dans les parties les plus anciennes ; le style gothique dans les parties construites au 13e et au 14e siècle ; puis les transitions du plein cintre roman aux voûtes élancées du gothique (1).

Je ne suis qu'un pauvre novice en fait d'architecture, mais déjà le gothique a pour moi un attrait particulier. Je n'ai pour ainsi dire qu'entrevu, hier, la voûte de la grande nef ; mais quelle impression profonde ce simple coup d'œil a produite sur moi ! En entrant sous ces arcades élevées vous vous sentez soulevé de terre en quelque sorte ; vous regardez en haut malgré vous ; vous voudriez vous élancer vers le ciel comme ces colonnes, comme cette voûte majestueuse s'y élancent. L'âme, le cœur, les pensées, tout votre être s'élève sans effort vers le trône de Dieu. J'ai lu quelque part que les constructeurs de gothique avaient réussi à faire prier la pierre. Je comprends aujourd'hui toute la justesse de cette expression. Oui, une cathédrale gothique, c'est véritablement une prière, un *sursum corda* sublime.

La cathédrale de Cantorbéry est de beaucoup la plus belle que possède l'Angleterre. Celle de Westminster, à l'extérieur, a un aspect imposant, mais à l'intérieur elle a l'air plutôt d'un musée que d'une église, tant on l'a remplie de statues et de tombeaux. La cathédrale de Cantorbéry a bien certaines parties choquantes. Par exemple, au-dessus de la principale porte latérale, on a mis, à une date comparativement récente, des statues de saint Augustin, de saint Anselme, de Lanfranc et......... de Thomas Cranmer ! Mais là où l'hérésie n'a pas touché à l'œuvre catholique, le tout, bien que construit à des

---

(1) Le terme propre est *architecture ogivale*, plutôt que *gothique*. L'architecture ogivale prit naissance en 1266 et se développa pendant le treizième siècle. Les Goths avaient disparu de l'Italie au sixième siècle, de l'Espagne et de la Gaule, au huitième. Comment alors l'ogival prit-il le nom de *gothique*, puisque les Goths n'y furent pour rien ? Voici l'explication qu'en donne un auteur français. " Peut-être Palladio et les autres architectes du quinzième siècle, qui donnaient au style *ogival* ce nom de style gothique, entendaient-ils par là que ce style, comparé au style grec et romain, etait barbare, et l'on prit à la lettre ce qui chez eux n'était qu'une métaphore."

époques différentes, s'harmonise parfaitement et attache les regards. On ne s'en rassasie pas.

L'histoire de la cathédrale de Cantorbéry est en quelque sorte l'histoire de l'Eglise en Angleterre. Parmi les archevêques qui ont occupé ce siège, dix-huit sont canonisés, neuf furent élevés à la dignité cardinalice, et plusieurs furent grands chanceliers d'Angleterre.

On croit généralement que saint Augustin et ses quarante compagnons trouvèrent une église chrétienne sur l'emplacement de la cathédrale actuelle, église construite du temps des Romains, peut-être même des apôtres. Chose certaine, c'est que le roi Ethelbert, baptisé par saint Augustin, fit don à celui-ci de son palais que le saint convertit en cathédrale et en monastère. La cathédrale eut beaucoup à souffrir pendant les invasions des Danois qui la détruisirent complètement en 1011. Elle fut reconstruite quelques années plus tard, et fut de nouveau détruite, en partie, l'an 1043. Après la conquête normande, 1066, l'archevêque Lanfranc rebâtit la cathédrale et engagea Guillaume le Conquérant à remettre à cette église toutes les propriétés qui lui avaient appartenu. Saint Anselme, qui suivit Lanfranc, ajouta beaucoup à l'embellissement de la cathédrale. Après lui divers autres prélats en reconstruisirent successivement certaines parties. L'édifice actuel n'est donc ni l'œuvre d'un homme ni même d'un siècle.

C'est ici que fut martyrisé, le 29 décembre 1170, le grand saint Thomas Becket, par les quatre émissaires de Henri II : Hughes de Morville, Guillaume de Traci, Richard le Breton, et Renaud, fils de l'Ours. Voici comment Rohrbacher raconte cette mort glorieuse au VIIIe volume de son *Histoire universelle de l'Eglise catholique* :

" Le lendemain, mardi, 29 décembre (1170), ils vinrent à Cantorbéry et allèrent à l'archevêché, où ils trouvèrent le saint prélat qui avait dîné et s'entretenait de quelques affaires avec ses moines et ses clercs. Les quatre chevaliers entrèrent dans sa chambre, et, sans le saluer, s'assirent à terre à ses pieds.

CATHEDRALE DE CANTORBERY.

Après un peu de silence, Renaud dit au nom de tous : " Nous venons de la part du roi vous apporter ses ordres. Voulez-vous les entendre en secret ou en public ? "—" Comme il vous plaira, " dit le saint archevêque. Renaud reprit : " Nous les dirons donc en secret. " L'archevêque fit retirer ceux qui étaient avec lui ; mais l'huissier laissa la porte ouverte, afin que ceux qui étaient dehors pussent voir ce qui se passait. Après qu'ils eurent dit ce qu'ils voulurent, le saint prélat dit qu'il voulait que plusieurs personnes l'entendissent, et fit appeler les moines et les clercs, mais non les laïques.

" Alors Renaud dit : " Nous vous ordonnons, de la part du roi, d'aller trouver le roi son fils et de lui rendre ce que vous lui devez. "—" Je crois l'avoir fait, " dit l'archevêque. " Non, dit Renaud, puisque vous avez suspendu ses évêques ; ce qui fait croire que vous voulez lui ôter la couronne de dessus la tête." Le saint répondit : " Au contraire, je voudrais pouvoir lui donner encore d'autres couronnes ; et, quant aux évêques, ce n'est pas moi qui les ai suspendus, c'est le Pape."—" C'est bien vous, dit Renaud, puisque c'est à votre poursuite." Saint Thomas reprit : " J'avoue que je ne suis pas fâché si le Pape venge les injures faites à mon Église." Ensuite, il se plaignit des torts et des insultes qu'il avait reçus depuis la conclusion de la paix et dit à Renaud : " Vous étiez présent, vous et plus de deux cents chevaliers, quand le roi m'accorda de contraindre, par les censures, ceux qui avaient troublé l'Église à lui faire satisfaction, et je ne puis me dispenser de remplir mon devoir de pasteur." A ces mots les chevaliers se levèrent en criant : " Voilà des menaces ! " et dirent aux moines : " Nous vous commandons de la part du roi de le garder ; s'il échappe, on s'en prendra à vous." Ils sortirent aussitôt et Thomas les suivit jusqu'à la porte de son antichambre, en disant : " Sachez que je ne suis pas venu pour m'enfuir et que je ne crains pas vos menaces." Ils répondirent : " Il y aura autre chose que des menaces."

" Étant sortis du palais, ils ôtèrent leur manteau, et on les vit revêtir des cuirasses. Ceux de leur suite s'armèrent aussi, et, outre leurs épées, ils prirent des arcs, des flèches, des haches et d'autres instruments pour ouvrir les portes ou les briser. Thomas était tranquille dans sa chambre. Les gens de sa maison, entendant les coups de hache contre la porte, le supplièrent de se réfugier dans l'église par un cloître ou par une galerie ; lui, craignant de manquer l'occasion du martyre, s'y refuse. On allait l'y entraîner de force quand un des assistants fit remarquer que l'heure des vêpres avait sonné. " Puisque c'est l'heure de mon devoir, j'irai à l'église." Et, faisant porter sa croix devant lui, il traversa le cloître à pas lents, puis marche vers le grand autel séparé de la nef par une grille entr'ouverte. On voulut la fermer quand on entendit le cri des assassins; l'archevêque s'y opposa et dit: " L'Eglise de Dieu ne doit pas être barricadée comme une citadelle humaine. C'est en souffrant, non en repoussant les attaques, que nous triompherons." On le supplia, avec de grandes instances, de se mettre en sûreté dans l'église souterraine, ou de monter l'escalier par lequel, à travers beaucoup de détours, on parvenait au faîte de l'église; l'archevêque refusa l'un et l'autre. Pendant ce temps les quatre assassins entrèrent dans l'église l'épée à la main. Le premier s'écria: " Où est le traître ? " Personne ne répondit. Il cria de nouveau: " Où est l'archevêque ? " Aussitôt l'intrépide pontife descendit les degrés du chœur et dit à haute voix: " Me voici! Je suis l'archevêque, mais je ne suis point un traître. Que voulez-vous ?"—" Que tu meures!"—" Je suis prêt à mourir pour Dieu, pour la justice et pour la liberté de l'Eglise; mais je vous défends, au nom du Dieu tout-puissant, de faire le moindre mal à aucun de mes religieux, de mes clercs ou de mon peuple. Tant que j'ai vécu, j'ai pris la défense de l'Eglise lorsque je l'ai vue opprimée; puisse-t-elle, par mon sang, recouvrer la paix et la liberté! " Ayant ainsi parlé, il se mit à genoux et dit: " Je recommande mon âme et la cause de l'Eglise à Dieu, à la sainte Vierge et aux saints patrons de ce lieu, aux martyrs saint Denis et saint Elphège." Ayant ensuite prié pour les assassins, il inclina un peu la tête et la leur présenta en silence. Comme ils voulaient le tirer de l'église, il leur dit: " Je ne sortirai point; faites ce que vous voudrez." Dans la crainte que le peuple qui s'attroupait ne mît obstacle à leur dessein, ils se hâtèrent de l'exécuter. L'un des assassins déchargea un coup sur la tête de l'archevêque. Edouard Grim, qui était auprès du saint, et qui, depuis, écrivit sa vie, voulut parer le coup en étendant le bras, qui lui fut presque emporté. Thomas, qui en avait été étourdi, tomba sur ses genoux, soutint sa tête de ses deux mains, resta immobile comme auparavant et offrit à Dieu, de nouveau, le sacrifice de sa vie. Alors, deux autres assassins lui donnèrent chacun un coup d'épée, et il tomba sur le pavé près de l'autel de saint Benoit. Comme il était près d'expirer, Richard le Breton lui enleva le haut du crâne. Enfin, un exécrable sous-diacre, nommé Hughes, et surnommé mauvais-clerc, lui posa le pied sur le cou, et avec la pointe de son épée, lui tira la cervelle qu'il répandit sur le pavé. Ainsi mourut saint Thomas, archevêque de Cantorbéry, dans la 53e année de son âge, mardi le 29 décembre 1170, sur les cinq heures du soir. Il reçut tous ces coups sans proférer une seule parole et sans aucun mouvement des pieds ni des mains "

Le corps du saint fut déposé dans la chapelle dédiée à la Sainte-Trinité et son tombeau devint bientôt un lieu de pèlerinage. Erasme, qui l'a vu, en fait une description très détaillée. La piété des fidèles avait fait de cette tombe un véritable trésor ; ce n'était qu'une masse d'or et de pierres précieuses d'une valeur incalculable. L'exécrable Henri VIII s'empara de ce trésor qui, dit un auteur anglais, " combla deux grands coffres dont chacun ne pût être transporté hors de l'église que par six ou sept hommes très forts." Une des pierres précieuses, don de Louis VII, roi de France, servit à orner une bague que Henri VIII portait au pouce. Quant au corps du martyr, le misérable roi le fit brûler et en fit jeter les cendres aux quatre vents du ciel. Voilà quelques-unes des exploits du fondateur du protestantisme anglais.

La cathédrale renferme aussi plusieurs autres tombeaux remarquables ; par exemple, celui du cardinal Pole, le dernier archevêque catholique de cette église, et ceux du Prince Noir, du roi Henri IV d'Angleterre, d'un grand nombre d'archevêques de Cantorbéry, du cardinal Coligny.

Cette après-midi, je suis entré, avec le Père Herbreteau, dans la petite et vieille église de Saint-Martin. On y conserve encore une grande cuvette en pierre ornée de sculptures évidemment très anciennes. Nous sommes en présence d'une précieuse relique dont l'authenticité ne fait pas de doute, paraît-il : les fonts baptismaux où saint Augustin baptisa le roi Ethelbert.

MONTREUIL-SUR-MER, lundi le 8 octobre.

Ce matin, je me suis rendu de nouveau au collège pour causer encore quelques instants avec le Père Herbreteau et lui faire mes adieux. J'ai eu l'honneur d'être par lui présenté à M. le comte de Mun, que tous les lecteurs de la *Vérité* connaissent, de vieille date, comme l'un des plus grands champions de la cause catholique en France, et le principal fondateur de la belle œuvre des cercles catholiques d'ouvriers. M. de Mun a trois fils au collège Sainte-Marie. Il a conversé avec moi pendant un quart d'heure ou vingt minutes et m'a posé toutes sortes de questions concernant le Canada, notre organisation politique, nos luttes, nos aspirations nationales, etc. Il s'intéresse vivement à notre pays, comme tous les Français dignes de ce nom. Il a traversé la Manche en même temps que moi, mais comme il est fort sensible au mal de mer, il s'est tenu à l'écart, je ne sais trop où. Je ne l'ai vu qu'au moment de débarquer à Calais. Il a eu la complaisance de me donner sa carte et de mettre ses services à ma disposition pour la rentrée des chambres.

Plusieurs des lecteurs de la *Vérité* ont vu des photographies de M. de Mun ; celles que j'ai vues ne lui rendent pas justice. C'est un fort bel homme, grand, droit, âgé de 45 ans environ, un peu grisonnant. Très affable, il vous met à l'aise tout de suite.

De onze heures à midi, j'ai visité en détail la cathédrale, les chapelles, les cloîtres, les souterrains. J'ai vu l'endroit même où se tenait saint Thomas lorsque les assassins l'ont frappé ; j'ai vu la porte par laquelle il a passé pour la dernière fois ; le corridor qu'il a parcouru pour aller de son palais à la cathédrale assister aux vêpres ; l'endroit où se trouvait son tombeau avant la sacrilège profanation de Henri VIII. J'ai vu aussi la chapelle où le roi Henri II est venu, en pénitent, demander pardon à Dieu et au martyr. J'ai vu les vitraux du 13e siècle, encore bien conservés, qui rappellent la vie, la mort, les miracles du grand saint. Ce n'est pas sans une profonde émotion qu'on contemple toutes ces choses.

A midi et demi, départ pour Douvres. A une heure et un quart le bateau *Empress* quittait le quai, et à deux heures et demie nous débarquions à Calais, après une bonne traversée.

Il y avait, cependant, assez de houle pour donner le mal de mer à plusieurs de ces dames. J'ai trouvé que pour une heure et un quart ça ne valait pas la peine de se mettre en frais de faire des simagrées. Si ç'avait duré encore une heure, je ne dis pas ! .....

Enfin, me voici sur la terre de France. A Calais, pas de douaniers ; du moins je n'en ai pas vu. Très certainement, les petits bagages que chacun portait à la main n'ont pas été examinés. Il faut croire que la contrebande entre l'Angleterre et la France n'est pas un métier payant.

Je me rends directement à Boulogne. Là il faut attendre, une heure et demie, le train pour Montreuil. Arrivé à cet endroit, je constate qu'il est trop tard pour me présenter convenablement au monastère des chartreux qui se trouve, du reste, à quatre kilomètres de la ville. Je me fais donc conduire à un hôtel quelconque pour y passer la nuit. Je m'aperçois qu'en effet c'est un hôtel tout à fait quelconque, fréquenté par des commis-voyageurs bagoulards. Mon hôtel à Cantorbéry était aussi un hôtel de commis-voyageurs ; mais les commis-voyageurs anglais distribuent des bibles—j'en ai trouvé une sur la table de ma chambre;—ceux de France font de la politique républicaine. Au dîner, qui a duré fort longtemps, mais qui ne nous a pas apporté grand'chose à manger après tout, ça été un feu roulant tout le temps. Un commis-voyageur de Paris, surtout, s'est fait remarquer par sa faconde inepte. Il a soutenu une longue discussion avec le patron de l'établissement, qui me paraît être un bonapartiste, à propos des causes de la guerre franco-prussienne. Il aurait voulu manger un peu de *calotin*, mais comme ça n'avait pas l'air de prendre beaucoup, il s'en est tenu à la politique. Lorsque je suis parti de la salle à manger, après le café, il était en train d'éreinter le général Trochu qui, d'après lui, n'est que le participe passé du verbe *trop choir*—vieille farce usée jusqu'à la corde.

En somme, je trouve le commis-voyageur anglais, malgré sa

propagande biblique, moins détestable que son congénère français.

N. Dame des Prés, près Neuville, mardi le 9 octobre.

Hier soir, j'étais entouré de commis-voyageurs frivoles, pour ne rien dire de plus ; ce soir je suis au milieu des enfants de saint Bruno, car je couche à la chartreuse de Notre Dame des Prés, dans la partie réservée aux étrangers, bien entendu. Ce monastère se trouve à quatre kilomètres de Montreuil, tout près du village de Neuville. J'y suis arrivé ce matin, vers neuf heures, et je n'en repartirai que demain matin, pour prendre le train de huit heures.

J'ai vu mon excellent ami dom Jules Livernois ; je l'ai vu longuement. Ç'a été pour moi un grand bonheur, une joie pure dont le souvenir ne s'effacera jamais ! Mais ce sont là des choses trop intimes pour que je puisse les confier au papier.

Comme je sais très bien qu'il ne verra jamais ces lignes, je puis dire, pour la consolation et l'édification de ceux qui l'ont connu, estimé et aimé dans le monde, qu'il est un religieux modèle. Ses supérieurs, hommes graves qui ne parlent pas à la légère, me l'ont affirmé. Il est mort au monde ; et s'il a revécu pendant quelques heures de la vie d'ici bas pour me recevoir, ce n'est que pour obéir à un ordre formel du père prieur.

Il fait bon passer quelques heures dans un monastère. On s'y livre, comme malgré soi, à de sérieuses et salutaires réflexions sur le néant de ce monde, sur l'importance souveraine du monde à venir, sur la nécessité de se préparer à bien mourir

Mais qu'on ne s'imagine pas que les chartreux sont tristes, sombres et renfrognés. J'ai vu le père prieur, le père coadjuteur et le père procureur qui, à cause de leurs fonctions, ne sont pas au cloître, bien que, pour tout le reste, ils suivent très exactement la règle ; j'ai vu aussi le père maître des novices.

Tous sont d'une amabilité, d'une douce et suave gaieté qui se concilient parfaitement avec une grande austérité de vie. La vraie sainteté n'a rien de rebutant. Plus on vit près de Dieu, plus on goûte une joie sereine qui se traduit au dehors par un visage souriant. Si vous voulez voir de véritables sourires, des sourires qui viennent du cœur et qui vont au cœur ; des sourires *sincères*, non point de ces grimaces de convention que la politesse mondaine sait revêtir, venez passer quelques heures au milieu de ces moines qui ne mangent jamais une bouchée de viande, qui se lèvent au milieu de la nuit pour chanter les louanges du Seigneur, qui pratiquent toutes les mortifications imaginables, qui ne donnent au corps que juste ce qu'il faut pour y retenir l'âme.

Peu sont appelés à la vie contemplative ; mais ceux qui le sont, ont bien la meilleure part. Ils se tiennent immobiles aux pieds du divin Maître ; et plusieurs, comme Marthe, sont tentés de murmurer contre eux. Souvenons-nous toujours de cet épisode de l'évangile et de la réponse de Notre-Seigneur. Alors nous ne serons plus portés à trouver inutile la vie des ordres contemplatifs. Que de grâces obtenues par leurs prières, leurs veilles, leurs mortifications ; que de châtiments détournés de la pauvre humanité qui, hélas ! ne prie guère et qui se mortifie encore moins. Aujourd'hui, la foi nous montre l'utilité de ces vies de prière ; au jugement dernier, nous la verrons.

Je n'entreprendrai pas une longue description de la chartreuse. Presque tous les lecteurs de la *Vérité* ont, du reste, une idée assez exacte de ce genre de monastère : de longs corridors ou cloîtres qui réunissent des cellules assez spacieuses, où les moines, séparément, prient, méditent et travaillent ; une chapelle au centre où ils se réunissent toutes les nuits pour chanter l'office. La semaine, chacun prend son unique repas quotidien en particulier, dans sa cellule ; les dimanches et les jours de fête, ils mangent ensemble dans un réfectoire commun.

Une fois la semaine, ils font ensemble une promenade pendant laquelle ils parlent. Chaque moine, du reste, possède, à côté de sa cellule, un tout petit jardin où il cultive quelques fleurs et des fruits, et où il peut prendre l'air.

À Notre-Dame des Prés, il y a une imprimerie où l'on exécute des travaux considérables ; un atelier de reliure, un autre de photographie, une clicherie, etc. C'est ici même qu'a été imprimée la vie de Garcia Moreno, par le R. P. Berthe. Le père prieur a bien voulu me faire visiter tout l'établissement, ce qui m'a vivement intéressé.

Les étrangers sont reçus ici avec une hospitalité vraiment monacale. Le frère hôtelier nous sert à table, et nous avons chacun une chambre spacieuse et fort confortable. Je dis nous, car il y a actuellement au monastère, trois prêtres belges qui sont venus faire visite au père procureur qui est leur compatriote et le confrère de collège de l'un d'eux. Ils partent, demain, en même temps que moi. Ce sont des Flamands, et ils ne parlent le français à table que par politesse à mon égard. Leurs noms indiquent, suffisamment, leur origine : M. Aerts, curé à Terhagen—Boom—et M. Bongaerts, vicaire à Rumpst—Boom (Boom est le bureau de poste). Le jeune vicaire de M. le curé Aerts ne m'a pas donné son nom. Tous les trois se sont beaucoup intéressés à moi à cause de mon titre de Canadien et m'ont invité très cordialement à leur faire visite, si je passe près de Boom qui est dans la Belgique flamande, non loin d'Anvers, ou d'Antwerpen, de son vrai nom.

PARIS, hôtel Belzunce, mercredi le 10 octobre.

En partant de Québec, j'ai dit que je serais à Paris le 10 octobre. Eh bien ! m'y voici juste au jour fixé—ce qui n'implique nullement le don de prophétie. Je constate, seulement, que mes calculs se sont réalisés un peu mieux que ceux du général Wolseley, qui avait annoncé au monde, en partant de Londres, que tel jour il dînerait à Khartoum. Comme on le

SÉPULTURE D'UN CHARTREUX, N.-D. DES PRÉS.

sait, il ne s'est pas rendu au temps fixé; et le jour où il devait faire son entrée dans la ville africaine, le pauvre Gordon succombait. Aussi faut-il admettre qu'il y a une nuance entre la campagne entreprise contre Khartoum et mon voyage d'un mois à travers l'Irlande et l'Angleterre.

J'ai peu dormi la nuit dernière. D'abord j'ai veillé jusqu'à onze heures et demie pour pouvoir assister à l'office que les moines chantent pendant que le monde dort. Le père prieur, dom Léonard Gorse, avait bien voulu me donner la permission nécessaire, et le père coadjuteur a eu la bonté de venir me chercher à l'heure voulue et me conduire à la tribune réservée aux étrangers.

C'est un spectacle saisissant que la vue de ces moines, tout vêtus de blanc, le capuchon sur la tête, qui se rendent silencieusement à la chapelle par les longs corridors, à la lueur incertaine de leurs petits fanaux. Puis ce chant de l'office, au milieu des ténèbres que la lumière de quelques bougies ne parvient pas à dissiper! Je ne connais rien de plus solennel, de plus imposant, de plus propre à remplir l'âme de pensées salutaires. Les chartreux ont un chant tout particulier qui me paraît avoir un cachet d'antiquité que le chant ordinaire n'a pas. Il m'a semblé, la nuit dernière, qu'on devait chanter ainsi aux jours de Charlemagne.

Ces accents lents et graves, cette chapelle obscure, l'austérité qui règne partout, reportent l'esprit aux siècles passés, aux temps où les monastères, aujourd'hui en ruines et couverts de lierre, étaient fraîchement construits, où fleurissaient des rois, des nobles et des peuples aujourd'hui oubliés; plus loin encore, aux catacombes, au berceau ensanglanté du christianisme. Vous sentez combien est ancienne l'Eglise du Christ et combien elle est jeune; toujours la même; survivant aux dynasties et aux empires; ne changeant point elle-même, et s'harmonisant toutefois avec les changements merveilleux que le genre humain a subis depuis deux mille ans; inflexible dans sa doctrine, et s'adaptant à toutes les époques, à tous les lieux, à toutes les situations. O glorieuse Eglise, vraiment, vous êtes l'œuvre de Dieu ! Qu'elle est belle la devise des enfants de saint Bruno : *Stat crux dum volvitur orbis !*

Je suis parti de la chapelle à une heure, le père coadjuteur m'ayant conseillé de ne pas rester jusqu'à la fin, car l'office est très long. Les moines se couchent, le soir, à huit heures ; se lèvent à onze ; se couchent de nouveau vers deux heures du matin, et dorment, s'ils le peuvent, jusqu'à six heures. Quelques-uns ne s'habituent jamais, paraît-il, à couper ainsi leur sommeil en deux.

A six heures, dom Jules est venu me chercher pour assister, avec lui, à la messe du père maître des novices.

Les pères chartreux ont une manière toute particulière de célébrer le saint sacrifice de la messe. L'annaliste de l'ordre, dom Le Coulteulx, énumère vingt-six différences liturgiques ; mais on pourrait en trouver davantage, je crois, dans l'exposé suivant que le R. P. prieur a eu l'extrême obligeance de me faire tenir :

" Le prêtre se prosterne d'abord sur le marchepied de l'autel pour réciter un *Pater* et un *Ave* de préparation. En s'habillant à l'autel du côté de l'évangile, il ne récite aucune prière et ne croise pas l'étole mais la laisse pendre des deux côtés (comme les évêques).—Etant habillé, aidé du servant, il découvre l'autel en repliant la couverture vers les gradins ; il verse le vin dans le calice, place l'hostie sur la patène et la patène sur le calice en la couvrant de la pale qui ne sert qu'en cette occasion. Les chartreux ne font usage ni du voile de calice, ni de la bourse pour la messe basse, le corporal restant toujours sur l'autel avec la pale et un purificatoire.—Le missel repose à plat sur l'autel du côté de l'épitre ; le calice est placé entre le missel et le corporal ; au coin de l'évangile est un coussin qui servira de pupitre. Le prêtre descend de l'autel, non au milieu, mais à l'angle du marchepied du côté de l'évangile et tourné vers le servant, il commence la messe par le verset : *Pone, Domine, custodiam ori meo*, suivi d'un *Confiteor* tout particulier, et du verset : *Adjutorium nostrum in nomine Domini*. Il s'avance ensuite au milieu du marchepied, où, profondément incliné, il récite à voix basse un *Pater* et un *Ave* et monte à l'autel en silence. Après l'*Introit*, le *Kyrie*, le *Gloria*, et le *Dominus vobiscum* se disent en restant au coin de l'épitre. Pour ce dernier, le prêtre dit *Dominus* tourné vers l'autel en entrouvrant les bras, et s'étant tourné vers le peuple, il ajoute *vobiscum* en rejoignant les mains. Il transporte lui-même le missel du côté de l'évangile. A l'offertoire, le prêtre verse l'eau dans le vin du sacrifice et se lave immédiatement les mains. Il fait l'oblation en élevant le calice sur lequel reposent la patène et l'hostie ; il couvre le calice, suivant l'usage apostolique, avec l'extrémité du corporal qui, à cet effet, est de très grande dimension. Le prêtre dit : *Orate, fratres, pro me peccatore ad Dominum Deum nostrum*, avec les mêmes cérémonies que pour le *Dominus vobiscum ;* et le servant ne répond rien, de même qu'il n'a rien répondu à la fin de l'épître et de l'évangile. Pendant les secrètes le prêtre tient les mains étendues sur le calice et l'hostie. Depuis le commencement du canon, il tient les bras élevés et étendus en forme de croix, jusqu'à la fin du *Pater*. Après la consécration du précieux sang, il n'élève pas le calice au-dessus de sa tête, mais seulement un peu au-dessus de l'autel. Avant le *Pater*, il dit *Per omnia secula......* en tenant l'hostie sur le calice, et en élevant un peu l'un et l'autre. Il dépose l'hostie sur le corporal et recouvre le calice en continuant les prières : *Oremus, praeceptis salutaribus......* Après le *Pax Domini......*, il laisse tomber la parcelle dans le calice en disant une seule fois : *Agnus Dei......*, et ne récite qu'une seule oraison avant la communion Il n'y a pas de *Domine, non sum dignus*, et le prêtre ne dit aucune prière soit pour la communion soit pour les ablutions. Il ne purifie le corporal qu'après la première ablution.—(Pour la communion des fidèles, il n'y a ni *Confiteor*, ni *Misereatur*, ni *Domine, non sum dignus*, etc., mais le prêtre communie simplement les fidèles en disant : *Corpus Domini nostri Jesu Christi custodiat te in vitam æternam*.) A la seconde ablution le prêtre ne reçoit que le vin dans le calice ; il se purifie les doigts avec l'eau sur le plateau, et cette eau est jetée dans la piscine. Il s'essuie les doigts avec un linge appelé *Agnus Dei*, à peu près semblable au manuterge. Après avoir pris la seconde ablution, il renverse le calice sur l'autel, la coupe reposant sur la patène, pendant qu'il plie le corporal ; il le porte ensuite à ses lèvres pour étancher les dernières gouttes, et le recouvre avec la patène. Il ajoute alors les deux autres *Agnus Dei* et se rend au coin de l'épitre pour dire la communion, le *Dominus vosbiscum*, les postcommunions, etc... et l'*Ite, Missa est* qu'il dit tourné vers l'autel. Après le *Placeat*, il fait le signe de la croix et la messe est finie, car il n'y a jamais de bénédiction du peuple, ni dernier évangile. Après avoir déposé les vêtements sacerdotaux, le prêtre purifie le calice à la piscine disposée à droite de l'autel.

" Les cérémonies de la messe chantée sont d'une extrême simplicité et diffèrent très peu de celle de la messe basse. Le célébrant chante alternativement avec le chœur les prières du commencement de la messe : *Ponc Domine*...... *Confiteor*...... Il va s'asseoir seulement pour lire l'épître, et écoute debout devant le siège le chant de l'évangile après avoir donné la bénédiction et l'étole au diacre. Si l'on excepte l'encensement à l'évangile et à l'offertoire, les cérémonies extérieures sont absolument les mêmes pour une messe de *Requiem* que pour la grande messe de Pâques. Le diacre revêtu seulement de la *cuculle ecclésiastique*, sorte d'aube en laine blanche, ne se tient jamais à côté du célébrant ; il se contente de lui présenter ce dont il a besoin, et se retire aussitôt dans sa stalle au chœur. Le religieux qui remplit l'office de sous-diacre sort de sa stalle vers la fin des premières oraisons, chante l'épître au lectoire placé au milieu du chœur, et rentre dans sa stalle."

A huit heures, je prenais le train pour Boulogne où se trouve en ce moment le R. P. Berthe, rédemptoriste, et auteur de l'admirable vie de Garcia Moreno. Le père prieur avait bien voulu me donner une carte d'introduction auprès du savant écrivain qui a conversé avec moi, de la manière la plus intime possible, pendant près de deux heures. Il m'a parlé de la lutte en France et m'a demandé une foule de renseignements sur les affaires du Canada qui l'intéressent beaucoup. J'ai à peine besoin de vous dire que le père Berthe est un *intégriste* de la plus belle eau, et je vous déclare qu'un entretien comme celui que j'ai eu avec lui ce matin retrempe un homme pour le combat plus qu'un peu.

La presse catholique libérale de France et d'ailleurs, n'osant pas attaquer sa *Vie de Garcia Moreno*, a fait le silence autour de ce livre qui est tout un événement, a dit un évêque français. La *Vérité* a déjà publié de copieux extraits de ce bel ouvrage et l'a fortement recommandé à ses lecteurs. Je renouvelle ici cette recommandation, en l'accentuant autant que possible. Propagez ce livre; faites le lire aux hommes politiques, surtout aux jeunes gens qui veulent s'occuper des affaires publiques. On ne saurait trouver de meilleur remède contre le virus libéral.

Le père Berthe est un homme encore dans toute la force de l'âge ; mais sa chevelure, très abondante, est blanche comme neige. Il prêche presque constamment des retraites, et trouve cependant le temps d'écrire des livres ; car la vie de Garcia Moreno, qui est rendue à la cinquième ou sixième édition, n'est pas son seul ouvrage. Il fait, de ce temps-ci, une série d'opuscules intitulés : *Récits bibliques*. C'est que ceux des Français qui travaillent, font autrement plus de besogne que nous.

Je reviens à la *Vie de Garcia Moreno*. En France, on la distribue, *largement*, en prix aux élèves des collèges catholiques ; les pères jésuites, surtout, se font remarquer par cette excellente propagande parmi la jeunesse. Pourquoi le gouvernement de la province de Québec, qui a l'habitude d'acheter, tous les ans, un certain nombre de volumes pour les donner en prix, ne voudrait-il pas distribuer un certain nombre d'exemplaires de cette vie du grand homme d'Etat chrétien ?

Paris, jeudi le 11 octobre.

Ce matin, je suis allé aux bureaux de l'*Univers* où des lettres du Canada m'attendaient. J'ai vu M. Eugène Tavernier quelques instants seulement. Comme c'était l'heure des *épreuves*, et que je sais, par une triste expérience personnelle, combien il est désagréable d'être dérangé à ce moment, même par son plus intime ami, par sa femme, par ses enfants, par n'importe qui, j'ai coupé court à ma visite. Je me reprendrai à une heure plus libre.

Beaucoup de personnes, qui ont le tact le plus exquis sous d'autres rapports, semblent croire qu'un rédacteur de journal est un être à part ; qu'il peut faire sa besogne tout en causant. Entre journalistes, on se comprend mieux.

En revenant de l'*Univers*, je me suis arrêté chez les pères jésuites, 35 rue de Sèvres. Car malgré les décrets il y a encore là des pères, bien que leur église soit fermée. J'ai vu le R. P. Matignon, qui, comme tous les pères et tous les prêtres séculiers que j'ai eu la bonne fortune de rencontrer depuis mon départ, m'a reçu avec bonté et politesse. Nous avons causé assez longuement du Canada, sujet qui intéresse vivement tous les Français, particulièrement les Français instruits. Ceux qui ne sont guère instruits s'y intéressent aussi, mais les questions qu'ils vous font accusent des connaissances assez vagues touchant la Nouvelle France.

Ainsi, l'autre jour, à Montreuil-sur-mer, le patron de l'hôtel ayant appris que j'étais du Canada, m'a fait toutes les questions imaginables, dont plusieurs étaient fort singulières. Entre autres choses, il m'a demandé si le Canada est en Amérique et si nos maisons sont réellement couvertes avec des grandes feuilles d'arbre. Il avait l'air très surpris d'apprendre que le palmier ne fleurit pas précisément chez nous. Une autre chose qui intriguait beaucoup le brave homme, c'est que je parlais le français et non point l'*américain* et que j'étais habillé comme les Français. Je lui ai dit que l'*américain* m'est assez familier, mais que, dans le Canada, il y a deux millions de personnes, peut-être plus, qui ne parlent que le français. Si jamais un homme est tombé des nues, c'est cet hôtelier qui m'a montré à sa femme, à sa jeune fille et à un de ses amis comme une véritable curiosité : " Monsieur parle le français comme nous, et il est du Canada." répétait-il à chaque instant. Peut être, au fond du cœur, croyait-il avoir affaire à un affreux mystificateur.

Naturellement, je n'ai guère vu Paris, ayant passé la journée à écrire ; depuis mes deux courtes visites du matin, je n'ai pas mis le pied dehors. Je ne vous dirai donc rien, cette semaine, de la *Ville lumière*. Seulement, ma première impression est très défavorable. Je me trouve beaucoup plus dépaysé ici qu'à Londres.

SIXIÈME LETTRE.

Sommaire : — Paris et Londres.—Anglais et Français.—Que sont les Canadiens-français ?—Un reste de christianisme.—Les rues de Paris et celles de Londres.—Visite à la *Croix*.—Fuite.—La maison d'Athis.—Art et nature.—Un dimanche à Paris.—Violation systématique du repos dominical.—Les bons et les mauvais.—Leçon salutaire pour les Canadiens-français.—Visite de deux compatriotes. —Au collège de la rue de Vaugirard.—Un philosophe chrétien.—M. l'abbé Biron.—A la maison de la rue Oudinot.—Au palais Bourbon. —Mœurs parlementaires.—Visite à l'*Univers*.—Louis et Eugène Veuillot.—Grossièreté diplomatique.—A Beauvais.—La fabrique de tapisseries.—L'endroit et l'envers de la vie.—L'église Saint-Etienne et la cathédrale.—Horloge merveilleuse.—A Beauséjour, au marais et à la ferme.—Idées du frère Eugène.—Son appréciation d'un Canadien.

Athis-Mons, près Paris, vendredi, 12 octobre.

Me voici tout à fait chez moi, c'est-à-dire chez les chers frères des Ecoles chrétiennes : et qui plus est, dans la maison que dirige le cher frère Réticius. C'est vous dire que l'ennui ne saurait m'atteindre sous ce toit hospitalier.

Pour tout dire, je me suis réfugié ici, ce soir, pour fuir l'ennui qui me dévorait à Paris.

J'ai terminé ma dernière lettre par une phrase qui a dû paraître singulière à quelques-uns. Je disais que je me trouvais beaucoup plus dépaysé à Paris qu'à Londres. C'était la première impression. Aujourd'hui, elle s'est changée en conviction bien arrêtée.

D'abord je me disais : c'est parce que je suis à moitié anglais ; c'est parce que ma première éducation a été tout anglaise. Puis, j'ai vu que ce n'était pas là la véritable cause de mon ennui. Car, après tout, me suis-je dit, voilà vingt ans et plus que je demeure au Canada. Je me suis entièrement identifié avec l'élément canadien-français; ma manière de vivre, de penser, de sentir est tout à fait semblable à celle de mes amis canadiens-français. Comment donc se fait-il que je me trouve comme un poisson hors de l'eau, à Paris, tandis qu'à Londres j'étais chez moi au bout de quelques heures ? Serait-ce parce que les Canadiens-français, sans le soupçonner le moins du monde, sont beaucoup plus anglais que français ? Mais une pensée semblable n'est-elle pas extravagante ? Aurais-je la berlue, par hasard ?

Je faisais ces réflexions, tout en parcourant les rues de Paris, ce matin, lorsque, tout à coup, je me suis trouvé en face de M. Hector Fabre. Il est connu que M. Fabre et moi sommes aux antipodes, quant aux idées ; mais nos relations ont toujours été très courtoises. Aussi, nous mettons-nous à causer de choses et autres. La conversation tombe précisément sur le sujet qui faisait tout à l'heure l'objet de mes méditations ; et, à mon grand étonnement, M. Fabre exprime exactement la pensée que j'étais tenté de repousser comme inacceptable : les Canadiens français sont plus anglais que français par les coutumes, par les habitudes, par ces mille petits détails, insignifiants pris séparément, mais qui, réunis, forment, si non le caractère national, du moins la vie extérieure d'un peuple. Nous avons conservé la Foi de nos ancêtres et leur langue ; au fond du cœur nous sommes Français, Français du bon vieux temps, mais à la surface nous nous sommes laissé entamer par le contact des Anglais. Combien de Canadiens, me dit M. Fabre, m'ont déclaré, comme vous, qu'ils se trouvent beaucoup plus chez eux à Londres qu'ici.

Alors j'ai constaté que je n'avais pas la berlue, mais que j'étais tombé sur la véritable solution d'un problème qui m'intriguait depuis vingt-quatre heures.

Ici, à part la langue qui est bien la même qu'au Canada, tout est étrange et nouveau pour moi : la disposition des maisons, le boire et le manger, la manière de se présenter chez quelqu'un, mille petites choses, souvent presque insaisissables.

Pour un Canadien français, Paris est un monde inconnu ; tandis que Londres, c'est tout bonnement la ville de Montréal multipliée par vingt. Je vois cela maintenant, très clairement (1).

Il n'y a qu'une chose qui me paraît naturelle à Paris et qui m'a manqué à Londres : ce sont les mendiants qui vous tendent la main à la porte des églises et aux coins des rues. Le protestantisme orgueilleux et égoïste a caché le pauvre au fond du *work-house*. A Paris, malgré la Révolution et le *progrès moderne*, malgré les lois, si je ne me trompe, on peut encore faire l'aumône, en passant. C'est un reste de christianisme qui rend Paris supérieur à Londres et rappelle les mœurs canadiennes.

Au point de vue purement matériel, il n'y a guère de parité entre Paris et Londres. Cette dernière ville est plus riche, plus substantielle, si je puis m'exprimer ainsi ; mais Paris est propre, coquet, pimpant, au-delà de tout ce que l'on peut imaginer. Les places publiques, les boulevards et les principales rues sont d'une largeur presque démesurée, très bien pavés, souvent à double trottoir de chaque côté : c'est-à-dire, un trottoir le long des maisons, puis une rangée d'arbres, puis un autre trottoir ; ensuite, une deuxième rangée d'arbres ; enfin la chaussée.

Le mouvement dans les rues de Paris et le mouvement dans les rues de Londres n'est pas du tout la même chose. A Paris, traverser une rue, est une entreprise quelque peu inquiétante,

(1) En lisant cette appréciation de Paris dans la *Vérité*, plusieurs de mes amis se sont récriés. Je ne l'efface pas, cependant ; je me contente de l'adoucir un peu ; car un séjour plus prolongé dans la grande ville n'a fait que me confirmer dans mes premières impressions défavorables. Je dois toutefois faire remarquer qu'il faut distinguer entre les parisiens et les Français, entre Paris et la France. La mère-patrie des Canadiens, c'est la France, ce n'est pas Paris.

il est vrai, car les voitures roulent vite, les cochers s'occupent peu des passants et font claquer leurs fouets de manière à ahurir l'homme le moins nerveux. On dirait des coups de pistolet. Ce claquement des fouets est un trait caractéristique du cocher parisien. Cependant, malgré ces inconvénients, pour aller d'un trottoir à l'autre, il suffit d'exercer une prudence ordinaire. Tandis qu'à Londres, c'est tout un problème dont souvent il faut demander la solution à la police ; car, bien que les voitures aillent lentement, elles y sont tellement serrées les unes contre les autres que, pour laisser passer les piétons, les sergents de ville sont obligés, à chaque instant, d'arrêter camions, omnibus et carrosses.

Et voilà tout ce que je vous dirai de Paris aujourd'hui. J'ai marché une bonne partie de la journée, mais je n'ai rien visité en détail. Je suis entré, seulement, dans trois églises : Saint-Germain des Prés, la Madeleine et Saint-Augustin. J'avais quelques petites affaires à régler au boulevard Haussmann, chez MM. Grunebaum, frère et cie, agents de la banque nationale de Québec. *Grunebaum* me parait un nom affreusement juif. Quoi qu'il en soit, je n'ai qu'à me féliciter de mes rapports avec ces messieurs.

J'ai aussi fait une très courte visite au journal la *Croix*, vaillante feuille catholique intégriste. J'ai pu voir le père rédacteur pendant quelques instants. On le sait, ce journal quotidien et populaire est dirigé par les religieux augustins de l'Assomption. Comme la *Vérité*, la *Croix* s'occupe des questions politiques, mais en se plaçant toujours et exclusivement au point de vue des principes, non pas des partis et des hommes. J'ai aussi laissé ma carte chez M. Raymond Masson, neveu de notre excellent ami M. le Dr. L-E. Desjardins, de Montréal. M. Masson était à son atelier pour le reste de la journée.

C'est alors que, n'y tenant plus, je me suis réfugié à Athis où j'étais certain de voir au moins deux figures connues et amies, celles du cher frère Réticius et du cher frère Eugène-Abel, ancien directeur de l'école des Glacis. J'avais l'intention de retourner à Paris vers sept ou huit heures. Mais je comptais sans la très grande hospitalité du frère Réticius qui a insisté pour que je passasse la nuit sous ce toit. Je vous avouerai tout naïvement que je ne me suis pas fait prier longtemps.

Il est bien entendu que nous avons causé jusqu'à une heure assez avancée. Il était dix heures, lorsque j'ai pu commencer à écrire mon journal. Comme il est maintenant onze heures et demie, je dépose la plume. Demain, je vous dirai un mot de la maison où je me trouve en ce moment.

PARIS, samedi le 13 octobre.

Je suis rentré à Paris, ce soir, vers six heures, après avoir passé une journée aussi tranquille qu'agréable, en compagnie des bons frères.

L'établissement que dirige le cher frère Réticius est une maison de retraite où les frères vont, à tour de rôle, se retremper dans le recueillement, la solitude et la prière, pendant trois ou quatre mois. C'est une sorte de deuxième noviciat qui répond au troisième an des RR. PP. jésuites.

Ce deuxième noviciat, exigé par la règle de la communauté, n'a pu être établi, pour diverses raisons, que dans ces derniers temps. Il y a actuellement à Athis une cinquantaine de frères, venus de toutes les parties du monde. A part les frères, beaucoup de jeunes gens, anciens élèves de l'institut, employés dans les magasins et les bureaux de Paris, vont y faire de courtes retraites, de temps à autre.

La maison d'Athis occupe un très beau site, à quelques kilomètres au sud de Paris, près de la Seine. Placée sur une éminence, elle domine toute la vallée. Aucun bruit du monde n'y pénètre; on se dirait à cent lieues de Paris, tant la tranquillité y est absolue. Le terrain et les jardins sont vastes et entretenus avec un soin tout particulier. De beaux grands arbres entourent la maison de toutes parts. C'est un ancien château que les frères ont acheté, restauré, agrandi. Autrefois, cette villa appartenait à une famille noble et les rois de France y allaient souvent. La chambre dite de Louis XIII existe encore.

Tous les environs d'Athis sont très beaux; mais ils ne ressemblent en rien aux beaux paysages du Canada, ni à ceux de l'Angleterre. Chez nous et en Angleterre, on laisse faire la nature; en France, on introduit l'art un peu partout, jusque dans la taille des arbres. En effet, il n'est pas rare, aux environs de Paris, de voir les charmilles taillées de manière à représenter divers objets: dais, tables, voûtes, etc. C'est fort joli, mais je préfère le *naturel*.

Paris, dimanche le 14 octobre.

Je ne connais rien de plus triste, de plus navrant qu'un dimanche passé à Paris. Ici on travaille le jour du Seigneur comme les autres jours; ici on viole ouvertement, effrontément, sans excuse aucune, et apparemment sans aucun remords, le repos dominical; on se moque de Dieu et de son Eglise; on se moque des commandements; on se moque même de ceux qui ne veulent pas manquer à l'observance du dimanche. Non content de faire mal soi-même, on cherche à engager les autres, en faisant appel au respect humain, à suivre l'exemple détestable que l'on donne. Voilà Paris, dans son ensemble, le jour du Seigneur: une ville absolument païenne. Et l'on me dit que, malheureusement, le travail du dimanche est très répandu dans presque toutes les parties de la France, dans les campagnes comme dans les villes.

La violation systématique du repos dominical est, de toutes les plaies sociales qui minent et rongent la France, peut-être la plus vive et la plus difficile à guérir, la plus étendue et la plus puissante. Pourtant, non, il y en a une autre qui doit être pire encore: c'est le décroissement *systématique* et *voulu* de la population, en certaines parties du pays.

Pour revenir à Paris, le dimanche: le commerce, les industries, la construction des maisons, les affaires de tout genre se continuent le dimanche comme la semaine ; les magasins et les boutiques sont ouverts, les églises vides, les théâtres pleins. Car, m'a dit, en gémissant, un prêtre de Paris, beaucoup de ceux qui chôment le dimanche le font pour s'amuser, nullement pour accomplir leurs devoirs religieux.

Pourtant, il convient de dire qu'il y a d'honorables exceptions et d'assez nombreuses encore. On voit des magasins et des boutiques qui restent fermés toute la journée du dimanche. A la messe de huit heures, à l'église de Saint-Germain des Prés, il y avait plusieurs centaines de personnes, à part les enfants des écoles des frères et des sœurs, et un assez grand nombre de communions. Généralement, ce qui est bon à Paris est excellent. Et les bons doivent avoir d'autant plus de mérite qu'ils ont à lutter plus fortement contre le respect humain et contre l'entraînement du mauvais exemple. A Québec et à Montréal, c'est encore de *bon ton* d'aller à la messe, le dimanche. A Paris, c'est tout le contraire. Mais si les bons sont vraiment bons, s'ils s'imposent de rudes sacrifices — vingt millions de francs, par exemple, pour les écoles catholiques, seulement dans la ville de Paris — ils sont débordés par le grand nombre des mauvais. C'est au point que, de prime abord, Paris a l'air, comme je l'ai dit tout à l'heure, d'une ville absolument païenne. C'est seulement en y regardant de près, que l'on s'aperçoit que le mal, tout en étant général, n'est pas universel.

Il y a pour les Canadiens-français une leçon salutaire à tirer de ce qui se passe en France : c'est qu'il faut que nous combattions, avec la plus grande vigueur, les premiers symptômes du terrible mal de la violation du repos dominical. N'allons pas, sous prétexte d'éviter le puritanisme anglais, marcher sur les traces de la malheureuse France. Je vous affirme que, le dimanche, il y a beaucoup moins de sujets de scandale dans les rues de Londres que dans celles de Paris.

J'ai fait peu de progrès, hier, dans mes travaux d'exploration et dans les quelques visites que j'ai à faire. Rejoindre un parisien, c'est toute une entreprise. J'ai pu, cependant, voir les RR. PP. de Scorraille, Burnichon et Brucker S. J., écrivains des *Etudes religieuses*. J'ai passé, auprès de ces bons pères, une heure et demie très agréablement, et aussi avec grand profit pour moi ; car tout en me faisant causer du Canada, ils ont bien voulu me donner de précieux renseignements sur la France et sur la lutte qui se poursuit ici, comme dans le monde entier, entre les deux cités. J'ai été heureux d'apprendre que les *Etudes* ont été bien accueillies et se répandent rapidement. Que la *Vérité* ne manque pas, chaque fois que l'occasion s'en présentera, de faire connaître et de propager, autant que possible, cette excellente revue. Evitons les rapports avec la France impie ; mais tâchons de renouer, de plus en plus, les liens qui nous rattachent à la France de nos ancêtres ; n'en ayons pas d'autres.

Le soir, j'ai eu le plaisir d'avoir la visite de deux jeunes Canadiens : M. Edouard Desjardins, fils de notre ami M. le Dr Ls-E. Desjardins, qui étudie la science agricole à Beauvais ; et son cousin, M. Raymond Masson, qui étudie la sculpture à Paris. A la demande de son professeur, M. Desjardins est venu au-devant de moi pour me conduire à Beauvais. Il s'est même rendu jusqu'à Athis, hier soir ; mais j'en étais parti un peu avant son arrivée. Mardi, nous irons à Beauvais.

Paris, lundi le 15 octobre.

Encore une journée ravissante. En somme nous n'avons eu que du beau temps depuis mon arrivée en Europe, il y a juste un mois aujourd'hui. Une lettre reçue de Québec, hier, m'apprend qu'il est tombé de la neige au Canada, le deux du courant. Je suis trop bon patriote pour m'en vanter ! Tout de même, vive le Canada, malgré son climat quelque peu rigoureux ! Je n'ai éprouvé le besoin de faire faire du feu dans ma chambre qu'une seule fois, à Cantorbéry, dimanche le 7 octobre. Et vous avez de la neige !

Ce matin, je suis allé faire visite, avec M. Desjardins, au collège de Vaugirard, dirigé encore, malgré les décrets, par les RR. PP. jésuites, aidés de plusieurs prêtres séculiers et de quelques professeurs laïques. Les pères rentrent peu à peu dans leurs établissements, sans faire de bruit. Le gouvernement, trouvant la persécution légale, lente et sournoise, plus efficace et moins dangereuse que les expulsions violentes, ferme les yeux. Du reste, le général Boulanger l'occupe suffisamment pour le quart d'heure.

Le collège de Vaugirard est un immense établissement qui renferme six ou sept cents élèves. Ce qui vous montre qu'il y a encore, à Paris même, beaucoup de parents qui veulent faire donner à leurs enfants une formation vraiment chrétienne.

Le R. P. Berthiault, recteur, nous a reçus très affectueusement et nous a présentés, ensuite, à M. l'abbé Biron, prêtre séculier, attaché à la maison. M. Biron a demeuré longtemps dans la province du Nouveau-Brunswick, où il prenait une part très active à la direction du collège français de Saint-Louis, lequel, vu le malheur des temps, a dû se fermer naguère, au grand détriment de nos frères acadiens de cette partie de la confédération. M. l'abbé Biron est un patriote ardent et éclairé qui voit combien il est important, au point de vue de la foi, de conserver à nos compatriotes, leur langue et leurs institutions nationales ; ce n'est pas lui qui voudrait jamais sacrifier la nationalité française pour obtenir, de qui que ce soit, quelques avantages matériels.

M. Biron nous a présentés au P. de Régnon, S. J., qui habite, tout près du collège, une vieille maison où M. Olier a fondé, en 1608, la congrégation de Saint-Sulpice. Si je ne me trompe, cette fondation a eu lieu dans la chambre même qu'il occupe. Très certainement, dans sa chambre a vécu longtemps et est mort le père Martin, S.J., fondateur du collège Sainte-Marie, à Montréal.

Le père de Régnon est l'auteur de plusieurs ouvrages philosophiques, entre autres, de la *Métaphysique des causes*, livre très solide que j'ai eu l'avantage de lire, l'hiver dernier, en compagnie de M. le Dr Boulet. A voir et à entendre le père de Régnon, vous ne seriez pas tenté de croire que c'est un profond philosophe qui creuse les plus graves problèmes et pour qui Aristote, saint Thomas, saint Augustin et Albert le Grand n'ont pas de secret. Il est très gai, très enjoué, aime le mot pour rire et cause admirablement sur n'importe quel sujet. C'est un chimiste et un amateur de l'agriculture. Il nous a invités tous deux à lui faire une nouvelle visite. En nous quittant, il a dit à M. Desjardins : "Quand vous passerez par Paris, venez me voir, nous parlerons phosphates." Ce qui prouve que la bonne humeur et la philosophie la plus abstraite se concilient parfaitement.

Nous avons visité ensuite la maison mère de l'institut des frères des Ecoles chrétiennes, 27 rue Oudinot, établissement très vaste où se trouvent le noviciat et la direction générale de la congrégation :—une belle famille religieuse de cinq cents personnes. Les deux frères assistants, le frère Aimarus et le frère Patrick, nous font les honneurs de la maison. La chapelle est fort remarquable, ayant été peinte à fresque et décorée par des frères artistes qui y ont consacré les loisirs de leurs vacances. J'ai eu l'avantage de parler assez longuement avec le frère Aimarus des œuvres importantes que l'institut a entreprises au Canada, particulièrement du nouveau pensionnat de la rue Sherbrooke, qui vient de s'ouvrir si heureusement, à la grande joie des familles catholiques de Montréal.

Lorsque nous avons quitté la rue Oudinot, il était près de deux heures, trop tard pour arriver aux bureaux de l'*Univers* avant la rentrée des chambres. Voulant assister à la séance, nous nous sommes rendus tout droit au palais Bourbon. N'assiste pas qui veut aux délibérations des législateurs français. Pour pénétrer dans l'enceinte de la liberté, de l'égalité et de la fraternité révolutionnaires, il faut des cérémonies inconnues à Québec et à Ottawa. Vous entrez d'abord dans une salle fort peu spacieuse, remplie d'une foule grouillante d'aspirants spectateurs. Là vous écrivez, sur une formule *ad hoc*, le nom du député que vous voulez voir. Puis, vous passez votre *bulletin* à un huissier et vous attendez. Si le député est à la chambre, il vient à la porte de la salle et un autre huissier l'annonce à très haute voix : "M. un tel, les personnes qui ont demandé M. un tel." Vous avancez, et l'on vous introduit dans l'antre législatif. Si votre député n'y est pas, un autre huissier vous remet votre bulletin en criant aussi à très haute voix : "M. un tel, absent." A part cela, tous les huissiers vocifèrent, à chaque instant : "Ne poussez pas, messieurs ; reculez, messieurs ; laissez un passage, s'il vous plaît." Plus les huissiers se lamentent, plus les gens poussent, moins ils reculent, plus ils obstruent le passage. C'est tout à fait comique. J'ai envoyé un bulletin à M. le comte de Mun ; mais j'ai appris, au bout de trois quarts d'heure d'attente, qu'il n'y était pas. Il paraît que très peu de députés se rendent à la séance de rentrée qui est d'ordinaire fort insignifiante. N'importe, je ne regrette pas ma tentative : elle m'a fait assister à une jolie scène de mœurs parisiennes. Je me reprendrai un autre jour, et je ne quitterai pas définitivement Paris sans avoir assisté à une séance de la chambre des députés.

Pour terminer l'après-midi, je me suis rendu aux bureaux de l'*Univers* où M. Pierre Veuillot, d'abord, puis son père, M. Eugène Veuillot, m'ont fait un accueil on ne peut plus sympathique et cordial. M. Eugène Veuillot, surtout, a été pour moi d'une amabilité peu ordinaire et nullement de convention. Il a exprimé le désir de me voir de nouveau et plus longuement, et a bien voulu m'inviter à dîner chez lui, aussitôt que je serai rentré à Paris, après ma prochaine visite à Beauvais et à Louze.

Si je me trouve quelque peu dépaysé à Paris, ce n'est pas la faute des parisiens que j'ai eu la bonne fortune de rencontrer ; car tous, sans exception, ont été, pour moi, d'une exquise politesse.

M. Eugène Veuillot, qui doit avoir près de soixante-dix ans, est singulièrement bien conservé, surtout si l'on tient compte de ses grands travaux littéraires. A le voir, vous lui donneriez à peine soixante ans ; à le lire, vous lui en donneriez moins encore. Il possède toute la vigueur de l'âge mûr. Il ne ressemble nullement aux portraits que nous avons de son illustre frère. Louis avait une figure forte et puissante. Les traits d'Eugène sont plutôt délicats. Par leur manière d'écrire, ils ne se ressemblent pas davantage. Louis était doué d'une éloquence foudroyante ; il s'élevait à des hauteurs où peu d'hommes peuvent atteindre. Eugène a un style beaucoup plus sobre, moins brillant ; mais il se distingue par une logique très serrée, un raisonnement sans réplique. C'est aussi l'homme des situations délicates. Dans ces dernières années, il a conduit l'*Univers* par des passes difficiles, où son frère, avec tout son génie, se serait peut-être échoué.

*

On s'occupe beaucoup en ce moment, à Paris, de la visite de l'empereur Guillaume II à Rome. Un incident qui pique la curiosité, c'est celui de l'interruption de l'audience de l'empereur avec le Pape, par le jeune prince Henri de Prusse. Vous le savez, le Saint-Père parlait avec l'empereur depuis cinq ou dix minutes à peine, lorsque le frère de Guillaume II est arrivé au Vatican pour être reçu. Léon XIII l'aurait prié de vouloir attendre quelques instants ; mais Henri de Prusse a fait dire que s'il n'était pas reçu immédiatement, il s'en irait. Alors le Saint-Père a cru devoir l'admettre auprès de lui sans délai, ce qui a mis fin à toute conversation intime qui aurait pu avoir lieu entre le pape et l'empereur.

On croit généralement, ici, que cette grossièreté a été combinée d'avance par M. de Bismarck, afin d'empêcher le pape de parler à l'empereur de la question italienne. Connaissant l'esprit supérieur de Léon XIII, le chancelier de fer aurait craint que, dans une audience trop prolongée, l'empereur fût amené à faire quelque promesse, à prendre quelque engagement vis-à-vis du Souverain-Pontife touchant la restauration du pouvoir temporel, ou, du moins, l'amélioration de la situation du

Saint-Siège. De là l'intrusion, tout à coup, du prince Henri. Guillaume II connaissant sa faiblesse et son incapacité de tenir tête à Léon XIII sur le terrain diplomatique, se serait-il entendu avec M. de Bismarck et son frère, afin de se protéger contre l'ascendant qu'exerce le Souverain Pontife ? ou M. de Bismarck aurait-il inventé la combinaison sans consulter l'empereur ? C'est ce que l'on ignore, naturellement. Mais il paraît admis que l'interruption de l'audience n'est pas un simple manque de savoir-vivre, mais une habileté diplomatique...... allemande.

———

BEAUVAIS, mardi le 16 octobre.

Beauvais, ville de 17,000 âmes, est situé à 79 kilomètres au nord de Paris. Nous y sommes arrivés vers une heure de l'après-midi. Le directeur de l'institut agronomique, le cher frère Eugène-Marie, est un personnage en France. Il est universellement connu et estimé pour sa science agricole, son franc-parler, son énergie et sa grande originalité. Ce n'est pas lui qui va par quatre chemins, quand il s'agit de dire des vérités aux puissants de ce monde. Le frère Eugène s'intéresse beaucoup au Canada et au mouvement agricole chez nous. Il connaît très bien M. E.-A. Barnard et apprécie hautement ses travaux ; il est aussi en relations suivies avec M. Le Beaubien.

Occupé à faire subir les examens aux nouveaux élèves, le frère Eugène n'a pu guère me voir qu'après sept heures. Nous avons dîné ensemble et causé d'agriculture. L'après-midi, il avait prié le frère Adelin d'accompagner M. Desjardins et moi par la ville et de nous montrer les monuments.

Nous avons visité d'abord la célèbre *manufacture nationale de tapisseries*, fondée en 1644. C'est une institution gouvernementale et l'on n'y travaille pas pour le commerce. Les tapisseries que l'on y fabrique, vrais chefs-d'œuvre, d'une richesse et d'un fini merveilleux, ne servent qu'à orner les édifices publics, ou bien sont données en cadeaux aux souverains étrangers Les ouvriers qui y travaillent sont des artistes distingués.

Ils travaillent exclusivement sur l'*envers* de leur étoffe, et ne voient les merveilles qu'ils font que lorsque tout est terminé. Autant l'*envers* de la pièce est peu attrayant, disgracieux même, autant l'endroit est resplendissant. A l'*envers* vous ne voyez que des couleurs disparates ; à l'*endroit* les nuances s'harmonisent parfaitement.

En les voyant à l'œuvre, une réminiscence du Canada m'est venue à l'esprit. Un jour, à l'église de l'Ancienne-Lorette. j'ai entendu prêcher le digne curé de la paroisse, M. l'abbé J.-O. Faucher ; il parlait des problèmes, des mystères de la vie humaine. Il y a tant de choses, ici-bas. disait-il, que nous ne comprenons pas ; tant de misères, tant de douleurs, tant de privations, tant de maladies, tant de catastrophes, tant de maux de toute sorte. Nous sommes souvent tentés de murmurer et de nous demander pourquoi Dieu permet toutes ces épreuves qui rendent la vie amère et qui font de cette terre une vallée de larmes. Nous n'en apercevons ni la nécessité, ni l'utilité. Ah ! s'écria M. Faucher, la vie humaine est une véritable broderie que nous travaillons à l'*envers* ; l'*endroit* de notre œuvre, nous le verrons au ciel !

Cette comparaison m'avait vivement frappé dans le temps. Ce n'est qu'en voyant travailler ces ouvriers de Beauvais que j'en ai compris toute l'admirable justesse.

Nous avons visité ensuite la vénérable église de Saint-Etienne, construite il y a bien des siècles. Ses vitraux sont bien conservés et excitent l'admiration des connaisseurs.

La cathédrale de Beauvais est un monument très remarquable. C'est du gothique. Il n'y a de terminé que le chœur et le transept ; et cependant c'est un édifice tout à fait imposant par ses proportions. Le plan primitif, qui n'a jamais pu être exécuté et qui ne le sera probablement jamais, comportait cinq nefs. Puisque le chœur et le transept forment une très grande église, vous pouvez vous imaginer quelle immense construction eût été l'église entière. Ce qui attire surtout les regards, c'est la hauteur du chœur : des dalles à la clef de voûte il y a 48 mètres 18 centimètres, soit 158 pieds, mesure anglaise. Oh ! les belles colonnes élancées ! L'intérieur est orné de plusieurs gobelins d'une grande valeur, et de vitraux du moyen âge d'un coloris inimitable. L'horloge de la cathédrale de Beauvais est la plus remarquable et la plus compliquée du monde entier, après celle de Strasbourg ; et elle a l'avantage sur celle-ci de fonctionner très bien. Les mouvements comprennent 90,000 pièces, et il y a une cinquantaine de cadrans qui indiquent toutes les choses imaginables : le siècle, l'année, les mois, les jours de la semaine, les phases de la lune, les heures de la marée, l'heure du jour, non seulement à Beauvais, mais dans toutes les principales villes du monde, etc. Puis, il y a la grande scène du jugement : Notre-Seigneur assis sur son trône, entouré de la cour céleste, la vertu conduite au ciel par un ange, le vice entraîné en enfer par le démon. On remarque aussi, dans la cathédrale, un très beau tableau représentant Jeanne Hachette et les femmes de Beauvais défendant la ville contre Charles le Téméraire.

J'ai aussi eu l'avantage de visiter la maison des RR. PP. du Saint-Esprit et de faire la connaissance du père Limbourg, supérieur. Ce bon père, apprenant que je venais de Québec, s'est informé très affectueusement de M. de Beaumont et de son beau-frère, M. Rousseau, avec qui il entretient des relations très suivies pour la propagation de ses œuvres. Les pères du Saint Esprit forment des missionnaires, surtout pour l'Afrique. Le père Limbourg a été lui-même dix ans sur les côtes orientales de l'Afrique, et ce n'est pas sans un très vif intérêt que je l'ai écouté pendant une vingtaine de minutes qu'il a bien voulu nous accorder.

Comme vous le voyez, ma journée a été bonne, et celle de demain s'annonce très bien ; car le cher frère Eugène, qui sera libre, a promis de me conduire lui-même à la ferme et aux jardins de l'institut.

Paris, mercredi le 17 octobre.

Je suis rentré à Paris ce soir à dix heures, n'ayant pu partir de Beauvais qu'à sept heures.

La journée a été employée à visiter, en compagnie du cher frère Eugène, les terrains que l'institut agricole exploite et qui servent de fermes modèles pour les élèves. Nous nous sommes rendus d'abord à Beauséjour, situé à trois kilomètres de l'institut. Le chemin qui y conduit est, comme tous les chemins de France que j'ai vus, soigneusement entretenu. Beauséjour est fort bien nommé. C'est là que les frères font de l'arboriculture depuis trois ou quatre années seulement. Les résultats obtenus sont déjà magnifiques ; mais dans quelques années, lorsque toutes les plantations seront en plein rapport, ce sera vraiment merveilleux à voir. Le frère Eugène m'a tout montré en détail, me donnant des explications sur tout. Il m'a signalé ses *reinettes du Canada* " la meilleure pomme du monde ", dit-il sans hésiter. Il m'a aussi fait voir des jeunes plants de *fameuses* que M. Louis Beaubien lui a envoyés, ainsi que d'autres jeunes arbres fruitiers reçus de M. Dupuis, de Saint-Roch des Aulnaies. Le cher frère est très fier de ses pommiers canadiens et a bien hâte de voir s'ils vont réussir en France, la *fameuse* surtout. La *reinette du Canada*, si réellement elle vient de notre pays, est acclimatée en France depuis un demi-siècle au moins.

Après dîner, nous avons visité *les marais*, qui n'ont plus de marais que le nom. C'est là que l'on voit de belles génisses hollandaises. Le frère Eugène me fait une très intéressante dissertation sur la race bovine, tout en me montrant ses génisses. Je vois avec satisfaction que ses idées s'accordent absolument avec celles de M. Barnard sur la vache canadienne améliorée. C'est ce qu'il vous faut, me dit-il, et n'allez pas commettre la folie de vouloir introduire, dans votre pays, les grosses vaches anglaises ou hollandaises, qui conviennent aux besoins et au climat de l'Europe, du moins de certaines parties de l'Europe ;

mais qui seraient une ruine pour vous, surtout tant que votre agriculture ne sera pas plus intensive.

A chaque instant, le frère Eugène me parle de M. Barnard qu'il a en très haute estime et qu'il voudrait voir en état de continuer et de développer ses expériences précieuses. De mon côté, je voudrais voir notre ami aussi bien compris par ses propres compatriotes qu'il l'est par le directeur de l'institut de Beauvais, dont le nom fait autorité en France et dans toute l'Europe.

Nous visitons ensuite la ferme proprement dite, où se fait la culture en grand, où se trouvent les écuries, les étables, la porcherie, la basse cour. Les chevaux, les vaches, les porcs sont à la hauteur de la réputation de l'institut et remportent invariablement les premiers prix à tous les concours. " Nous ne recevons pas un sou du gouvernement, dit le frère Eugène avec une légitime fierté, et cependant nous battons tous les ans, à plate couture, la ferme modèle laïque qui reçoit une subvention annuelle de trois cent mille francs "! Dans la basse cour il me montre le *canard du Labrador*, " le meilleur canard du monde " me dit-il encore. Comme vous voyez, notre Canada n'est pas ignoré dans cette partie de la France. Il va sans dire que les cultures sont faites avec un soin et une science hors ligne. Trois fois la semaine, les élèves de l'institut viennent à la ferme, située à 4 kilomètres de la ville, mais non pas du même côté que Beauséjour. Ils y voient l'application de la théorie qu'on leur enseigne, et deviennent ainsi praticiens en même temps que théoriciens.

L'institut agricole de Beauvais est si renommé que des élèves s'y rendent de toutes les parties du monde : de l'Amérique, de l'Afrique et de l'Asie.

J'aurais une foule d'autres choses à dire sur ma visite à Beauvais, aussi agréable qu'instructive, si le temps et l'espace me le permettaient, mais il faut savoir se borner. Quelques mots seulement et j'aurai fini.

En me quittant, le frère Eugène me dit: " mille bonnes choses à MM. Barnard, Beaubien et Dupuis." Vous ne sauriez croire combien le frère Eugène s'intéresse au Canada, tout particulièrement au point de vue agricole. Il se propose de faire de M. Edouard Desjardins un agronome de première force, afin qu'il puisse rendre service à son pays. " S'il ne fait pas quelque chose de bien, dit-il, ce ne sera pas ma faute."

J'ai visité la chapelle de l'institut. Elle est remarquable par le fait que là est le siège principal de l'archiconfrérie de saint Joseph, dirigée par les pères du Saint-Esprit.

La ville de Beauvais est fort ancienne. On y voit une foule de maisons qui surplombent des deux côtés de la rue afin de gagner du terrain. Elle a été le théâtre de plus d'une bataille. Du temps de Jules César elle était la capitale des *Bellovacs* qui résistèrent longtemps au conquérant des Gaules.

S. E. IL CARD. MONACO LA VALETTA

SEPTIÈME LETTRE

Sommaire —Chez Mgr Justin Fèvre, à Louze.—Un établissement de moines.— Promenades. — Paysages d'automne.—Campagnes françaises.—Cultures.—Essences forestières.—Un pain de sucre d'érable. —Elevage et pêche de la carpe. — Un dimanche à la campagne.— Triste indifférence.— Tâche ingrate.—Causes de cette indifférence.— Leçon salutaire.—L'église de Ceffonds. — Forêts communales.—Souvenirs de Napoléon 1er.— Anecdote. — Un mot de la politique allemande.

Louze, Haute Marne, mercredi le 24 octobre.

Comme vous le voyez, j'ai interrompu mon journal depuis quelques jours. Je l'ai fait pour plusieurs bonnes raisons. D'abord, vendredi, samedi et dimanche, j'étais loin de jouir de cette bonne santé exubérante qui, par un bienfait tout particulier de la divine Providence, est mon partage ordinaire. Ensuite, je suis l'hôte de Mgr Justin Fèvre, l'écrivain éminent, l'ami sincère du Canada que mes lecteurs connaissent, et je trouve qu'il est infiniment plus profitable pour moi et pour mes amis de m'entretenir avec ce savant prélat que de passer mon temps à faire de la chronique de voyage. Enfin, je m'aperçois par la *Vérité* du 6 et du 13 octobre, que mes lettres sont d'une longueur démesurée ; il ne sera donc pas hors de propos, pour cette semaine du moins, de mettre une sourdine à mon verbiage.

Toutefois, je ne saurais laisser passer une semaine sans converser, pendant au moins quelques instants, avec les fidèles lecteurs de la *Vérité* ; car je ne veux pas qu'ils m'oublient : en voyant que je suis encore de ce monde, ils voudront bien, sans doute, se souvenir de moi dans leurs prières.

Je suis ici au milieu de l'ancienne province de Champagne, à 60 lieues à l'est de Paris. Louze est une paroisse de 700 à 800 âmes ; il n'y a pas de chemin de fer, ni de bureau de poste. C'est dire que la plus grande tranquillité y règne. Le bureau de poste le plus voisin est à Montiérender, à 6 kilomètres d'ici ; et pour prendre le chemin de fer il faut se rendre à ce même endroit ou à la gare de Longeville, située à une égale distance.

Louze est un très ancien établissement. C'est une de ces nombreuses régions de la France et de l'Europe que les moines du moyen âge ont défrichées, assainies, civilisées. Vers 672, le roi Childéric donna à saint Berchaire un étang assez étendu, entouré de broussailles et de marécages. Le saint s'établit sur le bord de l'étang, appela à lui quelques moines et bientôt un pays fertile remplaça ces marais incultes. Aujourd'hui, de riches pâturages occupent l'endroit où se trouvait jadis le lac, et des champs bien cultivés ont succédé aux broussailles. Voilà comment s'est établie la paroisse de Louze dont le nom vient du mot latin *lutum* qui signifie *boue*. C'est là aussi l'étymologie de *Lutèce*, ancien nom de Paris.

Le temps est toujours très beau, bien que les nuits soient froides : il y a de fortes gelées blanches, et même de la glace tous les matins. Mais le soleil d'octobre a beaucoup de force, et nous faisons l'après-midi, Mgr Fèvre et moi, des promenades délicieuses à travers les champs et sous les bois jaunissants. Les feuilles mortes jonchent la terre ; les arbres ont revêtu leur livrée d'automne ; les oiseaux sont partis pour des climats plus doux.

Au Canada, les forêts se peignent, après les premières gelées, de couleurs tellement vives que l'artiste le plus hardi n'oserait les reproduire fidèlement par crainte de paraître exagéré. Ici, les feuilles d'automne sont de couleurs beaucoup plus uniformes et surtout beaucoup moins éclatantes : quelques nuances de brun et de jaune, voilà tout.

J'ai maintenant une idée assez exacte des campagnes du nord

et de l'est de la France. Ce qui frappe tout particulièrement l'attention de celui qui parcourt ces régions pour la première fois, c'est l'absence à peu près complète de clôtures ou de haies. En Angleterre et en Irlande, les champs sont tous séparés les uns des autres par des haies d'aubépine ou des murailles de pierres et de terre. En France, tout est vaste; des lignes de convention, des raies de charrue marquent les limites des différentes propriétés; tandis que des gardiens empêchent les troupeaux d'empiéter sur le territoire du voisin. Un autre trait caractéristique des campagnes françaises, c'est que tous les bâtiments, maisons, granges, écuries, étables, hangars, sont couverts en tuiles rouges. Pour la manière de cultiver, elle me paraît assez semblable à la nôtre. Dans les endroits bas, où l'écoulement des eaux est difficile, on divise les champs en ce que nous appelons *planches*, au moyen de sillons profonds.

Ici on appelle un village ou une paroisse un *pays*. L'autre jour, à Athis, je demandais mon chemin à un brave villageois : " Traversez tout le *pays*, monsieur ; ce n'est pas loin, à 150 mètres d'ici."

Les champs sont agréablement entrecoupés de bouquets d'arbres. Ici à Louze, il y a une forêt communale assez étendue pour me donner l'illusion que je suis au Canada ; d'autant plus que je rencontre les mêmes essences forestières : peupliers, hêtres, ormes, chênes, et, par ci par là, un bouleau blanc. J'ai même ramassé une feuille qui ressemblait à s'y méprendre à une feuille d'érable.

A propos d'érable, j'ai apporté avec moi, jusqu'à Louze, un petit pain de *sucre du pays*. Je vous assure que ce sucre a eu un succès marqué. Mgr Fèvre se promet d'y faire goûter MM. les curés voisins. Avant hier, nous sommes allés à Longeville, tout en nous promenant, et Mgr a prié M. le curé de venir goûter à ce fameux produit de nos forêts. Retenu à la maison par une blessure au pied, M. le curé de Longeville n'est pas encore venu. Entre nous, il ferait bien de se dépêcher... car le pain de sucre n'est pas gros, mais il est bon.

Samedi dernier, j'ai assisté à une opération fort curieuse : la pêche telle qu'on la fait dans cette partie de la France. Cela n'a absolument rien d'artistique, et je suis convaincu que mon ami M. J.-E. Livernois préférerait de beaucoup la pêche à la truite sur le lac aux Rognons, même au milieu des moustiques. A Louze et dans les environs, il y a un grand nombre de petits étangs ou lacs dont le plus grand a peut-être douze ou quinze arpents de superficie, où l'on *élève* le poisson, la carpe surtout. Au Canada on ne mange guère la carpe, mais en France c'est un poisson fort estimé. Il faut dire aussi que la carpe française est supérieure à la nôtre. L'élevage de la carpe se fait en vertu de règles pour ainsi dire mathématiques : étant donné tel volume d'eau, il faut y mettre tant de jeunes carpes ; si vous en mettez trop, elles ne grossissent pas assez ; si vous en mettez trop peu, elles grossissent bien, mais vous n'en avez qu'un nombre restreint. De plus, pour empêcher le menu fretin d'envahir tout l'étang, il faut ajouter aux carpes tant de brochets, assez pour manger le fretin, mais pas assez pour vider l'étang. C'est une science très exacte, comme vous voyez. A des époques déterminées on ouvre le *pilon* et on assèche presque entièrement l'étang. Des rets empêchent le poisson de s'en aller avec le courant. Quand il ne reste plus qu'un peu d'eau boueuse au fond de l'étang, des pêcheurs, chaussés de grandes bottes et armés d'épuisettes ou de *troublettes*, s'avancent dans la vase et enlèvent les carpes frétillantes par immenses cuillerées, tout comme l'on tremperait une soupe. Les poissons sont jetés dans des paniers, portés à la bascule, pesés et livrés aux marchands qui viennent des *pays* voisins avec des voitures. Pour conserver le poisson frais, les marchands le mettent dans des tonneaux remplis d'eau. La carpe se vend 8 sous la livre en gros, me dit-on ; quelquefois plus.

Voilà deux dimanches que je passe en France, l'un à Paris, l'autre ici. Tristes journées, en vérité. Je voudrais éviter un sujet aussi navrant, mais c'est mon devoir d'en parler, afin que nous puissions tirer de la douloureuse situation de la France une leçon salutaire.

Mgr Fèvre n'a pas de vicaire, de sorte que, le dimanche, il n'y a qu'une grand'messe, chantée à dix heures. Eh bien! à cette grand'messe il y avait une quarantaine de femmes et de jeunes filles, quelques enfants de l'école, et *deux hommes*, à part les deux chantres, le suisse, le neveu de Mgr Fèvre et moi-même, sur une population de 7 à 800 âmes. Les autres étaient au travail dans les champs. Pourtant, ces gens ne sont pas des impies; ils n'ont aucunement la haine de la religion; ils ont encore un fond de foi puisqu'ils demandent généralement le prêtre à l'heure de la mort. Ils conservent même certaines pratiques religieuses. Par exemple, ils viennent à la messe le jour des morts, ils font recommander leurs morts aux prières, et ne négligent pas, généralement, de faire baptiser leurs enfants et de leur faire faire leur première communion. Dans une autre campagne, on m'a raconté que les paroissiens, qui ne viennent pas plus à la messe que ceux de Louze, se rendent en foule à l'église, le vendredi saint, pour baiser la croix. C'est ce qu'ils appellent *faire leurs Pâques!*

Les gens de Louze se montrent très polis envers leur curé, le saluent avec grand respect, et sont toujours prêts à lui rendre service. Ce n'est donc pas la haine du prêtre qui les tient éloignés de l'église; c'est une indifférence incroyable que rien ne peut secouer. Car j'ai à peine besoin de vous dire que Mgr Fèvre est un aussi zélé pasteur d'âmes qu'il est laborieux écrivain. D'abord, il n'est pas de ces prêtres qui se renferment dans leur sacristie. Tout en sachant se faire respecter, il se mêle volontiers au peuple, lui parle avec bonté, s'intéresse à ses travaux, prend part à ses joies, à ses douleurs, se fait tout à tous comme le veut saint Paul. Toujours à son poste, il remplit les devoirs de sa charge avec une fidélité que rien ne saurait rebuter. Par exemple, dimanche dernier, il a continué, sur les preuves de la divinité de l'Eglise, une série d'instructions commencée il y a quelques semaines. Il a prêché devant ces bancs vides avec le même soin qu'il aurait mis à instruire un nombreux auditoire. Et certes, son instruction, courte, substantielle, claire, était digne d'un meilleur sort.

Et dire que les paroisses comme Louze sont la règle, non point l'exception, par toute la France, moins quelques régions peu étendues, comme certaines parties de la Bretagne.

A quoi tient cette indifférence si profonde qu'elle a presque toutes les apparences de l'incrédulité ? Parfois, sans doute, à des causes particulières et locales. Mais ces causes particlles ne sauraient produire un effet aussi général. Il faut remonter plus haut. Le gallicanisme qui a longtemps empêché la sève romaine de couler librement en France ; le jansénisme qui a éloigné beaucoup d'âmes des sources de cette eau vive qui est la sainte Eucharistie ; enfin, dans ce siècle, le fleuve immonde de l'impiété révolutionnaire : livres, brochures, journaux, gravures, qui a submergé toute la France ; puis le libéralisme mitigé, dit catholique, qui est venu énerver les courages et étouffer toute véritable réaction. Voilà les causes de ce marasme épouvantable où se débat, en ce moment, notre ancienne mère patrie. A nous, Canadiens-français, de profiter de sa triste expérience ; à nous d'extirper d'au milieu de nous les germes de la maladie dont se meurt la France. Aurons-nous cette sagesse ?

Hier, j'ai visité, avec Mgr Fèvre, la paroisse voisine de Ceffonds, à cinq kilomètres d'ici. Nous y sommes allés à pied, ce qui m'a permis de voir de près campagnes et paysans. A peu près tous les habitants de ce pays, hommes, femmes et enfants, portent des sabots, comme l'on faisait dans le bon vieux temps au Canada. Rien de plus gai que le bruit sec des sabots d'une troupe d'enfants courant à toutes jambes sur le chemin macadamisé.

L'église de Ceffonds est un édifice assez remarquable pour attirer l'attention des architectes et des touristes. M. l'abbé Grancher, curé actuel de la paroisse, que j'ai eu le plaisir de rencontrer hier, a publié, en 1884, une monographie de ce monument, étude que j'ai sous les yeux en ce moment et d'où j'extrais les renseignements suivants. L'église de Ceffonds fut construite au XIIe siècle, époque la plus belle du style roman, mais de toute cette ancienne construction il ne reste plus que la tour découronnée dont la base, à l'intérieur de l'église, a subi elle-même de graves modifications. Cette tour carrée est encadrée dans des constructions qui datent des XIIIe et XIVe siècles. L'édifice actuel présente trois styles différents : le roman dans la tour, le gothique fleuri dans l'abside et les transepts, le style de la Renaissance dans le portail. On remarque dans cette église de très beaux vitraux du XVIe siècle, un *sépulcre*, ou ensevelissement de N. S. Jésus-Christ avec personnages de grandeur naturelle, et plusieurs anciennes peintures sur bois d'une valeur considérable.

Les forêts communales, que nous devrions introduire dans nos paroisses, sont destinées à l'usage des habitants de chaque commune. La coupe du bois est réglée par les autorités municipales. Lorsque le bois est coupé il est divisé en autant de lots qu'il y a de personnes ayant droit au partage, et les lots sont tirés au sort.

Tout le pays aux alentours de Louze a conservé le souvenir de Napoléon Ier. C'est que l'empereur a passé par ici plus qu'une fois. D'abord, en 1785 il a étudié les mathématiques dans une académie à Brienne-le-château, non loin de Louze. Ensuite, en 1807, étant devenu empereur, il a passé à Brienne ; puis, en 1814, il y a battu les armées alliées, à deux reprises.

A propos de sa visite à Brienne, en 1807, on raconte une foule d'anecdotes, entre autres, la suivante. Lorsqu'il était écolier à l'académie de Brienne il manifestait déjà ses dispositions de conquérant en ravageant, sans scrupule, les vergers du voisinage. Une de ces escapades lui avait valu une magistrale volée administrée par le curé de l'endroit. Passant à Brienne, en 1807, l'empereur demande si le curé est encore en vie. On lui dit qu'il l'est. Napoléon exprime le désir de le voir, mais le curé, se souvenant de la correction qu'il a jadis donnée à Sa Majesté, n'ose se présenter et envoie son vicaire à sa place. Le vicaire présente les excuses du curé à l'empereur, disant que le bon prêtre est tellement vieux qu'il ne sort plus. " Eh bien ! dit Napoléon, puisqu'il en est ainsi, nous augmentons son traitement de 300 francs par an. Tout de même, ajoute-t-il, ce brave curé était un peu dur. "

Je termine cette lettre, qui menace de devenir aussi longue que les précédentes, en vous disant de nouveau un mot de la visite de l'empereur Guillaume II au Vatican, sujet dont les journaux européens sont encore remplis. Il paraît évident que M. de Bismarck a jeté bas le masque et que sa prétendue politique de conciliation n'était qu'une feinte, une ruse pour obtenir l'appui des catholiques allemands en faveur de son projet de loi militaire. C'est, du reste, ce que beaucoup de personnes clairvoyantes ont toujours pensé. D'autres paraissent avoir espéré que le chancelier de fer serait peut-être amené à améliorer sensiblement la situation du Souverain-Pontife, sinon à restaurer complètement le pouvoir temporel. Les derniers événements semblent avoir détruit radicalement ces espérances : la politique allemande est décidément le maintien du *statu quo* à Rome. L'empereur Guillaume II n'a peut-être pas reconnu aussi explicitement que l'aurait voulu l'usurpateur les faits sacrilèges accomplis en 1870 ; mais il n'a certainement pas donné au Pape la moindre assurance que la Prusse se propose de faire quoi que ce soit pour rendre moins intolérable la situation du Pontife romain. On prétend même que l'empereur aurait interrompu le Saint-Père qui avait voulu retracer la situation pénible faite au Pape à Rome, en disant : " la position dont se plaint Votre Sainteté ne l'empêche pas d'exercer glorieusement sa mission et d'illustrer son règne. " De son côté, le prince Herbert de Bismarck aurait dit au Pape que " l'Allemagne considère que la question romaine n'existe pas. " Il est fort possible que ces propos n'aient pas été tenus tels que les journaux les rapportent ; mais ce doit être là le sens et le résumé des conversations qui ont eu lieu à Rome ces jours derniers : il n'y a pas tant de fumée sans qu'il y ait au moins un peu de feu.

Tout cela prouve que les catholiques du monde entier ont le devoir strict de s'unir plus étroitement que jamais au Souverain-Pontife ; de prier avec lui pour que Dieu hâte la fin des terribles épreuves de son Eglise. Le secours viendra du ciel, non point de la diplomatie moderne.

HUITIÈME LETTRE.

Sommaire. — ; ieux à Mgr Fèvre. — Promenade matinale. — Eglise et marché de Montiérender. — Les chemins de fer français. — Saint-Dizier. — Châlons-sur-Marne. — Un souvenir de Mérovée et d'Attila. — A Reims. — Visite aux RR. PP. Jésuites. — Le R. P. Thro. — A l'hôtel de la Croix blanche. — " Nous n'y pensons pas, monsieur." — Visite aux églises de Reims. — La cathédrale Notre-Dame. — Evénement historique. — Le sacre des rois. — La sainte ampoule. — Le culte de saint Rémi. — Au-Val-des Bois. — La corporation chrétienne. — Solution du problème social. — La charité versus l'égoïsme. — Action de l'ouvrier sur l'ouvrier. — Les retraites d'hommes. — A Bruxelles. — La *Correspondace catholique* et son directeur. — La *Croix*. — Les Ardennes et la Meuse. — Coup d'œil sur la Belgique. — Un peu d'étymologie. — Un petit Paris. — Sainte-Gudule.

REIMS, vendredi le 26 octobre.

Je reprends mon journal, c'est-à-dire mon verbiage.

J'ai fait mes adieux, ce matin, à Mgr Fèvre et à sa vénérable mère, emportant avec moi un impérissable souvenir de mon séjour d'une semaine à Louze, sous le toit hospitalier de ce savant prélat qui s'intéresse si vivement à tous les bons combattants, particulièrement aux combattants de la presse catholique. Les lecteurs de la *Vérité* sauront gré à Mgr Fèvre de tout ce qu'il fait, en ce moment, pour venger le journalisme religieux ; ils liront avec non moins de profit que de reconnaissance les lettres magistrales que ce polémiste autorisé vient d'adresser à l'*Etendard*, en réponse à la *Minerve*.

A six heures j'étais debout, car il s'agissait de prendre le train à Montiérender à 8 heures : six kilomètres à faire à pied, car il n'est guère facile d'avoir une voiture à cette saison de l'année, où tous les cultivateurs sont occupés à leurs travaux. Du reste, faire six kilomètres, c'est un jeu pour moi. Le neveu de Mgr Fèvre veut bien m'accompagner pour m'aider à porter ma malle. Heureusement, nous avons à peine quitté le village qu'un *cosson*, ou colporteur en voiture, nous rejoint ; pour huit sous, il se charge de porter ma valise jusqu'à la gare ; ce qui nous permet, à M. Edmond et à moi, de jouir tranquillement de notre promenade matinale. Le temps est délicieux : une véritable température de renouveau ; et sans les feuilles jaunissantes qui tombent des grands peupliers, dont la route est bordée de chaque côté, on pourrait se croire au mois de juin.

A Montiérender, il me reste une demi-heure. J'en profite pour visiter l'église tout à fait digne de remarque. C'est un édifice qui date du IXe ou du Xe siècle ; si vénérable qu'il s'enfonce dans la terre. Pour y entrer il faut descendre plusieurs marches. Le style de toute la partie primitive est roman, naturellement. Le cœur est très beau et digne d'une cathédrale. C'est une ancienne abbaye, car dans les siècles passés il y avait ici un **monastère**. Ce sont les moines du Der qui ont défriché et civilisé toute cette partie de la Champagne. *Montier* veut dire *monastère*.

Je jette, en passant, un coup d'œil sur le marché où les femmes des *pays* voisins commencent à se réunir. Coiffées de leurs bonnets blancs, elles se rangent derrière de petites tables, en plein air, et offrent en vente du beurre, des œufs, du fromage, du lait, des oies, des canards, etc. Ce n'est aucunement le marché de Québec, bien que l'on y entende à peu près le même langage. Le paysan, ici, parle le *français*, tout comme nos cultivateurs. Pas le commencement d'un patois dans ces régions. A vrai dire, depuis que je suis en France, je n'ai pas entendu un mot de patois. On me disait que je ne comprendrais pas le paysan français. C'est une histoire faite à plaisir, du moins pour la Champagne.

**

Sur la ligne de chemin de fer qui va de Troyes à Saint-Dizier et qui passe par Montiérender, il ne circule que des trains mixtes. Vendredi dernier je suis venu de Troyes par un train mixte ; c'est encore par un train mixte que je me rends à Saint-Dizier : une heure et demie pour faire 29 kilomètres !

A Saint-Dizier, ville industrielle de 15,000 âmes, il faut attendre deux heures le train se dirigeant sur Reims.

Pour voyager en France, il ne faut pas être pressé : on paraît s'être pénétré de la vérité du proverbe : *petit train va loin* (1). Les gares sont littéralement remplies d'employés costumés, galonnés, ornés de nombreux et de beaux boutons. A une station comme Saint-Dizier, par exemple, vous voyez plus de fonctionnaires que vous n'en pouvez compter sur tout le parcours de Québec à Montréal, ces deux villes comprises. Je n'exagère pas. C'est la subdivision du travail portée à son plus bel épanouissement.

Une autre institution sur les chemins de fer français, c'est le *changement de train.* Vous avez vu que j'ai changé de train à Saint-Dizier. Ce n'est pas tout. De Saint-Dizier à Reims il y a 119 kilomètres, soit environ 30 lieues. Eh bien ! pour faire ce petit trajet j'ai dû changer d'abord à Blesme, puis à Châlons-sur-Marne. Et remarquez que c'est uniquement pour le plaisir de changer, car c'est la même ligne qui se continue tout le long.

Puisque je suis à parler chemins de fer, quelques chiffres qui pourront peut-être intéresser les amateurs de statistique. La distance de Saint-Dizier à Reims est de 119 kilomètres ; le prix d'un billet de première classe est de 14 f. 75 c. ; de deuxième classe, 11 f. 10 c. ; de troisième, 8 f. 5 c.

A Châlons, 40 minutes d'attente, ce qui me donne l'occasion de visiter un peu la ville et de jeter un rapide coup d'œil sur la cathédrale. La Marne est une jolie petite rivière, au courant rapide.

A peine avons-nous quitté Châlons que nous traversons Mourmelon, endroit célèbre dans l'histoire de France : c'est le

---

(1) Il faut faire une exception en faveur des trains rapides sur les grandes lignes qui aboutissent à Paris. Ceux-là filent bien.

champ de bataille où, en 451, Mérovée, à la tête des Francs et appuyé par les Romains et les Visigoths, battit les troupes d'Attila, roi des Huns, et força ce farouche conquérant à repasser le Rhin, en laissant derrière lui, dit-on, cent soixante-cinq mille cadavres. Cette vaste plaine, qui s'étend entre la Marne et la Seine, a un aspect vraiment saisissant, presque sinistre, et ne ressemble en rien aux paisibles campagnes qui l'environnent.

Arrivé à Reims vers trois heures et demie, mon premier soin est de faire une visite aux RR. PP. jésuites qui me reçoivent avec cette bonté vraiment paternelle que tous les membres de la compagnie m'ont manifestée tant en France qu'en Irlande et en Angleterre. Le R. P. Watrigant, qui s'occupe beaucoup des œuvres ouvrières, des retraites d'hommes, etc., me donne de précieux renseignements sur le mouvement catholique dans le nord de la France, particulièrement à Lille où il a longtemps travaillé. Puis il me conduit à la chambre du R. P. Thro que tout Québec a connu. Vous dire la réception que ce vénérable père m'a faite, serait chose impossible : voir quelqu'un du Canada, surtout de Québec, c'est, pour lui, le *nec plus ultra* du bonheur en ce monde, tant son cœur affectueux a conservé un bon souvenir de notre pays et de notre ville. Malgré ses infirmités et ses 76 ans, le R. P. Thro dit encore la sainte messe tous les matins.

En sortant de la gare de Reims, j'ai jeté un coup d'œil sur les omnibus qui attendaient les voyageurs. Sur un, j'ai lu : *Hôtel de la Croix blanche.* Voilà une maison catholique, me suis-je dit, et je m'y fais conduire. Après ma visite aux pères, je retourne à l'hôtel pour dîner, vers sept heures. Au moment de me mettre à table, je dis au maître d'hôtel :—" Vous avez du maigre, sans doute ?"—"Non, monsieur, pas du tout."—"Je ne fais pas gras le vendredi."—" J'irai à confesse pour vous."—" Allez-y pour vous-même d'abord."—" Je vous demande pardon, mais si vous m'aviez prévenu, j'aurais eu du poisson."—" Dans mon pays, faire maigre le vendredi, c'est la règle ; c'est quand on veut faire gras qu'il faut prévenir."—" Ici, monsieur, nous n'y pensons pas."—" Vous avez grandement tort."—" C'est possible, mais que voulez-vous !"—" Enfin, pouvez-vous me donner du maigre ?"—" Je puis vous faire une omelette."—" Eh bien ! faites." Ce petit bout de conversation, que je rapporte à peu près textuellement, fait voir, mieux qu'une longue dissertation, où en sont les pratiques religieuses dans la ville de saint Remi : un voyageur qui demande à faire maigre le vendredi, c'est tout un événement.

Demain matin, de bonne heure, je me propose de visiter la ville et ses monuments, puis de me rendre à l'établissement de M. Léon Harmel, situé à quatre lieues d'ici.

Avant de déposer la plume pour ce soir, un petit détail : entre Châlons et Reims il y a une station qui s'appelle Saint-Hilaire et une autre qui se nomme Sillery. Ai-je besoin de vous dire que ces noms ont évoqué chez moi le souvenir de la patrie absente. Du reste, il n'en faut pas tant ; ce doux souvenir s'évoque tout seul et maintes fois par jour.

CHARLEVILLE, FRANCE, samedi le 27 octobre.

Le soleil se lève radieux et dore de ses premiers rayons les faîtes des principaux édifices rémois, au moment où je sors de l'hôtel de la Croix blanche pour visiter la vieille cité qui compte environ cent mille habitants, mais qui est relativement peu étendue, car les rues sont étroites. C'est jour de marché, et une grande activité règne déjà sur les places publiques. Les légumes de toutes sortes, et de belle qualité, sont en grande abondance. Mais, si vous voulez bien, nous parlerons autre chose que choux et carottes. Reims est à la France ce que Cantorbéry est à l'Angleterre : la ville aux souvenirs religieux et historiques par excellence.

L'église de Reims fut fondée en l'an 57 par saint Sixte, envoyé dans les Gaules par le prince des apôtres lui-même. Depuis saint Sixte le siége de Reims a été occupé par près de cent archevêques dont quatorze sont canonisés savoir : saint Sinice, saint Armand, saint Maternien, saint Donatien, saint Vincent, saint Sévère, saint Nicaise, saint Remi, saint Romain, saint Sonnance, saint Nivard, saint Réal, saint Rigobert et saint Abel.

Parmi les hommes illustres qui ont occupé ce siège sont aussi, au IXe siècle, le célèbre Hincmar ; au Xe siècle, Gerbert, plus tard pape sous le nom de Sylvestre II ; au XVIe siècle, Charles de Lorraine dit le Grand Cardinal qui joua un rôle important, mais fâcheux, au concile de Trente et qui fut l'âme de la Ligue, laquelle sauva la foi en France ; au XIXe siècle, le cardinal Thomas Gousset. Le titulaire actuel est le cardinal Langénieux.

Les principaux événements qui ont eu lieu à Reims sont, par ordre chronologique : le martyre de saint Nicaise, en 407 ; le baptême et probablement le sacre de Clovis par saint Remi, en 496 ; la tenue de plusieurs conciles présidés, les uns par Hincmar, un par le pape Calixte II du temps de Louis le Gros et de Henri V, empereur d'Allemagne, un autre par le pape Innocent II, un autre encore par Eugène III, du temps de saint Bernard qui prit part à cette dernière réunion. A Reims aussi plusieurs rois de la dynastie carlovingienne reçurent l'onction royale de la main du Souverain-Pontife. Depuis l'an 1212, époque où fut posée la première pierre de la cathédrale actuelle, vingt-quatre rois de France ont été sacrés à Reims, entre autres, saint Louis à l'âge de onze ans en 1226 et Charles VII dont le nom évoque le glorieux souvenir de Jeanne d'Arc. Le dernier roi sacré à Reims fut Charles X en 1825.

A propos du sacre des rois de France à Reims voici ce que je lis dans un ouvrage publié en 1868 par M. l'abbé Cerf :

" D'après l'antique tradition de l'église de Reims, recueillie et publiée par le pieux et savant archevêque Hincmar au IXe siècle, saint Remi reçut du ciel, par l'envoi d'une colombe blanche, une petite ampoule remplie d'huile sainte qui servit à consacrer Clovis, et après lui tous les monarques de France, pendant une longue suite de siècles.

" Voici, d'après Marlot, la description de la sainte ampoule.

C'était une petite fiole de cristal antique, haute d'un pouce et demi, remplie aux deux tiers d'un baume brun-foncé, peu liquide et sans transparence. Elle était renfermée dans une colombe d'or fixée à un vase en vermeil de forme carrée, enrichi de pierreries. Le tout était recouvert d'une lame de cristal qui permettait de voir la relique. Une chaîne d'argent était fixée au reliquaire : elle servait à le suspendre au cou du prieur de Saint-Remi pour la cérémonie du sacre.

"Cette auguste relique fut brisée le 27 octobre 1793, sur la place Royale de Reims, par le conventionnel Ruhl. Les débris furent envoyés à la Convention. Mais l'abbé Seraine, curé intrus de Saint-Remi, de concert avec M. Hourelle, conseiller municipal, avait détaché une partie du baume qu'il conserva soigneusement, et dont l'authenticité fut depuis constatée Un nouveau reliquaire, très précieux, fait à l'époque du sacre de Charles X, et déposé au trésor de la cathédrale, renferme aujourd'hui ce qui nous reste du baume merveilleux qui sacra Clovis et ses successeurs."

Le corps de saint Remi a toujours été tenu en grande vénération par la population de Reims et de toute la Champagne.

"Le 23 octobre 1793, dit l'abbé Cerf, des mains impies et sacrilèges osèrent violer ce précieux dépôt, honoré des respects et de la reconnaissance de tant de siècles! Après mille outrages, mille profanations, les ossements sacrés de l'apôtre de France furent enveloppés dans un drap de damas rouge, que lui avait autrefois donné Hincmar, il y avait alors plus de neuf cents ans! et enterrés dans le grand jardin de l'abbaye converti en cimetière... Par un raffinement de sacrilège, on jeta dans la même fosse le corps d'un soldat mort le même jour à l'ambulance. Mais Dieu veillait sur ces saintes reliques pour nous les garder. Le 5 juillet 1795, le même fossoyeur qui avait enfoui le corps de saint Remi le retira de la terre encore enveloppé dans le même drap cramoisi, resté intact dans ce sol humide, durant un enfouissement de plus de vingt mois."

En 1847, la ville de Reims restaura l'église de Saint-Remi, et réédifia le mausolée actuel que le cardinal Gousset bénit solen-

CATHEDRALE DE RHEIMS.

nellement le 7 octobre de la même année : c'est là que repose le corps du saint.

Dans les siècles de foi, aux jours des grandes calamités, on invoquait saint Remi par des prières publiques et l'on portait processionnellement ses reliques par les rues de la ville. La première procession eut lieu en 553 pour éloigner la peste ; la dernière, en 1849, pour demander la cessation du choléra. Entre le sixième et le dix-neuvième siècle, il y eut seize processions de ce genre.

La ville de Reims possède deux églises célèbres : Notre-Dame de Reims, la cathédrale, et l'église de Saint-Remi.

"La première métropole de Reims, dit l'abbé Cerf, dans sa grande histoire de Notre-Dame, ne fut qu'un oratoire modeste élevé à peu de distance de la ville ; saint Sixte la dédia à l'apôtre saint Pierre. Elle était située sur la voie Césarée, non loin de l'église actuelle de Saint-Remi."

Les ruines de cet oratoire disparurent dans la tourmente révolutionnaire de 1793.

En 314, l'évêque de Reims, Bétauze, fit bâtir une église qu'il dédia aux apôtres et qui porta plus tard le nom de Saint-Symphorien ; il y transporta, avec la permission du pape Sylvestre 1er, le siège épiscopal qui demeura en cette église jusqu'au temps de saint Nicaise. Celui-ci, en 401, construisit un édifice plus vaste qu'il dédia à la sainte Vierge. C'est le premier temple, disent les historiens, qui ait été élevé dans les Gaules en l'honneur de la mère de Dieu.

Vers l'an 818, l'archevêque Ebbon commença la construction d'un nouvel édifice pour remplacer la cathédrale élevée par saint Nicaise. La nouvelle église métropolitaine était un des chefs-d'œuvre du IXe siècle. Dédiée, comme la précédente, à la sainte Vierge, elle fut enrichie et embellie par plusieurs archevêques de Reims, notamment par Hincmar. Ce temple magnifique périt dans un effroyable incendie qui détruisit une partie de la ville sous le règne de Philippe-Auguste, l'an 1211.

La cathédrale actuelle fut commencée par l'archevêque Albéric de Humbert, l'an 1212. Elle ne put être achevée que longtemps après, à cause des guerres dans lesquelles la France était engagée à cette époque. En juillet 1481, un incendie éclata dans les combles et fit des ravages considérables. Ce fut en 1516 que la cathédrale reçut à peu près la forme extérieure qu'elle a de nos jours ; mais l'intérieur a été beaucoup modifié ou plutôt gâté, disent les connaisseurs, par " le goût destructeur du XVIe, du XVII et surtout du XVIIIe siècle."

Décrire la cathédrale de Reims dans une simple lettre est chose matériellement impossible. M. l'abbé Cerf a consacré à ce sujet deux gros volumes de six cents pages chacun. Cela vous donne une idée de ce qu'il y a à dire sur ce monument des siècles de foi. Quelques lignes seulement : la cathédrale de Reims a la forme d'une croix latine. Dans sa longueur elle a un porche, une nef centrale de dix travées, un transcept au milieu duquel se trouve le sanctuaire, enfin une abside circulaire composée de deux travées. Sur le sens de la largeur il y a une nef centrale et deux bas-côtés. Je cite l'abbé Cerf:

" La cathédrale de Reims est un jet en pierre *d'une seule idée*. Elle est faite en quelque sorte à l'image de la Trinité, ce dogme fondamental de la croyance catholique. Dans sa hauteur, dans sa largeur, dans sa longueur, l'édifice se divise en trois parties : trois étages, trois nefs, dont la principale se partage en trois portions à peu près égales : la nef proprement dite, le chœur, le sanctuaire."

En contemplant ce merveilleux édifice, on reste confondu par la grandeur et la sublimité du génie des hommes du moyen âge, capables de concevoir de telles idées; confondu aussi par la générosité de leur foi qui les poussait à élever de tels temples à la gloire de Dieu. Plus je vais, plus le gothique m'enthousiasme.

La plus grande hauteur de la cathédrale est de $81\frac{1}{2}$ mètres, la longueur est de 149 mètres, la plus grande largeur, 61 mètres. L'édifice peut contenir près de 20,000 personnes.

Les vitraux, les rosaces, les tapisseries, les tableaux, les statues de Notre-Dame sont d'une grande beauté et excitent l'admiration des visiteurs.

Un mot, maintenant, de l'autre temple qui fait la gloire de Reims, l'église de Saint-Remi.

L'église actuelle, commencée en 1041 par Thierry, occupe l'emplacement de plusieurs édifices antérieurs dont le premier, la chapelle de Saint-Christophe, existait encore à la fin du IIIe siècle. Elle est surtout célèbre par le fait que le grand saint Remi y repose. C'est, du reste, un temple vraiment magnifique, long de 130 mètres. "Si Notre-Dame, dit l'abbé Cerf, revendique à juste titre le beau de l'unité, l'église de Saint Remi a, sans conteste, celui de la variété." On y voit l'arc plein-cintre roman du XIe siècle, des ogives du siècle suivant, des chapiteaux aux formes grecques et romaines.

A onze heures, je prends un billet pour Warmériville, commune située à quatre ou cinq lieues de Reims. C'est là, tout près de la gare, que se trouve la célèbre usine chrétienne du Val-des-Bois fondée, il y a cinquante ans, par feu M. Jacques Harmel, dirigée aujourd'hui par ses fils et petit-fils, plus particulièrement par son fils, M. Léon Harmel.

Naturellement, avant d'arriver à Warmériville il faut changer de train, à Bazancourt. En France, un voyage de cinq lieues ne serait pas complet si on ne changeait pas de train au moins une fois.

N'importe, me voici rendu. Le père Watrigant avait bien voulu me donner un mot de recommandation pour M. Félix Harmel, fils de M. Léon Harmel. Celui-ci est absent dans le moment, comme il l'est très souvent, du reste; car il est le secrétaire adjoint de M. le comte de Mun, et, en cette qualité, il voyage beaucoup dans l'intérêt des œuvres ouvrières. M. Félix Harmel me reçoit avec bonté, me présente à madame Harmel et me fait asseoir à sa table, car c'est l'heure du déjeuner—en France on déjeune à midi. La conversation s'engage aussitôt sur les questions ouvrières; c'est là la préoccupation de cette belle famille patriarcale qui, de père en fils, se dévoue à la moralisation de la classe des travailleurs. M. Harmel me dit qu'il ira probablement au Canada avant bien des années, car notre pays l'intéresse singulièrement.

Après le déjeuner, M. et Mme Harmel me font visiter les jardins et les parterres ; puis le secrétaire de M. Léon Harmel, M. Champion, me conduit par tout l'établissement et me donne de précieux renseignements sur l'organisation de cette usine modèle. Le Canada n'est pas un pays inconnu pour M. Champion, car il a échangé plus d'une lettre avec le digne président du Cercle catholique de Québec, M. Vincelette.

*_**

" La corporation chrétienne du Val-des-Bois," organisée par M. Léon Harmel, a résolu le redoutable problème social, cette terrible question ouvrière qui cause de si vives inquiétudes en Europe comme en Amérique. Cette solution est bien simple, au fond ; mais comme beaucoup de choses simples, elle est ignorée d'un grand nombre.

L'abaissement du sens chrétien, l'égoïsme, l'amour effréné des richesses et des jouissances, le matérialisme, le naturalisme, toutes ces misères ont produit ce que l'on appelle la question sociale, en creusant un abîme entre le capital et le travail. Le patron, attaché outre mesure aux biens de la terre, est devenu, tout simplement, l'exploiteur de l'ouvrier ; il ne songe qu'à accroître son capital ; il ne considère le travailleur qu'au point de vue de la production : pour lui c'est une machine qui coûte tant et qui doit donner tant de profit. De son côté, l'ouvrier ne voit dans le patron qu'un ennemi, qu'un tyran sans entrailles.

S'apercevant que le capitaliste ne vit que pour jouir des biens de ce monde ; que le dévouement, l'esprit de sacrifice, l'amour du prochain sont pour les riches des sentiments inconnus ; le prolétaire, s'il n'a pas un grand fond de religion, se laisse facilement aller à la haine, à l'envie, à la convoitise, à tous les sentiments anti-chrétiens. Il ne peut plus se contenter de son sort ; l'inégalité des fortunes lui devient insupportable ; il veut jouir à l'instar du riche. De là ces bouleversements périodiques, ces grèves incessantes qui ne règlent rien, ces sourds grondements de l'orage social.

Les philosophes et les philanthropes ont cherché des solutions dans le *naturalisme*, dans les vertus purement humaines, dans les lois civiles. D'autres ont organisé des unions ouvrières afin de lutter plus efficacement contre la tyrannie des patrons; mais ces unions ont provoqué des syndicats de capitalistes, ce qui a creusé davantage l'abîme entre les deux classes et augmenté les haines de part et d'autre.

La religion catholique, ce remède à tous les maux de l'humanité que Notre Seigneur Jésus-Christ est venu apporter sur la terre et qu'il nous a donné au prix de son sang, voilà la solution du problème social. C'est l'égoïsme païen qui a formé la plaie saignante de la question ouvrière, c'est la charité chrétienne qui la guérira.

C'est cette vérité qu'a comprise M. Léon Harmel; et il ne s'est pas contenté de la comprendre, il a eu le courage de l'appliquer. Il a eu cette foi agissante qui transporte les montagnes.

Règle générale, les usines, en France, sont des foyers pestilentiels, des écoles de corruption, d'immoralité épouvantable, d'impiété, de haines sociales. Rempli du sentiment de sa responsabilité, animé de la charité chrétienne, M. Harmel a réussi, dans l'espace de quelques années, à transformer son usine. Val-des-Bois est une véritable oasis dans cette vallée de la Suippe où règnent toutes les misères morales. Ici, la paix de l'âme, le contentement, les joies pures de la famille, la prospérité matérielle qui est donné par surcroît à ceux qui cherchent d'abord le royaume de Dieu et sa justice. Ici, point de haines, point de grèves, point d'amertumes, parce que l'esprit du divin Maître anime patrons et ouvriers. Cet esprit, c'est le trait d'union entre le capital et le travail; c'est le lien qui unit cette famille heureuse. Le *Bon Père*, voilà le nom qu'on donne d'habitude à M. Harmel, nom qui indique suffisamment le rôle admirable qu'il joue au milieu de cette population de douze cents ouvriers, ouvrières et jeunes enfants.

Il faudrait des pages entières du journal pour donner les détails de l'organisation de cette corporation du Val-des-Bois. L'usine est une filature de laine, et au point de vue de la production, elle n'offre rien de particulier. Mais en dehors de l'administration de l'établissement au point de vue financier, il y a toute une organisation que nos industriels canadiens devraient étudier à fond et imiter, en y apportant, peut-être, certaines modifications. Le principe fondamental de cette corporation est sans doute le principe religieux ; c'est le grand ressort qui met tout en mouvement ; mais on fait aussi appel à un sentiment *naturel :* l'esprit d'initiative. Le patron cherche sans cesse à inculquer aux ouvriers l'amour de l'organisation, à leur inspirer cette légitime confiance en soi qui relève l'homme et fait de lui autre chose qu'une simple machine. Au Val-des-bois, les ouvriers forment une véritable *corporation*, ayant son conseil syndical, ses comités, ses œuvres et sous-œuvres. Les propriétaires de l'usine sont les patrons de ces diverses associations, mais ils laissent l'initiative aux ouvriers. Par exemple, il y a une société de secours mutuels et d'épargnes ; la société anonyme coopérative (boulangerie, boucherie, marchandises, etc) ; la société des bonnes lectures ; les sociétés d'amusements. Toutes ces œuvres marchent admirablement bien et donnent des résultats merveilleux. Ensuite, les nombreuses associations religieuses pour les enfants, avant et après la première communion, pour les jeunes filles et les jeunes gens, pour les mères de famille, pour les hommes mariés, les confréries, toutes ces œuvres sont dirigées discrètement par les patrons, mais ce sont les ouvriers qui les organisent.

Il va sans dire que la corporation chrétienne du Val-des-bois a sa chapelle, son chapelain, ses écoles confiées à des sœurs et à des frères

Pour les pratiques religieuses, pour la participation aux œuvres de piété et de dévotion, on n'exerce aucune contrainte sur les ouvriers ; on procède par voie de persuasion, on compte sur la puissance du bon exemple. Il n'y a de rigueurs que pour ceux qui voudraient introduire l'immoralité et l'impiété dans cette grande famille : ceux-là sont rigoureusement exclus de la corporation.

Les patrons étant animés de l'esprit chrétien, se considérant comme les pères de leurs ouvriers—ce qu'ils sont effectivement aux yeux de Dieu—n'exploitent pas le travail du pauvre. Ils se contentent d'un bénéfice légitime, et remettent le surplus aux employés sous forme de primes et de dons aux différentes associations ouvrières.

M. Léon Harmel ne s'est pas borné à organiser chrétiennement son usine ; il cherche sans cesse à engager d'autres à entrer dans cette bonne voie de régénération sociale. Dans cette œuvre de dévouement il travaille de concert avec plusieurs prêtres zélés, notamment avec des pères jésuites, le père Watrigant, entre autres. Ces religieux ont organisé l'œuvre admirable des retraites d'hommes qui a déjà produit un bien immense dans toute la région du nord de la France. Le *modus operandi* est bien simple, comme celui de toutes les œuvres de Dieu : on réunit, pour quelques jours, dans un endroit retiré, des laïques bien disposés ; et pendant ce temps de retraite, on leur inspire la résolution de faire du bien autour d'eux, de travailler courageusement à la régénération de la France, chacun dans sa sphère. On forme ainsi, peu à peu, de véritables apôtres. Déjà un nombre considérable de patrons s'occupent efficacement de la moralisation de leurs usines, en adoptant les procédés de M. Léon Harmel, qui consistent surtout à encourager et à favoriser l'action de l'ouvrier sur l'ouvrier. On rapporte des faits vraiment merveilleux accomplis par ce qu'on appelle des " délégués d'ateliers ", c'est-à-dire des ouvriers qui s'efforcent de répandre le règne de Dieu dans les ateliers par le bon exemple, les bons conseils, les services rendus ; qui se groupent, se réunissent, s'entendent, et font bientôt " boule de neige " comme on dit, surtout lorsqu'ils sont appuyés par le patron. Par ce moyen des ateliers se transforment rapidement.

Si je me laissais aller au gré de mes désirs, je pourrais écrire des colonnes et des colonnes sur les œuvres de dévouement qui se poursuivent en France. J'aurai, du reste, l'occasion de revenir sur ce sujet si édifiant, si plein de salutaires enseignements pour nous. Les lignes qui précèdent, écrites bien à la hâte, à la fin d'une journée de fatigues, feront peut-être entrevoir un peu l'héroïsme chrétien des fondateurs de ces œuvres ouvrières qui sont l'une des plus belles gloires de la France moderne.

Plus je vais, plus je vois que ce qui est bon en France est vraiment bon et digne de toute notre admiration.

BRUXELLES, mardi le 30 octobre.

Depuis dimanche au soir, je suis l'hôte de M. le Dr Théodore Van Doren, directeur de la vaillante *Correspondance catholique* que les lecteurs de la *Vérité* connaissent par les nombreuses et excellentes citations que nous en avons faites. La *Correspondance* est l'organe de *l'intégrisme* belge et maintient haut et ferme le drapeau purement catholique et romain. Autrefois, il y avait à Bruxelles la *Croix*, feuille hebdomadaire rédigée par d'anciens zouaves pontificaux et soutenue, en grande partie, par le comte de Hemptine ; elle a succombé, en 1878, je crois, sous les coups des sectaires et aussi à cause de l'antipathie d'un grand nombre de catholiques belges qui, mordus par le serpent libéral, ne pouvaient endurer la proclamation de la vérité intégrale. Mais elle est tombée glorieusement, bénie par Pie IX. En 1884, le Dr Van Doren a fondée la *Correspondance* pour qu'il y eût une feuille, non inféodée aux partis politiques, où la défense des doctrines romaines, sans alliage ou amoindrissement, pût se produire en toute liberté. Il a pour principaux collaborateurs Mgr Maupied, Mgr Fèvre, le R. P. At, M. de Bonald. C'est dire que sa *Correspondance*, quoique peu volumineuse, a une grande valeur doctrinale et littéraire.

Je trouve chez le Dr Van Doren, tout à la fois, cette bonne

et franche hospitalité chrétienne sans apparat qui est le secret des âmes d'élite, et une conversation nourrie par de fortes études, une solide piété, un amour ardent pour Dieu et son Eglise. C'est dire que mon séjour à Bruxelles est aussi agréable que fructueux.

Parti de Charleville dimanche à 9½ h. du matin, je me suis rendu à la capitale de la Belgique, l'après-midi, à 3½ h. en passant par Givet, ville française fortifiée, Dinant, Namur, Gembloux, Ottignies. Entre Charleville et Givet, le chemin de fer traverse les Ardennes, montagnes peu élevées mais de formes très variées, et suit presque continuellement la Meuse qui serpente au milieu d'une vallée étroite et bordée de rochers escarpés. A partir de Namur, le pays est plat et fort peu pittoresque, mais d'une grande richesse agricole. On le sait, la Belgique a une population dense ; les villages, les villes se touchent pour ainsi dire ; et les champs sont de véritables jardins soumis à une culture intensive. Les maisons sont propres, presque toutes blanchies à la chaux et couvertes d'ardoises ou de tuiles rouges ; l'aspect général du pays est tout à fait agréable. A mesure que nous nous éloignons de la frontière française, l'élément flamand se montre de plus en plus. A Namur, j'entends parler flamand, les enseignes, les avis dans les waggons et les gares sont dans les deux langues ; car les Flamands sont très jaloux de leurs droits et insistent sur l'usage de leur langue, même dans la partie française de la Belgique : à plus forte raison, dans la partie flamande, c'est-à-dire du côté d'Anvers, de Gand, d'Ostende et de Bruges.

Les étymologistes discutent beaucoup sur l'origine du nom de Québec ; Bruxelles a le même honneur. Voici ce que je lis dans un ouvrage de l'abbé Mann, imprimé en 1785 :

" On peut comparer l'origine et l'accroissement de la plupart des villes à ceux des rivières. Les vrais commencements des unes, comme la vraie source des autres sont si peu considérables qu'ils se cachent et se refusent pour la plupart aux recherches les plus pénibles : la raison en est simple : ils ne se font remarquer qu'après des accroissements lents et progressifs......Le nom de cette ville (Bruxelles) se trouve écrit fort différemment dans les auteurs anciens et modernes ; ce qui a donné lieu à autant d'étymologies diverses. Les uns l'écrivent *Brosella, Brusola, Brocella, Brussella, Brusselia, Brussel, Brussels* et on suppose qu'elle a tiré ces noms des *Broussailles* qui couvraient auparavant le lieu où elle a été bâtie ; ce terrain ayant certainement été occupé par la forêt de Soigne qui s'étendait autrefois jusqu'au bord de la Senne. D'autres l'écrivent *Brughsella, Brugsel* et supposent qu'elle a eu ce nom, parce que les premières maisons de Bruxelles furent bâties auprès du pont qui avait été jeté sur la Senne.........*Brughe* en Flamand, signifie pont : c'est comme si on disait en français *Pontigny* et en anglais *Bridgetown*. Des auteurs, tant anciens que modernes, écrivent *Brucsella, Brucella, Bruxella, Bruxellæ, Bruxelles*, et d'après cette orthographe l'on peut conjecturer que ce nom signifie, soit le *Pont de l'Hermitage*, soit un amas de cellules ou de cabanes auprès du pont. "

Et ainsi de suite pendant plusieurs pages. Chose certaine, c'est qu'aujourd'hui on prononce *Brusselles*, bien que le nom du faubourg d'*Ixelles* se prononce tel qu'on l'écrit.

L'auteur que j'ai cité tout à l'heure, fait aussi une longue dissertation sur l'époque de la fondation de Bruxelles. " Les auteurs les plus instruits, dit-il, dans les antiquités belges, soutiennent qu'avant le septième siècle de l'ère chrétienne on ne trouve aucune trace des principales villes d'aujourd'hui dans les Pays-Bas, et nommément de *Bruxelles*. "

La patronne de Bruxelles est sainte Gudule, vierge, fille du comte Witger et de sainte Amelbergue, proche parente de sainte Gertrude ; elle mourut vers l'an 712. Au milieu de l'ancienne ville s'élève une belle et grande église gothique dédiée à sainte Gudule ; c'est le principal temple de Bruxelles. Parmi les statues qui ornent la ville, la plus digne de remarque est celle de Godefroi de Bouillon, roi de Jérusalem ; c'est une statue équestre en bronze et de grandeur héroïque ; elle occupe le centre de la place Royale. La population de la ville proprement dite n'est que de 180,270 tandis que les faubourgs comptent

280,799, ce qui donne un total de 462,069. On y voit de belles rues, des boulevards, des édifices somptueux. Les bruxellois se plaisent à dire que leur ville est un petit Paris ; ce qui est très vrai. mais pas tout à fait flatteur ; car si Hugo a appelé Paris la **Ville-Lumière**, d'autres l'ont nommé, avec plus de justesse, la **Babylone moderne**.

DIXIÈME LETTRE.

Sommaire : —A Bruxelles.—Eglises de Sainte-Gudule et de N. Dame du Sablon.—A l'exposition.—Œuvres du moyen âge.—Tramway à l'électricité.—Quelques rues de Bruxelles.—A Gand.—Paysages d'automne.—En pays flamand.—Comparaison entre le flamand et l'allemand.—Attelages de chiens.—Visite à un confrère.—Les églises de Gand.—Anvers.—Un mot d'histoire.—Un peu de statistique.—Au collège de Notre-Dame.—En pays étranger.—La langue hollandaise.—Retour à Anvers.—La cathédrale Saint-Jacques et Saint-Paul.—Musée de peinture et musée Plantin.—Amsterdam.—Au Krytberg.—La Venise du nord.—Origine de la Hollande.—Chez M. l'abbé Brouwers.—Une ferme hollandaise.—Quelques églises.—Le poëte Vondel.—Au musée.—En famille.—Campagnes hollandaises.—Dernière journée à Bruxelles.—A Enghien.—Un peu de politique pour finir.—La liberté en tout et pour tous, ou la liberté comme en Belgique.

Bruxelles, jeudi le 1er novembre.

Depuis mon arrivée en Belgique, il a fait mauvais temps presque continuellement : impossible de sortir avec tant soit peu d'agrément. Cependant, j'ai pu visiter l'église de Sainte-Gudule, magnifique temple gothique où repose le corps de la patronne de Bruxelles. Cette église, dédiée d'abord à saint Michel en 1047, reçut plus tard le nom de Saint-Michel et de Sainte-Gudule ; et finalement, de Sainte-Gudule seule. Une autre église digne de remarque est celle de Notre-Dame du Sablon, fondée en 1304, par la confrérie du Grand-Serment ou *vieille Gulde de l'Arbalette*.

Entre deux orages, j'ai aussi visité l'exposition quasi universelle, ouverte à Bruxelles depuis le mois de juin. Ce qu'il y a là de plus intéressant, c'est l'exposition des objets d'art religieux. Il y a dans cette galerie des choses vraiment délicieuses :

retables, groupes et statuettes des XVe et XVIe siècles ; châsses des XIIe et XIIIe siècles ; croix, encensoirs, reliquaires, bas reliefs, lutrins, etc. ; et surtout une très belle collection de manuscrits du moyen âge richement enluminés. Quelles œuvres étonnantes l'on accomplissait à cette époque de prétendues ténèbres ! Plus je vois, plus je me passionne pour les âges de foi, plus je me rends compte de leur supériorité sur les temps actuels. Sans doute, certaines sciences ont fait des progrès immenses depuis le commencement du XIXe siècle : les applications de la vapeur, de l'électricité, etc., que l'on a découvertes dans les derniers cinquante ans, sont merveilleuses au suprême degré ; mais les inventions modernes sont plutôt faites pour le corps que pour l'âme, plutôt pour l'homme animal que pour l'homme spirituel. Quand vous voulez contempler quelque chose qui élève votre pensée vers le ciel, il faut faire appel aux âges des fortes croyances religieuses. Avec toute sa science, toutes ses belles inventions, tout son progrès, ses machines à vapeur, ses télégraphes, ses usines, ses chemins de fer, le XIXe siècle n'aura rien produit qui honore autant le génie de l'homme qu'une de ces cathédrales gothiques du moyen âge.

A propos de progrès, la ville de Bruxelles possède une chose que je n'ai pas rencontrée ailleurs ; c'est un bout de tramway où les voitures sont mues par l'électricité. Ce tramway parcourt la rue de la Loi et conduit au terrain de l'exposition. La lumière électrique n'est guère en usage de ce côté-ci de l'Atlantique ; mais on semble vouloir utiliser le subtil fluide comme pouvoir moteur. Le tramway à électricité fonctionne très bien : reste à savoir s'il y a quelque avantage dans ce système au point de vue de l'économie.

Bruxelles est la ville où l'on trouve le plus de noms curieux donnés aux rues, aux places publiques, etc. En voici quelques exemples : *Rue des quatre bras* ; *Petite rue au beurre* ; *Rue des quatre frères Aymon* ; *Rue du marché aux herbes* ; *Montagne aux herbes potagères* ; *Rue des harengs* ; *Rue chair-et-pain* ; *Rue de la fourche* ; *Rue du singe* ; *Rue des éperonniers*, et combien d'autres non moins singuliers !

———

ANVERS, vendredi le 2 novembre.

De Bruxelles à Gand il y a 50 kilomètres ; c'est l'affaire d'une heure et un quart par le train rapide qui n'arrête qu'à Alost et à Wetteren. Nous sommes en plein pays flamand. Comme dans la partie wallonne, les maisons, très rapprochées les unes des autres, sont couvertes en tuiles rouges, mais elles ne sont pas blanchies comme le sont tous les édifices du côté de Namur ; ce qui fait que l'aspect général de cette région est moins gai, moins souriant. Le sol est très fertile, mais plat et monotone. Cette contrée est bien nommée : les **Pays-Bas.** Les pluies incessantes de ces derniers jours ont détrempé la terre ; en beaucoup d'endroits l'eau couvre les champs ; les arbres sont à peu près entièrement dépouillés de leurs feuilles. En un mot, comme paysage, cette partie de la Belgique laisse à désirer, surtout à cette saison de l'année où la nature revêt ses plus sombres livrées. C'est, du reste, le jour des morts, et il est convenable que tout soit dans le deuil et la tristesse.

Gand, en flamand *Gent*, est une vieille cité flamande, située sur l'Escaut. Elle est la capitale de la Flandre orientale, une des neuf provinces qui composent le royaume de Belgique. Sa population est de 140,000 âmes environ. Le français y est une langue à peu près inconnue pour les masses du peuple ; dans les rues vous n'entendez que le flamand ; les avis, les affiches, les enseignes sont en flamand. Demander un renseignement, en français, à 90 pour cent des passants, c'est perdre son temps : il faut s'adresser aux sergents de ville, et encore ceux-ci s'expriment-ils dans la langue officielle du pays avec une difficulté marquée. Ce n'est qu'à force de *savez-vous* qu'un brave gardien de la paix a pu me faire comprendre où était l'endroit que je cherchais. Le flamand, ou bas allemand, ou encore le hollandais—car ces trois noms désignent à peu près la même langue—est d'origine germanique, mais ne ressemble guère à l'allemand ; c'est beaucoup moins dur que la langue de M. de Bismarck, moins fécond en crachements, en grattements de gorge et en sons gutturaux. De plus, le flamand s'écrit en lettres latines, non point en lettres gothiques.

Ce qui attire tout d'abord les regards de celui qui visite Gand pour la première fois, c'est le grand nombre d'attelages de chiens. Le chien joue ici le rôle que joue l'âne dans plusieurs villes irlandaises : c'est la bête de somme du petit peuple. Chiens de toute couleur, de toute race, de toute grosseur, mais tous d'égale maigreur, tous muselés, hargneux et rébarbatifs. J'ai vu des attelages de quatre chiens de front traînant d'assez lourdes voitures.

Je suis allé saluer, en passant, M. Guillaume Verspeyen, rédacteur en chef du *Bien public*, principal organe du parti conservateur belge. Je l'ai trouvé au cercle catholique où il passe ordinairement ses heures de récréation, je crois. C'est un homme de cinquante ans, gros et gras, jovial, aimant le mot pour rire et cultivant même le calembour. Ce qui ne l'empêche pas de lutter avec une grande vigueur contre le parti libéral qui cherche à reprendre le pouvoir d'où il a été culbuté, en 1884, pour le plus grand soulagement de la Belgique, par les efforts réunis des conservateurs et des indépendants.

J'aurais voulu visiter les principales églises de Gand, mais je n'ai pu entrer que dans celle de Saint-Michel ; l'église de Saint-Nicholas et la cathédrale étaient fermées. C'est la coutume ici de fermer les églises pendant une partie de l'après-midi. Jadis les Flandres étaient une possession espagnole. Or, les Espagnols, habitant un pays chaud, font la sieste, et pendant la sieste toutes les affaires sont suspendues. Les Espagnols sont partis depuis longtemps. on ne fait plus la sieste, mais les églises se ferment, tout de même, l'après-midi. Bel exemple de la force de l'habitude.

La cathédrale est un vieil édifice gothique à l'aspect vénérable, malgré les nombreuses petites boutiques et buvettes adossées à ses flancs et qui forment autour de l'édifice sacré un cordon qu'avec la meilleur volonté du monde on ne peut pas appeler sanitaire.

A deux heures, je reprends le chemin de fer et à trois heures, je descendais à Anvers—prononcez l's,—en flamand *Antwerpen*.

Anvers, capitale de la province du même nom, est situé, à 44 kilomètres de Bruxelles, sur l'Escaut par lequel les plus gros navires remontent jusqu'au cœur de la ville. C'est à la fois une ville fortifiée et commerçante. Sa population est aujourd'hui de 200,000 âmes ; en 1805, elle n'était que de 62,000, ce qui indique un accroissement très rapide. La partie moderne de la ville ressemble assez aux plus beaux endroits de Bruxelles : il y a de magnifiques boulevards plantés d'une double rangée d'arbres à la parisienne. Mais dans la partie ancienne on voit encore beaucoup de maisons bâties à la vieille mode flamande, ayant pignon sur la rue, avec des fenêtres à petits carreaux.

L'origine d'Anvers remonte au sixième siècle, époque où une colonie saxonne, partie des bord de l'Elbe, vint s'établir sur l'Escaut, à l'endroit même que les Romains avaient jadis choisi pour l'érection d'une de leurs forteresses destinées à arrêter l'invasion des peuplades du nord. Les habitants de cette localité prirent bientôt le nom de *Anwarpers*, composé de *an* et *warp*, ce qui signifie, paraît-il, *près du quai*. De là le nom d'*Antwerpen* que les Français ont changé en *Anvers*. C'est vers la fin du septième siècle que saint Amand vint prêcher le christianisme aux anversois qu'il paraît avoir entièrement convertis à la vraie foi. Dès le neuvième siècle, Anvers était devenu une ville importante par son commerce avec l'Angleterre et d'autres pays de l'Europe et ses fabriques de lainages.

Anvers a été le théâtre de plus d'un siège. En 885, les Normands en firent la conquête. En 1585, sept siècles plus tard. les Espagnols s'en rendirent les maîtres, En 1746, l'armée

S. E. LE CARD. ZIGLIARA.

française fit, avec succès, le siège de la ville. L'an 1809, les Anglais l'attaquèrent, mais furent repoussés par Bernadotte. Enfin, en 1814, la ville fut rendue aux Anglais par Carnot, et incorporée, ainsi que toute la Belgique, au royaume des Pays-Bas. Le dernier siège d'Anvers eut lieu en novembre et décembre 1832 à l'occasion de la séparation de la Belgique d'avec la Hollande. Après la révolution de 1830, l'armée du roi Guillaume se maintint dans la citadelle d'Anvers jusqu'à la fin de 1832. Ce fut une armée française, commandée par le maréchal Gérard, qui força la garnison hollandaise à capituler.

D'après un auteur, c'est Anvers qui a vu le premier chemin de fer du continent, celui qui relie cette ville avec Bruxelles, et qui a été inauguré au mois de mai 1836.

Le commerce maritime d'Anvers est très considérable, comme on peut le voir par la statistique suivante du port. En 1829, 1,028 navires jaugeant 160,658 tonneaux; en 1860, 2,568 navires et 546,444 tonneaux; en 1870 4,125 navires et 1,362,606 tonneaux; en 1880, 4,482 navires et 3,063,825 tonneaux; enfin en 1882, 4.242 navires et 3,401,544 tonneaux. On assure qu'au point de vue commercial et maritime, Anvers est le premier port du continent européen et le quatrième du monde. Mais, peut-être, pour employer un des calembours de M. Verspeyen, les anversois sont-ils trop complaisants *envers soi*.

A Anvers, comme partout ailleurs où il y a des pères jésuites, je n'ai qu'à me louer de l'accueil que je reçois. Ces bons religieux sont bien aimables, en vérité, et je leur dois une bien vive gratitude. Arrivé ici à trois heures de l'après-midi, je me suis rendu aussitôt au collège de Notre-Dame, avenue des Arts, où le père Haeren, recteur, m'a reçu avec une très grande bonté. A part les renseignements dont j'avais besoin pour mon voyage à Amsterdam, le père recteur a bien voulu me donner de précieux éclaircissements sur les affaires religieuses de la Belgique. Dans une demi-heure il m'a fait toucher du doigt les points faibles de la situation en ce pays.

11

Amsterdam, samedi le 3 novembre.

Me voici, enfin, en véritable pays étranger. C'est la première fois, depuis mon départ de Québec, que j'éprouve le besoin de savoir autre chose que le français et l'anglais. Toutefois, je ne suis pas encore trop à plaindre ; car si je n'entends pas ce qui se dit autour de moi, je parviens, cependant, à me faire comprendre suffisamment. Sur le continent européen, le français a toujours sa valeur, même au cœur de la Hollande ; c'est la langue la plus universelle qu'il y ait, et je la préfère de beaucoup au *volapuk*.

Pendant que nous en sommes sur les langues, je vous dirai encore un mot du flamand, ou bas allemand. Quelques phrases flamandes ne seront pas sans intérêt pour mes lecteurs, j'en suis certain. Voici donc les jours de la semaine en flamand, en commençant, naturellement, par *dimanche* : *Zondag, Maandag, Dinjsdag, Woensdag, Donderdag, Vrijdag, Zaterdag. Eglise*, se traduit par *Kerk* ; *la Toussaint*, par *Feestdag van allerheiligen* ; *le jour des morts*, par *Dag der Geloovige van zielen* ; *Verboden over de spoor-banen te gaan*, veut dire, mot pour mot. *Défendu sur les voies de marcher*, (défense de traverser les voies) ; *Niet rooken*, ou *verboden te rooken*, c'est tout simplement *défense de fumer* ; avis, du reste, qui ne gêne guère les fumeurs. Pour voir la différence entre l'allemand et le bas allemand ou flamand, voici comment se traduisent quelques mots dans les deux langues : en flamand, *bagages* se dit *reispoed*, en allemand *gepaech* ; *sortie*, en flamand, est *uitgang*, en allemand, *ausgang* ; *salle d'attente*, en flamand *watshtzaal*, en allemand *wartesaal*. Voilà mes lecteurs aussi forts en flamand que je le suis moi-même, ce qui n'est pas peu dire. Passons à autre chose.

.*.

Ce matin j'ai visité plusieurs églises d'Anvers. D'abord l'église de Notre-Dame, jadis la cathédrale ; car avant la révolution française Anvers était un évêché. C'est un beau monument gothique, commencé en 1362 et achevé en 1518. La tour est très belle et mesure 123 mètres, soit 8 de plus que celle de l'église de Strasbourg. La cathédrale fut deux fois la proie des flammes et, de plus, fut ravagée, en 1566, par les iconoclastes, et plus tard, en 1793, par les *sans-culottes* de la révolution. Cette église possède deux célèbres tableaux de Rubens, l'*Elévation de la Croix* et la *Descente de Croix*. Malheureusement, ils sont voilés. On ne les montre qu'à certaines heures du jour.

Les églises Saint-Jacques et Saint-Paul sont fort remarquables par leurs tableaux, leurs marbres, leurs statues en bois, leurs vitraux. Plusieurs des tableaux sont par Rubens et Van Dyck. C'est dans l'église Saint-Jacques que repose le premier de ces deux célèbres peintres flamands. A côté de l'église Saint-Paul est un *mont Calvaire* d'un effet saisissant. Les anversois sont fiers de leurs églises, et certes ils ont raison, car elles renferment des chefs-d'œuvre de sculpture et de peinture, de sculpture surtout.

Le musée de peinture d'Anvers est digne d'être vu. Il possède environ 700 tableaux dont 14 par Rubens, 3 par Rembrandt, 6 par Van Dyck, 10 par Quentin Massys, le peintre forgeron. La plus grande merveille du musée moderne est, sans contredit, un tout petit tableau de Dyckmans, l'*Aveugle*. Cette toile, qui ne doit pas avoir plus de 18 pouces carrés, a été payée, dit-on, 25,000 francs. Même aux yeux d'un profane comme moi, c'est un bijou par le fini et les effets de lumière.

Une des plus grandes curiosités d'Anvers est le *Musée Plantin*. C'est l'imprimerie de Christophe Plantin, qui, au 16e siècle, rivalisait avec les Alde et les Étienne. En 1873, la ville fit l'acquisition de cet établissement au prix d'un milion et demi de francs et elle en a fait un musée public. La maison du célèbre imprimeur est restée absolument dans l'état où elle était, il y a trois cents ans : les ateliers, les presses, le matériel d'impression, les pupitres, les épreuves mêmes avec leurs corrections, tout a été religieusement conservé. J'y ai remarqué l'épreuve d'un bref du pape Clément VIII.

Dans la vieille cité, parmi les maisons curieuses, sont celle de Rubens et celle de Charles-Quint. Cette dernière, surtout, est un monument tout à fait extraordinaire et pittoresque. En somme, Anvers est une des villes intéressantes de l'Europe.

Je suis parti à 3½ h. d'Anvers pour Amsterdam où je suis arrivé à 8 heures du soir. C'est dire que j'ai fait la plus grande partie du trajet au milieu des ténèbres. Je ne puis donc pas parler, en connaissance de cause, des campagnes hollandaises. Le peu que j'en ai vu me fait croire qu'elles sont encore plus basses, plus monotones que la Belgique.

***

AMSTERDAM, dimanche le 4 novembre.

Deux mois aujourd'hui depuis mon départ de Québec : deux siècles, avec un bon *encomblissement*, comme l'on dit dans certaines campagnes canadiennes. C'est vraiment extraordinaire tout ce que l'on peut voir dans deux mois, grâce à la rapidité des communications modernes.

Ce matin, je me suis rendu de bonne heure à la résidence des RR. PP. jésuites au *Krytberg*, ou *montagne de craie*. L'on n'y voit ni montagne, ni craie, mais une belle et vaste église en briques rouges, remplie de fidèles dont un très grand nombre s'approchent de la sainte Table.

Il y a près de 80,000 catholiques à Amsterdam, sur une population de 400,000 environ. Depuis 25 ans, on y a érigé dix églises catholiques. La vraie foi refleurit sur cette terre, tandis que l'hérésie calviniste se meurt. La population totale de la Hollande était de 4,172,971 d'après le recensement de 1879 ; sur ce nombre 1,445,388 catholiques, ou plus du tiers.

On a appelé Amsterdam, avec raison, la Venise du nord : la ville est sillonnée de canaux, pour ainsi dire innombrables, et bâtie, en grande partie, sur des pilotis : car le sol est très mou et supporte mal les fondements des édifices. Comme il n'y a pas de pierre en Hollande et bien peu de bois, tous les édifices, même les plus imposants, sont en briques de diverses couleurs, mais surtout de couleurs foncées. L'encadrement blanc des portes et des fenêtres rompt la monotonie des constructions et empêche les rues d'avoir un aspect trop sombre. Grâce à ce contraste de couleurs, Amsterdam a un cachet tout particulier : je n'ai rien vu de semblable ailleurs. C'est une grande et belle cité, d'une propreté extraordinaire. Les Hollandais ont la réputation d'être le peuple propre par excellence, et certes ils ne l'ont pas volée. Tout reluit et étincelle.

Amsterdam fut fondé probablement vers l'an 1200, époque à laquelle une forteresse fut bâtie à l'embouchure de la rivière Amstel ; d'où le nom d'*Amsteldam* changé en *Amsterdam, digue de l'Amstel*. C'est la capitale véritable de la Hollande, bien que le roi demeure à la Haye.

La Hollande (*holt*—bois, et *land*—pays), fut peuplée d'abord par les Bataves qui vinrent se fixer dans ces contrées de marais un siècle avant notre ère. Les Bataves devinrent les alliés des Romains qui firent de grandes améliorations dans le pays, au moyen de canaux, de digues, de routes et qui fondèrent plusieurs villes telles qu'Utrecht (*Ultrajectum*) et Nimègue (*Novis magum*). Au commencement du dixième siècle, la Hollande fut érigée en comté au profit des comtes de Flandre ; le fief relevait du roi de France, d'abord, puis de l'empereur de l'Allemagne. Pendant tout le moyen âge, la Hollande a été le théâtre de luttes acharnées, et a souvent changé de régime. Actuellement elle *jouit* (?) du gouvernement constitutionnel où le roi Guillaume III règne mais ne gouverne pas.

Le principal but de mon voyage à Amsterdam était de présenter mes respectueux hommages à monsieur l'abbé J. W. Brouwers, écrivain distingué, champion bien connu de l'intégrité doctrinale. L'un des RR. PP. jésuites de la résidence du *Krytberg* eut la bonté de me donner son adresse. M. l'abbé Brouwers est curé de Bovenkerk, à Nieuwer Amstel, commune située à deux lieues, environ, d'Amsterdam. Je suis arrivé à Bovenkerk vers onze heures et demie. La grand'messe achevait, et j'ai pu admirer du très beau chant grégorien exécuté par un chœur de voix hollandaises. Comme partout ailleurs, réception on ne peut plus cordiale et sympathique à Bovenkerk. M. l'abbé Brouwers veut bien me saluer comme un *confrère* et un compagnon d'armes. Lui-même est journaliste, car il dirige deux feuilles périodiques : *De Wetenschappelyke Nederlander* et *De Amstelbode* ; la première, comme son nom l'indique, est un journal scientifique (le *Néerlandais scientifique*) qui paraît tous les quinze jours, tandis que la seconde (le *Courrier de l'Amstel*) est un organe de propagande catholique hebdomadaire.

M. Brouwers est non seulement journaliste ; il est aussi artiste, poëte et savant, et, de plus, curé actif et zélé. Il doit avoir plus de cinquante ans, mais il a conservé tout le feu, toute la vigueur d'un jeune homme. Bien que *Hollandais pur sang*, comme il le dit lui-même, il parle et écrit le français avec une étonnante facilité et une grande correction. Il a même prononcé plus d'un discours en français aux congrès catholiques de ces dernières années, notamment à l'assemblée générale des catholiques du Nord, tenue à Lille, en décembre 1887. C'est dans ce discours que M. Brouwers a fait connaître le poëte hollandais Vondel, homme remarquable par l'ardeur de sa foi catholique et la grandeur de son génie littéraire.

Après avoir visité et admiré la belle église ou *Kerk* de Boven, construite tout en briques, mais qui présente un coup d'œil fort pittoresque grâce à ses lignes architecturales, nous nous sommes rendus chez l'un des paroissiens de M. Brouwers. Je veux, me dit-il, vous montrer une ferme hollandaise ; en prenant cette brave famille à l'improviste je vais vous prouver que la propreté hollandaise n'est pas un mythe. En effet, je n'ai jamais vu autant d'ordre que sur cette ferme. Dans la cour et autour des bâtiments, pas la moindre paille qui traînât ; dans la maison, un véritable éblouissement de blancheur, de poli, de propreté. J'ai visité aussi les étables où se trouvaient un grand nombre de belles vaches hollandaises. Ce n'est pas une fable : en Hollande, on attache la queue des vaches par des fils suspendus au plafond pour les empêcher de trainer à terre et de se salir lorsque les animaux se couchent. Je l'avais entendu dire ; maintenant je l'ai vu. J'ai remarqué aussi que le système de stabulation adopté par les fermiers hollandais est absolument semblable à celui que préconise M. Barnard au Canada.

Après cette visite à la ferme, M. l'abbé Brouwers m'a conduit en ville et m'a fait voir plusieurs des principales églises catholiques, œuvres du même architecte qui a construit Bovenkerk. M. le curé, qui s'y connaît en fait d'architecture, m'a dit que son architecte, à qui j'ai eu l'honneur d'être présenté, mais dont le nom difficile m'échappe, est un véritable génie. Par la force de son talent, il s'est imposé, malgré l'opposition des protestants et des francs-maçons. C'est lui, un catholique, qui a bâti plusieurs des principaux édifices d'Amsterdam, entre autres l'immense musée de peinture. L'église de l'Immaculée Conception est un véritable monument. C'est étonnant tout ce que l'on peut faire avec de la brique comme matière première.

M. Brouwers m'a aussi montré, avec orgueil, la statue en bronze de son cher poëte Vondel, qui a vécu au seizième siècle et qui a chanté, comme Milton, mais *avant* lui, la chute des anges et de nos premiers parents. M. Brouwers déclare que Vondel a non seulement inspiré Milton, mais qu'il lui est supérieur sous tous les rapports, même sous le rapport du génie poétique.

Je n'ai pu que jeter un coup d'œil sur le musée de peinture qui renferme un nombre très considérable de tableaux par des peintres hollandais, anciens et modernes. On y remarque le chef d'œuvre de Rembrandt : *La ronde de nuit*, scène militaire saisissante, mais mal nommée, paraît-il, puisque la *ronde* se fait en plein jour.

Le soir, M. Brouwers m'a conduit chez un de ses amis d'Amsterdam, M. Sterk, riche négociant, homme instruit, peintre à ses heures, et surtout solide catholique. J'ai passé, sous ce toit hospitalier, plusieurs heures fort agréables, car monsieur et madame Sterk, comme M. l'abbé Brouwers et tous les Hollandais qui appartiennent aux classes dirigeantes, parlent le français avec une grande facilité. Règle générale, le Hollandais lettré possède au moins quatre langues: la sienne, d'abord; puis le français, l'allemand et l'anglais.

Et voilà mon séjour à Amsterdam, séjour agréable et instructif.

BRUXELLES, lundi le 5 novembre.

Je suis revenu d'Amsterdam ce matin. Par le train express, c'est un trajet de cinq heures. Parti de la capitale néerlandaise à sept heures et demie, par le plus beau temps du monde, je suis rentré à Bruxelles, à midi et demi, par une pluie battante. Le long du chemin, j'ai pu examiner à mon aise les campagnes hollandaises, que j'avais vues de très près, du reste, en allant, hier, à Bovenkerk. C'est le pays le plus singulier que l'on puisse imaginer. Les champs sont sillonnés en tous sens par d'innombrables canaux de toutes les dimensions, depuis le canal assez profond pour laisser passer les plus gros navires jusqu'au simple fossé. Ce qui est plus étrange encore, c'est que, dans plusieurs endroits, les terrains sont beaucoup plus bas que le niveau de l'eau. Ce n'est pas une exagération de dire qu'en Hollande on peut voir des bateaux, et même des navires passer au-dessus de sa tête. De loin, on dirait des vaisseaux fantômes. Malgré cette grande quantité d'eau plus ou moins stagnante, la Hollande n'est pas un pays insalubre. Les fièvres n'y sont guère connues, et les habitants des campagnes, comme ceux des villes, ont l'air pleins de santé.

Vu le mauvais temps, je n'ai pas mis le pied dehors cette après-midi : j'ai eu une longue et aimable causerie avec mon excellent ami et hôte, M. le Dr Van Doren.

ENGHIEN, mardi le 6 novembre.

Beau temps clair, mais il fait un froid de loup—pour le pays et la saison, s'entend ; de la glace et une forte brise du nord-est qui fait songer à Québec.

Ce matin, j'ai visité le musée de peinture de Bruxelles qui possède plusieurs toiles de Rubens et de Van Dyck.

Sur le soir, j'ai fait mes adieux au bon docteur Van Doren qui a bien voulu me conduire jusqu'à la gare. Me voici à Enghien, petite ville de 4,000 âmes, à une demi-heure de chemin de fer de Bruxelles. Je suis venu ici pour saluer en passant le R. P. Fade S. J., qui a demeuré, pendant plusieurs années, aux Trois-Rivières et à Montréal. Je l'ai vu ce soir, et nous avons causé de la patrie absente. Demain matin, je me propose d'aller à Ghlin, près de Mons, afin de présenter mes hommages à M. Périn, l'économiste catholique dont tout le monde connaît et admire les écrits.

En attendant, il ne serait peut-être pas hors de propos de dire un mot de la situation politique en Belgique.

*_**

On le sait, la Belgique s'est séparée de la Hollande en 1830 et s'est constituée en royaume indépendant. La population était alors de 4,000,000 environ.

Sur ce nombre, il n'y avait que 10,000 *dissidents*, tant protestants que juifs. C'était donc un pays catholique qui pouvait se donner une constitution catholique : il aurait suffi d'accorder la tolérance civile aux hérétiques et aux juifs qui s'y trouvaient établis. Au lieu de suivre cette politique sage, les catholiques belges de 1830 se sont infligé la constitution la plus *libérale* qu'on puisse trouver. si l'on excepte peut-être celle des Etats-Unis de l'Amérique. Les extraits suivants en font foi :

"Art. 14 La liberté des cultes, celle de leur exercice public, ainsi que la liberté de manifester ses opinions en toute matière sont garanties, sauf la répression des délits commis à l'occasion de l'usage de ces libertés.

"Art. 15. Nul ne peut être contraint de concourir d'une manière quelconque aux actes et aux cérémonies d'un culte, *ni d'en observer les jours de repos.*

"Art. 16......... *Le mariage civil devra toujours précéder la bénédiction nuptiale* sauf les exceptions à établir par la loi, s'il y a lieu. (Aucune exception n'a jamais été établie).

" Art. 17. L'enseignement est libre, toute mesure préventive est interdite, la répression des délits n'est réglée que par la loi. L'instruction publique donnée aux frais de l'Etat est également réglée par la loi.

" Art. 18. La presse est libre ; *la censure ne pourra jamais* être établie......

" Art. 25. Tous les pouvoirs émanent de la nation."

N'est-ce pas que cette constitution ne se contente pas d'accorder la tolérance civile aux cultes dissidents, mais place tous les cultes, les faux comme le seul vrai, sur un pied d'égalité ? N'est-ce pas qu'elle consacre, comme des droits, les prétendues libertés modernes si formellement condamnées par trois papes ? N'est-ce pas qu'elle *laïcise* la politique, qu'elle bannit Jésus-Christ et son Eglise de la vie sociale et publique ? C'est donc une constitution absolument *libérale*, c'est-à-dire mauvaise au suprême degré, nécessairement funeste aux véritables intérêts du pays.

Un mauvais arbre ne saurait porter de bons fruits. Aussi, grâce à cette constitution libérale et anti-chrétienne, l'erreur s'est-elle épanouie comme une mauvaise herbe dans une serre chaude. C'est au point que les libéraux de diverses nuances, libéraux doctrinaires, libéraux progressistes et libéraux socialistes, sont en grand nombre ; ils étaient au pouvoir hier, ils le seront peut-être de nouveau demain.

Malgré l'évidence des faits, un grand nombre de catholiques belges, qui ne voudraient pas qu'on les appelât catholiques libéraux, favorisent le maintien de cette constitution libérale, les uns par conviction, les autres par intérêt, d'autres encore par crainte de quelque chose de pire.—Si nous touchons à la constitution, disent ces derniers, nous ne savons pas ce qui pourrait nous être imposé. A ceux-là on répond : Certes, il ne faut pas agir avec imprudence, mais au moins tenez un langage correct ; ne dites plus que la constitution est excellente ; et travaillons tous ensemble à rendre possible une amélioration quelconque de la situation.

Il faut le dire, bien peu nombreux sont les catholiques belges qui parlent ainsi, et ceux qui expriment ces idées si raisonnables, si conformes aux enseignements du Souverain-Pontife, passent, en Belgique, pour des exagérés, des êtres *impossibles*. C'est ainsi que l'on a traité jadis les rédacteurs de la *Croix* ; c'est ainsi que l'on traite encore les écrivains de la *Correspondance catholique*.

Le parti conservateur belge ressemble aux partis conservateurs de tous les pays, comme une goutte d'eau ressemble à une autre goutte : il ne lutte que pour le maintien du *statu quo*, *pour le pot au feu, pour l'intérêt du moment, pour son maintien au pouvoir, pour la conservation d'un certain ordre matériel.* De ces vigoureux combats pour les principes catholiques qui sauvent les peuples, il n'en livre point et ne songe pas à en livrer ; d'efforts véritables pour améliorer la situation de l'Eglise et de la société, pour couper le mal par sa racine en arrachant peu à peu le venin libéral de la constitution et des lois, il n'en fait pas, ne veut pas que l'on en fasse, et dénonce vigoureusement ceux qui en font, comme des importuns et des trouble-fête.

L'autre jour, il y avait une élection partielle à Bruxelles. Deux candidats étaient sur les rangs, M. Graux, libéral doctrinaire, et M. Powis de Ten Bossche. Ce dernier était le candidat du parti conservateur, qui se dit quelquefois catholique, surtout lorsqu'il est dans l'opposition ; du parti qui a pour principaux organes le *Bien public*, de Gand, et le *Courrier*, de Bruxelles, deux journaux qui publient, certes, de fort belles choses et qui passent pour ultramontains. Eh bien ! voici ce que M. Powis disait dans son adresse aux électeurs de Bruxelles, à la date du 24 octobre dernier : " Mon programme, c'est celui de la constitution et de la défense de *toutes les libertés qu'elle consacre*. ..... en un mot de cette politique que le congrès a inaugurée en 1830."

Voilà. On persiste à se cantonner dans la constitution libérale de 1830, on piétine sur place : *pratiquement*, on ne fait rien pour ramener les institutions du pays vers l'idéal chrétien que Léon XIII a proposé comme modèle à tous les peuples. Amender la loi électorale de manière à se maintenir au pouvoir le plus longtemps possible, telle paraît être l'unique ambition du parti conservateur belge à l'heure qu'il est. Même le *Bien public* disait, le 25 octobre dernier, que le gouvernement conservateur du jour est "résolument *constitutionnel.*" Et aux yeux de cet excellent M. Verspeyen, être " résolument constitutionnel" lorsque la constitution est absolument libérale, c'est un grand titre à la confiance des catholiques !

Comme me l'a fait remarquer un religieux belge avec qui j'avais dernièrement l'avantage de parler des affaires de son pays. l'arrivée du parti conservateur au pouvoir est tout simplement un temps d'arrêt pendant lequel se fait une certaine restauration de l'ordre purement matériel, des finances, etc., pendant lequel aussi, les libéraux reprennent haleine. De modification fondamentale de la situation, point.

Par exemple, voici la question des cimetières, question fort grave. Saviez-vous que dans la catholique Belgique, l'Eglise n'a point et ne *peut pas* avoir de cimetières à elle ? Moi, je ne le savais pas, et je ne l'aurais pas cru si le fait ne m'eût été affirmé par le religieux digne de foi dont je parlais tout à l'heure. Eh bien, non ! l'Eglise n'a pas de cimetières et la loi ne lui permet pas d'en avoir. Les cimetières appartiennent à la commune, et l'on y enterre pêle-mêle chrétiens, protestants, athées, juifs, suicides et meurtriers. Quelques bourgmestres catholiques prennent sur eux de protéger les droits de l'Eglise en empêchant la profanation du terrain béni par elle ; mais, en le faisant, ils s'exposent aux rigueurs de la loi. Même quelques-uns ont été mis à l'amende pour avoir fait enterrer des personnes mortes sans sacrements dans une partie non bénite du cimetière. Tous les Belges sont égaux devant la constitution libérale, et l'on ne permet pas de distinctions *odieuses.*

Voilà quatre ans que les conservateurs sont au pouvoir, et l'on ne parle pas plus de régler cette question des cimetières dans le sens de la justice et du droit que du temps de Frère-Orban et de son gouvernement maçonnique.

Les ordres religieux, les corporations religieuses en général

n'ont pas le droit de posséder des biens-fonds en Belgique. La
" liberté en tout et pour tous" ne reconnaît pas de tels droits à
l'Eglise. Ce sont des particuliers qui possèdent pour les corps
religieux. A mesure que ces particuliers vieillissent, ils trans-
mettent les biens à de plus jeunes, par voie de vente ou de testament. Et comme de telles mutations sont frappées d'un
impôt énorme, les propriétés religieuses retournent en grande
partie à l'Etat sous forme de redevances.

Ajoutez à cela que les fondations pieuses ne sont pas per-
mises, que le moindre legs à une œuvre religieuse est impossible. Il y a quelque temps, dans la ville d'Anvers, une dame
avait légué un riche bijou pour orner une statue de la sainte
Vierge. Le croiriez-vous, le conseil municipal a mis cette disposition testamentaire de côté, et le bijou est allé aux héritiers
de la dame !

Voilà ce que c'est que la liberté comme en Belgique, même
sous un gouvernement conservateur et *constitutionnel*. L'Eglise
n'y jouit pas même du droit commun, comme aux Etats-Unis
et en Hollande. Et l'on ne fait aucun effort, je le répète, pour
améliorer la position. *On n'ose pas* demander le règlement de
questions aussi élémentaires que l'affaire des cimetières et de la
reconnaissance civile des corporations religieuses. Et ceux
qui trouvent que tout ne va pas pour le mieux dans le meilleur
des mondes sont des exagérés, des casseurs de vitres, etc.

Non contents de laisser subsister les mauvaises lois votées
par les libéraux, les conservateurs belges ont adopté, en 1884,
une loi détestable sur l'instruction. Voici quelques extraits
de cette fameuse loi qui feront voir que le mot *détestable* n'est
pas trop fort.

" Art. 4. L'enseignement primaire comprend *nécessairement*
la lecture, l'écriture, les éléments du calcul, le système légal
des poids et mesures, les éléments de la langue française,
flamande ou allemande, selon les besoins des localités, la géo-
graphie, l'histoire de Belgique, les éléments du dessin, le chant

et la *gymnastique*. Il comprend, de plus, pour les filles, le travail à l'aiguille et, pour les garçons, dans les communes rurales, des notions d'agriculture."

En d'autres termes, dans la catholique Belgique, la *gymnastique* est obligatoire, mais la *religion* ne l'est pas. Tout commentaire serait superflu.

La loi *permet* seulement que la religion soit enseignée dans les écoles primaires.

" Les communes *peuvent* inscrire l'enseignement de la religion et de la morale en tête du programme de toutes ou de quelques-unes de leurs écoles primaires. *Cet enseignement se donne au commencement ou à la fin des classes ; les enfants dont les parents en font la demande sont dispensés d'y assister.*"

Pie IX et Léon XIII demandent que dans les écoles populaires l'enseignement de la religion soit la base des études, de telle sorte que les autres sciences ne paraissent que comme des accessoires. Les législateurs belges entendent autrement les choses, et ont soin de faire de la religion une matière tout à fait secondaire, puisqu'on ne peut l'enseigner qu'avant ou après les classes ordinaires.

Puis, remarquez avec quelle solennité la loi décrète que les parents n'ont qu'à en faire la demande pour que leurs enfants soient dispensés d'assister au catéchisme. N'est-ce pas, en quelque sorte, offrir un encouragement à l'indifférence en matière religieuse?

Plus loin, la loi oblige la commune à organiser "une ou plusieurs classes spéciales," " lorsque vingt chefs de famille ayant des enfants en âge d'école demandent que leurs enfants soient dispensés d'assister au cours de religion." C'est-à-dire, en bon français, que vingt chefs de familles impies peuvent forcer une commune catholique à fonder une école athée ; mais rien, dans la loi, ne dit que vingt chefs de familles catholiques pourront contraindre une commune libérale à leur donner un enseignement religieux. C'est là ce que les Belges appellent : *la liberté en tout et pour tous.* Liberté en tout pour le mal, oui ; liberté en tout pour le bien, non !

Mais voici quelque chose de plus grave encore. L'article 5 commence comme suit :

" L'instituteur s'occupe avec une égale sollicitude de l'éducation et de l'instruction des enfants confiés à ses soins. Il ne néglige aucune occasion d'inculquer à ses élèves les préceptes de la *morale*, de leur inspirer le sentiment du devoir, l'amour de la patrie, le respect des institutions nationales, l'*attachement aux libertés constitutionnelles*."

Comme la religion est tout à fait facultative dans les écoles, la *morale* que les instituteurs doivent inculquer à leurs élèves doit nécessairement être une morale tout à fait *indépendante*.

Les libéraux s'étaient contentés de prescrire " le respect des institutions nationales," ce qui pouvait s'interpréter par monarchie, franchises provinciales et communales, etc. Les *catholiques* sont allés beaucoup plus loin et ils ont voté sans sourciller, et sans nécessité, *l'attachement aux libertés constitutionnelles*, c'est-à-dire la liberté des cultes, la liberté de la presse, la liberté d'enseignement dans le sens le plus absolu des termes. Les papes affirment que ces libertés sont pernicieuses, condamnables et condamnées ; les magisters belges sont obligés, de par une loi *catholique*, à enseigner aux jeunes générations qu'il faut *s'attacher* à ces mêmes libertés. Si ce n'est pas là du libéralisme de la pire espèce, je demande avec instance qu'on me dise ce que c'est.

ONZIÈME LETTRE.

Sommaire. —Chez M. Charles Périn.—Un mot sur cet écrivain éminent.—A Mons, chez le père Augustin, capucin.—La thèse, l'hypothèse et l'antithèse.—Notre-Dame de Tournai.—Un ancien zouave pontifical.—Mort glorieuse d'un journal.—A Lille.—Entrevue avec le père Félix.—La prochaine assemblée générale des catholiques du Nord et du Pas-de-Calais.—Visite chez M. Charaux.—L'université catholique de Lille.—Un associé céleste.—Un fil puissant.—Chez des catholiques.—Les RR. PP. Fristeau et Braun.—En chemin de fer.—Combats contre le froid.—Nouvelles du Canada.—Un attrape-nigaud.—Amiens et sa cathédrale.—A Saint-Acheul.—Toujours le gothique.—Visite à Mgr Jacquenet.—Saint Martin et le mendiant.—Lutèce par un temps de pluie.—A Saint-Sulpice.—Deux visites.—Un incident.—A la Villette.—A l'*Univers*.—Visite aux musées.—L'art moderne et l'art ancien.—Un peu de politique pour finir.

Tournai, mercredi le 7 novembre.

Temps froid, terre gelée toute la journée, vent désagréable ; malgré cela très bonne journée.

Ce matin, après avoir fait mes adieux au R. P. Fade, je suis parti d'Enghien pour Ghlin à sept heures et demie. Assurément, vous ne m'accuserez pas d'accorder trop de temps au sommeil.

Ghlin est un assez gros village situé près de Mons. L'endroit n'a rien de remarquable. Aussi était-ce uniquement pour présenter mes hommages à M. Charles Périn que je me suis arrêté dans ce coin ignoré de la Belgique.

Je n'ai pas besoin de faire connaître M. Périn aux lecteurs de la *Vérité* ; car sa réputation d'écrivain catholique *sans épithète* a traversé les mers depuis nombre d'années. C'est un penseur profond, un grand chrétien, un jurisconsulte dont la parole fait

S. E. LE CARD' MARZELLA.

autorité auprès de tous ceux qui ne sont pas atteints du virus libéral. Depuis cinquante ans, sa plume et sa parole sont au service de l'Eglise et des pures doctrines romaines. Bien qu'âgé maintenant de 73 ans, et peu robuste, il travaille encore avec ardeur. Il vient de publier un ouvrage considérable, sur *l'ordre international*, que ses admirateurs au Canada voudront sans doute lire le plus tôt possible ; et il a d'autres travaux sur le métier.

M. Périn, chacun le sait, a été professeur à l'université de Louvain pendant de longues années. S'il n'y est plus, c'est qu'il n'a point voulu pactiser avec le catholicisme libéral, aujourd'hui tout puissant en Belgique. Un de ses gendres, qui était également professeur à Louvain, a démissionné, en même temps que lui et pour le même motif honorable. C'est là un fait historique qu'il est bon d'enregistrer. Retiré dans la maison de campagne de ses pères, près du village de Ghlin, M. Périn poursuit sa carrière d'écrivain, conservant intacts et son très grand prestige et la profonde estime de tous les catholiques intégristes et militants.

Bien qu'imparfaitement rétabli d'une assez grave indisposition, M. Périn m'a reçu avec une bonté toute paternelle et m'a gracieusement invité à prendre le dîner avec lui. J'ai à peine besoin de dire que les deux ou trois heures de conversation intime que j'ai eues avec cet homme distingué m'ont été fort précieuses. Car M. Périn est parfaitement renseigné, non seulement sur les affaires de son propre pays, mais aussi sur celles de toute l'Europe. Après l'avoir écouté avec la plus grande attention, je ne rétracte absolument rien de ce que j'ai écrit, à la fin de ma dernière lettre sur la situation en Belgique. Bien loin de là, je suis plus convaincu que jamais d'avoir dit l'exacte vérité, sinon *toute* la vérité.

A deux heures, j'ai repris le train à Ghlin. Cinq minutes plus tard je descendais à Mons, ville de trente mille âmes. Le nom flamand de Mons est Bergen. Comme vous le voyez, le français et le flamand ne se ressemblent guère. A Mons, j'ai eu la bonne fortune de rencontrer le R. P. Augustin, capucin, lutteur infatigable contre le catholicisme libéral. (1) Trois heures d'entretien avec ce vaillant champion des enseignements des Pontifes romains ont achevé de m'édifier sur la situation absolument déplorable de la Belgique et sur les agissements et les exploits des catholiques libéraux. Il est vraiment étonnant de voir jusqu'à quel point les moyens employés par l'école, ou plutôt la secte libérale catholique, sont identiques dans tous les pays. Ou pour mieux dire, cela n'est pas étonnant du tout, puisque l'erreur libérale est la même partout et que ses fauteurs s'inspirent aux mêmes sources empoisonnées.

A cinq heures, départ de Mons pour Tournai, en flamand *Doornijk*, où je suis arrivé un peu avant sept heures du soir.

Demain, je me rendrai à Lille. Avant de quitter la Belgique, terre classique de l'*hypothèse*, en attendant qu'elle devienne la proie de l'*antithèse*, disons encore un mot de ce sujet toujours actuel : *la liberté en tout et pour tous* ou la *liberté comme en Belgique*.

Nous l'avons vu, *la liberté en tout et pour tous* est un leurre. La liberté du mal est, en Belgique, une réalité effrayante ; mais la liberté du bien y est enchaînée, souvent illusoire. Malgré cela, grand nombre de Belges tiennent, avec une véritable frénésie, à la constitution libérale de 1830, à cette constitution qui fait abstraction de Dieu et de son Eglise et qui, théoriquement, met l'erreur et la vérité sur un pied d'égalité. On admet, sans doute, que cette constitution n'est pas la réalisation de la *thèse*, mais on prétend que c'est l'hypothèse qui convient à la Belgique ; que vouloir changer la constitution dans un sens plus catholique, c'est presque criminel à force d'être impossible. Voilà ce que l'on dit. En réalité, on aime l'hypothèse parce que l'hypothèse permet de vivre, ou plutôt de végéter sans combats,

---

(1) Mort depuis.

de descendre le courant sans secousses ; on aime l'hypothèse parce qu'elle dispense de lutter, parce qu'elle favorise la paresse naturelle de l'homme ; on préfère de beaucoup l'hypothèse à la thèse parce que celle-ci ne peut ni s'établir ni se maintenir sans lutte, sans sacrifices, sans travail, sans abnégation. Si demain un pouvoir supérieur offrait de mettre la Belgique au beau milieu de la thèse catholique, un nombre incalculable de Belges diraient : laissez-nous dans l'hypothèse libérale.

Pourtant, aux yeux de celui qui a de la foi, qui croit aux enseignements des papes, l'hypothèse n'est qu'une pauvre petite planche de salut à laquelle il est permis de se cramponner pour n'être point englouti dans le gouffre de l'antithèse. Vouloir y faire sa demeure éternelle, c'est une folie sans nom. Il faut se servir de cette planche de salut pour gagner la terre ferme de la thèse. Se laisser aller au gré du courant, sous prétexte que le frêle support que l'on a sous la main suffit pour empêcher une catastrophe immédiate, ce n'est pas raisonner, c'est délirer. Au premier instant, une vague plus forte que les autres vous enlèvera votre misérable épave, et vous n'aurez plus alors que l'abîme sous vos pieds. Ou bien, si vous réussissez à tenir ferme pendant quelque temps à votre chère bouée de sauvetage, vous serez entraîné dans l'océan sans rivages où vont se perdre tous les peuples qui ne s'attachent pas fortement au roc inébranlable sur lequel le Christ a fondé son Eglise.

LILLE, jeudi le 8 novembre.

Ce matin, j'ai pu visiter la cathédrale de Notre-Dame de Tournai, le monument religieux le plus vénérable de la Belgique. et l'un des édifices remarquables de l'Europe, sous le double rapport de l'antiquité et des souvenirs qui s'y rattachent.

La ville de Tournai est très ancienne : son origine se perd dans la nuit des temps. A l'époque des Romains, saint Riat y alla prêcher la vraie foi. Plus tard, saint Eleuthère vint à

Tournai annoncer la bonne nouvelle dans le palais même de Clovis.

La cathédrale primitive fut détruite par les Normands en 882. Vers l'an 1030, elle fut reconstruite sur le même emplacement. Les travaux durèrent deux cent cinquante ans. L'édifice actuel contient les deux genres d'architecture du moyen âge : le roman ou plein cintre, et le gothique ou ogival. Ces deux styles, d'une très grande pureté, se trouvent réunis, sans être confondus, dans la cathédrale de Tournai. La nef et le transept, les parties les plus anciennes de l'église, sont de style roman, style sombre et austère. Le chœur est du plus beau gothique. Ses colonnes, merveilleusement élégantes, s'élancent avec hardiesse à une hauteur peu ordinaire. Ce chœur, par son étendue, sa grande élévation et la légèreté de ses arceaux, rappelle le chœur de la cathédrale de Beauvais. Les cinq grandes tours romanes qui couronnent la cathédrale de Tournai donnent à ce temple un aspect tout particulier. A l'intérieur on admire plusieurs belles statues, des tableaux d'un grand mérite et de riches vitraux. Le trésor renferme les châsses de saint Eleuthère et de sainte Ursule. La première est un véritable chef-d'œuvre d'orfèvrerie du XIIIe siècle. On l'évalue à deux millions de francs.

* *

Avant de quitter Tournai, j'ai pu converser quelques instants avec M. de Rély, ancien capitaine dans les zouaves pontificaux, plus tard rédacteur du journal la *Croix* publié autrefois à Bruxelles, journal romain pur, catholique intransigeant, qui a mieux aimé disparaître que de publier un article blasphématoire, œuvre du trop célèbre Laurent. La *Croix* avait critiqué un livre de Laurent. Celui-ci, en vertu du droit de réponse et appuyé par les tribunaux, voulut imposer au vaillant journal un écrit où Notre-Seigneur Jésus-Christ était outragé. La *Croix* n'a pas voulu, pour sauver sa vie, publier cette infamie. Voilà une mort glorieuse qui, espérons-le, sera suivie, tôt ou tard, d'une glorieuse résurrection. Car la Belgique a grand besoin d'un journal comme était la *Croix*.

Arrivé à Lille vers une heure de l'après-midi, je me suis rendu tout d'abord à la résidence des RR. PP. jésuites, 73 rue des Stations. Ayant donné ma carte au portier avec prière de la remettre au père qui se trouvait le plus libre, je vois bientôt arriver vers moi un vénérable vieillard qui me reçoit très affectueusement et me conduit à sa chambre, très modeste cellule de religieux. Après quelques instants de conversation, je me permets de dire : " Mon révérend père, auriez-vous la bonté de me faire connaître à qui j'ai l'honneur de parler." Un léger sourire effleure les lèvres du vieillard :—" Je m'appelle le père Félix, dit-il ; peut-être avez-vous entendu mentionner mon nom." Et voilà comment j'ai fait la connaissance du plus célèbre prédicateur de nos jours, qui, pendant dix-huit années, a fait entendre sa merveilleuse éloquence à Notre-Dame de Paris, et dont les conférences imprimées sont lues et admirées partout où la langue française est parlée. " *Peut-être* avez-vous entendu mentionner mon nom." Ce *peut-être* employé dans des circonstances où beaucoup d'autres auraient placé un *sans doute*, peint bien l'homme, resté modeste et humble religieux malgré sa célébrité. S'il avait dit : " Vous n'avez probablement jamais entendu parler de moi," c'eût été de la modestie affectée, chose très voisine de l'orgueil ; mais dans le *peut-être*, on trouve la note juste, note délicieuse, sincère en même temps qu'humble. J'ai à peine besoin de dire que le long entretien que le père Félix m'a accordé est un des plus agréables incidents de mon voyage.

L'ancien prédicateur de Notre-Dame est aujourd'hui dans sa 79e année. C'est dire qu'il ne peut guère prêcher. Toutefois, ce ne sont que les forces physiques qui lui manquent, car son esprit a conservé toute sa lucidité. Dans le moment actuel, il est occupé à publier ses sermons inédits. Déjà le premier volume a paru sous le titre : *La destinée*. Le bon père a bien voulu me faire cadeau d'un exemplaire de ce livre. Sur la première page il a écrit d'une main très ferme : " *A M. J.-P. Tardivel, directeur de la Vérité, hommage respectueux de l'auteur, J. Félix S. J., Lille, 8 novembre* 1888." Voilà, certes, un précieux souvenir que beaucoup de mes amis m'envieraient, si l'envie pouvait entrer dans le cœur de mes amis.

En quittant le père Félix, je me suis rendu chez M. Champeau, secrétaire de " l'assemblée générale des catholiques du Nord et du Pas-de-Calais " qui aura lieu à Lille du 27 novembre au 2 décembre. M. Champeau a bien voulu m'inviter à assister au congrès et a inscrit mon nom au nombre des adhérents. Cette réunion, placée sous le patronage de NN. SS. les évêques de la province ecclésiastique de Cambrai, sera très importante, et je ne manquerai pas, *Deo volente*, de m'y trouver afin d'en profiter moi-même et d'en faire profiter mes lecteurs. Le programme est très étendu. Voici les titres des différents chapitres : 1RE SECTION.—ŒUVRES DE FOI ET DE PRIÈRE : *œuvres du très Saint Sacrement, œuvres de catéchisme, sanctification du dimanche, pèlerinages, œuvres pontificales, œuvres des retraites, œuvres militaires, œuvres diverses.* 2EME SECTION.—ENSEIGNEMENT, PROPAGANDE ET ART CHRÉTIEN : *Enseignement supérieur, enseignement secondaire, enseignement professionnel, enseignement des filles, enseignement primaire, presse, conférences et propagande, art chrétien.* 3EME SECTION.—ŒUVRES CHARITABLES, ŒUVRES SOCIALES, LÉGISLATION : *œuvres de charité, associations et action générale, œuvres ouvrières, œuvres de préservation, œuvres pour les campagnes, législation.* Comme on le voit le cadre est vaste et renferme, pour ainsi dire, tous les intérêts catholiques qui peuvent être avantageusement discutés dans une semblable réunion. La devise de l'assemblée est : *Instaurare omnia in Christo*. En effet, il ne saurait y avoir de salut pour les peuples, de stabilité dans les institutions et les lois si tout ne repose sur Celui qui a été donné au monde pour le racheter.

J'ai fait ensuite visite à M. Charaux, professeur laïque à l'université catholique de Lille et frère du R. P. Charaux S. J. supérieur, si je ne me trompe, de la maison du Sault-au-Récollet, près Montréal. Mon titre de Canadien m'a valu une réception chaleureuse : "Vous venez d'un pays qui m'est cher à un double titre, me dit M. Charaux en me recevant ; d'abord parce que c'est un pays français, ensuite parce que mon frère y demeure." Nous avons causé longuement des affaires de la France et du Canada. Si quelques Français désespèrent de l'avenir de leur patrie, M. Charaux n'est pas de ce nombre.

Pour terminer, ce soir, un mot sur l'université catholique de Lille. Elle est complètement organisée, ayant toutes les facultés. De plus, c'est une institution avant tout *romaine*. Son chancelier, Mgr Hautcœur, et son recteur, Mgr Baunard, ont été nommés directement par le Saint-Siège. L'université de Lille est une université vraiment catholique ; le libéralisme, même le plus mitigé, le plus dilué, n'y saurait pénétrer. Elle ne se contente pas de faire des avocats, des médecins, des hommes de lettres ; elle vise surtout et avant tout à former une classe dirigeante chrétienne, à donner à l'Eglise et à la société des défenseurs armés de toutes pièces contre les erreurs du jour.

A propos de cette université, le père Félix m'a raconté un incident fort touchant. MM. Féron et Vrau sont en même temps associés et beaux-frères ; ils possèdent à Lille d'immenses fabriques de fil et font, tous les ans, des affaires pour des millions. Un jour, il y a de cela quelques années, l'un des associés dit à l'autre : "Voilà que nous faisons beaucoup d'argent ; si tu veux m'en croire nous allons prendre un troisième associé." — " Qui donc ? " — " Notre-Seigneur Jésus-Christ ; c'est Lui qui sera notre associé et il aura un tiers des profits." Cette année-là la part de Notre-Seigneur fut de 500,000 francs et cette somme fut versée dans la caisse de l'université catholique de Lille. Depuis lors, la maison Féron, Vrau et compagnie a comblé plus d'un déficit dans les finances de cette grande institution si nécessaire pour la restauration de la France, mais aussi terriblement coûteuse. Ce qui a fait dire, par manière de plaisanterie, que l'université ne tient qu'à un *fil*. Mais c'est un fil que la charité rend bien fort.

AMIENS, vendredi le 9 novembre.

Le père Félix, à qui j'avais demandé de vouloir bien me désigner un hôtel catholique à Lille, m'avait recommandé l'hôtel de la Collette, rue Marais. J'ai suivi son avis et je m'en suis bien trouvé : c'est un hôtel vraiment catholique, ce qui ne se rencontre pas très facilement en France. On vous y donne du maigre, le vendredi, sans que vous soyez obligé de le demander. J'ai remarqué, au dîner, que personne ne mangeait de la viande. Il y a un cachet religieux à Lille qu'on ne trouve guère ailleurs en France, du moins dans la partie que j'ai visitée.

Avant de partir pour Amiens par le train d'une heure et demie, j'ai fait deux visites très agréables : au père Fristeau d'abord, père ministre de la maison de la rue Saint-Pierre; puis au père Braun, supérieur de la résidence de la rue des Stations. Le père Braun est le cousin germain de *notre* père Braun, d'heureuse mémoire, qui a si puissamment contribué à réveiller au Canada le mouvement romain et à battre en brèche le vieux gallicanisme politico-religieux. Le père Braun de Lille est bien de la même trempe que son illustre cousin.

Je ne suis arrivé à Amiens que vers six heures du soir, car le train que j'avais pris était un *omnibus*, c'est-à-dire un train qui arrête à toutes les petites stations. Les trains express qui filent tout droit d'une grande ville à une autre, sont beaucoup plus agréables, mais comme ils n'ont généralement que des voitures de première classe, je me paye rarement ce luxe; car je n'ai pas les moyens de voyager en grand seigneur. Du reste, les trains *omnibus* me permettent de mieux voir le pays et d'étudier de plus près les habitants. Il y a donc compensation.

Je commence à m'habituer à la manière de voyager en Europe. J'ai fait une découverte qui me réconcilie presque entièrement avec le système des petits compartiments; c'est que l'on ne ferme plus les portières à clef comme on faisait autrefois. On peut toujours ouvrir la porte s'il y a nécessité. Cette réforme a été introduite, paraît-il, à la suite d'un terrible accident de chemin de fer, dans lequel beaucoup de personnes avaient péri uniquement parce que les portières étaient fermées à clef. Un train avait déraillé, et avant qu'on eût pu ouvrir les portes, un autre train est venu par derrière frapper le convoi désemparé. Il a fallu une catastrophe semblable pour faire comprendre aux Français que le système avait besoin de réforme(1).

Les Américains, eux, avaient le grand tort de chauffer les voitures au moyen de poêles, ce qui a donné lieu, également, à plus d'un horrible accident. En effet, combien de personnes, aux Etats-Unis. ont péri par le feu dans des déraillements.

Aujourd'hui, en Amérique, on substitue les tuyaux à vapeur ou à eau chaude aux poêles ; ce système devrait se généraliser. Ici, en Europe, on tempère les compartiments au moyen de *chaufferettes :* ce sont des boîtes en plomb, plates et longues, qu'on remplit d'eau chaude et que l'on change de temps à autre. On en met deux par compartiment ; ce qui permet aux voyageurs de se chauffer les pieds. C'est mieux que rien, pourvu qu'on ne laisse pas l'eau se refroidir. Mais quand il faut que les voyageurs réchauffent les chaufferettes, ce n'est pas gai. Sur un chemin de fer j'ai remarqué qu'au lieu de nous donner de ces grandes *fioles* d'eau chaude, on remplissait de charbons ardents une espèce de boîte en tôle placée sous chaque siège. C'est plus chaud, mais cela présente, en cas de déraillement, à peu près le même danger que les poêles.

En somme les Européens avouent eux-mêmes qu'ils ne sont pas très habiles à combattre le froid. Les maisons sont généralement mal closes et mal chauffées. De sorte que l'on souffre tout autant en hiver ici que chez nous, bien que le froid soit beaucoup moins intense en Europe qu'en Amérique, étant don-

---

(1) En Angleterre et en Irlande, on ferme encore les portières à clef. Aussi est-il arrivé en Irlande, il y a quelques mois, un affreux accident où périrent beaucoup d'enfants qui auraient pu s'échapper s'ils n'avaient pas été renfermés comme des prisonniers.

née la même latitude. Québec se trouve sous la latitude de Paris, et il jouit (?) du climat de Saint-Pétersbourg. En Amérique, les pays situés aussi au nord que la capitale moscovite sont à peu près inhabitables.

———

PARIS, samedi le 10 novembre.

Me voici de retour, encore une fois, dans la Ville-Lumière que je n'aime pas du tout, mais que j'avais bien hâte de revoir; car, je le savais bien, des nouvelles du Canada devaient m'y attendre. Avant même de gagner mon hôtel, je me rends aux bureaux de l'*Univers* dont le très obligeant gérant me remet toute une botte de lettres et de journaux. Quel fameux régal, surtout les lettres !

Pendant que j'y pense, je veux signaler un attrappe-nigaud dont j'ai été la victime, ce soir, en arrivant à la gare du nord. Comme il était près de cinq heures et que j'avais peur de trouver les bureaux de l'*Univers* fermés, ce qui aurait remis mon régal à lundi matin peut-être, j'ai pris la première voiture sous la main, sans faire attention que c'était une de ces voitures spéciales qui stationnent *dans* les gares. Quand il s'est agi de payer, je me suis bien aperçu de mon erreur ; il m'a fallu payer le double du prix ordinaire. Morale : quelque pressé que vous soyez, prenez le temps de sortir de la gare et d'appeler un fiacre ordinaire, à moins que vous n'ayez quelques francs qui vous embarrassent. On apprend à voyager à ses dépens.

Je suis parti d'Amiens à une heure de l'après-midi ; j'ai donc eu le temps de visiter la ville. Il faisait un temps superbe ; un peu froid, mais clair et sec. Depuis plusieurs jours, nous avions eu ce que les Belges appellent un temps *grigneux*, sombre, froid et humide. On aurait dit à chaque instant qu'il allait neiger. La journée d'aujourd'hui a été tout autre.

Amiens, dont la population est d'environ 70,000 âmes, est

une très ancienne ville. Jadis la capitale de la Picardie, c'est aujourd'hui le chef-lieu du département de la Somme dont le bruyant Boulanger est le député ; c'est aussi, ce qui lui fait plus d'honneur, la patrie de Pierre l'Ermite, prédicateur de la première croisade. Une très belle statue en bronze de cet homme célèbre, élevée en 1854, orne la place publique, derrière la cathédrale. Parmi les faits historiques importants qui se sont produits à Amiens, il convient de signaler la signature du traité de paix, en 1805, entre la France, l'Espagne, l'Angleterre et la Hollande.

Le christianisme fut prêché à Amiens par saint Firmin, qui établit un évêché en cette ville, dès les temps apostoliques, selon la tradition la plus sûre. Ce saint fut martyrisé à l'endroit où se trouve aujourd'hui l'église de Saint-Acheul, aux portes de la ville. J'ai visité ce sanctuaire vénérable. Tout près de l'église de Saint-Acheul s'élève un immense édifice où les RR. PP. jésuites avaient, au commencement du siècle, un grand collège, puis, plus tard, un juvénat et un scolasticat. Aujourd'hui, cette vaste maison n'est occupée que par trois pères et quelques frères, car les iniques décrets de la république ont dispersé les religieux. Le R. P. Delage, qui réside dans cette maison et avec qui j'ai eu l'avantage de converser assez longuement, espère que les jésuites rentreront un jour dans cet établissement, pour y reprendre leurs œuvres. Ce n'est pas la première fois, m'a-t-il dit, que nous avons été chassés d'ici ; nous y sommes revenus ; nous y reviendrons encore. Partageons son espoir.

Amiens possède l'une des plus belles, peut-être la plus belle cathédrale gothique de France.

Chacun a plus ou moins son dada, sa passion dominante. Les lecteurs de la *Vérité* ont dû s'apercevoir que ma passion à moi, ce sont les cathédrales gothiques. Je l'avoue sans honte, et je suis convaincu que beaucoup de ceux qui me font l'honneur de lire mes récits de voyage partageraient ma passion, s'il leur était donné de contempler ces monuments incomparables du moyen âge. Pour moi, une vraie cathédrale gothique, comme celle d'Amiens, celle de Reims ou celle de Cantorbéry, est ce que le génie de l'homme a conçu de plus sublime, c'est ce que sa main a confectionné de plus merveilleux. La délicatesse, l'élégance, la hardiesse, la beauté de ces colonnes qui s'élancent à des hauteurs vraiment prodigieuses, ne peuvent s'imaginer. La plus belle description de ces chefs-d'œuvre de l'art chrétien ne saurait en donner une idée tant soit peu adéquate. Il faut les voir de ses propres yeux, les contempler longtemps ; s'en aller, puis revenir les regarder encore. C'est ainsi seulement que l'intelligence peut saisir ce qu'il y a de vraiment grandiose et sublime dans une de ces vastes basiliques du moyen âge.

Des chiffres ne disent pas grand'chose Cependant, imaginez, si vous le pouvez, une voûte, formée de colonnes délicates, qui a 130 pieds de hauteur, 466 pieds de longueur et 47 pieds de largeur : ce sont là les dimensions de la nef principale, avec le chœur, de la cathédrale d'Amiens. C'est la hauteur vertigineuse des arceaux qui vous empoigne surtout. Beaucoup, en contemplant un gouffre, se sentent attirés en bas ; la vue d'une cathédrale gothique produit une sensation tout opposée: vous vous sentez littéralement attiré en haut.

La cathédrale d'Amiens fut commencée en 1220 et terminée en 1288. Elle est admirablement bien conservée, et, au dire des connaisseurs, c'est elle qui offre le style gothique le plus pur, absolument sans mélange, sans altération.

Je n'ai pas voulu quitter Amiens sans aller présenter mes hommages au vénérable évêque de cette ville, Mgr Jacquenet, qui a bien voulu me recevoir. Je lui ai dit que la *Vérité*, journal romain, s'efforce de marcher sur les traces de l'*Univers*. Sa Grandeur en a exprimé sa vive satisfaction, et a daigné me bénir, ainsi que mes collaborateurs et notre œuvre. Puis nous avons parlé du Canada et de la France. Mgr Jacquenet est l'ami intime de Mgr Justin Fèvre pour qui il professe une grande admiration. Lors du sacre de Mgr d'Amiens, c'est Mgr Fèvre qui a prononcé le sermon de circonstance.

**

Avant de quitter Amiens, écoutons Dom Chamard nous raconter un fait célèbre dans les annales du christianisme qui s'est produit tout près d'ici : l'incident de saint Martin et du mendiant.

" Bien que Martin (alors soldat romain) n'eût pas encore reçu le sacrement de la régénération baptismale, ses œuvres étaient celles d'un chrétien consommé. Il se plaisait à secourir ceux qui étaient dans la peine, à nourrir les indigents, à vêtir ceux qui étaient nus. De tout ce qu'il recevait du gouvernement, paye et ration, il ne gardait que ce qui était indispensable pour sa nourriture quotidienne, le reste était distribué aux pauvres. Sans souci du lendemain, selon la recommandation du divin Maître, il marchait à grands pas dans la voie des conseils évangéliques.

" Déjà, depuis plusieurs années, il s'exerçait à la pratique de ces vertus, lorsque, un jour d'hiver, il rencontra devant une des portes de la ville d'Amiens, où il se trouvait en garnison, un pauvre complètement nu. Le froid sévissait avec une telle intensité que beaucoup de personnes, ne pouvant en supporter les rigueurs, périssaient misérablement. Le malheureux dont nous venons de parler avait en vain fait appel à la charité de tous les passants ; il n'avait rencontré qu'indifférence. Martin, le voyant ainsi abandonné, en conclut que Dieu le réservait à ses soins. Ainsi raisonne la charité vraiment chrétienne, quand elle a fermé ses oreilles aux objections de la sagesse mondaine, pour ne les ouvrir qu'aux inspirations de l'Esprit-Saint. Cependant, notre brillant officier de cavalerie était assez en peine de ce qu'il devait faire : car son cœur avait déjà vidé sa bourse, et il ne lui restait plus en ce moment que la chlamyde (manteau militaire) dont il était couvert. Mais une pensée lumineuse a traversé son esprit ; il saisit son glaive, coupe en deux son manteau, en donne la moitié à l'indigent et se drape de l'autre moitié comme il peut. Le soir venu, il prit son sommeil à l'ordinaire. Soudain, il voit se dérouler devant ses yeux un magnifique spectacle. Le Christ, environné d'une multitude d'anges, vient se placer en face de lui, comme l'empereur devant son armée. Mais, chose merveilleuse !—le Sauveur n'est couvert que de la moitié de la chlamyde dont Martin a revêtu le pauvre mendiant. "Martin, dit le Seigneur, reconnais-tu ce manteau ?" Après la réponse affirmative de son fidèle serviteur, Jésus se tournant vers les phalanges angéliques : "Voyez, s'écrie-t-il d'une voix puissante, voyez ce vêtement ! C'est Martin, encore catéchumène, qui m'en a couvert !" Et la vision disparaît."

PARIS, dimanche le 11 novembre.

Temps très désagréable toute la journée : pluie fine et froide.

Par un jour de pluie, Paris n'est pas plus gai que Londres, et les parisiens ont l'air aussi renfrognés que les londoniens. Le *spleen* habite les bords de la Seine aussi bien que ceux de la Tamise.

Paris a beau être bien pavé, on a beau faire passer dans les rues des balais à cheval, chose que je n'ai pas vue ailleurs, il y a de la boue à Lutèce, comme partout, quand il pleut. Non seulement il y a de la boue à Paris, mais la boue parisienne a la réputation, bien méritée, je crois, d'être la boue la plus corrosive du monde.

Beaucoup de personnes aux messes basses, à Saint-Sulpice, beaucoup de communions.—Je me serais facilement cru à Québec, à l'église Saint-Jean-Baptiste. Le coin de Paris que j'habite, la paroisse de Saint-Sulpice, est ce qu'il y a de mieux conservé dans la capitale, sous le rapport des pratiques religieuses.

Je n'ai guère sorti aujourd'hui, mais en revanche j'ai barbouillé du papier presque toute la journée.

PARIS, lundi le 12 novembre.

Temps magnifique, beau soleil chaud, vraie température de printemps. Aucun besoin de feu dans ma chambre ce soir.

Ce matin, je suis allé faire une nouvelle visite au R. P. Th. de Régnon S. J., auteur de la *Métaphysique des causes*. Le bon père m'a beaucoup interrogé sur le Canada, sujet qui intéresse singulièrement les Français. Celui qui peut parler de la Nouvelle-France est toujours certain d'être écouté avec la plus grande attention.

Ensuite, visite chez M. Gabriel Landry gérant des *Nouvelles Annales de philosophique catholique*, excellente revue mensuelle que les lecteurs de la *Vérité* connaissent et que je leur recommande de nouveau.

Un petit incident, à propos de cette revue, fait toucher du doigt les misères qui affligent la France, tout comme les autres pays. On se souvient que les *Nouvelles Annales* ont publié une critique puissamment raisonnée de la brochure de Mgr Turinaz, évêque de Nancy, sur la nature des concordats. La *Vérité* a analysé, et reproduit en partie, ce travail remarquable signé J. F. (Mgr Justin Fèvre, sans doute) où il est solidement établi, contrairement à la thèse soutenue par Mgr Turinaz, que les concordats ont le caractère *d'indultes* et non point celui de *véritables contrats*. Par malheur, les *Nouvelles Annales*, bien que le bureau d'administration soit à Paris, étaient imprimées à Nancy. Pour marquer sa désapprobation des articles de J. F., Mgr Turinaz a cru devoir faire peser sur l'imprimeur assez d'influence pour l'engager à rompre soudainement avec les *Annales* et à refuser d'imprimer la livraison d'août. Il a fallu chercher un imprimeur plus à l'abri des coups de vent de cette nature, ce qui a retardé un peu la publication des derniers numéros. Mais cet incident n'a nullement compromis l'existence de la revue, qui vient de recevoir de Son Eminence le cardinal Pitra un témoignage très consolant.

M. Gabriel Landry et son fils, M. Paul Landry, secrétaire de la rédaction des *Nouvelles Annales*, s'intéressent beaucoup au Canada, eux aussi. Partout où je vais, on me demande toutes sortes de renseignements sur notre pays, sur ses institutions, ses ressources, son climat.

**

L'après-midi, j'ai visité, en compagnie de M. Raymond Masson, une partie de Paris que je n'avais pas encore vue ; les abattoirs de la Villette et le marché aux bestiaux, situé tout à fait dans le nord-est de la ville. Les abattoirs comprennent 64 pavillons distincts et couvrent une superficie de 67 arpents. On y abat, chaque semaine, environ trois mille bêtes à cornes, mille veaux et dix mille moutons pour nourrir les habitants de la Ville-Lumière, qui, contrairement à ce qu'en pensent les Anglais, mangent autre chose que des grenouilles. Le marché aux bestiaux qui alimente les abattoirs de la Villette couvre une superficie de 250 arpents. Cet établissement ne manque pas d'intérêt, mais l'élément poétique y fait défaut entièrement.

Sur le soir je me suis rendu aux bureaux de l'*Univers* où j'ai eu l'avantage d'avoir une intime et aimable causerie avec M. Eugène Veuillot et M. Auguste Roussel. Encore deux Français qui s'intéressent à tout ce qui vient du Canada. Non seulement ils s'intéressent à notre pays, mais ce qui est beaucoup plus rare en France, ils sont très bien et très exactement renseignés sur toutes nos questions importantes, tant politiques que sociales et religieuses. Ai-je besoin de dire qu'ils pensent de ces questions absolument ce que les amis de la *Vérité* en pensent eux-mêmes ?

MARDI, le 13 novembre.

J'ai visité aujourd'hui les musées du Luxembourg et du Louvre. Dans le premier se trouvent les chefs-d'œuvre des artistes vivants; dans le second, ceux des artistes morts depuis au moins cinq ans, ainsi que beaucoup de tableaux des grands maîtres : Raphaël, Murillo, Salvator Rosa, Le Titien, etc. C'est en comparant ce qui se fait aujourd'hui avec ce qui se faisait jadis, que l'on voit l'immense supériorité des anciens sur les modernes, et que l'on se rend bien compte de la décadence de notre époque, du moment qu'il ne s'agit plus de progrès purement matériels. Je ne suis pas artiste ni connaisseur en matière d'art ; mais il suffit d'avoir des yeux et un peu de goût ordinaire pour voir qu'entre une toile de Murillo, par exemple, et un tableau moderne, il y a autant de différence qu'entre une pivoine et une violette. Les peintres français du jour, à part quelques exceptions aussi rares qu'honorables, se délectent à faire du nu scandaleux. Sans doute, certains anciens, Rubens, par exemple, ne sont pas à l'abri de graves reproches sous ce rapport ; mais, au moins, autrefois on ne tombait pas systématiquement dans le ridicule pour le simple plaisir de faire du sensualisme.

Au Louvre, à part un nombre très considérable de toiles d'un rare mérite, il y a une foule d'autres objets d'art anciens et modernes. Pour tout voir un peu en détail il faudrait plusieurs jours, une semaine entière peut-être. Car le palais du Louvre est un édifice immense et dans presque toutes les salles il y a des choses dignes d'être examinées. Les collections de ce musée doivent représenter une valeur de plusieurs dizaines de millions de francs, et même de *dollars*.

MERCREDI, le 14 novembre.

Si vous voulez, avant de terminer cette lettre nous allons causer politique pendant quelques instants.

Ce que je constate, d'abord, c'est que beaucoup de catholiques français n'ont que bien peu de confiance dans le comte de Paris, ne fondent aucun espoir sur lui, n'attendent de lui aucune solution. Le chef royaliste est un digne homme, paraît-il, dans la vie privée ; mais dans la vie publique, il manque absolument de valeur à tous les points de vue, mais surtout parce qu'il compte, pour réussir, sur les moyens purement humains. Or, la France ne saurait être sauvée que par une action humaine énergique, appuyée sur la foi. "Aide toi et le ciel t'aidera." "Aide-toi", c'est à-dire, ne restons pas les bras croisés, car Dieu, qui nous sauve gratuitement, exige cependant notre coopération." Et le ciel t'aidera," c'est-à-dire que par nous mêmes nous ne pouvons rien, que nous devons faire notre possible et compter sur le secours d'en haut. Le comte de Paris ne fait guère rien par lui-même et ne demande rien à Dieu. Il est donc fatalement condamné à l'insuccès le plus absolu. Ses manifestes sont sans note vraiment religieuse ; il ne s'élève guère au-dessus de l'honnêteté purement naturelle ; et sa politique consiste à se mettre derrière Boulanger et à attendre que ce futur dictateur ait fait " une trouée. " Il compte arriver par cette trouée au trône de France. C'est une illusion évidente ; car un homme qui n'a pas assez de caractère pour agir par lui-même, n'aura certainement pas assez d'énergie pour passer par " une trouée. " Car une trouée ne se fait pas sans bruit, sans bouleversements sociaux et politiques, sans événements tragiques. Or il est bien certain que le comte de Paris n'est pas homme à se montrer sur la scène en un pareil moment. Le premier à profiter de la trouée sera Boulanger lui-même. Après lui, car il s'usera très vite, Dieu seul peut savoir qui arrivera ; *peut-être* une restauration bonapartiste ; certainement pas un retour de la monarchie orléaniste.

L'opinion générale, c'est que Boulanger arrivera. Arrivera à quoi ? A détruire le régime actuel. Et après ? Nul ne peut même l'entrevoir. C'est le secret de Dieu. Boulanger lui-même ne sait probablement pas ce qu'il veut ni où il va ; c'est une force aveugle et un instrument peu recommandable dont la divine Providence se sert pour battre en brèche l'inique et inepte régime actuel.

Ce qui fait la force de Boulanger, c'est le dégoût général, la lassitude de la France entière, le désir d'un changement quelconque. Le *n'importequisme* est à l'ordre du jour. On veut se débarrasser de la République actuelle, et comme Boulanger est le seul qui marche contre l'ennemi commun, on marche derrière lui. Personne ne se fait illusion sur le compte de cet homme médiocre, vaniteux, plein d'une sotte ambition : celle de faire parler de lui à tout prix. Au point de vue des principes religieux, il est plus que médiocre, il est nul. C'est un voluptueux, comme son entourage ; mais il déclare—et on le croit—qu'il n'a point la haine de l'Eglise, que ce n'est pas un sectaire, qu'il ne persécutera pas la religion. Voilà pourquoi plusieurs catholiques disent : *n'importe qui*, même Boulanger, plutôt que le régime actuel.

Il est évident, toutefois, que si Dieu peut se servir d'un instrument aussi misérable pour détruire et châtier, il ne s'en servira pas pour sauver et édifier. Les fléaux de Dieu ravagent, mais seuls les saints construisent.

Si les catholiques pouvaient se réunir pour la lutte ! Mais sur quel terrain ? Sur le terrain purement catholique ? Ce serait là, sans aucun doute, le véritable terrain, et le ralliement sur ce terrain serait relativement facile sans la question dynastique. Si la France avait une forme de gouvernement acceptée de tous, le combat deviendrait infiniment moins difficile. En Belgique, par exemple, la forme monarchique n'est pas contestée, du moins par les catholiques. Il serait facile, si les Belges voulaient renoncer à l'illusion libérale de 1830, d'améliorer peu à peu la situation, en ramenant graduellement les institutions politiques et la législation à l'idéal chrétien proposé par Léon XIII. Mais, en France, comment engager les monarchistes de diverses nuances, les bonapartistes et certains catholiques qui préfèrent la forme républicaine, à renoncer à leurs préférences, à s'unir *pratiquement*? C'est cette difficulté dynastique qui complique singulièrement la situation en France, comme aussi en Espagne.

Si les catholiques voulaient et pouvaient accepter la forme républicaine, s'emparer de la république et la faire chrétienne ! C'est la solution que proposent quelques-uns de ceux à qui j'ai parlé de l'avenir politique de la France. Mais d'autres s'élèvent avec force contre une pareille proposition qu'ils trouvent insensée. Pour eux, la France ne saurait être républicaine et catholique, non pas que la forme républicaine soit incompatible avec la religion catholique, mais bien parce qu'elle est incompatible avec le caractère, les traditions et les besoins du peuple français.

Après tout, il n'y a qu'une solution *pratique*, c'est la solution catholique. Ce n'est que par la religion que l'on parviendra à restaurer l'ordre social en France. Prétendre ramener la religion par des combinaisons purement politiques, c'est vouloir construire une pyramide la pointe en bas. Que la France devienne chrétienne, qu'elle se convertisse, et alors Dieu se chargera de la solution politique. C'est Jésus-Christ lui-même qui a dit : " Cherchez d'abord le royaume de Dieu et sa justice et tout le reste vous sera donné par surcroît. "(1)

(1) En 1885, on avait songé à reconstituer en France le *parti catholique* qui, sous la monarchie de juillet et la deuxième république, avait fait tant de bien. Un conseil venu de haut a mis fin à ce projet. Vers la fin de 1889, plusieurs catholiques ont de nouveau mis en avant l'idée de former une organisation catholique qui, se désintéressant des querelles des partis et acceptant la forme républicaine, n'eût pour objet que la réforme chrétienne des lois et des institutions.

DOUZIÈME LETTRE.

SOMMAIRE :—Une séance de la chambre française.—" Brelan de cartels."
—Paul de Cassagnac à la tribune.—Tempête et hurlements.—Un
épileptique. — La manie du duel. — Le régime parlementaire en
France.—En Normandie.—Rouen.—Un souvenir historique.—Jeanne
d'Arc.—Un nid d'églises gothiques.—Quelques vieilles rues.—Les
deux Corneille.—A Serquigny.—La mort de Frédéric III.—Révélations du Dr Mackenzie.—" Affaires d'honneur " réglées.—Dans un
village normand.—Quelques noms canadiens.—En route.—Caen.—
Evitons les occasions.—Un train *omnibus* et ses mystères.—A Saint-
Lô.—Encore des noms canadiens.—A Pontorson.—Le procès Numa-
Gilly.—Commis voyageurs gras et maigres.—Au Mont-Saint-Michel.—
La *merveille*. — Une œuvre du moyen âge. — Influence du *Gulf
stream*.—Toujours des noms canadiens.—Une matinée à Saint-
Malo.—Une ville canadienne en France.—Le pont roulant.—Le tom-
beau de Châteaubriand.—Un mot de politique.

PARIS, jeudi le 15 novembre.

J'ai eu la bonne (?) fortune d'assister aujourd'hui à une séance très orageuse de la chambre des députés. J'ai vu le parlementarisme en action ; j'ai vu le régime actuel dans son plus bel épanouissement ; j'ai vu bouillir la marmite où l'on cuisine les lois du " plus beau royaume après le ciel." Quel spectacle navrant, indiciblement triste, humiliant et scandaleux.

Mon excellent confrère et ami, M. Eugène Tavernier, de l'*Univers,* avait bien voulu me procurer une carte d'admission à la chambre ; car n'entre pas qui veut dans cette redoutable enceinte. Depuis quelque temps on a multiplié les formalités, dans le dessein, sans doute, d'empêcher la chambre d'être envahie, à un moment donné, par une foule hostile à la " république aimable." Ce sont les boulangistes surtout que l'on redoute ; car le boulangisme est devenu le cauchemar de Marianne. Elle sent très bien qu'elle est destinée à périr dans une bagarre, et elle cherche, tout naturellement, à retarder le moment fatal. Peine inutile ! Quand la mesure sera comble, la troisième république périra comme elle a vécu : bêtement et violemment. Elle a beau prendre toutes les précautions imaginables contre l'ennemi, le coup qui la tuera viendra à l'heure fixée par la divine Providence.

En me quittant à la porte de la tribune où je devais entrer, M. Tavernier m'a dit. " Il est impossible de prévoir si la séance sera intéressante ou non ; car les incidents sont toujours inattendus et naissent à propos de rien."

Vers deux heures, M. de Mahy, qui préside aujourd'hui pour la première fois, paraît-il, ouvre la séance ; la chambre se remplit très vite, car on dirait que les députés ont le pressentiment de la tempête qui va éclater tout à l'heure : chacun veut être à son poste pour contribuer sa quote-part au tumulte et au vacarme. Dès le commencement, la chambre est agitée, bruyante. On trouve que l'assemblée législative de Québec manque parfois de décorum ; mais dans ses pires moments, c'est un lac placide en comparaison de cette mer houleuse que j'ai sous les yeux. A peine le président a-t-il pris son siège, que le tapage commence. M. de Mahy, homme très nerveux, agite sa sonnette et frappe sans cesse sur son pupitre avec un coupe-papier : tout cela ne sert qu'à augmenter le bruit. Les députés ne font aucun cas de ses appels réitérés en faveur du silence. Même avant la tempête, la chambre n'était pas une assemblée délibérante : tout le monde parlait, criait, riait d'une façon fort peu parlementaire.

Pendant une heure, cependant, il y avait beaucoup de bruit, mais pas de colères. Le vieux Félix Pyat monte, le premier, à la tribune et marmotte quelques paroles en faveur de la suppression du troisième questeur. On ne l'écoute pas, mais on rejette sa proposition d'emblée. Puis, a lieu l'élection du troisième questeur, opération sans intérêt. Ensuite M. Basly, député radical de Paris, demande la suppression des droits sur les blés. Cette proposition donne lieu à un débat assez vif sur le libre-échange et la protection. Le fameux comte de Douville-Maillefeu paraît à la tribune et dénonce les protectionnistes comme des " affameurs du peuple."

Le bruit augmente de minute en minute ; des groupes agités se forment dans l'hémicycle, au pied de la tribune ; M. Mahy agite fiévreusement sa sonnette, tape de son mieux avec son coupe-papier. Il faut que ce coupe papier soit fait d'un bois solide, car il a résisté jusqu'à la fin.

Voici que M. Rouvier, ancien ministre, et actuellement président de la commission du budget, monte à la tribune. C'est lui qui va mettre à toute cette matière inflammable l'étincelle qui manquait. La chambre voulait une bataille et n'attendait qu'un prétexte.

M. Rouvier, comme président de la commission du budget, demande certaines modifications dans la discussion du budget, pour la raison "qu'un certain nombre de rapporteurs de la commission du budget et son président doivent quitter Paris aujourd'hui même." Voilà l'étincelle. Elle produit aussitôt une explosion formidable. Car ces paroles, si anodines en apparence, ont une portée terrible : il s'agit du procès Numa-Gilly qui s'instruit actuellement à Nîmes, procès scabreux puisque toute l'affaire roule sur des tripotages qui auraient été commis au sein de la commission du budget et dans lesquels une vingtaine de députés seraient compromis. Comme l'a dit M. de Cassagnac, ces députés comparaissent devant le tribunal de Nîmes en qualité de témoins, mais aux yeux du public ils y vont comme des accusés.

M. Rouvier avait à peine fait sa demande, que le président annonce que MM. Yves-Guyot, Steenackers, Gerville-Réache, Compayré et Salis, lui avaient fait parvenir des demandes de congé. Ah ! voilà donc les fameux témoins. Quel tapage d'enfer ! Le solennel Floquet, président du conseil, monte à la tribune pour dire que les députés assignés ne devraient pas se rendre à Nîmes. "Le devoir d'un député, dit le F∴ Floquet, n'est pas d'aller témoigner devant les tribunaux, c'est de rester à son poste et de remplir son mandat. Si j'étais assigné, je n'irais pas."—"Le premier devoir d'un député est de défendre son honneur, s'écrie M. Salis; je suis assigné, et j'irai." D'autres députés font la même déclaration; tout cela au milieu d'un bruit indescriptible.

Mais voici qu'un député de la droite monte à la tribune; c'est un homme grand, svelte mais vigoureux; il a la démarche militaire, il porte la tête haute; sa chevelure est d'ébène, sa figure de bronze. En le voyant, la gauche pousse une clameur immense de rage et de haine. Cette clameur dure peut-être cinq minutes, sans interruption. L'homme qui vient de monter à la tribune attend. Il y a chez lui du tigre et du lion. Quand il se promène de long en large—car la tribune a bien dix pieds de longueur—il a toute la souplesse, tous les mouvements onduleux du tigre. Mais quand il se campe fièrement devant cette masse qui vocifère et s'agite, quand il regarde tous ces ennemis enragés, en face, et secoue sa crinière, c'est le lion.

Enfin, de guerre lasse, la gauche se tait un instant. Aussitôt Paul de Cassagnac, car c'est lui, lance ses premiers traits acérés; d'abord contre M. Floquet dont il qualifie le langage de scandaleux, mot qu'il retire aussitôt parce que ce n'est pas parlementaire, dit il. Il y substitue *anormal*, mais prononcé sur un ton qui le rend plus insultant que *scandaleux*. Puis il s'attaque à toute la gauche, à tout le parti républicain. "C'est sous la république, dit-il, qu'il nous a été donné de voir vingt ou vingt-deux membres de la commission du budget appelés devant la cour d'assises."—"Ce sont des témoins et non des accusés," clame le président. "Légalement des témoins, riposte de Cassagnac, mais devant l'opinion publique c'est à un autre titre qu'ils sont appelés." Ce ne sont plus des cris, ce sont des hurlements, des rugissements de bêtes fauves. Je n'ai jamais vu spectacle plus terrifiant. Une bagarre semblait imminente, et je ne sais vraiment pas ce qui a empêché ces enragés d'en venir aux mains.

M. de Cassagnac retourne à son siège et M. Rouvier monte à la tribune. Il commence par ces paroles : " Messieurs, l'honorable M. Paul Granier de Cassagnac"…" Retirez le mot honorable," crie une voix à gauche. De Cassagnac est aussitôt debout, frémissant : " Quel est l'homme qui m'outrage ?" s'écrie-t-il, " qu'il se lève ! " M. Calès, député de la Haute Garonne, se lève et vocifère : " C'est moi." M. Rouvier continue son discours et déclare qu'il " repousse du pied" toute accusation portée contre lui.

Après le discours de M. Rouvier, il n'y a plus moyen de rien entendre. Personne ne monte à la tribune, mais tous crient et hurlent, tous sont debout, les uns à leurs sièges, d'autres dans les allées et l'hémicycle ; tous gesticulent furieusement Au milieu de ce vacarme, le comte de Douville-Maillefeu, le farouche radical, trouve le moyen de se faire remarquer ; ses cris dominent tous les autres cris, ses gestes dépassent tous les autres gestes en fureur folle et aveugle. C'est un vrai déchaîné. Un patient dans un asile d'aliénés, qui ferait seulement la moitié de ce que fait ce député du peuple, se verrait mettre la camisole de force, et le Dr Tuke n'y trouverait pas à redire.

Le calme s'est rétabli enfin, car les députés sont presque tous sortis par groupes. Le ministre des travaux publics a parlé de havres et de quais devant des banquettes vides.

Cette séance mémorable a donné lieu à quatre échanges de témoins. MM. Sarrieu et Gerville-Réache ont envoyé chacun deux témoins à Paul de Cassagnac, et celui-ci a envoyé deux témoins, MM. Cazenove de Pradine et Sevaistre, à M. Rouvier pour lui demander compte de ses paroles : " Je repousse ces accusations du pied." De Cassagnac a aussi chargé deux autres députés de la droite, MM. Calvet Rogniat et Lareinty, de demander raison à M. Calès. Au moment où je vous écris, l'affaire Cassagnac-Rouvier seule est arrangée à l'amiable ; les quatre témoins étant tombés d'accord pour déclarer que " ni l'honneur de M. de Cassagnac ni celui de M. Rouvier n'est en cause." Les trois autres affaires sont encore pendantes et donneront peut-être lieu à des duels.

Si les Français pouvaient se convaincre que cette manie du duel est aussi stupide qu'elle est criminelle, ils l'abandonneraient ; car s'ils ne respectent pas les lois de Dieu et de l'Eglise, ils ont peur du ridicule.

Ce qui est triste, surtout, c'est de voir des hommes qui se posent en défenseurs des droits de l'Eglise, mépriser ouvertement ses lois. Comment ces membres de la droite qui se battent en duel veulent-ils qu'on croie à la sincérité de leurs protestations en faveur de la religion, quand ils sont les premiers à fouler aux pieds les commandements de cette même religion ?

Mon expérience d'aujourd'hui m'a ôté la dernière illusion que j'aurais pu avoir sur la possibilité d'établir un régime parlementaire quelconque en France. Le peuple français est aussi peu fait pour vivre en république que l'huile et le feu sont faits pour être mêlés ensemble.

———

Rouen, vendredi le 16 novembre.

Je suis arrivé dans l'ancienne capitale de la Normandie, entre deux et trois heures cette après-midi, étant parti de Paris un peu avant dix heures. Comme la distance n'est que de 126 kilomètres, vous voyez que le trajet n'a pas été vertigineux. Les campagnes entre Paris et Rouen, arrosées par la Seine et d'autres rivières, sont assez accidentées et bien boisées. En été, cette partie de la France doit être très belle. Mais aujourd'hui le manteau terne et monotone du mois des morts couvre les coteaux et les vallées.

La Normandie est le pays des grands vergers, des pommes et du cidre. J'ai goûté au cidre de Normandie, mais on ne m'y reprendra plus. Le cidre, la bière et même le vin, du moins le vin ordinaire, ne valent pas, comme breuvage désaltérant, la bonne eau du Canada. Pour moi, tout cela n'est qu'un *pis aller*, car, règle générale, l'eau en Europe n'est guère potable. Si les Européens ne boivent que peu d'eau, c'est pour cause. Pour me conformer au proverbe anglais qui dit qu'à *Rome il faut faire comme font les romains*, je bois ce que l'on boit autour de moi—excepté le cidre :—mais que ne donnerais-je, parfois, pour un verre du produit des tuyaux Beemer, même à l'état vaseux.

Mais en voilà assez sur ce sujet. Je ne suis pas venu en Europe pour parler du boire et du manger.

**

Rouen, aujourd'hui chef-lieu du département de la Seine-Inférieure, est une vieille ville historique, riche en monuments et en souvenirs. Comme beaucoup d'autres villes de France, Rouen existait du temps des anciens Gaulois qui l'appelaient *Ratumacos*, que les Romains changèrent en *Rotomagnus*. A l'époque de Jules César, c'était la capitale des *Véliocasses*. L'apôtre de cette région, et le premier évêque de Rouen, fut saint Mellon qui apporta la vraie foi aux rouennais dès les commencements du christianisme. Le siège de Rouen devint la métropole de province et le titulaire reçut le titre de primat de Normandie. Cet antique siège a été occupé, entre autres, par saint Victrice, saint Godard, saint Prétextat, assassiné pour avoir béni le mariage de Mérovée et Brunehaut, saint Romain, destructeur des temples païens, et saint Ouen. Plusieurs conciles furent tenus à Rouen entre 584 et 992. Cette ville fut aussi le théâtre de plus d'un siège célèbre. En 841, les Normands, conduits par Auger le Danois, la mirent au pillage. Philippe Auguste l'assiégea vainement en 1193. Onze ans plus tard il l'enleva à Jean Sans-Terre. En 1418, les Anglais la reprirent sur Charles VI ; Charles VII la reconquit en 1449. Pendant les guerres civiles et religieuses suscitées par les calvinistes, Rouen eut beaucoup à souffrir. Mais le grand fait historique qui domine dans les annales de Rouen, c'est le procès et l'exécution de Jeanne d'Arc. Cet événement tragique est profondément gravé dans l'esprit des rouennais : ils parlent de cette iniquité avec autant d'émotion que s'il s'agissait d'une affaire récente. Et l'on dirait qu'ils ont eu à cœur de réhabiliter la mémoire de la glorieuse Pucelle, autant qu'ils le pouvaient, en multipliant les endroits qui portent son nom. La principale rue s'appelle la rue Jeanne d'Arc ; le principal boulevard, c'est le boulevard Jeanne d'Arc. Il y a de plus, la place Jeanne d'Arc où s'élève une statue de la vierge de Domrémy. Cette statue, d'assez modeste apparence, se trouve tout près de l'endroit où Jeanne a été livrée aux flammes. On doit y substituer bientôt un monument plus digne de cette grande héroïne. Tout près de la gare, on vous montre une vieille tour ronde, assez semblable aux tours *Martello* qu'on voit dans le voisinage de Québec, où Jeanne a été renfermée pendant son procès.

Rouen est la ville aux belles et vieilles églises gothiques. J'en ai visité les principales : la cathédrale de Notre-Dame, Saint-Ouen, Saint-Maclou, Saint-Patrice, Saint-Godard. Les deux premières, surtout, sont de superbes monuments d'architecture ogivale. La cathédrale, à l'intérieur n'est pas assez élevée pour produire l'effet magique que produisent les belles voûtes élancées des cathédrales d'Amiens, de Reims et de Beauvais ; mais la façade, flanquée de deux tours magnifiques qui lui donnent une largeur totale de 58 mètres, présente un coup d'œil imposant. L'église de Saint-Ouen est considérée comme un type classique du style ogival parvenu à son complet développement. Quant à Saint-Maclou, ce sont les détails plutôt que les proportions qui le font remarquer. Comme à la cathédrale, la tour centrale de Saint-Maclou forme lanterne à l'intérieur, disposition toute normande.

Je vous assure que je ne regrette pas ma visite à Rouen ; car ce n'est pas tous les jours qu'on peut contempler trois églises gothiques à quelques pas les unes des autres.

SERQUIGNY, samedi le 17 novembre.

Me voici littéralement perdu dans le cœur de la Normandie. Je dis perdu, car il n'était nullement dans mon programme de visiter ce village du département de l'Eure, absolument sans intérêt pour moi. Un mauvais renseignement donné à Rouen me fit prendre un train *impossible*, qui ne marchait pas plus vite qu'un cheval fort médiocre. Je voulais aller jusqu'à Caen, mais rendu ici, je trouve qu'il n'y a pas de correspondance, qu'il faut attendre le train de nuit. Or je ne voyage la nuit que lorsqu'il m'est absolument impossible de faire autrement, car j'aime à voir le pays que je traverse. Je me décide donc à passer la nuit dans le petit hôtel près de la gare, et de me remettre en route demain matin, après la basse messe ; car en France les trains circulent le dimanche comme les jours de semaine.

Avant de quitter Rouen, j'ai visité, encore une fois, mes chères églises gothiques, et j'ai parcouru aussi plusieurs des vieilles rues de la ville, rues tortueuses, étroites, malpropres, sombres, humides et bordées de maisons qui conviennent parfaitement aux rues. Ce n'est pas beau au point de vue de l'architecture moderne, mais c'est curieux et intéressant au suprême degré. Les étrangers aiment Québec parceque certaines parties de notre ville ont un cachet d'ancienneté que l'on ne trouve pas ailleurs en Amérique. Mais je vous affirme que la rue Sault-au-Matelot, la petite rue Champlain et l'escalier qui conduit de la côte Lamontagne à la basse-ville sont prosaïquement modernes si on les compare aux nombreux coins et recoins que l'on peut trouver à Rouen. Ce n'est qu'à Gand et à Anvers que j'ai vu quelque chose de semblable.

Dans la rue *Pierre Corneille*, près du vieux marché, on lit une inscription ainsi conçue : "*Ici étaient les maisons où sont nés les deux Corneille : Pierre, le 6 juin, 1606 ; Thomas, le 21 août, 1625.*" Une partie de la charpente de cet édifice historique est conservée au musée des antiquités de Rouen.

Bien que Serquigny ne soit qu'à 60 kilomètres de Rouen, j'ai passé presque toute l'après-midi en chemin de fer. Afin de ne point trouver le temps trop long, j'ai acheté, en partant de Rouen, un livre qui produit une profonde impression en France. Cet ouvrage a pour titre : *La dernière maladie de Frédéric le Noble, par le Dr Morell Mackenzie.* C'est un travail fort remarquable, car c'est l'histoire intime de la maladie qui a conduit l'empereur Frédéric au tombeau. Le Dr Mackenzie a publié ce livre pour répondre aux attaques brutales dont il a été l'objet de la part de certains médecins et de certains journalistes allemands. Le médecin anglais fait des révélations terribles sur le compte de plusieurs de ses confrères prussiens, qui sont convaincus d'avoir fait preuve d'une ignorance crasse, ou d'avoir voulu, de propos délibéré, hâter la fin de l'empereur. La lecture du livre vous laisse sous l'impression que c'est plutôt cette dernière hypothèse qu'il faut admettre.

Le Dr Mackenzie paraît avoir écrit son livre en français, car rien n'indique que la version qui circule en France et qui est publiée à Paris, chez Ollendorff, soit une traduction. On a beau dire, le français est aujourd'hui la langue européenne par excellence. Si l'on veut être compris du monde lettré, diplomatique et savant, il faut maintenant avoir recours à notre langue, comme jadis on avait recours au latin. Et dire qu'il y a des énergumènes qui voudraient détruire jusqu'au dernier vestige du français au Canada !

J'ai vu, par les journaux de ce matin, que les quatre "affaires d'honneur" qui ont surgi à la chambre, jeudi dernier, ont été réglées à l'amiable. Tant mieux, mais il n'en reste pas moins vrai de dire que les hommes politiques français s'envoient des témoins avec une facilité scandaleuse et ridicule.

PONTORSON, dimanche le 18 novembre.

Je suis encore en Normandie, mais tout près de la Bretagne. Il n'y a que la rivière Couesnon qui nous en sépare.

On m'avait assuré, hier soir, à l'hôtel de Serquigny, que la messe basse se disait à sept heures et demie, et que le premier train pour Pontorson partait à huit heures et un quart. Cela faisait très bien mon affaire. Par malheur, les braves gens à l'hôtel étaient mieux renseignés sur les heures des trains que sur celles des messes ; car rendu à l'église, je découvre qu'il n'y a pas de messe avant huit heures. Il faut donc manquer le premier train et attendre le second, à midi moins vingt.

A la basse messe, il y avait fort peu de monde, bien que le village de Serquigny soit assez considérable ; mais à la grand'messe, l'église était passablement remplie de femmes à travers lesquelles on voyait un homme par-ci par-là. L'assistance n'était nullement ce qu'elle est dans nos églises canadiennes, mais c'était plus consolant que ce que l'on voit dans d'autres parties de la France.

En attendant le train, j'ai fait une promenade à travers le village et les champs voisins. Le climat est doux ici, puisque l'herbe est encore verte et que j'ai pu cueillir quelques petites fleurs sur les bords du chemin. Les arbres, cependant, sont dépouillés de leurs feuilles, comme partout ailleurs.

Dans le nord de la France, à Calais, à Boulogne et aux environs de Rouen, de même que dans le midi de l'Angleterre, aux environs de Douvres et de Folkestone, on voit partout de la pierre calcaire, souvent de la craie pure. A Douvres, par exemple, les falaises sont blanches comme du lait. Les flancs des coteaux dans le voisinage de Rouen, sont de même couleur. Mais dans cette partie de la Normandie, l'aspect du pays est tout différent. Plus de collines de craie, mais de l'argile jaune partout.

Les campagnes, aux environs de Serquigny, étaient bien paisibles, ce matin : très peu de travailleurs dans les champs. On n'entendait que le gazouillement des petits oiseaux et le croassement des corneilles, car la bise n'a pas encore chassé la gent ailée de ces parages. Si les coteaux boisés qui entourent la vallée avaient été couverts de verdure, on aurait pu se croire au printemps, tant l'air était tiède.

Pendant ma course à travers les rues du village, je me suis amusé à prendre note des noms de famille que je lisais sur les enseignes et les affiches. En voici quelques-uns : *Simon, Vasseur, Germain, Ledoux, Picard, Emont, Chevallier, Duclos, Rossignol.* Tous des noms canadiens, comme vous voyez.

De Serquigny à Lison nous filons bien, car c'est un *express*. Aussi n'arrêtons-nous qu'un instant à Caen (prononcez *Can*), ancienne capitale de la Basse-Normandie, aujourd'hui chef-lieu du département de Calvados. La ville a une population de 45,000 âmes environ et possède une belle église gothique que l'on aperçoit très bien du chemin de fer. C'est encore à Caen que l'on peut voir l'*Abbaye aux hommes* fondée par Guillaume le Conquérant, en 1014, convertie aujourd'hui en lycée. Caen est la patrie de Malherbe et de Laplace, et, sous Henri IV, le parlement de Normandie y siégeait.

Avant d'arriver à Caen nous avons traversé Bernay, Lisieux et Mézidon : puis, après Caen, Bayeux, où une autre belle église domine toute la ville.

A Lison, il faut changer de train, car l'express file tout droit à Cherbourg.

Je dois éviter Cherbourg avec soin ; car Cherbourg est un port de mer où les communications sont très faciles avec l'Angleterre : je pourrais être tenté de traverser. Une fois en Angleterre, Liverpool n'est pas loin ; et de Liverpool partent chaque semaine, des steamers pour l'Amérique. Le meilleur moyen de ne point succomber, c'est d'éviter les occasions. Restons donc à l'intérieur. Je serai pourtant demain à Saint-Malo, mais il est beaucoup moins facile de gagner l'Angleterre de ce côté-là, que du côté de Cherbourg et de Dieppe.

C'est un train *omnibus* qui nous attend à Lison, pour nous conduire à Pontorson, en passant par Saint-Lô, Coutance et Avranches. Quel affreux instrument de supplice qu'un train *omnibus*! J'ignore d'où vient ce nom. Le mot *sanctis* est peut-être sous-entendu : *omnibus sanctis,* c'est-à-dire qu'en entrant dans un de ces trains, il faut se vouer à tous les saints, pour ne point perdre patience.

MONT ST MICHEL.

A Saint-Lô, arrêt d'une heure sans aucune raison apparente, car c'est le même train qui continue, et il n'attend aucun autre train. L'administration des chemins de fer français est pleine de ces profonds mystères. Tout de même ce retard ne me contrarie aucunement puisqu'il me permet de visiter un peu cette vieille ville normande, divisée en haute et basse ville, comme Québec. Sur le coteau s'élève une ancienne église, partie romane, partie gothique. J'aurais voulu y entrer, mais elle était remplie de femmes, coiffées de l'universel bonnet blanc, qui écoutaient un sermon. J'ai dû me contenter d'en examiner l'extérieur qui est fort curieux. A un des coins de l'église, à sept ou huit pieds de terre, est une sorte de chaire en pierre sculptée qui existe, évidemment, depuis des siècles. Cette chaire communique, ou communiquait avec l'intérieur de l'église, de toute nécessité, car il est simplement impossible d'y monter du dehors. C'est la première fois que je remarque semblable disposition dans les vieilles églises de France.

Sur la place publique, une musique militaire jouait et avait attiré autour d'elle tout Saint-Lô. Tout Saint-Lô ressemble beaucoup à tout Québec. On voit bien que c'est ici le pays de nos ancêtres. En voulez-vous la preuve ? Voici encore des noms propres que j'ai jetés sur mon carnet en allant de la gare à l'église, une affaire de cinq minutes : *Aubin*, *Petit*, *Bouchard*, *David*, *Duval*, *Legendre*, *Lavalley*, *Lefebvre*, *Fontaine*, *Lemoine*, *Marion*, *Gosselin*, *Patry*, *Genest*, *Leconte*, *Anger*. Que d'autres noms canadiens j'aurais pu recueillir, si j'avais eu le temps de parcourir toute la ville.

Je suis arrivé à Pontorson à neuf heures du soir ; c'est-à-dire qu'à partir de Saint-Lô, que nous avons quitté à cinq heures, je n'ai rien vu. Demain matin, je me rendrai avec le "courrier" au célèbre Mont-Saint-Michel, à neuf kilomètres d'ici.

**

Avant de vous dire bonne nuit, un petit mot de politique. Le procès de M. Numa-Gilly, qui s'instruisait à Nîmes, et qui a donné lieu à la séance orageuse décrite plus haut, vient de se terminer *ex abrupto* et d'une manière peu satisfaisante pour MM. les républicains.

Voici l'affaire en deux mots : M. Numa-Gilly, maire de Nîmes et député radical du Gard, avait lancé contre les opportunistes, au cours d'une harangue prononcée à Alais, cette phrase devenue célèbre : *Il y a vingt Wilsons dans la commission du budget.* C'est-à-dire que M. le maire de Nîmes accusait vingt de ses collègues de faire le même trafic honteux qui a valu à M. Grévy et à son gendre l'expulsion de la vie publique. La commission du budget s'émeut : on somme M. le député du Gard de préciser et de prouver ses accusations. Celui-ci répond : "Poursuivez-moi pour diffamation et je préciserai, je prouverai plus que vous ne voudrez". Mais qui va poursuivre ? La commission, n'étant pas une personne civile, ne le peut pas. Enfin, M. Andrieux, membre de la commission, se décide à citer M. Numa-Gilly devant le tribunal de Nîmes. M. Andrieux aime à rire. N'ayant sans doute rien à se reprocher comme membre de la commission, il a pris un malin plaisir à mettre ses collègues dans le pétrin. Le juge d'instruction invite M. Numa Gilly à dire ce qu'il reproche à M. Andrieux. Le député du Gard répond : "Envoyez-moi devant la cour d'assises et vous verrez". Le maire de Nîmes est, en conséquence, cité à comparaître devant douze de ses pairs. Il appelle, comme témoins, treize membres de la commission du budget. C'est le départ de ces treize députés pour Nîmes, jeudi dernier, qui a fait éclater la tempête à la chambre. M. Floquet aurait voulu les empêcher d'y aller ; mais eux comprenaient qu'une telle attitude équivaudrait à un aveu de culpabilité. Aussi ont-ils unanimement mis de côté l'avis du président du conseil. Tous se sont rendus à Nîmes, mais comme l'a dit Paul de Cassagnac, ils y sont allés beaucoup plus en accusés qu'en témoins.

Mais voici qu'à Nîmes le président du tribunal empêche M. Numa Gilly de faire sa preuve : "Si vous avez quelque chose à dire contre M. Andrieux, vous pouvez l'établir ; mais vous ne serez pas admis à prouver le moindre fait étranger à la cause." Or, comme M. Numa-Gilly n'avait pas visé M. Andrieux, il n'a rien à dire contre lui. Le maire de Nîmes est acquitté par le jury. M. Andrieux ayant retiré sa plainte. Quant aux *vingt Wilsons*, leur position reste la même. Les fameux treize sont partis de Paris en disant qu'ils allaient à Nîmes pour défendre leur honneur avarié. Force leur est de rentrer dans la capitale sans avoir pu même ouvrir la bouche pour établir leur innocence. C'est donc le *statu quo* pour ces messieurs.

Si cette affaire ne donne pas lieu à de nouvelles scènes de violence à la chambre je serai l'homme le plus surpris du monde. Vous pouvez être certain que Paul de Cassagnac ne manquera pas, à la première occasion, de verser du vinaigre et de jeter du poivre et du sel sur les plaies de cette pauvre commission du budget (1).

Saint-Malo, lundi le 19 novembre.

Comme les " trois gros navires" de la chanson, je suis arrivé " à Saint-Malo, beau port de mer," dont je ne dirai rien, ce soir, pour la bonne raison que je n'ai encore rien vu de cet endroit historique. A cinq heures, il fait presque noir, et il était bien six heures et demie lorsque le mortel train omnibus, qui nous avait pris à Pontorson à 4 heures trois quarts, nous a déposés à Saint-Malo : distance parcourue, 12 lieues. L'hôtel où je suis, l'hôtel de l'Univers, est rempli de commis-voyageurs, car ces messieurs sont, à peu près, les seuls touristes qui circulent à cette saison de l'année. Ceux que nous avons ici sont d'une grosseur formidable ; et à cause, sans doute, de leur graisse qui les essouffle, ils font moins de propagande politique que leurs confrères que j'ai rencontrés, en octobre dernier, à Montreuil-sur-mer. Ils prennent beaucoup de place à table et dans les voitures ; mais ils se contentent de savourer en silence

(1) Malheureusement pour M. Numa-Gilly, il ne s'en tint pas à ce premier dénoûment. Il publia, ou laissa publier ses témoignages sous le titre de *Mes dossiers*. De là, nouveau procès, et, cette fois, l'ex-maître de Nîmes se vit condamner à quelques mois de prison.

la *Lanterne* et l'*Intransigeant*. Pour ma part, je préfère le commis-voyageur énorme, encombrant et taciturne, au commis-voyageur maigre et loquace.

J'ai visité aujourd'hui ce qu'on appelle la *Merveille* du Mont-Saint-Michel-au-péril-de-la-mer. Et, en vérité, c'est une véritable merveille, un monument unique au monde.

Tout le pays aux environs du Mont-Saint-Michel est plat, ce qui fait paraître plus extraordinaire encore cette masse de granit qui s'élève, isolée, sur le bord de la mer, et qui domine toute la plaine. Autrefois, ce rocher formait une île à marée haute ; mais depuis quelques années on l'a relié à la terre ferme par une digue insubmersible, le convertissant ainsi en presqu'île, à la grande joie des habitants du village, mais au désespoir plus grand encore des amateurs de l'art.

Imaginez donc un rocher de forme à peu près circulaire, sur le bord de l'océan, au pied duquel sont groupées quelques maisons habitées par environ deux cents personnes, et au sommet duquel sont perchées une vénérable abbaye qui est en même temps un château fort, et une vaste église moitié romane moitié gothique ; et vous aurez une idée de ce qu'est le Mont-Saint-Michel.

L'église abbatiale fut commencée en 1020 par Hildebert, VIe abbé régulier du Mont, et terminée en 1135, par Bernard de Bec, XIIIe abbé. Autrefois l'église était beaucoup plus vaste qu'elle ne l'est aujourd'hui ; trois travées de la nef, sur sept, ont été détruites en 1776, et la façade primitive remplacée par une façade construite dans le style hybride du temps. Ce qui reste de la nef est du plus beau roman, tandis que le chœur, élevé de 1450 à 1521, sur l'emplacement du chœur roman, écroulé en 1421, est du plus pur gothique.

La *Merveille* proprement dite, qui s'élève au nord de l'église, comprend l'aumônerie, le cellier, le réfectoire, le dortoir, la salle des chevaliers et le cloître. Ce sont de vastes et belles constructions gothiques du XIIIe siècle. Le roi Louis XI institua le fameux ordre militaire de Saint-Michel qui se réunissait dans cette abbaye. Pendant de longs siècles, cet endroit était un célèbre lieu de pèlerinage : l'archange saint Michel y recevait un culte tout particulier. Les pèlerinages ont été continués jusqu'en 1886, époque à laquelle le gouvernement français s'est définitivement emparé de ce monument et lui a enlevé tout cachet religieux. Encore aujourd'hui, de nombreux pèlerins se rendent à la petite et antique chapelle qui sert d'église paroissiale et qui se cramponne au flanc du rocher. Les murs de cette chapelle sont littéralement couverts d'*ex voto*, de bannières, d'oriflammes etc, apportés par les grands pèlerinages d'autrefois.

Les travaux gigantesques qu'il a fallu s'imposer pour construire de tels édifices, dans un endroit aussi inaccessible que le sommet de ce rocher escarpé, font bien comprendre toute l'énergie des hommes du moyen âge qui ne reculaient devant aucune difficulté. J'avais beaucoup entendu parler de la merveille du Mont-Saint-Michel ; mais les meilleures descriptions, et les plus belles gravures ne sauraient donner une idée tant soit peu exacte du caractère vraiment extraordinaire de ces constructions.

Pendant la guerre de cent ans, les anglais n'ont jamais pu s'emparer du Mont-Saint-Michel.

Décidément, l'influence du *Gulf stream* (1) sur le climat n'est pas une fiction. Dans cette partie de la France, il n'y a guère eu de gelées blanches, bien que nous soyons rendus au 19

(1) On ignore la cause véritable du *Gulf stream*, ce courant d'eau chaude qui, partant du golfe du Mexique, traverse en diagonale l'océan Atlantique et va se perdre dans les eaux glacées du nord de l'Europe. Pendant longtemps, les uns ont cru que ce courant mystérieux était la continuation du fleuve Mississipi ; d'autres, qu'il avait pour cause déterminante les vents alizés. M. W. S. Howard, commandant du steamer américain *Blake*, employé par le gouvernement de Washington à faire des explorations maritimes, affirme, après une étude faite sur les lieux pendant deux années consécutives, qu'il faut écarter ces deux causes. Il prétend avoir trouvé l'endroit précis où le courant commence : ce serait dans la mer des Antilles ou des Caraïbes, précisément à onze

novembre. Partout l'herbe est verte. Dans le petit cimetière au Mont-Saint-Michel j'ai vu de très belles roses, et dans les jardinets on voit des geraniums.

Toujours des noms canadiens. A Pontorson on ne voit guère autre chose. En voici quelques-uns : *Forget, Provost, Lévêque, Beaumont, Guy, Poirier, Dumas, Royer, Collin, Lambert, Lepage, Massé, Leblanc, Doré*, etc. Vous ne sauriez vous imaginer quel singulier effet produit sur moi la vue de tous ces noms canadiens dans des endroits où je me sens si étranger, si loin de chez moi.

LAMBALLE, mardi le 20 novembre.

Ce matin il faisait doux, mais le vent soufflait très fort du nord-ouest, ou du *norouais*, comme on dit au Canada et en Bretagne, et, à chaque instant, il tombait des averses bien nourries, ce qui ne m'a pas empêché de commencer mes explorations dès huit heures. Malgré la pluie, j'ai passé une bonne matinée. Enfin, je me sens tout à fait chez moi, bien que je ne connaisse personne à Saint-Malo. J'espérais y trouver M. Michel, ancien président du tribunal, mais il ne demeure plus ici. On m'a dit qu'il est rendu à Angers.

Je me sens chez moi pour une foule de raisons. D'abord Saint-Malo et Québec sont intimement liés par des souvenirs historiques que je n'ai pas besoin de rappeler. Ensuite, tous deux sont bâtis sur un rocher, seulement le rocher de Québec est plus élevé que celui de Saint-Malo. Tous deux sont entourés

milles et demi à l'est du phare dit des *Fowly Rocks*, sur la côte de la Floride. Les vents, dit le commandant Howard, n'ont aucune influence quelconque sur le courant. Par contre, il a constaté, de manière à n'en pouvoir douter, que le *Gulf stream* subit l'influence de la lune, tout comme les marées. La vitesse du courant, à sa source et à la surface de l'eau, varie selon les phases de la lune, entre 5¼ milles par heure et 1¾, donnant une vitesse moyenne de trois milles et six dixièmes. C'est à la surface que le courant est le plus rapide. En cet endroit, la profondeur de l'océan est de 498 brasses, et le fond se compose de sable et de corail.

de murailles, mais les murailles de Saint-Malo sont infiniment plus imposantes que celles de Québec. Enfin, tous deux sont habités par des *Canadiens* et dans l'un et l'autre on parle le *canadien* pur. Toutefois, le canadien de Saint-Malo est plus pur que celui de Québec attendu qu'il ne s'y mêle pas d'anglicismes. A cela près, les habitants de Saint-Malo parlent comme les québecquois. Ils prononcent les *a* comme nos gens. Ils disent *à la gâre*. Ils ignorent, pour ainsi dire, le *mètre*, le *kilomètre*, le *centime*, le *litre*, le *kilogramme* ; ils comptent par *pieds*, par *lieues*, par *sous*, par *chopines*, par *livres*. En un mot, ils sont bien plus *canadiens* que *français*. J'ai l'honneur de proposer que le Canada s'annexe la Bretagne à la première occasion favorable.

J'ai visité d'abord l'église. Ne craignez pas : elle n'est pas gothique, ou du moins, le roman y domine, ce qui indique qu'elle est très ancienne. Du reste, on le voit par les six ou sept marches qu'il faut descendre pour y pénétrer. Quand une église s'enfonce dans la terre, ou pour parler plus correctement, quand la terre s'élève autour d'une église, vous pouvez être certain de vous trouver en présence d'un temple dont les fondements remontent, au moins, à l'an mille, peut-être au-delà. Autrefois, Saint-Malo était un évêché, ainsi que Dol, à cinq lieues d'ici. Aujourd'hui tous deux sont réunis au diocèse de Rennes.

De l'église je me suis rendu au marché où j'ai passé je ne sais combien de temps à écouter les femmes des campagnes parler *canadien*, tout en vendant leurs légumes. Si j'avais eu un panier, pour me donner une *contenance*, j'aurais acheté quelques carottes, afin d'avoir l'occasion d'entamer une conversation avec ces braves vendeuses dont plusieurs, j'en suis certain, venaient de Charlesbourg, de Lorette, de Beauport, de l'Ange-gardien et de Sainte-Foye.

Mon marché fait, je me suis mis à parcourir les rues de la ville, rues extrêmement étroites et tortueuses, mais propres.

Saint-Malo est une ville catholique ; pas de respect humain ici : des croix, des statues de la sainte Vierge à l'angle des rues, comme dans le bon vieux temps.

Puis les noms sur les enseignes : toujours des noms canadiens. En voici quelques-uns : *Racine, Pépin, Renault, Boyer, Morin, Hamel, Leclerc, Martin, Lesage, Amyot.* Ajoutez à ceux-là beaucoup des noms que j'ai signalés ailleurs, et vous aurez une idée de l'aspect familier que présentent les rues de Saint-Malo.

Tout à coup je me trouve en face d'une enseigne où je lis en grosses lettres dorées : *Tardivel, bottier.* Par exemple, c'est trop fort. J'ai pu résister à *Hamel* et à *Pépin* ; mais devant *Tardivel* je succombe. J'entre, tout bonnement, dans la boutique et je présente ma carte au brave cordonnier qui la regarde un instant sans trop se rendre compte de quoi il s'agit. Puis il comprend, et me donne une chaleureuse poignée de mains que je lui rends bien. C'est un jeune homme fort intelligent et j'ai eu, avec lui, quelques minutes de conversation très agréable. Il ne doit pas exister de parenté entre nous, car sa famille est de Lamballe, et mon père est de Clermont-Ferrand, à l'autre bout de la France. Mais vous ne sauriez croire combien c'est agréable de trouver sur une terre étrangère quelqu'un qui porte le même nom que soi. Circonstance assez remarquable, j'ai une sœur qui est religieuse aux Etats-Unis, à Columbus, Ohio ; mon homonyme de Saint-Malo en a deux : une à Détroit, Michigan, l'autre à Albany, New-York.

Je me rends ensuite sur les quais où un beau spectacle se présente à mes regards. La pluie a cessé, et il fait un soleil de printemps, mais le vent est toujours très fort et rend la mer houleuse, la couvrant de *moutons* comme on les appelle ici aussi bien qu'au Canada. Le port est tout parsemé d'îlots qui sont presque tous submergés à marée haute. En face, vous avez Dinard, et à gauche, Saint-Servan, deux villes de huit ou neuf mille âmes, comme Saint-Malo, mais beaucoup plus étendues.

Saint-Malo est resserré sur son rocher qui était jadis une île à marée haute, avant la construction des digues qui en font un promontoire.

Entre Saint-Malo et Saint-Servan, séparés par un bras de mer, il y a le plus singulier moyen de communication que j'aie jamais vu. C'est ce qu'on appelle le *pont roulant*. C'est tout simplement une travée de pont, une plateforme, à la hauteur des quais, soutenue par une charpente en fer, laquelle charpente, munie de roues à rebords, repose sur des rails placés au fond de l'eau. Au moyen d'un câble, qu'une machine à vapeur met en mouvement, on tire cette plate-forme d'un côté à l'autre de la rivière. Hommes et chevaux se font ainsi traverser par cette singulière invention qui tient du pont et du chemin de fer.

Devant la ville est ce que l'on appelle le *Grand Bé*. C'est un rocher qui forme une île à marée haute mais qui, la plupart du temps, est relié à Saint-Malo par un banc de sable et de cailloux. J'ai visité ce singulier endroit. Le sommet est couvert d'herbe et jonché des ruines d'un vieux fort. Tout-à-fait sur le bord du rocher, du côté opposé à la ville, en face de la mer qui vient sans cesse se briser au pied de cette falaise, est un tombeau solitaire, entouré d'un modeste grillage en fer et protégé par une simple croix de granit. C'est là que dort Châteaubriand. Certes, c'est un endroit pittoresque et poétique au suprême degré, mais n'y a t-il pas de la pose dans ce tombeau ? Pour moi, j'aimerais mieux attendre le grand réveil dans le coin obscur de quelque cimetière bénit.

Je suis arrivé à Lamballe, ce soir, à six heures, trop tard pour aller présenter mes hommages à Mgr Maupied. Ce sera pour demain.

☆

Cette lettre est déjà trop longue ; cependant un petit mot de politique pour finir.

A la rentrée des chambres, le 15 octobre dernier, le premier ministre Floquet a éprouvé le besoin de faire quelque chose, pour couper l'herbe sous les pieds de Boulanger. C'est en demandant la révision de la constitution que " not' général " se rend populaire. Faisons donc de la révision, nous aussi, dit le solennel Floquet. Le voilà donc qui dépose son projet. De toute évidence, dans la pensée de M. Floquet, ça devait être une simple affaire de forme, une machine pour jeter de la poudre aux yeux du public. Mais, par malheur, la commission à laquelle l'affaire a été renvoyée, se permet bien de prendre son rôle au sérieux. Les propositions pleuvent : il est question de convoquer une constituante, de supprimer le sénat, la présidence de la république, etc. Enfin chacun veut réviser selon ses idées particulières. Le résultat de toute cette agitation, c'est que la république est plus menacée que jamais, plus loin que jamais d'être " faite." Depuis quinze ans on affirme que la république est faite et elle reste toujours à faire. On peut dire d'elle comme de tout ouvrage mal bâclé, qu'elle " n'est ni faite ni à faire."

TREIZIÈME LETTRE.

Sommaire :—Chez Mgr Maupied.—Un savant chrétien.—Statue miraculeuse.—Episode de la révolution.—Bretons et Canadiens.—Vannes.—Saint-Brieuc.— Pontivy.— L'influence indue.— La langue bretonne.—Sainte-Anne d'Auray — Saint Vincent Ferrier.— Angers.—Chez M. Aubry.—Haut enseignement catholique.—Adoration perpétuelle du Saint-Sacrement.—Trait touchant —Un magistrat *épuré*. M. l'abbé Jules Morel et Mgr Freppel.— Dîner chez M. Eugène Veuillot.—Mgr Bourret.—Un peu de politique.—Boue et sang.— Trait de mœurs parisiennes.—Le fléau des théâtres.

LAMBALLE, mercredi le 21 novembre.

Depuis ce matin, je suis l'hôte de Mgr François Maupied, prélat de la maison de Léon XIII, docteur en théologie et en droit canonique de l'université romaine, docteur ès-sciences de l'académie de Paris, théologien du concile du Vatican, ancien professeur à la Sorbonne...... et curé de la petite, modeste et pauvre paroisse de Saint-Martin de Lamballe. Ce simple énoncé des titres de Mgr Maupied me paraît être le plus bel éloge qu'on puisse faire de ce vénérable vieillard. Voici un des plus grands penseurs de la France, un homme profondément versé dans toutes les sciences, un théologien qui a joué un rôle éminent au concile du Vatican, un écrivain ecclésiastique de première marque, un prêtre qui aurait pu légitimement aspirer à l'épiscopat et même au cardinalat qui, dans sa 75e année, se contente du poste de curé d'un petit faubourg d'une petite ville perdue au fond de la Bretagne, à 120 lieues de Paris. Est-ce qu'il n'y a pas là une leçon salutaire pour plusieurs d'entre nous ?

Je suis venu chez Mgr Maupied avec l'intention de lui faire une simple visite, mais il m'a reçu avec tant de bonté, et m'a invité avec tant de cordialité à passer au moins 24 heures sous son toit, que j'ai modifié mon programme, retardant mon départ pour Vannes d'une journée.

Ai-je besoin de vous dire que j'ai joui profondément des longs et intimes entretiens que j'ai eus avec ce prêtre aussi pieux qu'il est érudit, aussi charmant causeur qu'il est écrivain vigoureux ?

Mgr Maupied a bien voulu me faire cadeau de plusieurs de ses ouvrages : *Dieu, l'homme et le monde ; Origines de l'homme et des espèces animales vivantes et fossiles ; Devoirs des chrétiens devant l'infaillibilité doctrinale du Pontife romain ; Le triomphe de l'Eglise au Concile du Vatican ; Origine divine du pouvoir civil*, etc.

Je conseille aux jeunes gens instruits et studieux de se procurer et de lire les livres de Mgr Maupied, tout particulièrement ceux où il traite les questions géologiques et paléontologiques. Ils y trouveront de la *vraie* science, de la science qui, en même temps qu'elle satisfait pleinement la raison, confirme nos croyances religieuses ; ils y trouveront une réponse victorieuse à toutes ces hypothèses modernes sur la création qui ne reposent que sur des mots sonores et qui ont été inventées par la franc-maçonnerie pour ébranler la foi chrétienne. Dans ces livres, Mgr Maupied démontre, par l'exposition des faits et une logique serrée, qu'il n'y a " personne de plus crédule que les incrédules à Dieu et à sa puissance " qui " croient tout, admettent tout, affirment tout, fussent les choses les plus absurdes, pourvu qu'elles paraissent seulement se plier à se passer de Dieu." Avec une dialectique admirable, il bat en brèche toutes les théories des *matérialistes* et des *positivistes*, soi-disant savants, qui amoncellent les termes baroques pour cacher leur ignorance. Il démontre l'inanité de " l'hypothèse de plusieurs créations et destructions successives pour expliquer des âges et des périodes distinctes qui n'ont jamais été distinctes." Il prouve que " loin d'être parties de l'état sauvage, les races humaines sont, au contraire, venues d'une civilisation originelle, qu'elles ont plus ou moins modifiées en émigrant." La haute antiquité de l'homme sur la terre est un mythe ; les prétendues périodes géologiques de milliers d'années sont des fables qui ne tiennent pas debout devant la vraie science. L'âge du mastodonte, l'âge du grand ours, l'âge du renne, l'âge de pierre, l'âge de bronze, l'âge de fer sont des termes inventés à plaisir pour éblouir les simples. Les couches géologiques, étudiées à la lumière des faits, nous disent clairement que l'homme a été contemporain du mastodonte et des autres races éteintes, " que la vie, et la matière organique et organisée qu'elle seule produit, ont commencé sur la terre il n'y a certainement pas plus de huit mille ans ; bien plus, que toute la masse pierreuse, résultat de la vie et de la matière organique, a pu être produite en la moitié de ce temps."

Méditez, jeunes gens, cette belle définition que Mgr Maupied donne de la science :

" Le mot *science* veut dire savoir certainement et non douter, conjecturer à l'aventure, supposer arbitrairement, affirmer sans preuves ; le doute, la conjecture, la supposition arbitraire, l'affirmation sans preuves sont l'opposé direct de la science. Celle-ci part de principes évidents par eux-mêmes, ou bien prouvés rigoureusement sans laisser de place au doute. Telle est la notion de la science depuis la plus haute antiquité jusqu'à nos modernes matérialistes ou positivistes ; pour eux, la science est tout l'opposé ; c'est le doute, la négation coléreuse et passionnée, la conjecture paradoxale, l'affirmation de l'absurde, la contradiction incessante."

Concluons avec ce vrai savant que les écrivains catholiques ont grandement tort d'accepter comme de la science " les romans des géologues et les vanités de chronologies fantastiques," et de vouloir " faire concorder les enseignements divins avec les rêves, et les élucubrations des libres-penseurs."

Mgr Maupied m'a fait visiter sa paroisse, qui, bien que l'un des faubourgs de la ville actuelle, est la partie la plus ancienne de Lamballe. Son église a été construite par des moines à la fin du onzième siècle. C'est dire que c'est un édifice du plus beau roman. Puis, nous sommes allés voir la belle chapelle de Notre-Dame, bâtie sur une colline. Elle date du douzième et du treizième siècles : le roman et le gothique se voient l'un à côté de l'autre. Cette chapelle appartenait jadis au château des ducs de Penthièvres. Une partie seulement du château est encore debout, mais l'église est très bien conservée et l'on y fait l'office dans les grandes fêtes de la sainte Vierge. Au-dessus du maître autel est une petite statue de la mère du Sauveur que l'on dit être miraculeuse. Selon la tradition, elle aurait, un jour que l'armée anglaise allait surprendre la ville, remué son bras et indiqué du doigt l'endroit où était l'ennemi.

Lamballe est une ville de quatre ou cinq milles âmes seulement, mais elle est très ancienne: du temps de Jules César elle était la capitale des *Ambialites*. Plus tard, elle devint la résidence des ducs de Penthièvres et fut le théâtre de plus d'une bataille. La malheureuse princesse de Lamballe tirait son titre de cette localité. Vous connaissez l'histoire de cette infortunée amie de Marie-Antoinette, tuée pendant la révolution à l'instigation, tout probablement, du monstre Philippe-Egalité ? Ses meurtriers portèrent sa tête sur une pique et la placèrent sous les fenêtres de la reine, alors en prison, pour lui faire comprendre qu'elle devait bientôt partager le sort de son amie.

La Bretagne m'intéresse de plus en plus, car plus je l'étudie plus je trouve qu'elle ressemble à notre cher Canada, ce qui est assez naturel, du reste. Quand je parle de ressemblance, cela s'entend uniquement des habitants ; car au point de vue des paysages, des maisons, etc, la Bretagne et la province de Québec sont très peu semblables. Même ce que nous appelons nos vieilles paroisses auraient l'air absolument modernes si on les comparait aux villes et aux villages de la Bretagne. C'est dans la manière de parler, dans les mœurs, les usages que le trouve des ressemblances. La ressemblance qui fait le plus d'honneur à la Bretagne, c'est qu'ici, comme dans la province de Québec, on voit beaucoup d'enfants autour des maisons : les familles de huit, dix et douze ne sont pas rares. Hélas ! il n'en est plus ainsi dans beaucoup d'autres parties de la France.

Vannes, jeudi le 22 novembre :—

Je suis arrivé à Vannes cette après-midi, vers trois heures, étant parti de Lamballe de grand matin, et ayant passé par Saint-Brieuc, Pontivy, Sainte-Anne d'Auray.

Saint Brieuc, ville de 15,000 âmes environ, est le chef-lieu du département des Côtes-du-Nord et le siège épiscopal, actuellement vacant. Cette ville a été fondée, au cinquième siècle, par saint Brieuc, venu de l'Angleterre à l'âge de 70 ans, pour évangéliser l'Armorique.

Pontivy, chef lieu de l'arrondissement du même nom, se trouve dans le département du Morbihan, au cœur même de la Bretagne. L'arrondissement de Pontivy est connu de plus d'un lecteur de la *Vérité* ; c'est un nom qui a figuré souvent dans la presse canadienne, il y quelques années, car c'est là que M. le comte de Mun, avant l'adoption du scrutin de liste, s'était fait élire. (Aujourd'hui M. de Mun est l'un des députés de tout le département du Morbihan.) On s'en souvient, les républicains ont invalidé l'élection de Pontivy sous prétexte d'ingérence illicite du clergé en faveur de M. de Mun. C'était, au fond, la manifestation du même mauvais esprit qui a fait attaquer certaines élections canadiennes, à peu près à la même époque, sous prétexte *d'influence indue* du clergé.

La Basse-Bretagne, ou la Bretagne *bretonnante*, s'étend à l'ouest de Saint-Brieuc, de Pontivy et de Vannes et comprend tout le côté occidental de la péninsule armoricaine. C'est aujourd'hui le département du Finistère dont Quimper est le chef-lieu et Brest la principale ville. On y parle encore beaucoup le breton, vieille langue d'origine phénicienne, m'a dit Mgr Maupied. J'ai entendu parler le breton à Dol et à Pontivy. C'est une langue douce, sonore, très agréable ; mais pas aussi complète et perfectionnée que le français et, partant, moins apte, dit-on, à rendre toutes les nuances de la pensée, surtout dans les questions religieuses. Voilà pourquoi plusieurs voudraient le voir remplacer par le français. Mais les partisans de cette langue affirment qu'elle suffit amplement à tous les besoins intellectuels de ceux qui la parlent et qu'elle a le grand avantage de servir de barrière à l'envahissement de l'impiété moderne, dont le grand véhicule, il faut bien l'avouer, est la langue française. Je vous fais connaître ces deux opinions, sans me prononcer sur une affaire aussi délicate.

Le breton, étant d'origine phénicienne, a beaucoup d'analogie avec le gaélique, l'erse, et les autres dialectes de celtique, langue des premiers habitants de l'Irlande, de la Grande-Bretagne et de l'Armorique. C'est au point que, m'assure-t-on, les bas Bretons et les habitants du Pays-de-Galles et de Cornouailles, en Angleterre, peuvent se comprendre assez facilement.

Pontivy se compose, comme toutes les villes de France, d'une partie ancienne, aux rues étroites et tortueuses, et d'une partie moderne. C'est, du reste, un endroit fort paisible. On y voit dans les rues grand nombre d'attelages de bœufs " au pas tranquille et lent ; " assez souvent des attelages mixtes : deux bœufs précédés d'un cheval, ce qui produit un singulier effet.

Sainte-Anne d'Auray, comme chacun le sait, est le lieu de pèlerinage des Bretons : c'est la *Bonne-Sainte-Anne* de France. J'aurais voulu y arrêter, mais la lenteur des trains ne m'en a pas donné le temps.

Ici, à Vannes, j'ai visité la cathédrale. Elle est surtout remarquable par le fait que c'est là que repose le corps du grand saint Vincent Ferrier, dominicain espagnol né à Valence en 1357 et mort, épuisé par les mortifications, en

MGR FREPPEL, EV. D'ANGERS.

1419, à Vannes même où il était venu prêcher le jugement dernier et la pénitence. On montre encore, tout près de l'église, la chambrette où il a certainement vécu et où il a probablement rendu le dernier soupir. Son corps repose dans une chapelle derrière le maître-autel, et son crâne, renfermé dans un buste d'argent, est placé dans une des chapelles latérales.

On sait que saint Vincent Ferrier fit un nombre prodigieux de miracles éclatants durant sa vie : en voici un entre autres :

Un jour qu'il prêchait à Salamanque, il dit tout à coup : "Je suis l'ange annoncé par saint Jean dans l'Apocalypse, cet ange qui doit prêcher à tous les peuples, à toutes les nations, dans toutes les langues, et leur dire : 'Craignez Dieu et rendez-lui tout honneur, parce que l'heure du jugement approche." Voyant la foule surprise par ces paroles il ajouta : " Allez à la porte de Saint-Paul et vous y trouverez une morte qu'on conduit à la sépulture ; amenez-la ici, et vous aurez la preuve de ce que je vous annonce." On trouva, en effet, la morte qu'on lui amena. " Qui suis-je ? " lui dit-il en lui ordonnant de parler. La morte se leva aussitôt et dit." " Vous, père Vincent, vous êtes l'ange de l'Apocalypse, ainsi que vous l'avez annoncé."

Voilà surtout pourquoi on représente saint Vincent avec des ailes, comme on dépeint les anges.

ANGERS, vendredi le 23 novembre.

Aujourd'hui chef-lieu du départment de *Maine-et-Loire*, jadis capitale de la province d'Anjou, Angers compte une population de 60,000 âmes. A cause de la largeur de ses rues et du nombre de ses jardins particuliers, cette belle ville couvre une étendue de terrain considérable. Elle, aussi, a sa partie ancienne au centre de laquelle se trouve la cathédrale, vénérable édifice où le roman domine. L'un des édifices remarquables d'Angers est le vieux château féodal, construction immense et très bien conservée, ayant encore son pont-levis. C'est là qu'est né, en 1408, *le bon roi René*, duc d'Anjou, dont le souvenir est encore vivace dans cette partie de la France.

*_**

M. Aubry, ancien professeur à l'université Laval, aujourd'hui professeur de droit romain à l'institut catholique d'Angers, m'a reçu avec une cordialité toute *québecquoise ;* ce qui ne veut pas dire que la cordialité *française* laisse à désirer.—Monsieur et madame Aubry ayant habité Québec pendant dix ans se considèrent presque comme des Canadiens-français, et ont une réception particulièrement chaleureuse et sympathique pour tous nos compatriotes qui passent à Angers. Comme à Lamballe, je comptais rendre une simple visite ; mais monsieur et madame Aubry m'ont fait une douce violence, à laquelle j'ai résisté fort mollement, je l'avoue, m'ont gardé à dîner, et m'ont donné l'hospitalité pour la nuit. Vous ne sauriez croire, amis lecteurs, à moins d'y avoir passé, combien il est agréable d'échapper pendant quelques heures à la vie quasi insupportable des hôtels, et de goûter aux douceurs de la vie de famille. Mes hôtes ont mis le comble à toutes leurs bontés en me faisant promettre de revenir les voir pendant quelques jours, avant de quitter définitivement l'Europe. " Si vous ne venez pas, m'a dit M. Aubry, soyez certain que j'irai au Canada pour vous gronder. " Ce qui me tente de manquer à ma promesse, afin de procurer aux nombreux amis que M. Aubry compte, à Québec, le plaisir de le voir encore une fois.

Tout Québec se souvient de la très pénible circonstance dans laquelle M. Aubry a fait son dernier voyage au Canada, en 1882 ; tout Québec a sympathisé avec ce père chrétien, fort dans sa douleur, emportant son fils mourant ; avec cette mère affligée...... Je me souviendrai toujours de l'impression profonde que causa dans notre ville, cette simple recommandation aux prières des fidèles : " Pierre Aubry, mort en mer." Aujourd'hui, comme il convient à des chrétiens pleins de foi et d'espérance, qui savent qu'à la voix de l'ange même l'abîme rendra ses morts, monsieur et madame Aubry sont résignés et peuvent parler avec calme de cette grande douleur.

En compagnie de M. Aubry, j'ai visité l'institut catholique d'Angers qui compte les facultés de théologie, de droit, des sciences, des arts et des lettres. La faculté de médecine n'est pas encore organisée ; espérons qu'elle le sera bientôt, car le haut enseignement vraiment catholique, comme celui qu'on donne dans la ville épiscopale de Mgr Freppel, est certes l'un des plus puissants moyens d'accomplir l'œuvre de régénération dont la France a besoin. Former une classe dirigeante, non seulement versée dans les sciences, mais surtout trempée fortement et chrétiennement, armée contre les erreurs du libéralisme moderne, voilà le but élevé que l'on poursuit à l'institut catholique d'Angers.

M. Aubry m'a aussi conduit à une petite chapelle où se fait une des plus belles œuvres de réparation envers le Dieu de nos tabernacles : c'est l'adoration perpétuelle de Jésus-Christ caché sous les saintes espèces, faite nuit et jour et sans la moindre interruption par les servantes du Très-Saint-Sacrement, communauté fondée il y a quelques années expressément pour veiller continuellement devant la sainte Eucharistie exposée. C'est à Angers que se trouve aujourd'hui la maison mère de cette communauté qui a deux succursales, l'une à Paris, l'autre à Lyon.

A propos de ces religieuses, M. Aubry m'a raconté un trait touchant. Par suite de certaines difficultés, les sœurs étaient venues, tout-à-coup, à manquer complètement de ressources, situation que les catholiques d'Angers ignoraient entièrement. Les religieuses, sans se plaindre, sans faire connaître leur dénûment, ont souffert en silence, continuant leurs exercices comme d'ordinaire. Un jour, il n'y avait plus un seul morceau de pain dans la maison et les adoratrices du Saint-Sacrement étaient littéralement menacées de mort par la faim. C'est alors que la Providence a permis que la situation fût découverte. Ai-je besoin d'ajouter que les catholiques angevins y portèrent promptement remède.

Le diocèse d'Angers est l'un de ceux où il y a le plus grand nombre de religieux et de religieuses. Presque tous les ordres de l'Eglise y sont représentés.

Le soir, j'ai eu le plaisir de dîner chez M. Aubry, avec le R. P. Ory, jésuite, qui a été professeur au Canada pendant trois ans. Il enseigne aujourd'hui à l'institut catholique d'Angers. J'ai aussi rencontré M. P.-A. Michel, ancien magistrat de Saint-Malo, ferme catholique et victime de l'épuration républicaine. Il est aujourd'hui rédacteur en chef du journal conservateur *Maine-et-Loire*.

M. l'abbé Jules Morel, bien connu par ses longs combats contre le catholicisme libéral, habite Angers; mais le manque de temps m'a empêché d'aller lui présenter mes hommages. Ce sera pour ma prochaine visite. Mgr Freppel, député du Finistère, est en ce moment à Paris où il défend héroïquement les intérêts de l'Eglise à la chambre et oppose ses protestations énergiques aux entreprises criminelles de la révolution.

PARIS, lundi le 26 novembre.

Hier et aujourd'hui je ne suis guère sorti de ma chambre ayant vraiment besoin de repos. Hier soir, j'avais l'honneur de dîner chez monsieur Eugène Veuillot. J'y ai rencontré, à part la famille de M. Eugène Veuillot, Mgr Bourret, évêque de Rodez, Mlle Elise Veuillot, dont le nom est connu de tous ceux qui connaissent son illustre frère, et M. Auguste Roussel. Mgr Bourret, ami de la presse catholique, a eu la bonté de me bénir ainsi que mon œuvre.

Aujourd'hui j'ai eu la visite de M. Paul Landry, secrétaire de la rédaction des *Nouvelles Annales de philosophie catholique*.

Comme je dois partir demain matin pour Lille, je termine

ma lettre ce soir, et je la termine par quelques mots sur la politique.

∗

Quelqu'un n'a-t-il pas prédit que la troisième république finirait dans la boue ou dans le sang ? Si elle finissait dans les deux à la fois, il ne faudrait pas s'en étonner. Tout indique que le régime actuel s'écroule.

Il y a de la boue et du sang dans l'air, si je puis m'exprimer ainsi. De la boue, il y en a certainement, puisque ces bons républicains s'en jettent par la tête à pleines mains. Je vous ai parlé, l'autre jour, de l'affaire Numa-Gilly. Le député du Gard n'ayant pu produire ses documents devant le tribunal de Nîmes, en a fait un volume qui vient de paraître à Paris. Certains journaux républicains prétendent que ces preuves ne prouvent rien, que ce sont d'impudents mensonges, d'atroces calomnies. Naturellement, il m'est impossible de me prononcer sur la valeur des pièces que produit le maire de Nîmes pour prouver qu'il y a *vingt Wilsons dans la commission du budget*. Mais ce qui est évident pour tout le monde, c'est que l'opinion s'émeut de toutes ces dénonciations, qu'elles soient fondées ou non. La confiance dans la chambre, déjà fort ébranlée, diminue de jour en jour, même chez ceux qui sont partisans de la forme républicaine. Au point de vue de la destruction du régime actuel, l'effet produit est à peu près le même qu'il le serait si toutes les accusations portées étaient bien et dûment prouvées. En supposant que M. Numa-Gilly soit un calomniateur, les républicains goûtent en ce moment au fameux : *calomniez, calomniez, il en restera toujours quelque chose*. Ils ont combattu la religion par le mensonge et la calomnie. Qu'ont-ils à dire s'ils tombent, à leur tour, sous les coups de la calomnie et du mensonge ? C'est la justice de Dieu qui passe.

Mais à part les papiers de Numa-Gilly, voici les 22,000 dossiers de Wilson qui menacent de s'étaler enfin au grand jour. Le trop célèbre gendre de M. Grévy, dont le nom est devenu un opprobre en France, au point que dire à un homme : " Vous êtes un *Wilson*," est une insulte qui ne se lave que dans un duel ou un procès, monsieur Gendre, dis-je, veut se venger de la république aimable qui lui a donné le coup de pied de l'âne, pendant qu'il était à terre, écrasé par l'opinion. Depuis sa chute, il prépare son poison, c'est-à-dire ses petits papiers qu'il classe et met en ordre. Aujourd'hui, il se déclare prêt à commencer sa démonstration; il va prouver que ceux qui l'ont condamné ne valent pas mieux que lui; que tous ensemble ils ont trafiqué de leur influence et de leur position. Le supplice qu'il veut infliger à ses ennemis est raffiné : il se propose de les prendre en détail. Le voilà qui s'attaque à M. Veil-Picard. "Je ne le lâcherai, dit-il, que lorsqu'il sera bien à terre," c'est-à-dire tout à fait sali. Puis, ce sera le tour d'un autre, et ainsi de suite, jusqu'à complet épuisement de la liste des bons républicains qui ont tripoté comme Wilson et avec lui. La tragédie, qui a aussi son côté comique, menace de durer longtemps. Wilson est un homme méprisable et méprisé. N'est-il pas juste que lui aussi travaille à démolir la troisième république ? J'ai à peine besoin de dire que le projet de Wilson jette la consternation dans le camp opportuniste. On voudrait détourner M. Gendre de l'exécution de son plan, en faisant appel à son patriotisme, à son *civisme*, à son amour pour la république dont l'existence est menacée, au dire même des républicains, par toutes ces révélations et dénonciations. Mais c'est Wilson qui s'occupe bien de la république maintenant que la république ne lui est plus utile ! Il n'a qu'un amour, celui de la vengeance; et il se vengera d'une manière digne de lui et de ses ci-devant amis.

Voilà pour la boue. Voici pour le sang qui paraît être dans l'air. C'est l'opinion de beaucoup de Français très sérieux qu'il ne saurait y avoir à la situation actuelle d'autre dénouement que la guerre civile qui peut éclater d'un jour à l'autre. Quoi qu'on en dise, le boulangisme fait de rapides progrès. Les opportunistes le voient, s'en alarment et somment le gouvernement radical de M. Floquet de " sauver la république," de faire acte d'autorité, d'être un gouvernement à " poigne." Car les républicains français, toujours aimables et toujours logiques, condamnent tout acte de vigueur chez les autres, mais recourent eux mêmes très volontiers à la violence.

Ces jours-ci plusieurs journaux ont annoncé que M. Floquet, pour obéir aux sommations des opportunistes, avait préparé un " coup de force." Les principaux ennemis du régime actuel, tant à gauche qu'à droite, Boulanger, Rochefort, le comte de Mun, Paul de Cassagnac, etc., devaient être arrêtés simultanément et " coffrés " d'une façon tout-à-fait digne des temps anciens. Comme bien on le pense, les amis du cabinet ont nié l'existence d'un tel complot. Beau dommage ! Mais il paraît avéré que le gouvernement avait réellement médité une mesure de ce genre pour se débarrasser de ses ennemis. Quoi qu'il en soit, les esprits sont excités et l'on s'attend à des événements graves d'un jour à l'autre, peut-être le 2 décembre, anniversaire du coup d'Etat qui sera l'occasion de démonstrations populaires en l'honneur de Baudin.

Petit trait de mœurs parisiennes : l'autre soir, pendant une représentation au Théâtre-Lyrique, un lustre est tombé du plafond et a tué un jeune homme qui a eu le crâne fracassé. Lorsque le corps tout pantelant du malheureux eut été enlevé, le régisseur est venu demander au public si la représentation devait continuer, et le public a répondu *oui*. Un journal parisien, fort peu scrupuleux, ne peut s'empêcher de trouver ce *oui* " révoltant." Et voilà les mœurs que créent les théâtres, mœurs où il n'entre pas même un peu d'humanité, un peu de cœur, un peu de dignité.

Que Dieu préserve toujours notre pays du fléau des théâtres, surtout des théâtres modernes ! Je vois que trop de journalistes canadiens, des deux partis politiques, travaillent à introduire au Canada le théâtre français. Ce sont des imbéciles ou des méchants !

QUATORZIÈME LETTRE.

Sommaire :—De Paris à Lille.—Une aimable *tête de méduse*.—Quatre heures avec dom Chamard.—Le père Clauzel.— Ouverture du congrès catholique.—Ardeur et prudence dans la lutte.—Résumé des travaux du congrès.— Revue de l'année catholique.—Solution du problème social.—Voyageurs de commerce chrétiens.—Le vœu national.—Réparation par catégories sociales.—L'Hindoustan.—Les maris en danger.— L'abbé Garnier et son œuvre.—Pèlerinage national.—Incident regrettable.—Les savants modernes.—Démonstration catholique de '89.—Paray-le-Monial.—La traite des noirs.— Grande séance de clôture.—Le travail des commissions.—Le Canada au congrès de Lille.— Connaissances précieuses.—L'*Univers* et les dominicains.—Léo Taxil.—Chez des moines journalistes—Un mot de politique.

LILLE, mardi le 27 novembre.

En nous quittant, dimanche soir, après le dîner chez M. Eugène Veuillot, M. Auguste Roussel et moi étions convenus de nous rencontrer, ce matin, dans la salle des pas perdus de la gare du nord, à sept heures trois quarts, afin de prendre ensemble le train rapide de huit heures pour Lille. Fidèles tous deux au rendez-vous, nous nous sommes mis à chercher un compartiment où nous serions à l'aise pour causer. Tout à coup, en passant devant une portière ouverte, M. Roussel jette un petit cri de joie et me fait signe de monter. J'obéis, et je trouve que le compartiment, où il y a dix places, n'est occupé que par un ecclésiastique, qui doit avoir une soixantaine d'années, mais qui jouit encore, évidemment, de toute la vigueur de l'âge mûr. C'est une de ces bonnes figures sympathiques qui vous attirent et qui se font aimer tout de suite. M. Roussel monte dans le compartiment et dit aussitôt : " Dom Chamard, j'ai le plaisir de vous présenter un confrère du Canada, un intransigeant, etc, etc."—M. Roussel a toute une série d'épithètes qu'il m'applique volontiers : elles sont plus aimables que celles que mes confrères de la *Minerve*, de la *Presse*, de l'*Union libérale* se plaisent à m'adresser. Tant il est vrai de dire que nul n'est prophète dans son propre pays. Quoi qu'il en soit, dom Chamard, savant bénédictin, fils spirituel de dom Guéranger, connu dans tout le monde catholique par ses grands travaux, me fait le plus gracieux accueil qu'il soit possible d'imaginer : il lui suffit de savoir que je suis bien vu des rédacteurs de l'*Univers*, et plus particulièrement de son cher ami Roussel, qu'il aime évidemment comme un père aime son fils. Au bout de cinq minutes, nous conversions aussi intimement que si nous nous étions connus depuis vingt ans. Voyez, dit dom Chamard, comme la connaissance se fait vite entre catholiques qui n'ont qu'une seule et même pensée, qu'aucune nuance ne sépare ; il s'établit aussitôt entre eux un courant de sympathie qui ne vient pas de la terre, mais du ciel.

A peine étions-nous installés, qu'un autre ecclésiastique monte dans le compartiment. Pour un instant, cela jette un peu d'eau froide sur nos entretiens, car nous ne le connaissons pas ni les uns ni les autres. Mais cette gêne ne dure pas, car le nouvel arrivé se fait bientôt connaître : c'est le R. P. Clauzel, de la compagnie de Jésus. Il demeure à Toulouse où il aide le R. P. Régnault dans la rédaction du *Messager du Cœur de Jésus*, ce recueil si répandu parmi les membres de l'Apostolat de la prière, et si recommandable par la pureté de sa doctrine. Vous pouvez facilement vous imaginer la réception que nous faisons au père Clauzel. "Nous voilà au complet, dit dom Chamard, un jésuite, un bénédictin, un rédacteur de l'*Univers* et un journaliste militant du Canada. Et dire que tout cela se rencontre dans un seul petit compartiment."
"Mais puisque nous sommes au complet, continue-t-il, il faut empêcher d'autres de monter ici ; à tous les endroits où nous arrêterons, je vais mettre ma tête de méduse à la portière : cela ne manquera pas d'effrayer ceux qui n'aiment pas à voyager

avec les moines, et malheureusement le nombre en est grand."
En effet, grâce à la tête de méduse de dom Chamard, nous avons eu le compartiment à nous pendant tout le trajet, c'est-à-dire jusqu'à midi. Je n'ai jamais trouvé quatre heures plus courtes ; et pour la première fois depuis que je voyage en France, je regrette sincèrement que le train qui me porte ne soit pas un *omnibus*. En *omnibus* nous aurions mis huit ou dix heures à nous rendre de Paris à Lille, et j'aurais joui, pendant tout ce temps, de cette bonne aubaine. N'importe, je vous assure que j'ai profité de ces quatre heures, et que ce voyage comptera certainement parmi les plus charmants incidents de mon séjour en Europe. Vraiment, si je me trouvais toujours en telle compagnie, l'ennui qui me dévore parfois serait chose inconnue.

Dom Chamard, qui demeure à Ligugé, près Poitiers, m'a invité à visiter son monastère avant de quitter la France ; ce que je ferai à moins de circonstances imprévues qui nécessitent trop tôt mon retour au Canada. Ligugé, si je ne me trompe, est le berceau de la vie monastique en France.

Ce soir, à huit heures, a eu lieu dans la salle Ozanam, l'ouverture du congrès ou, pour l'appeler de son vrai nom, l'assemblée générale des catholiques du Nord et du Pas-de-Calais.

C'est Mgr Dennel, évêque d'Arras, qui a présidé cette séance d'ouverture. Le cardinal Langénieux, archevêque de Reims, avait promis de se mettre à la tête du congrès, mais il en a été empêché. On semble généralement croire que c'est une pensée de prudence qui tient Son Eminence éloignée de cette assemblée. En effet, on conçoit facilement les graves inconvénients personnels qu'il pourrait peut-être y avoir, pour les évêques, de prendre une part trop active aux luttes contre la franc-maçonnerie qui gouverne, ou plutôt tyrannise actuellement la France. Les évêques lutteurs, comme Mgr Freppel et Mgr Fava, sont mal vus du gouvernement, qui n'attend qu'un prétexte quelconque pour leur faire un mauvais parti.

D'autres prélats, qui n'ont pas leur tempérament, semblent croire qu'il vaut mieux se tenir un peu plus à l'écart et laisser livrer les batailles rangées par les laïques ou les prêtres. C'est ainsi que l'on ne voit pas toujours les généraux exposer leurs poitrines aux balles ennemies ; ils se contentent de diriger les mouvements de leurs troupes du fond de leur cabinet, ou d'un endroit éloigné du fort de la mêlée. Ils n'en font pas moins la guerre pour tout cela, bien que leur action ne soit peut-être pas aussi entraînante que l'exemple des capitaines qui marchent à la tête de leurs soldats. Quoi qu'il en soit, il convient de constater que plusieurs des prélats français qui ne croient pas devoir imiter l'exemple de NN. SS. Fava et Freppel, ne cherchent pas à empêcher les catholiques militants de marcher de l'avant. De ce nombre est évidemment le cardinal Langénieux, qui approuve, sans doute, la lutte vigoureuse que font les catholiques du Nord, puisqu'il avait d'abord consenti à présider leur congrès, qui est essentiellement une œuvre de combat.

De la situation actuelle en France on peut facilement tirer un argument puissant en faveur de l'apostolat laïque.

Mais revenons aux travaux du congrès catholique de Lille.

La séance d'ouverture, ai-je dit, a été présidée par Mgr Dennel, évêque d'Arras.

M. le comte de Caulaincourt, président du congrès, commence par faire connaître la composition des divers bureaux : votre humble serviteur a l'honneur d'être nommé, avec M. Croisille, d'Amiens, secrétaire de la commission de la presse.

M. de Caulaincourt annonce ensuite que Sa Sainteté Léon XIII a daigné envoyer sa bénédiction apostolique aux membres du congrès. Puis il donne lecture d'un document remarquable que l'on peut, à juste titre, appeler "la revue de l'année catholique" ; c'est un résumé des travaux accomplis par les divers congrès catholiques qui ont eu lieu pendant les douze mois, non seulement en France, mais dans le reste de l'Europe. C'est d'abord le congrès international bibliographique tenu à Paris, au commencement d'avril dernier, suivi immédiatement du congrès scientifique. En juillet, Paris a vu se réunir le sixième congrès eucharistique, sous la présidence d'honneur de Mgr l'archevêque de Paris et la présidence effective de Mgr Mermillod. Ici, je cite textuellement un passage du travail de M. de Caulaincourt :

" Lorsqu'on entend parler d'un congrès eucharistique, on se demande ce que cela peut bien être. On se figure volontiers un cénacle réservé aux seuls ecclésiastiques et à quelques âmes mystiques. C'est, au contraire, une œuvre d'épanouissement qui fait du bien à tout le monde. Des faits, des exemples, de pieuses industries, recueillis un peu partout, excitent le zèle, développent l'amour du Saint-Sacrement, véritable et souverain remède à opposer à l'ignorance et à l'impiété."

Après le congrès eucharistique, est venu le congrès de l'union des associations catholiques ouvrières, tenu à Aurillac, le premier congrès qui ait eu " la bonne fortune, dit M. de Caulaincourt, de protester et de voter en faveur de l'indépendance du Pape."

M. de Caulaincourt a aussi salué le congrès diocésain de Châlons ; le congrès de l'île Maurice " terre autrefois française et toujours catholique " ; la réunion magnifique des catholiques allemands qui s'est tenue à Fribourg en Brisgau et qui s'est terminée par une protestation énergique en faveur de l'indépendance du Saint-Siège.

Enfin, le congrès des jurisconsultes catholiques qui, en octobre dernier, sont allés se réunir à Rome même.

Des congrès régionnaux, comme celui de Lille, s'organisent en Normandie, en Bretagne, à Marseille. Les catholiques éprouvent le besoin de sortir de leur isolement, de se compter, de se concerter.

M. de Caulaincourt ne s'est pas contenté de faire la revue des congrès, il a signalé les autres grands événements qui se sont produits pendant l'année, dans le monde catholique : Le jubilé de Léon XIII, la fondation de l'université catholique à Washington ; la croisade entreprise, sous l'impulsion donnée par le Pape, contre l'esclavage en Afrique, etc. Le président du congrès entretient aussi ses auditeurs des efforts qui se font en France pour améliorer le sort de l'ouvrier en le moralisant. Il nous parle de l'œuvre des retraites d'hommes, au *Château-Blanc*, œuvre dont j'ai déjà dit un mot, dans une de mes précédentes lettres. C'est là que les pères jésuites réunissent ouvriers et patrons pour leur faire comprendre leurs devoirs sociaux, et pour faire d'eux de véritables apôtres. De là est sorti cet admirable mouvement des syndicats des patrons et ouvriers chrétiens dont le but est la réorganisation du travail en France, d'après les principes qui ont présidé à la création de cette merveille de charité que l'on nomme l'usine du Val-des-Bois.

Dans toutes les questions ouvrières qui s'agitent parmi les catholiques français, une chose me paraît souverainement digne de remarque. C'est qu'ici on cherche la solution des problèmes sociaux dans l'*union du patron et de l'ouvrier*. Le patron catholique français considère ses ouvriers comme ses *enfants*, comme des membres de sa famille. Il reconnaît qu'il a envers eux de graves devoirs à remplir; qu'il ne doit pas se contenter de leur payer un salaire; mais qu'il est tenu de s'intéresser à leur sort matériel et spirituel; qu'il n'a pas reçu la fortune et l'influence pour son profit personnel, pour jouir, pour s'enrichir de plus en plus, mais pour faire le bien autour de lui, pour aider ses ouvriers à vivre et à mourir chrétiennement.

Pour moi, de toutes les belles œuvres qui se font en France, ce réveil de l'esprit vraiment chrétien chez un certain nombre de patrons est le symptôme le plus consolant et le plus rassurant pour l'avenir. C'est la divine charité de Jésus Christ qui a régénéré le vieux monde païen perdu par l'égoïsme; c'est cette même charité qui sauvera, si elle doit être sauvée, la société moderne également gangrénée par l'amour de soi et l'oubli de Dieu et de son prochain. La solution de ce que l'on est convenu d'appeler le problème social est là, et là seulement. Inutile de la chercher ailleurs. Tant que le patron et l'ouvrier ne s'uniront pas dans la charité; tant que la religion n'aura pas adouci les âpres exigences du capitaliste et qu'elle n'aura pas enseigné au travailleur à convoiter plutôt les biens de l'autre vie que les jouissances passagères de celle-ci, la lutte entre riches et pauvres ira s'aggravant jusqu'à ce qu'elle nous mène à des cataclysmes épouvantables.

Combien sont inutiles toutes les organisations que nous voyons dans les pays industriels non chrétiens, surtout en Amérique ? Les patrons s'organisent entre eux pour mieux exploiter les ouvriers ; ceux-ci, à leur tour, forment des associations afin de mieux combattre l'ennemi commun : le capital. De telles sociétés sont, non seulement impuissantes à résoudre le problème social ; elles ajoutent aux périls de la situation. C'est la lutte organisée entre le capital et le travail, lutte homicide, inique, inspirée par Satan, ennemi du genre humain, lutte qui ne peut conduire qu'à des désastres sans nom.

Je vois que je me suis laissé entraîner un peu en dehors de mon sujet ; mais je suis si vivement pénétré de la gravité de ces questions ouvrières, je suis si profondément admirateur de la solution *chrétienne*—la seule pratique—des graves problèmes qui inquiètent le monde entier, que je ne puis résister à la tentation d'en parler, chaque fois qu'une occasion plausible de le faire se présente. Revenons maintenant à la séance d'ouverture du congrès de Lille.

Après le discours de M. de Caulaincourt, M. le chanoine Jules Didiot, vice-recteur de l'université catholique de Lille, entretient l'auditoire des *confréries du Très-Saint Sacrement*, si propres à restaurer l'ordre chrétien de la société en détruisant le respect humain, en réchauffant la charité, en ranimant la foi.

Mais je m'aperçois que si je ne veux pas dépasser les bornes ordinaires, je dois me limiter à une simple mention des principaux travaux du congrès, sans entrer dans les détails, malgré tout l'intérêt que mes lecteurs pourraient y trouver.

Après M. le chanoine Didiot, M. Jonglez de Ligne prononce un solide discours sur le pouvoir civil des Papes. La conclusion, très ferme et très applaudie, c'est que les catholiques français doivent travailler, par tous les moyens à leur portée, au rétablissement de ce pouvoir, notamment en exigeant, aux prochaines élections, des engagements formels de la part des candidats.

M. de Margerie donne lecture d'un travail de M. Danzas sur le 14e centenaire du baptême de Clovis, qu'il oppose au centenaire révolutionnaire qu'on se prépare à célébrer en France, l'an prochain.

Enfin, pour clore cette première séance, M. le baron d'Allemagne, l'un des plus puissants orateurs qu'il m'ait jamais été donné d'entendre, nous parle des ravages de la franc-maçonnerie. Parmi les agents de la secte, il faut mettre les voyageurs du commerce. Mais n'allons pas croire que tous les membres de cette classe si nombreuse servent d'instruments à la loge. Il s'est formé, sous la présidence de M. le baron d'Allemagne, une association de voyageurs chrétiens qui luttent hardiment contre la franc-maçonnerie. L'orateur a raconté plusieurs traits vraiment édifiants. C'est que l'amour de Jésus-Christ inspire de sublimes dévouements dans tous les rangs de la société.

Mgr Dennel a clôturé cette première séance par quelques paroles d'édification, en insistant sur la nécessité de nous réformer nous-mêmes, tout en travaillant à la réforme des lois et des institutions.

PARIS, lundi le 3 décembre.

Je suis arrivé à Paris cette après-midi. Pendant mon séjour à Lille, il m'a été impossible de tenir mon journal régulièrement. Le jour j'étais occupé à suivre les travaux des commissions, très nombreuses et très importantes ; le soir les séances générales duraient jusqu'à dix heures et demie. Rentré à ma chambre à onze heures, j'étais trop fatigué pour écrire, même en style négligé ; d'autant plus qu'il fallait me lever matin afin d'être à mon poste ; car la charge de secrétaire d'une commission du congrès de Lille, pour être très honorable, n'est pas précisément une sinécure. Je me suis donc vu forcer de remettre, à mon retour à Paris, tout entretien avec mes lecteurs.

Je reprends le résumé très succinct des travaux des séances

générales. La deuxième séance, qui a eu lieu mercredi soir, était présidée par M. le comte de Caulaincourt.

M. le vicomte de Damas nous a parlé, en témoin oculaire, du jubilé sacerdotal de Léon XIII.

M. de Launay, l'un des rédacteurs du *Monde,* fait connaître les progrès de l'*œuvre du vœu national du Sacré-Cœur* et nous parle des différentes chapelles érigées dans la basilique de Montmartre. Parmi ces chapelles, est celle du Canada, dédiée à saint Jean-Baptiste. D'après les renseignements fournis par M. de Launay, l'église votive sera livrée tout entière au culte dans les premiers mois de 1890.

M. de Pèlerin, magistrat d'Avignon, nous entretient, avec une éloquence toute méridionale, de la *Réparation par catégories sociales.* Cette œuvre est établie à Nimes. Elle consiste dans la communion et l'adoration du Très-Saint-Sacrement par des représentants des divers corps sociaux, professions, états, métiers, etc.

Le R. P. Bouletant, missionnaire jésuite, fait une dissertation, aussi savante que pleine d'intérêt, sur la conversion de l'Hindoustan, sur les mœurs sociales créées par la religion boudhiste. Le bon père a excité l'hilarité générale en rapportant ce mot d'un de ses néophytes, à qui il essayait de faire comprendre qu'il est permis aux veuves de se remarier : " Mais si nos femmes savaient qu'elles peuvent se remarier après notre mort, elles nous empoisonneraient tous."

Vint ensuite M. l'abbé Garnier, orateur puissant, apôtre dévoré par l'activité, le zèle, la soif des âmes, qui parcourt la France prêchant l'*apostolat de l'enfance* et la *confrérie de Notre-Dame de l'usine* ou de *Notre-Dame des champs,* selon qu'il s'adresse à des populations rurales ou à des ouvriers des villes. Il nous a parlé de ces œuvres en termes vraiment éloquents et émus.

**

La troisième séance générale, jeudi soir, était présidée par Mgr Lacaze, vicaire apostolique en Océanie. A cette séance, le R. P. Marcel, augustin de l'Assomption, donne le compte-

TRÈS RÉV. PÈRE ANDERLEDY, GÉNÉRAL DE LA CIE. DE JÉSUS.

rendu du dernier pèlerinage national à Lourdes. Son récit nous édifie beaucoup.

M. de Sèze, magistrat, fait une dissertation très applaudie sur le *projet de loi* actuellement soumis aux chambres par le cabinet Floquet, projet qui aura pour effet, s'il est voté, de rendre absolument impossibles les associations religieuses.

M. le chanoine Lasnes donne lecture d'un rapport sur les *concours de catéchisme*.

Ici se place un incident désagréable, le seul dont j'aie été témoin durant le congrès. M. de Lapparent, professeur à l'institut catholique de Paris, a rendu compte du congrès scientifique catholique, tenu le printemps dernier. On le sait, à ce congrès, il s'est produit des doctrines pour le moins malsonnantes sur l'*évolution* et le *transformisme*. M. de Lapparent ne s'est pas contenté de passer l'éponge sur tout cela ; il s'est permis d'attaquer l'*Univers*, en le désignant clairement, parce que ce vaillant journal a cru devoir faire quelques réserves nécessaires sur les témérités de langage de certains congressistes.

M. de Lapparent appartient évidemment à cette école trop timide, qui, sous le spécieux prétexte " qu'il ne faut pas repousser la science," accepte, avec respect, toutes les hypothèses que les ennemis de l'Eglise inventent exprès pour ruiner la foi. Aux yeux de ces étranges catholiques, du moment que de prétendus savants affirment hardiment une chose, si absurde soit-elle, c'est de la *science* ; et dès lors il faut torturer les saintes Ecritures pour les mettre d'accord avec des théories qui seront peut-être reconnues comme fausses dans quelques années.

La science, c'est ce que l'on *sait*, non pas ce que l'on *suppose*. Entre la vraie science et la foi il ne saurait y avoir la moindre contradiction. Aussi jamais les catholiques n'ont-ils repoussé la vraie science. Mais vouloir nous obliger à admettre, sous peine de passer pour des ennemis de la science, toutes les *hypothèses* qu'il plaît à la franc-maçonnerie de mettre au jour, c'est par trop fort. C'est là le grand tort des gens de l'école de M. de Lapparent. Qu'on examine ces hypothèses, à la bonne heure; mais qu'on les décore du nom de *science*, c'est inadmissible, je dirai même que c'est insensé

Le père Le Tallec, S. J., a fait oublier la regrettable incartade de M. de Lapparent en nous parlant de l'*Association de la jeunesse catholique.* Puis M. l'abbé Garnier a dit un mot du centenaire de 89 et de la contre-démonstration que les catholiques organisent à cette occasion.

A la quatrième séance générale, vendredi soir, nous avons entendu lecture d'un travail de M. le baron de Sarachaga sur les *fastes eucharistiques.* M. de Sarachaga a fondé, à Paray-le-Monial, un musée composé exclusivement d'objets qui se rapportent au Très-Saint-Sacrement.

M. Boyart lit un rapport très élaboré sur l'*association des patrons chrétiens de la France,* œuvre admirable dont j'ai parlé plus haut.

La séance se termine par une émouvante allocution de M. Cochin sur les horreurs de la traite des noirs que Léon XIII a entrepris d'abolir.

La dernière séance générale a eu lieu samedi soir.

M. le chanoine Meurisse a donné lecture d'un rapport sur l'*œuvre des écoles.* M. Witz a parlé de l'*Ecole de commerce de Lille.* M. Auguste Roussel a rendu compte de la *visite des jurisconsultes catholiques au Saint-Père.* M. Croisille a lu un petit travail sur le Canada que j'avais préparé et dont il sera question plus loin. Enfin M. Fernand Nicolaï a entretenu l'auditoire de l'*œuvre des conférences populaires.*

Voilà un bien maigre résumé des travaux des cinq séances générales.

Dimanche après-midi, avait lieu la grande séance de clôture à l'hippodrome où quatre ou cinq mille personnes s'étaient donné 'rendez-vous. J'ai rarement vu plus bel auditoire. La réunion était présidée par Mgr d'Hulst. Les orateurs, MM. Thellier de Poncheville et Chesnelong, ont parlé avec éloquence, le premier de la laïcisation des écoles, le second, du pouvoir temporel du Pape. M. de Poncheville, l'un des députés catholiques du département du Nord, a un très bel organe. Il a soulevé une véritable tempête d'applaudissements. M. Chesnelong est un vieillard à l'aspect vénérable. Il parle avec chaleur, mais sa voix commence à faire défaut. Du reste, il a manqué au discours de l'honorable sénateur une conclusion pratique. L'orateur a bien montré la nécessité, à tous les points de vue, de l'indépendance absolue du Souverain-Pontife ; mais il n'a indiqué aucun moyen de hâter le retour de cette indépendance tant désirée. Des discours et des protestations en faveur du pouvoir civil des papes sont très louables, sans aucun doute. Mais le devoir des catholiques se borne-t-il à cette action tout à fait platonique qui ne doit inspirer aucune crainte aux usurpateurs ?

A cette séance de clôture, M. l'abbé Fichaux a parlé brièvement de la question ouvrière : il demande que les catholiques du monde entier s'entendent pour régler trois points importants : 1o le travail des femmes et des enfants ; 2o le repos du dimanche ; 3o les heures du travail.

A part les séances générales, il y a eu de nombreuses séances de commissions particulières. C'est même au sein des commissions que se fait le véritable travail d'un congrès ; c'est qu'on discute, dans l'intimité, les questions pratiques, les mesures à prendre pour fonder, propager et fortifier les œuvres ; œuvres de foi et de prière, pèlerinages, etc ; œuvres de presse et de conférences ; œuvres d'enseignement supérieur, secondaire et primaire ; œuvres sociales, etc.

Occupé à la commission de la presse, je n'ai guère pu suivre les travaux des autres commissions. Il m'a été donné, toutefois, d'assister à une séance de la commission des œuvres sociales, et comme l'on y parlait de la nécessité pour les curés de se mêler davantage, partout où la chose est possible, à la vie intime du peuple, particulièrement dans les campagnes, je me suis permis de dire un mot de l'œuvre des cercles agricoles au Canada qui a fait tant de bien dans celles de nos paroisses où l'on a pu l'introduire. Les quelques renseignements que j'ai pu donner sur ce sujet ont paru intéresser vivement la commission.

A la commission de la presse, on a bien voulu m'inviter à prendre la parole pour faire connaître l'état du journalisme canadien. J'ai eu le pénible devoir de flétrir le grand nombre de mauvais feuilletons qui se publient dans notre cher pays et qui ne peuvent manquer de produire chez nous les mêmes désastres que l'on déplore en France.

A une deuxième séance de la même commission, j'ai donné lecture du petit travail qui suit :

" En 1763, par le traité de Paris, la France dut céder à l'Angleterre sa belle colonie de la Nouvelle-France fondée par Samuel de Champlain en 1608. Pendant un siècle et demi, cette colonie avait grandi à l'ombre de la Croix, préservée de l'anéantissement dont la menaçait sans cesse la barbarie iroquoise par une protection toute spéciale de la divine Providence ; elle avait été le théâtre de dévouements héroïques ; elle avait eu ses martyrs dans la personne des missionnaires jésuites de Brebœuf, Jogues, Lallemant et autres ; Mgr de Laval, la vénérable Marie de l'Incarnation, que l'on nomme la Thérèse du Canada, la mère Marguerite Bourgeois et un grand nombre d'autres âmes apostoliques y avaient accompli des travaux dignes de la primitive Église. Cette belle œuvre allait-elle donc périr ? Au point de vue humain, la situation était sans espoir. Abandonnés par l'armée française et la noblesse, les 60.000 colons devaient être bientôt écrasés par le vainqueur qui n'a épargné aucun effort pour faire du Canada un pays anglais et protestant. Mais Dieu, qui semble avoir appelé la Nouvelle-France à réaliser sur le continent américain le *gesta Dei per Francos*, n'a point permis la destruction de ce peuple naissant. Dans ces jours si sombres, les colons canadiens-français, délaissés par les puissants du monde, se réfugièrent sous la protection de l'Église. Le clergé n'avait pas abandonné son poste pour suivre la noblesse et l'armée en France ; il resta pour guérir les blessures, relever les courages, préparer l'avenir. Dans cette union étroite du clergé et des fidèles, le peuple canadien a trouvé la conservation, non seulement de sa foi, mais aussi de sa nationalité. C'est une vérité historique absolument incontestable que si la Nouvelle-France est restée catholique et française, c'est grâce à l'action sociale du clergé. Voilà pour le passé ; voici pour le présent et l'avenir.

"Les 60,000 colons sont devenus, par la seule force de leur expansion naturelle, un peuple de deux millions, dont le principal centre est dans la province de Québec, qui comprend toute la belle vallée du Saint-Laurent. Adossé aux régions inhabitables du nord, qui forment, de ce côté, une barrière infranchissable, ce peuple étend ses conquêtes vers le midi, l'est et l'ouest, refoulant l'élément anglais incapable de résister à cette invasion toute pacifique. La fécondité du peuple canadien-français est vraiment merveilleuse et fait l'étonnement et le désespoir des races hostiles. Cette fécondité est telle que notre population se double tous les 20 ou 25 ans ; de sorte que nous serons un grand peuple dans un avenir peu éloigné. Or cette fécondité n'est que le résultat, ou plutôt la récompense, de la moralité de nos populations qui, dans les campagnes surtout, sont restées saines, croyantes et pratiquantes. Toutefois, il y a des ombres à ce beau tableau. Dans ce que l'on appelle les classes dirigeantes, il y a des faiblesses, des défaillances déplorables ; on y voit même des trahisons. Voici quelques-uns des dangers qui nous menacent : l'hostilité sourde ou ouverte des races étrangères qui nous entourent ; le travail de la franc-maçonnerie et des autres sociétés secrètes très puissantes au Canada ; notre manque de ressources, ce qui nous met souvent à la merci de nos ennemis sur le terrain des affaires commerciales, industrielles, financières ; le défaut de grandes familles religieuses d'hommes, solidement fondées, avec leur formation régulière, leurs études complètes et une juste indépendance comme le veulent les règles et l'esprit de l'Eglise ; un levain de gallicanisme, plutôt pratique que théorique, qui résiste à tous les remèdes et que l'on a constaté fréquemment encore, depuis 40 à 50 ans, chez nos avocats, nos magistrats, nos députés, nos notaires, nos marguilliers, nos hommes de lettres, nos journalistes, etc ; les principes, et plus encore les pratiques du libéralisme, allant jusqu'au radicalisme chez quelques-uns seulement, mais très en vogue à l'état de libéralisme mitigé, ou semi-libéralisme. Je vous signalais, à notre dernière séance, le fléau des mauvais feuilletons qui menace notre pays des mêmes malheurs qui affligent en ce moment notre ancienne mère patrie. Il y aurait aussi à indiquer, pour compléter le catalogue des périls auxquels nous sommes exposés, certaines misères très profondes, mais qui sont d'un caractère tellement délicat qu'il ne convient pas d'en parler même devant une réunion aussi restreinte que celle-ci. Qu'il me suffise de dire que ces misères ont pour effet de paralyser les efforts des catholiques, qui voient le mal et qui voudraient le repousser pendant qu'il en est encore temps.

"Dans ces dernières années a surgi, au Canada, un nouveau péril que, non seulement je puis faire connaître, mais que vous pouvez, vous catholiques de France, nous aider puissamment à conjurer. C'est même pour vous signaler ce danger que j'ai demandé la permission de prendre la parole, et ce qui précède n'est en quelque sorte qu'une composition de lieux destinée à vous faire voir plus clairement le malheur qui nous menace.

"Pendant plus d'un siècle, la France a oublié pour ainsi dire complètement son ancienne colonie qu'elle avait fondée au prix de tant de sacrifices. Récemment, elle a fait une nouvelle découverte du Canada ; elle y a trouvé tout un petit peuple resté français par la foi, la langue, les traditions et les aspirations. Autant l'indifférence à l'égard du Canada avait été grande, autant les sympathies pour cette autre France deviennent vives. Pour les Canadiens-français, ils n'avaient jamais cessé d'aimer la France. Longtemps encore après la cession du pays à l'Angleterre, ils tournaient leurs regards vers le grand golfe, dans l'espérance d'y voir apparaître leur glorieux drapeau qui avait flotté pendant plus d'un siècle et demi sur la citadelle de Québec. Enfin, lorsque tout espoir patriotique fut éteint dans leur âme attristée, ils acceptèrent loyalement la nouvelle situation ; mais ils conservèrent le souvenir et le culte de l'ancienne mère patrie.

"En voyant revenir la France vers eux, les Canadiens-français qui réfléchissent ont été en proie à deux sentiments opposés. Comme disent nos sauvages dans leur langage pittoresque, ils avaient " deux cœurs." La France de nos ancêtres, représentée par la France vraiment catholique d'aujourd'hui, leur inspirait amour et admiration ; l'autre France, la France révolutionnaire et maçonnique les épouvantait. Hélas ! il faut le dire, c'est surtout cette dernière France qui se montre à nous, qui frappe les regards du peuple, qui nous envoie ses représentants, ses écrivains, ses capitaux, qui reçoit et décore nos nationaux. Il y a là pour nous un très grand péril. Car beaucoup de nos compatriotes ne distinguent pas entre les deux Frances, entre celle qu'il faut aimer, admirer, imiter, et celle qu'il faut repousser avec horreur. Ils ont pour tout ce qui se dit français, même lorsque ce titre ne cache que la juiverie, des entraînements presque irrésistibles qui s'expliquent, sans se justifier, par nos vives et profondes sympathies pour le pays de nos aïeux.

"Voilà la situation. Me serait-il permis, en terminant, de

prier, de *supplier* la France catholique, particulièrement les écrivains catholiques de France, de ne point permettre à la France révolutionnaire et maçonnique d'exploiter, au profit de Satan, le patriotisme des Canadiens-français ? Que les catholiques de France s'emparent du mouvement qui rapproche de plus en plus le Canada de son ancienne mère patrie, qu'ils le dirigent, qu'ils le fassent contribuer à la gloire de Dieu, à l'établissement du règne social de Jésus-Christ. Par là, ils feront un acte de charité qui portera d'heureux fruits au Canada comme en France : au Canada, en nous arrachant au danger que nous fait courir le contact de la France révolutionnaire ; ici, en fournissant à vos écrivains un argument irrécusable en faveur de l'action sociale de l'Eglise qui a manifestement sauvé le peuple canadien-français de la ruine et de l'anéantissement national."

Mon excellent confrère et ami, M. Auguste Roussel, l'un des principaux rédacteurs de l'*Univers* et l'un des vice-présidents de la commission, a bien voulu demander que ce modeste travail fût lu en séance publique, et inséré dans le compte-rendu des travaux du congrès. Cette double demande a été agréée par le bureau général du congrès. Si je n'ai pas lu moi-même ce travail à la séance générale de samedi soir, c'est que, n'ayant guère l'habitude de la parole, j'ai préféré confier cette tâche à mon collègue, M. Croisille, jeune avocat d'Amiens qui a bien voulu s'en charger.

A la troisième séance de la commission de la presse, j'ai eu l'honneur de soumettre le *vœu* suivant qui a été unanimement adopté :

" Considérant que le Canada a été fondé par la France catholique ; que le peuple canadien-français a été préservé de l'anéantissement national par l'action sociale de l'Eglise ; qu'il existe depuis quelques années un mouvement qui rapproche, de plus en plus, la France de son ancienne colonie, la commission émet le vœu que les catholiques français, et plus particulièrement les écrivains catholiques de France, s'emparent de ce mouvement afin d'aider les Canadiens-français dans la lutte engagée, chez eux, contre l'influence néfaste des principes révolutionnaires français."

Je demande bien pardon à mes lecteurs de les avoir entretenus, un peu longuement, de mes faits et gestes, mais j'ai cru qu'il leur serait agréable d'apprendre que le Canada n'a pas été oublié au congrès de Lille.

***

Pendant mon séjour dans la capitale du nord, j'ai fait de nombreuses et précieuses connaissances. M. Champeau, l'infatigable secrétaire général du congrès, cheville ouvrière de toute cette vaste organisation, a bien voulu m'inviter à dîner chez lui. J'y ai rencontré, entre autres, M. le chanoine Didiot, vice recteur de l'université catholique de Lille et le R. P. Levigoureux, prieur des dominicains de Lille. Ce dernier était assis à côté de M. Auguste Roussel et tous deux paraissaient s'entendre à merveille. J'ouvre une petite parenthèse pour dire à cet excellent Gauns que l'*Univers* compte ses plus fermes et chaleureux amis parmi les pères dominicains de Toulouse et de Lyon, et d'ailleurs aussi !

J'ai aussi dîné chez M. Auguste Charaux, professeur de l'université catholique et frère du R. P. Charaux, S. J. du Sault-au-Récollet. Là j'ai fait plus ample connaissance avec le R. P. Bailly, directeur du vaillant journal la *Croix*, et avec M. l'abbé Defourny, délégué de Mgr l'évêque de Versailles. M. Defourny est un savant et un intégriste à la don Sarda, un ami intime de M. le Dr Van Doren, de Bruxelles.

Pendant le congrès j'ai aussi fait la connaissance du R. P. Leroy, jésuite, d'Amiens, avec qui j'ai eu de charmants entretiens ; de M. le marquis de Beaucourt, directeur de la société bibliographique de Paris ; de M. Amédée de Margerie, doyen de la faculté des lettres à l'université catholique de Lille, qui s'intéresse beaucoup au Canada puisqu'il a un fils à Manitoba ; de M. le comte de Caulaincourt, président du congrès, qui s'occupe des questions agricoles et qui est en relations avec M. Louis Beaubien ; de M. Wittran, gérant de la *Vraie France*, de Lille, et ancien zouave pontifical qui a connu plusieurs de nos zouaves à Rome, plus particulièrement MM. Prendergast, Guilbault et Désilets qu'il m'a chargé de saluer affectueusement pour lui, ce que je fais très volontiers par les présentes ;

de M. Bertin, grand négociant de Paris et catholique à l'âme limpide comme celle d'un enfant. Mgr Fèvre m'a dit, pendant que j'étais à Louze, qu'il y a, dans cette Babylone moderne, trente mille chrétiens qui se feraient couper le cou pour Notre Seigneur Jésus-Christ. M. Bertin est certainement de ce nombre.

Je n'en finirais plus si je voulais vous mentionner les noms de tous les vaillants catholiques qu'il m'a été donné de connaître à Lille. Ma lettre est déjà trop longue. Pour finir, il faut que j'aie recours au style télégraphique.

PARIS, jeudi le 6 décembre.

Depuis mon retour de Lille, j'ai beaucoup écrit. J'ai fait quelques visites. J'ai vu Léo Taxil, que les lecteurs de la *Vérité* connaissent bien. C'est un tout jeune homme vigoureux et actif. Pour combattre la franc-maçonnerie, il a fondé un journal hebdomadaire, la *Petite guerre* que le congrès de Lille a hautement recommandé (1).

Hier soir, j'ai dîné chez le R. P. Bailly, directeur de la *Croix*. Les bons moines journalistes m'ont beaucoup fait parler du Canada, sujet d'un intérêt inépuisable pour les Français.

Peu d'événements politiques à signaler. Wilson, l'affreux Wilson, a repris son siège à la chambre. Les républicains, dont plusieurs ne valent pas mieux que lui, ont fait le vide autour de leur ex-ami ; ils ont même levé la séance pour protester contre sa présence !

Le 2 décembre, démonstration républicaine à Paris : procession, couronnes déposées sur le tombeau de Baudin, député tué sur une barricade, lors du coup d'Etat, discours anti-boulan-

(1) Depuis lors, la *Petite guerre* a cessé de paraître. M. Taxil a fondé ensuite le *Petit catholique*, et on lui a confié la direction d'une revue destinée à faire connaître la vie et les œuvres de Jeanne d'Arc. On le sait, c'est en travaillant à une histoire anticléricale de Jeanne d'Arc, que Léo Taxil a été frappé par la grâce.

gistes, etc. Beaucoup de curieux, mais en somme maigre affaire. Pas de désordres; seulement, le ministère Floquet a dû se mettre à la remorque, dans cette occasion, de la commune de Paris, ce qui ne laisse pas d'inspirer de vives inquiétudes pour l'avenir.

Le même jour, le général Boulanger festoyait à Nevers; dans son *speech*, il a dénoncé le coup d'Etat. Ce qui ne l'empêchera pas de faire le coup de balai, tôt ou tard. Du moins, c'est l'espoir quasi universel.

Tout médiocre et tout méprisable qu'il soit, au point de vue moral, Boulanger est toujours le seul *prétendant* sérieux, le seul en évidence. On espère qu'il donnera un coup de sabre ou un coup de pied au régime actuel. C'est tout le secret de cette popularité dont il jouit.

J'aurais voulu vous parler d'un grave événement religieux qui préoccupe vivement les meilleurs esprits en France. Mais vraiment cette lettre dépasse déjà et de beaucoup les limites du raisonnable. A la semaine prochaine.

QUINZIÈME LETTRE.

SOMMAIRE :—Une race maussade.—Réflexions sur le respect humain.—L'haleine des glaciers.—A Lyon.—Froid et brouillard.—A la montée Balmont.—Les abbés Lémann.—Solution chrétienne de la question juive.—Chez M. Lucien Brun.—Lyon à Marie.—Illumination en l'honneur de l'Immaculée.—Un quasi miracle.—Souvenir de 1870.—Pèlerinage à Notre-Dame de Fourvière.—Démonstration grandiose.—Coup d'œil sur la ville.—Les églises.—La place des Terreaux.—saint Pothin et sainte Blandine.—Diner chez M. Lucien Brun.—Le musée de la propagation de la foi.—Un exilé de la Suisse.—La question romaine à Lyon et devant la législature de Québec.—De Lyon à Grenoble.—Première vue des Alpes.—*Gratianopolis*.—Chez M. Desplagnes.—Abus du concordat.—Nomination des évêques par la franc-maçonnerie.—La situation politique.

LYON, vendredi le 7 décembre.

Quelle race maussade que celle des maîtres d'hôtel en France ! Il y a d'honorables exceptions, je veux bien le croire ; mais, prise dans son ensemble, cette race est souverainement maussade, je le répète.

Tous les jours de la semaine, excepté le vendredi, on vous fait manger du poisson et des omelettes, presque malgré vous. Le vendredi, point de maigre, du gras sur tous les menus. Vous avez à choisir entre le pain sec et la viande.

Parti de Paris à onze heures du matin, je suis arrivé à Dijon à six heures du soir. Sept heures en chemin de fer aiguisent l'appétit. Nous avons une demi-heure d'arrêt avant de nous remettre en route pour Lyon, et je compte profiter de ces moments pour me restaurer un peu. Mais, c'est bien le cas de le dire, je comptais sans mon hôte. On me présente le menu :

gras partout. Je demande au garçon s'il n'y a pas moyen d'avoir du maigre. Non, monsieur, pas moyen.—Cela simplifie les choses. Un petit pain ne coûte que trois sous, et ça suffit, à la rigueur.

Tout de même, je trouve cette race maussade. C'est évidemment un parti pris : on veut forcer les catholiques à manger du pain sec ou à violer les lois de l'Eglise.

Heureusement, en France, on perd vite le misérable respect humain qui nous paralyse au Canada, qui nous empêche d'affirmer hardiment notre foi et de mépriser le *qu'en dira-t-on*. Ici, les camps sont tranchés. Les Français qui sont catholiques le sont vraiment, et ne craignent pas de le faire voir.

Chez nous, la routine joue un grand rôle. Tant qu'il s'agit de pratiques religieuses qui ne sortent pas des sentiers battus, ça va bien. Par exemple, tout le monde va à la messe, le dimanche. C'est parfait. Mais je ne crois pas me tromper en disant que l'on ne voit pas, au Canada, ces affirmations généreuses qui distinguent les catholiques français :—les vrais catholiques s'entend, non pas les catholiques des théâtres et du *Figaro*.

L'autre jour, à Lille, dans la vaste salle de l'hippodrome, cinq mille personnes, à la demande de Mgr d'Hulst, se sont mises à genoux, ont fait un grand signe de croix, et ont récité, à haute voix, le *Veni Sancte* avant la séance, et le *Sub tuum*, après. Et elles l'ont fait le plus naturellement du monde. Oserait-on demander à cinq mille québecquois et québecquoises, réunis dans une salle publique, d'en faire autant ? Je ne le pense pas.

Mais voilà certes une longue digression et à coup sûr l'*Union libérale* va dire que je fais des sermons. N'importe ; pour montrer que je suis un peu moins l'esclave du *qu'en dira-t-on*, depuis que je fréquente les catholiques de France, je n'effacerai pas ces lignes. Il y a deux mois, à la seule pensée qu'un jeune imbécile quelconque m'accuserait peut-être de *prêcher*, je les aurais biffées jusqu'à la dernière. Je suis donc un peu moins lâche que j'étais. Quand bien même mon séjour en France n'aurait eu que ce résultat, je ne le regretterais pas.

Parlons maintenant de choses moins sérieuses ; de la température, par exemple. Eh bien ! la température de Lyon laisse à désirer. Lorsque nous sommes partis de Paris, nous jouissions d'un temps superbe. Nous avons roulé pendant onze heures, en train rapide, toujours vers le sud, et nous voici dans un pays froid.

Le froid de Lyon est particulièrement humide et pénétrant. La Saône et le Rhône viennent se joindre ici. Ce sont deux rivières assez larges, au courant rapide. Le Rhône sort des glaciers de la Suisse et doit apporter avec lui l'haleine froide des neiges éternelles. Je préfère de beaucoup le climat de Québec à celui de Lyon, même le climat de Québec par un temps de *nord-est*.

Lyon est la deuxième ville de France, tant par sa population : 400,000 âmes, que par son industrie et son commerce. On l'appelle la *Rome des Gaules*, et son archevêque porte le titre de *primat des Gaules*. Elle est, en effet, très ancienne et avait une grande importance dès avant le commencement de l'ère chrétienne. Elle est riche en souvenirs religieux, féconde en œuvres. Mais nous parlerons de tout cela demain.

———

Lyon, samedi le 8 décembre.

La belle fête de l'Immaculée Conception n'est pas une fête d'obligation en France, mais elle est chère à la ville de Lyon, qui a un culte particulier pour la très-sainte Vierge.

Il faisait, ce matin, un temps vraiment exécrable, un temps londonien : brouillard épais et froid. Par moments, on avait de la peine à distinguer les maisons d'un côté à l'autre de la rue.

Malgré ce temps peu propice, j'ai passé une belle et bonne journée. Vers dix heures, M. l'abbé F.-X. Trépanier est venu me prendre et nous nous dirigeons vers la montée Balmont. Là se trouve l'institut des sourds-muets de M. Forrestier, magnifique institution qui rappelle la belle maison de la rue St-Denis, à Montréal. Les abbés Lémann, Joseph et Augustin, y demeurent et ils avaient bien voulu m'inviter à prendre le dîner avec eux. Ces deux frères jumaux, mes lecteurs le savent, sans doute, sont deux juifs convertis. Si tous les fils d'Israël étaient comme eux, le monde serait beaucoup plus heureux qu'il ne l'est.

Savants, pleins de foi et de charité, très-fermes sur les principes et avec cela aimables, polis, excellents causeurs, voilà les deux abbés Lémann qui se ressemblent comme deux gouttes d'eau, tant au physique qu'au moral. J'ai passé, en leur compagnie, plusieurs heures délicieuses. Nous avons parlé de bien des choses, mais plus particulièrement de la question juive qu'ils connaissent à fond et qu'ils envisagent à un point de vue élevé et profondément chrétien. Le péril juif, ils le connaissent mieux que personne. Les Canadiens, m'ont-ils dit, doivent être sur leurs gardes, s'ils ne veulent pas tomber au pouvoir des juifs, comme le sont aujourd'hui les peuples de l'Europe. Mais le meilleur moyen, le seul moyen vraiment efficace de repousser la domination juive, c'est de vivre de manière à ne la point mériter. Car, n'en doutons pas, Dieu se sert des juifs comme d'un fléau pour châtier les nations chrétiennes qui ont prévariqué, qui ont renié leur baptême. Retour aux principes chrétiens, à la vie domestique chrétienne, à la vie sociale chrétienne, voilà la solution du problème juif : elle n'est pas dans la violence et la haine, comme semble le croire certain écrivain retentissant mais peu sûr.

J'ai rencontré chez MM. Lémann, M. l'abbé Chatard, procureur de l'université catholique de Lyon, ainsi que M. Forrestier, vénérable laïque, aujourd'hui veuf, qui mène une vie de cénobite. Sourd et muet lui-même, il a consacré sa vie au soulagement de ses semblables.

Sur le soir, M. Trépanier et moi avons fait visite à M. Lucien Brun, le roi des jurisconsultes et des orateurs catholiques. Un très gracieux accueil nous y attendait. Comme tous les hommes vraiment supérieurs, M. Brun sait joindre à une grande dignité de manières une simplicité charmante qui vous met à l'aise aussitôt. J'ai trouvé en lui une très grande ressemblance à l'honorable M. de Boucherville : leurs traits ne sont pas les mêmes, précisément, mais ils ont le même port, le même air distingué, les mêmes gestes, le même accent. M. Trépanier et moi avons été tous deux frappés de cette ressemblance extraordinaire. On ne peut pas dire que l'un d'eux a copié l'autre, puisqu'ils ne se sont jamais vus, bien qu'ils se connaissent de réputation et désirent se rencontrer. Je n'ai pu m'empêcher de dire à M. Brun combien il ressemble à l'ancien premier ministre de la province de Québec. " Ah ! dit-il, M. de Boucherville ! Cela me fait penser que dans une lettre récente que j'ai reçue de M. le sénateur Trudel, celui-ci me dit qu'un de ses collègues, au sénat, M. de Boucherville, désire beaucoup me voir. C'est le même, n'est-ce pas ? Eh bien ! le désir est réciproque."

M. Brun est tout à fait intime avec l'honorable M. Trudel pour qui il professe une grande et très sincère admiration. Il a bien voulu nous faire l'honneur de nous inviter à dîner pour demain soir. Alors, dit-il, nous pourrons causer tout à notre aise du Canada et des Canadiens.

Quel beau spectacle s'offre à nos regards ! Voici la vaste cité tout illuminée, tout étincelante de mille feux de diverses couleurs. La ville est disposée en amphithéâtre, ce qui nous permet d'en embrasser une grande partie d'un seul coup d'œil. Les principales rues, les grands magasins, les quais, les maisons qui s'étagent sur les hautes collines qui bordent la Saône et le Rhône, tout est couvert de lumières. J'ai vu plusieurs illuminations, je n'ai jamais rien vu qui approche seulement de la scène éblouissante dont j'ai joui ce soir.

Mais en quel honneur cette démonstration magnifique à laquelle tout Lyon, littéralement, prend part ? Car il n'y a que les édifices du gouvernement qui forment tache noire sur ce fond brillant. Portons nos regards vers la montagne de Fourvière, lieu de pèlerinage célèbre, qui domine la ville. Sur le flanc de cette montagne nous lisons en immenses lettres de feu : *Lyon à Marie*. Voilà pourquoi toute la ville est illuminée, voilà pourquoi elle s'illumine tous les ans à pareille date. Lyon est la ville de la très-sainte Vierge, et depuis la proclamation du dogme de l'Immaculée Conception, chaque année la population lyonnaise entière fait, en l'honneur de la mère de Dieu, cette manifestation grandiose et absolument unique au monde. Le sol de Lyon, m'a dit M. Lucien Brun, est tellement imprégné du sang des martyrs que Satan ne pourra jamais en arracher la foi catholique.

Toute la journée il avait fait un brouillard tellement épais qu'on ne pouvait pas voir la montagne de Fourvière. J'exprimais la crainte que l'illumination ne fût empêchée. N'ayez pas d'inquiétude, me disent MM. les abbés Lémann et Chatard, la sainte Vierge arrangera bien les choses ; elle n'a jamais laissé manquer son illumination et, pourtant, à cette saison de l'année, nous avons presque continuellement du brouillard. Attendez, et vous verrez quelque chose qui vous étonnera.

Lorsque nous sommes sortis de chez M. Brun, à six heures, la brume était aussi épaisse que jamais, et rien n'indiquait qu'elle dût se dissiper. Pour une fois, me suis-je dit, la sainte Vierge va laisser manquer son illumination. Quel n'a donc pas été mon étonnement de voir, vers sept heures, au moment où les premiers feux s'allumaient sur les coteaux, le brouillard se dissiper, ou plutôt disparaître, se fondre tout à coup comme par enchantement. Jamais je n'ai rien vu qui ressemble autant à un miracle. C'était vraiment saisissant. Pendant tout le temps de l'illumination le ciel est resté aussi pur qu'il peut l'être.

Jamais je n'oublierai cette soirée passée dans les rues de Lyon. Partout une grande foule, partout de l'ordre, partout le respect le plus profond. Ce soir, m'a dit M. Brun, la foi triomphe et l'impiété se cache. Allez où vous voudrez, vous n'entendrez pas un blasphème, pas un mot irrespectueux.

Lyon, dimanche le 9 décembre.

Ce qui rend l'événement d'hier soir plus extraordinaire encore, c'est que, ce matin, le brouillard était revenu à peu près aussi impénétrable que jamais.

M. LUCIEN BRUN, Sénateur

Je reviens sur la fête d'hier soir. J'ai dit que Lyon s'illumine tous les ans depuis la proclamation du dogme de l'Immaculée Conception. Pourtant, il y a eu une exception. En 1870, la ville resta morne et sombre en ce jour de fête. C'est que la France agonisait et que Rome était au pouvoir des sectaires. L'archevêque d'alors, Mgr Genoulhiac, demanda qu'il n'y eût pas d'illumination en cette année de deuil pour l'Eglise et la France. Les catholiques obéirent, mais, en revanche, on fit, ce jour-là, de nombreux pèlerinages à l'antique chapelle de Notre-Dame de Fourvière, pour implorer la Reine du ciel en faveur de la patrie. Six mille femmes et mille hommes gravirent la colline (presque tous les hommes valides étaient à la frontière.) Le maire de Lyon voulut empêcher cette démonstration. On ne fit aucun cas de sa défense. Depuis lors, chaque année, il y a deux grands pèlerinages, celui des femmes, le jour même de la fête, celui des hommes, le premier dimanche après le 8 décembre. Malgré leur audace, les autorités gouvernementales n'osent pas essayer d'empêcher ces manifestations touchantes et grandioses.

Hier, à une heure de l'après-midi, huit mille femmes se sont réunies sur la place de la cathédrale Saint-Jean et ont gravi processionnellement la montagne.

Aujourd'hui, à la même heure, c'était le tour des hommes. Ils devaient être au nombre de six ou sept mille, peut-être davantage, appartenant à toutes les classes de la société lyonnaise. La procession s'est formée sur la place Saint-Jean et s'est rendue, par les rues étroites, tortueuses et raides, à la basilique de Notre-Dame de Fourvière. La vieille chapelle existe encore : la procession n'y a fait que passer, entrant par une porte et sortant par l'autre. C'est dans la crypte de la nouvelle et grande église, en voie de construction, qu'a eu lieu la bénédiction du saint Sacrement à la suite d'une courte et émouvante instruction. La petite et antique chapelle est littéralement tapissée d'*ex voto* de toutes sortes et dont plusieurs sont fort curieux.

Rien de plus solennel, de plus édifiant, de plus touchant que ce pèlerinage annuel des habitants de Lyon. Sept ou huit mille hommes récitant le chapelet et chantant des cantiques dans les rues d'une grande cité, en plein dix-neuvième siècle, c'est un acte de foi qu'il n'est pas donné à tout le monde de voir. Et c'est en France, dans cette France que l'on dit irrévocablement livrée à la révolution, que nous sommes témoins de ces manifestations que l'on n'aurait peut-être pas le courage de faire dans des pays qui se vantent d'être profondément catholiques.

Ah! il y a bien deux Frances. Et lorsque je vois de près la France catholique, comme je viens de la voir à Lille et à Lyon, je sens naître en moi l'espérance. Notre ancienne mère patrie, la fille aînée de l'Eglise, n'est pas morte! Le mal qui s'y fait est affreux et mérite de terribles châtiments; mais la foi et la charité fleurissent sur cette terre, dont le sous-sol est encore chrétien; et ces vertus guériront les blessures de la grande nation.

J'ai visité la ville, dont le site est vraiment pittoresque : en été Lyon doit être fort agréable. Comme architecture, les églises ne sont pas très remarquables, surtout si on les compare avec celles de Reims, d'Amiens, de Bourges, de Chartres, de Rouen. Cependant, la cathédrale Saint-Jean, ou église primatiale, est vraiment un bel édifice gothique. Si nous avions un temple semblable au Canada, nous en serions fiers. La nouvelle église de Fourvière est d'une apparence tout à fait originale. C'est dans un style byzantin modernisé, me dit-on. L'abside est flanquée de deux tours polygonales terminées par des couronnes. J'avoue que le gothique hardi et le roman sévère m'impressionnent davantage.

Entre le Rhône et la Saône se trouve la place des Terreaux. Beaucoup de sang a coulé en cet endroit. D'abord, le sang des martyrs, car pas moins de dix-neuf mille chrétiens y ont été égorgés sous Septime-Sévère, je crois. Pendant trois jours, la Saône roulait, littéralement, des flots de sang. Plus tard, pendant la révolution, l'affreuse guillotine y était érigée.

Sur la montagne de Fourvière, à l'endroit appelé l'*Antiquaille*, on montre le cachot où saint Pothin, fondateur de l'église de Lyon, et sainte Blandine ont été renfermés.

Ce soir, j'ai eu l'honneur de dîner avec monsieur et madame Lucien Brun, entourés de leur nombreuse famille. M. l'abbé Trépanier s'y trouvait également. Je n'ai pas besoin de dire que j'ai passé, auprès de ce foyer si chrétien et si français, deux heures qui compteront parmi les plus heureuses de ma vie. Toute la famille de M. Brun s'intéresse vivement à notre pays ; elle s'y intéresse tant que, je l'espère du moins. elle finira par nous faire une visite. Quand on aura aboli le sénat en France, m'a dit M. Brun, j'irai au Canada. Et quand on aura rendu le sénat canadien électif, ai-je répondu, les Canadiens-français vous éliront sénateur.

Lyon, lundi le 10 décembre.

Je dois une petite réparation au climat de Lyon. Depuis deux jours il fait très doux. Mais j'en veux au sempiternel brouillard qui m'empêche de voir la ville.

Ce matin, l'un des fils de M. Lucien Brun a eu la bonté de venir me prendre pour me faire visiter le très intéressant musée de la propagation de la foi. J'y ai passé une heure à examiner les mille et une curiosités reçues de tous les pays de missions, des Indes, de l'Afrique, de l'Océanie, de la Chine, du Japon. de l'Amérique. Le musée renferme aussi de précieuses reliques des martyrs de la foi en orient.

L'après-midi j'ai fait une petite excursion à Feysin, village situé à dix kilomètres de Lyon. sur le chemin de Marseille, c'est-à-dire dans la belle vallée du Rhône ; je suis allé faire visite à M. l'abbé Collet. cousin de M. Charaux. de Lille. et du père Charaux, de Montréal. M. l'abbé Defourny, de Versailles, avait bien voulu m'annoncer ; ce qui m'a valu une très aimable et très cordiale réception. M. l'abbé Collet est un de ces prêtres de grande valeur qui se cachent dans les endroits obscurs et qui se contentent des emplois les plus modestes. Jadis, il a joué un rôle considérable dans le monde ; il était le bras droit de Mgr Mermillod pendant les persécutions que ce vaillant évêque eut à subir de la part du gouvernement suisse. Aujourd'hui, il est aumônier dans un couvent de bénédictines. M. Collet a été en prison pendant dix jours, si je ne me trompe. Très certainement, il a été exilé avec Mgr Mermillod. Celui-ci a pu rentrer en Suisse ; il est aujourd'hui évêque de Fribourg. Mais le gouvernement persécuteur fait à M. Collet l'honneur de le tenir en exil : il a peur de cet humble prêtre, et certes il a raison. Car le long et précieux entretien que j'ai eu avec M. Collet m'a fait voir que c'est un lutteur redoutable pour les ennemis de l'Eglise. Il est aussi un ami sincère et éclairé de la presse catholique dont il apprécie hautement les services.

Demain matin, de bonne heure, je dois partir pour Grenoble. Avant de faire mes adieux à Lyon, qu'il me soit permis de dire un mot au sujet du pouvoir temporel des Papes. Il convient, en effet, de parler de cette grande question avant de quitter Lyon, car cette ville catholique vient d'être le théâtre d'une imposante démonstration en faveur des droits méconnus du Souverain Pontife. Il y a eu huit jours hier, M. Lucien Brun a convoqué à Lyon une grande réunion devant laquelle il a prononcé, sur la nécessité du principat civil des Papes, un discours aussi énergique qu'éloquent. L'honorable sénateur, qui, mes lecteurs le savent, vient de s'entretenir avec Léon XIII, m'a dit que le désir du S. Père est manifeste : il veut que les catholiques du monde entier sortent de cette espèce de torpeur qui les engourdit, et qu'ils s'occupent sérieusement et *pratiquement* de la question romaine. Il ne s'agit plus de déclarations anodines et platoniques qui ne produisent aucun effet ; ce qu'il faut ce sont des actes vigoureux, un mouvement d'ensemble parmi les catholiques de tous les pays, un mouvement assez accentué pour créer un courant d'opinion qui *force* les gouvernements à résoudre la question romaine dans le sens de la justice.

A ce propos, qu'il me soit permis d'émettre un vœu : c'est qu'à sa prochaine session, la législature de la province de Québec prenne l'initiative de ce grand mouvement catholique sur le continent américain. Qu'on ne s'alarme pas : je ne demande point que nos députés déclarent la guerre à l'Italie, ni qu'ils votent des millions pour lever une armée pontificale.

Ce que je voudrais voir se faire à Québec pendant la prochaine session est bien plus simple que cela ; ce que je demande ne coûtera pas un sou au trésor et ne saurait exposer notre pays au moindre péril. Que les deux chambres votent une humble adresse à la reine, priant Sa Majesté de vouloir bien employer son influence à améliorer la situation du Saint-Siège. Personne ne saurait contester la parfaite constitutionnalité d'un tel acte. Notre législature s'est occupée de la question irlandaise. Pourquoi ne s'occuperait-elle pas de la question romaine qui nous touche de bien plus près ? En Irlande, il s'agit de secourir des frères ; à Rome, c'est notre père qui souffre et qui demande à tous ses enfants de travailler à rendre moins intolérable la position faite au chef de l'Eglise par les sectes ennemies.

Si la législature de Québec votait une telle adresse, elle ferait un acte qui l'honorerait devant les hommes et, ce qui est infiniment plus important, qui lui attirerait, sans aucun doute, les bénédictions du ciel. Cet acte aurait pour effet de stimuler le zèle des catholiques des Etats-Unis qui, de leur côté, réussiraient, peut-être, à faire agir leur gouvernement.

Ah ! si les catholiques des deux hémisphères voulaient seulement parler et agir *ferme*, la question romaine serait bientôt réglée et notre père ne serait plus prisonnier.

Qui, parmi nos députés, aura l'honneur de faire cette proposition ? Cet honneur appartient, de droit, au chef du cabinet appuyé par le chef de l'opposition. S'entendront-ils pour agir dans le sens que je viens d'indiquer ? Je l'espère. Je voudrais pouvoir dire : j'en suis certain (1).

(1. L'*Etendard*, de Montréal, approuva cette proposition ; et à la session de 1889, M. le Dr F. Trudel, député du comté de Champlain, appuyé par M. L.-P. Pelletier, député du comté de Dorchester, devait saisir la législature provinciale d'une résolution conçue en ces termes :

" Que cette chambre désire exprimer son profond regret de la position malheureuse et indigne où se trouve le Souverain-Pontife, Léon XIII, père spirituel de près de 300,000,000 d'âmes, au nombre desquelles la reine Victoria, compte des millions de ses sujets les plus loyaux et les plus dévoués. Que cette chambre désire enregistrer ses plus énergiques protestations contre la captivité du chef de l'Eglise catholique, détenu prisonnier dans son palais du Vatican ; captivité qui est un outrage aux sentiments des fidèles et loyaux sujets catholiques de Sa Majesté, en même temps qu'un obstacle sérieux qui embarrasse et paralyse dans une grande mesure l'administration des affaires qui regardent leur religion et l'exercice de leurs droits, et, en conséquence, porte atteinte à leur liberté de conscience. Que cette chambre désire exprimer l'opinion que ce serait un acte très gracieux de la part de Sa Majesté la reine si elle daignait faire servir son influence afin d'obtenir pour le Souverain-Pontife la restitution de l'ancien patrimoine de S. Pierre (legué, il y a plus de mille ans, aux prédécesseurs de Léon XIII) et tout en accomplissant cette restitution, de rétablir ce grand Pape dans son pouvoir temporel, car nous sommes persuadés que la possession de ce pouvoir serait une garantie de paix pour le monde civilisé et qu'il ne serait jamais employé autrement que pour assurer le triomphe du droit et de la justice "

La lettre suivante donne la raison pour laquelle cette proposition n'a pas été soumise à la considération des députés :

" Québec, 21 février 1889.

" *Mon cher Docteur,*

" Vous m'avez demandé de seconder les résolutions que vous vous proposez de présenter, à propos du pouvoir temporel de notre Saint-Père. Je vous ai répondu que j'abondais dans le sens de ces résolutions et que j'étais prêt à les supporter de toutes mes forces, mais j'ai ajouté que je désirais d'abord consulter les autorités religieuses sur cette importante question.

" Je suis en conséquence allé ce matin au palais archiépiscopal, où j'ai rencontré Son Eminence au sujet de la question qui nous occupe.

" Son Eminence m'a fortement conseillé de ne pas seconder ces résolutions et Elle a exprimé un profond regret de voir que ces résolutions avaient été, ou devaient être présentées, et Elle m'a prié de vous demander de ne pas insister.

" Son Eminence croit que ces résolutions feraient plus de mal que de bien dans les circonstances, et Elle m'a autorisé à dire cela à tous ceux qui m'en parleraient. Son Eminence a de plus rappelé que NN. SS. les évêques de cette province ont déjà une fois essayé, auprès de Sa Majesté, un mouvement dans le sens des résolutions dont il s'agit en ce moment,

DE LYON A GRENOBLE

GRENOBLE, samedi le 11 décembre.

Me voici au pied des Alpes, en vue des neiges éternelles. C'est la première fois que je contemple de véritables *montagnes*, car je m'aperçois que les Laurentides, les montagnes de l'Irlande, ne sont que de grosses collines. De Lyon à Grenoble, le paysage est fort accidenté et très beau, du moins ce que j'en ai vu. Car, pendant le commencement du trajet, les brouillards, qui semblent être établis en permanence dans la région de Lyon, cachaient les coteaux et les vallées presque continuellement. Mais à mesure qu'on s'approche de Grenoble, la brume disparaît, et un magnifique panorama se déroule sous nos regards, particulièrement à gauche du chemin de fer. Nous suivons la vallée de la Morge, puis celle de l'Isère, toutes deux bordées de montagnes superbes aux formes variées. A 83 kilomètres de Lyon, nous commençons à voir le massif de la Grande-Chartreuse ; si le temps était plus clair, nous apercevrions, par delà cette montagne, les neiges éternelles. A Voiron, jolie ville industrielle sur la Morge, je remarque, sur le sommet d'une montagne escarpée, une gigantesque statue de la sainte Vierge qu'on voit de très loin.

Au moment d'entrer dans la gare de Grenoble, j'aperçois tout à coup, pour la première fois, les véritables Alpes ; car les montagnes que nous avons côtoyées jusqu'ici, ne sont que des contre-forts. C'est un spectacle saisissant, je vous l'affirme. Imaginez une masse énorme, blanche et étincelante, qui s'étend de chaque côté, à perte de vue, et s'élève jusqu'au ciel ; qui s'élève si haut que j'ai cru d'abord que c'était des nuages,

---

et qu'ils ont reçu une réponse du secrétaire des colonies, refusant de s'occuper de la question.

" Dans les circonstances, mon cher Docteur, je crois devoir me rendre aux désirs ardents manifestés par l'autorité religieuse et diocésaine dont je relève. Je crois que c'est là le devoir de tout bon catholique.

" Vous pouvez faire de cette lettre l'usage qu'il vous plaira, dans l'intérêt de la cause catholique, qui nous est si chère à tous deux.

" Votre bien dévoué,

" LOUIS-P. PELLETIER."

Mais non, les nuages n'ont jamais cet éclat, ces reflets métalliques, ces arêtes si nettement découpées. Ces immenses cristaux sont bien les sommets glacés des Alpes dauphinoises.

La ville de Grenoble est tout encaissée de montagnes. La bastille et les forts dominent la plaine : ils sont placés sur un pic deux ou trois fois plus élevé que le cap Diamant de Québec, mais qui en affecte un peu la forme. Ancienne capitale du Dauphiné, aujourd'hui chef-lieu du département de l'Isère, Grenoble a une population de 50,000 habitants environ. C'est la *Gratianopolis* des Romains, et avant les Romains, le *Cularo* des Allobroges. Grenoble fut la première grande ville qui ouvrit ses portes à Napoléon 1er à son retour de l'île d'Elbe.

Le site est remarquablement beau. L'Isère coupe la ville en deux parties inégales, et reçoit, un peu en aval, les eaux de la rivière Drac. Lorsque le temps est très clair on peut voir, de Grenoble, un coin du Mont-Blanc.

※

Arrivé ici à midi, mon premier soin a été de faire visite à M. A. Desplagnes, l'un des principaux collaborateurs de la *Revue catholique des institutions et du droit*, dont M. Lucien Brun est le directeur en chef. Au physique, M. Desplagnes ressemble beaucoup à M. l'abbé Déziel, curé de Saint-Michel de Bellechasse ; seulement, il est plus âgé et plus maigre que lui. Au moral, c'est un écrivain remarquable, sérieux, renseigné, très ferme. Sa *chronique du mois* n'est pas la partie la moins intéressante et la moins solide de l'excellente *Revue*. J'ai eu avec lui un long entretien sur les questions du jour.

Je suis allé ensuite à l'évêché, mais Mgr Fava était " en conseil." Je ne quitterai pourtant pas Grenoble sans avoir présenté mes hommages à ce grand évêque, à ce redoutable adversaire de la secte maçonnique.

Demain, de très grand matin, je partirai pour la Grande-Chartreuse. C'est l'affaire d'une journée, et d'une bonne journée encore.

Avant de fermer cette lettre je dois, selon ma promesse

faite la semaine dernière, parler d'un très grave sujet qui cause, en ce moment, un terrible malaise parmi les catholiques de France.

Le concordat, on le sait, concède au gouvernement français le privilège de présenter les candidats aux sièges épiscopaux. Depuis quelque temps, surtout depuis que la franc-maçonnerie est au pouvoir, en la personne du F∴ Floquet, le gouvernement s'applique à faire les plus mauvais choix qu'il soit possible d'imaginer. Son dessein est facile à saisir : ou le Saint-Siège, pour éviter de plus grands maux, acceptera ces candidats, et alors le niveau de l'épiscopat français baissera rapidement ; ou bien le Saint-Père, considérant qu'un épiscopat faible est le plus grand mal qui puisse être infligé à la France, n'accordera pas l'institution canonique aux ecclésiastiques choisis par la F∴ M∴, ce qui fournirait au pouvoir civil le prétexte de dénoncer le concordat. Voilà le perfide calcul des sectaires, voilà leur audace. Au lieu d'exécuter loyalement le concordat, ils ne s'en servent que pour opprimer l'Eglise. C'est au point que beaucoup de catholiques français soupirent après la rupture de ce concordat devenu un instrument de persécution entre les mains des ennemis de l'Eglise (1).

Un jour, à Lyon, dans une réunion publique, les radicaux avaient reproché à Jules Ferry, très injustement du reste, de

(1) Naguère, traitant ce même sujet, Mgr d'Hulst, qu'on n'accusera pas d'être un *exagéré*, n'a pas craint de parler des " anxiétés du peuple fidèle quand il voit le choix des premiers pasteurs aux mains des hommes qui doivent tout ce qu'ils sont à la haine du nom chrétien... et qui, ayant à pourvoir aux évêchés vacants, d'avance et par système, éliminent les plus dignes." L'auteur de la brochure *La vérité sur Mgr Darboy* dit, à la page 79 : " Nous souffrons de deux choses : des mauvaises dispositions des hommes du gouvernement dont on vient de nous parler, et du pouvoir que leur donne le concordat de nuire à l'Eglise dans une chose aussi nécessaire à la constitution intime et à sa vie extérieure que l'épiscopat. J'en conclus que les catholiques doivent s'efforcer d'améliorer non-seulement le système politique, mais encore le concordat, et de rendre ainsi à l'Eglise et au Pape une plus grande liberté dans le choix des évêques."

ne pas faire une guerre assez acharnée au " cléricalisme." Le chef de l'opportunisme fit cette réponse qui jette une vive mais sinistre clarté sur la situation de l'Eglise en France : " Et nos nominations d'évêques, ne les comptez-vous pour rien ? Sans ces évêques-là nous n'aurions pu exécuter ni nos lois, ni nos décrets."

Depuis lors les radicaux ont succédé aux opportunistes, mais sur ce point ils ont suivi fidèlement la politique vraiment diabolique de leurs prédécesseurs.

Il y a six mois, le cabinet mit le comble à ses audaces en nommant au siège de Poitiers, au siège de saint Hilaire et du cardinal Pie, M. l'abbé Juteau, curé de Saint-Julien de Tours. Cette nomination causa une douloureuse émotion parmi les catholiques de France, plus particulièrement parmi les fidèles du diocèse de Poitiers. On fit des représentations au Saint-Siège. Une enquête canonique fut instituée. Que fera Rome dans sa sagesse ? Nul ne peut le dire. Mais les catholiques, tout en gémissant sur cette malheureuse situation, savent que Rome agira pour le mieux, en vue du salut des âmes, et ils se tiennent prêts à accepter la décision du souverain juge.

Ce qui aggrave la situation, c'est que les journaux impies et ennemis de l'Eglise prennent fait et cause pour M. l'abbé Juteau et réclament son institution canonique, avec une insolence qui n'a pas de nom. A la fin de novembre, M. Jules Delahaye fit, dans la feuille catholique qu'il rédige, le *Journal d'Indre-et-Loire*, une réponse formidable aux journaux radicaux. Cet article eut un grand retentissement en France, et Mgr Meignan, archevêque de Tours, crut devoir jeter, sur le journal, un interdit qui n'a été levé que ces jours derniers, le rédacteur ayant déclaré qu'il n'avait pas " l'intention d'usurper en rien sur l'autorité du Pape."

Il ne convient pas d'appuyer sur ce pénible incident. Mais ce qui jette les catholiques dans une véritable stupéfaction—j'ai pu le constater en plus d'une occasion—c'est que M. Delahaye a porté, contre M. Juteau, la plus terrible accusation dont un prêtre puisse être l'objet, l'accusation de *parjure*, sans que le candidat du gouvernement au siège de Poitiers ait fait la moindre démarche pour revendiquer son honneur (1).

※

La situation politique reste la même, c'est-à-dire fort mauvaise. Les séances de la chambre sont toujours bruyantes, souvent honteuses : les députés radicaux et boulangistes se battent maintenant à coups de poing. L'autre jour, MM. Basly et Susiné en sont venus aux mains en pleine séance.

On parle toujours de coups d'Etat. Quelques-uns prêtent à M. Carnot le projet de faire un autre 16 mai, au détriment des radicaux et de M. Floquet, et au profit de Jules Ferry et des opportunistes. Quant à M. Boulanger, il réussit toujours à attirer tous les regards, du moins les regards de tous les politiqueurs.

Une élection partielle qui vient d'avoir lieu dans le département du Var, a donné la victoire à Cluseret, communard de la plus belle eau. C'est un symptôme grave qui effraie les " modérés ", lesquels craignent pour le pot au feu, maintenant qu'ils ont préparé les voies à la commune rouge par leur politique détestable et antireligieuse.

La chambre des députés vient de voter l'ensemble du budget de 1889. Ce budget voit augmenter les folles dépenses ; ce qui a fourni à la droite l'occasion de refuser son concours à ce vote, en motivant son refus par une déclaration que M. d'Aillières a faite au nom de tous les députés conservateurs.

(1) On n'ignore pas que cet incident s'est terminé par l'institution canonique de M. Juteau qui a été sacré vers la fin de mars 1889. C'est à l'occasion de cette discussion, et de la condamnation du *Journal d'Indre-et-Loire* par Mgr Meignan, que Sa Sainteté Léon XIII a écrit sa lettre du 17 décembre 1888 à l'archevêque de Tours, lettre que la *Vérité* a reproduite à la date du 19 janvier 1889.

SEIZIÈME LETTRE.

SOMMAIRE : — A la Grande-Chartreuse. — Paysages alpestres. — Voreppe. Saint-Laurent du Pont. — Dans le cœur des montagnes — Le Desert. — Justice révolutionnaire. — Le monastère. — Le Grand Som. — Frère Joseph. — Un *pourquoi* sans réplique. — La chartreuse. — Descente vertigineuse. — Usages primitifs. — A Meylan. — *Tutiorisme et probabilisme*. — Le père Hilaire — Au réfectoire des pères capucins. — Honneurs inattendus. — Un discours du père Hilaire — Epreuves. — Promenade. — Coup d'œil magnifique. — *Mirabilis in altis Dominus*. — Les géodes. — Reflexions dans une cellule de moine — Crochetage. — Vicissitudes. — Chez le père Sambin. — La *Revue* et la *Vérité*. — La ville de l'Immaculée Conception — De Lyon à Clermont-Ferrand — Souvenir de Jules César. — A la recherche de mes parents — Le Dr Imbert. — Succès. — Au sein de ma famille.

GRENOBLE, mercredi le 12 décembre.

Quatre-vingts kilomètres, soit vingt lieues, dans les montagnes, voilà une bonne journée qui repose l'esprit mais qui fatigue le corps.

Pour aller de Grenoble à la Grande-Chartreuse et en revenir le même jour, il faut partir à la pointe du jour. A sept heures, la diligence, traînée par trois chevaux maigres mais vigoureux, attelés de front, quittait la rue Montorge pour Saint-Laurent du Pont.

Le chemin suit d'abord la vallée de l'Isère. A droite, tout près de nous, les montagnes qui dominent Grenoble et qui sont hérissées de forts. A gauche, la belle vallée, et au-delà encore des montagnes, très hautes, celles-là. Bientôt les premiers rayons du soleil dorent les sommets, tandis que le reste du paysage est plongé dans une demi-obscurité. Quel beau tableau pour un artiste hardi ! car il faudrait être hardi pour oser reproduire ces effets de lumière étonnants, ces contrastes extraordinaires de couleurs.

Il fait beau, mais l'air est très vif et devient plus froid à mesure que nous montons. A Voreppe, petit village où nous changeons de chevaux, la terre est gelée et il y a de la glace sur les bords des ruisseaux. C'est la première glace que je vois depuis que je suis parti de Louze.

A Voreppe, nous quittons la vallée de l'Isère et nous nous enfonçons dans le cœur des montagnes. Le chemin est raide et tortueux. Nous avons maintenant cinq chevaux au lieu de trois. Le paysage devient de plus en plus grandiose et sauvage. Les montagnes affectent des formes singulièrement variées et fantastiques : on dirait parfois des tours, de vieux châteaux crénelés. Il n'y a pas encore de neige, mais un givre épais couvre les rochers, les sapins et les petits chênes dont les feuilles brunes, agitées par la bise, frissonnent et bruissent.

A la Placette, le chemin atteint un plateau, puis descend graduellement jusqu'à Saint-Laurent du Pont, bourg assez considérable, situé à 29 kilomètres de Grenoble. Il y a ici une belle et grande église gothique reconstruite, depuis 1855, par les chartreux, à la suite d'un incendie qui dévasta cette localité. La diligence s'arrête ici en hiver ; en été, elle se rend jusqu'à la Grande-Chartreuse, à dix kilomètres plus loin. Je prends une voiture légère, traînée par un seul cheval, et la véritable montée commence. Le chemin est étroit mais très bon. Il faut aller au pas et nous mettons près de deux heures à parcourir les dix kilomètres. Le chemin actuel a été construit en 1854. Avant cette époque, on ne pouvait aller à la Grande-Chartreuse qu'à pied ou à dos de mulet, par un petit sentier dont on voit encore les traces. Bientôt nous passons devant les laboratoires des chartreux, à Fourvoirie ; c'est là que l'on fabrique les fameuses liqueurs que tout le monde connaît. La construction est vaste, mais n'offre rien de particulier à l'extérieur, si ce n'est l'odeur forte et agréable des plantes aromatiques que l'on distille constamment en si grandes quantités que l'air en est tout embaumé. On ne peut visiter cette fabrique qu'avec un permis spécial du supérieur général des chartreux. Tout près de Fourvoirie on voit, à gauche, le chemin qui conduit à Currière, où se trouve un célèbre asile de sourds-muets *parlants*.

Notre chemin suit continuellement la belle vallée du *Guier-Mort*, au fond de laquelle bondit et écume une jolie petite rivière qui alimente des scieries et de grandes fabriques de ciment, et où l'on prend de la truite. J'ai mangé une de ces truites des Alpes, à Saint-Laurent : elle avait la chair blanche et ne valait pas, à beaucoup près, notre belle truite canadienne à chair rose.

La route de Saint-Laurent à la Grande-Chartreuse est incomparablement belle. De chaque côté de la gorge que nous suivons en serpentant à cent cinquante ou à deux cents pieds au-dessus de la rivière, s'élèvent des pics couverts de neige, des rochers nus, des montagnes boisées de chênes, de hêtres, de sapins, etc. C'est ce qu'on appelle le *Désert*; le chemin y pénètre par un passage étroit que les chartreux ont dû élargir: de là le nom de Fourvoirie (*forata via*). Autrefois, lorsque les moines possédaient tout ce territoire, l'entrée du Désert était fermée par une porte. A la grande révolution, l'Etat s'est emparé de toutes ces propriétés. A l'heure qu'il est, les chartreux sont les *locataires* du gouvernement. Ils sont obligés de *payer* à l'Etat une forte somme pour avoir le privilège de rester chez eux ! Quant aux immenses forêts du Désert, qui ont été volées aux religieux, c'est l'Etat qui les exploite. Voilà la justice révolutionnaire !

A moitié chemin entre Saint-Laurent et la Chartreuse, la route traverse le pont de Saint-Bruno, à une hauteur de 150 pieds au-dessus de la rivière du *Guier-Mort*. Puis nous passons devant l'*Aiguillette* ou l'*Œillette*, immense rocher isolé qui se dresse entre le chemin et la rivière ; ensuite sous quatre tunnels. En d'autres endroits, les montagnes surplombent : si un rocher se détachait du sommet, comme cela arrive parfois, nous serions écrasés.

Enfin, nous voici à la Grande-Chartreuse qui se cache au fond d'une petite vallée fermée au nord, à l'est et à l'ouest, et ouverte au midi. Le soleil y pénètre, mais non les vents, de sorte que, malgré l'élévation de cette localité, 3000 pieds au-dessus du niveau de la mer, le climat y est relativement doux ; il y fait moins froid qu'à Saint-Laurent du Pont, par exemple. A l'heure où je suis arrivé, une heure de l'après-midi, le soleil dardait en plein sur le couvent, et tout le ravin était rempli de clarté et d'une douce chaleur. C'est un des plus beaux endroits que l'on puisse imaginer. Quelle belle solitude, quelle tranquillité ! Partout des montagnes et des forêts. Tout près du couvent, au nord, s'élève le pic Grand-Som (prononcez son) qui atteint une hauteur de 6000 pieds, soit 3000 au-dessus du monastère. Sur cette hauteur on a planté une croix blanche qui se voit de très loin. Pour monter sur le Grand-Som il faut trois heures ; puis deux heures pour descendre. Il n'y a donc pas à y songer, puisque je dois partir pour Saint-Laurent à trois heures. Du reste, on me dit que cette montagne, coupée absolument à pic du côté de la Chartreuse, est couverte de neige et de glace sur l'autre côté, par où passe le sentier. En été, beaucoup de touristes grimpent jusqu'au sommet du Grand-Som pour y jouir du magnifique panorama qui se déroule à leurs pieds. En effet, de là on découvre, à l'est, les Alpes de la Savoie jusqu'au Mont-Blanc ; à l'ouest, les montagnes de l'Ardèche ; au nord-ouest, Lyon et les plaines du Lyonnais ; au sud-est, les massifs des Sept-Laux, de Belledonne, de Taillefer ; au nord, le lac Bourget et le Jura.

**

Nos lecteurs le savent, sans doute, la Grande-Chartreuse a été fondée par saint Bruno en l'an 1084. Le premier monastère se trouvait beaucoup plus haut encore que l'édifice actuel ; mais une avalanche ayant détruit toutes les cellules, en 1132, on choisit un site plus à l'abri de ce grand péril des Alpes. Le couvent a été incendié plusieurs fois ; la vaste construction que nous voyons aujourd'hui a été bâtie en 1676. Avant la révolution, la Grande-Chartreuse possédait une des plus belles bibliothèques de France : plus de soixante mille volumes, je crois. Tout a été pillé et dévasté pendant cette affreuse tourmente ; seule, la chapelle de Saint-Louis, très remarquable, a été épargnée par les spoliateurs. La bibliothèque actuelle comprend une vingtaine de mille volumes. La grande salle du chapitre est fort intéressante, car l'on y voit les portraits de tous les généraux de l'ordre, au nombre de 62. Le cloître, qui est double, a près de 650 pieds de long. L'un des corridors est orné des plans de toutes les chartreuses qui existaient avant la révolution : elles étaient très nombreuses, au-delà de deux cents. Pour la disposition des cellules, elle est la même ici qu'à Notre-Dame des Prés. Chaque religieux habite une maisonnette qui communique avec un petit jardin entouré d'une haute muraille. Toutes ces cellules sont reliées entre elles par le cloître. Je n'ai vu que le frère hospitalier ; il m'a fait visiter le couvent, mais il n'a pas voulu me laisser communiquer avec le père Julien à qui j'aurais voulu présenter mes hommages, car c'est lui qui a été d'abord le maître des novices de mon ami dom Jules.— " Etes-vous son parent ? " me demanda le bon frère Joseph.— " Non, mon frère."—" Le connaissez-vous ? "—" Je ne l'ai jamais vu, mon frère."—" Alors pourquoi le déranger ? " J'ai essayé de répondre à ce terrible *pourquoi* en rappelant le lien qui avait jadis existé entre le père Julien et dom Jules ; mais ce prétexte a paru futile à l'excellent frère qui m'a donné un verre de chartreuse en manière de compensation, je suppose. J'aurais préféré voir dom Julien ; mais le frère Joseph avait l'air de considérer ma demande comme tellement exorbitante et tellement contraire à l'esprit de saint Bruno, que je n'ai pas osé insister davantage : je me suis contenté du verre de chartreuse.

**

On le sait, la chartreuse est produite par la distillation de certaines plantes aromatiques, dont on trouve une partie aux environs du monastère, et dont le reste vient de l'étranger.

PONT ST-BRUNO, CHEMIN DE LA GRANDE CHARTREUSE

Dans la composition de la chartreuse, il entre au moins une soixante de plantes différentes ; et près de deux cents dans la fabrication de l'élixir Le secret consiste surtout dans les " proportions. " Ce secret n'est connu que du supérieur général, je crois. On a souvent essayé de faire des imitations, mais sans grand succès. On réussit à connaître assez bien les ingrédients qui composent cette merveilleuse liqueur, mais " les proportions ", voilà la pierre d'achoppement.

Le retour de la Grande-Chartreuse à Saint-Laurent s'est effectué en 44 minutes. Mon cocher a serré les freins et a lancé son petit cheval blanc à toute vitesse. C'était un peu vertigineux. A Saint-Laurent nous avons repris la diligence à quatre heures ; et à sept heures, nous étions de retour à Grenoble.

C'est dans ces montagnes de l'Isère qu'on voit des usages primitifs. Par exemple, les gens y attèlent encore les bœufs par les cornes, comme dans le bon vieux temps : non seulement les bœufs, mais les *vaches* aussi. Pendant la journée j'ai vu plusieurs attelages de vaches. Voilà un procédé que, j'en suis convaincu, notre ami M. Barnard ne recommandera pas aux cultivateurs, comme moyen d'augmenter la production du lait et du beurre !

Et les harnais des chevaux donc ! De vrais monuments. Les colliers sont surmontés d'une espèce de pyramide qui a bien un pied de hauteur et de deux manières de cornes recourbées. Ajoutez à cela des selles grosses comme la bosse d'un chameau, et vous avez un harnachement aussi pittoresque que singulier. Quand ce sont des mulets ou des ânes, aux longues oreilles, qui sont ainsi endimanchés, l'effet produit est vraiment drôle

Mais ce n'est pas moi qui songe à chicaner ces braves montagnards sur leurs us et costumes d'un autre siècle. Qu'ils les conservent encore longtemps, qu'ils ne se modernisent pas ! Car, hélas ! la partie de la France la plus modernisée, la plus policée, qui a Paris pour centre, est aussi la partie la plus corrompue, la plus désolée par l'indifférence et l'impiété.

18

MEYLAN, jeudi le 13 décembre.

Heureusement pour moi, le frère portier du couvent des capucins, à Meylan, n'interprète pas la règle de saint François aussi sévèrement que le bon frère Joseph de la Grande-Chartreuse applique celle de saint Bruno. Celui-ci est un *tutioriste*, celui-là un *probabiliste*. En ouvrant la porte du couvent, le frère portier me dit aussitôt : " Vous êtes le monsieur qu'on attend, entrez." J'entre de grand cœur, car c'est ici que demeure l'excellent et savant père Hilaire, (1) que je connais depuis assez longtemps de réputation, avec qui j'ai même échangé quelques lettres, et que j'ai bien hâte de voir. Le voici qui vient. Il n'est ni grand, ni gros, ni imposant, ni vêtu avec élégance : un corps maigre et chétif couvert d'une robe de bure brune, voilà le père Hilaire, extérieurement. Mais l'âme qui anime ce pauvre corps est grande, et belle, et sympathique. Au bout de cinq minutes, nous sommes des amis intimes pour le reste de nos jours, (que dis-je ? pour l'éternité, je l'espère. Nous sommes en parfaite communauté de pensées, de principes, de sentiments, d'aspirations ; nous parlons à cœur ouvert.

Le père Hilaire a étudié à Rome en même temps que Son Eminence le cardinal Taschereau. Son premier soin a été de s'informer de son ancien condisciple.

A midi, on me fait l'honneur de m'introduire au réfectoire de la communauté. Je suis assis entre le père Hilaire et le père secrétaire provincial. De ce temps-ci, les pères capucins sont au milieu d'un petit jeûne de deux mois, qui commence à la Toussaint et finit à Noël. Ils ne mangent que du maigre ; mais, pour moi, ils ont fait faire du gras. L'un des jeunes novices commence la lecture qui accompagne ordinairement les repas ; mais il a lu à peine une page, que le père qui remplace le père supérieur absent l'arrête et dit : " En l'honneur de notre hôte, nous ferons aujourd'hui une exception à la règle." J'en suis tout confus, mais je ne suis pas au bout de mes *épreuves*. Car à la fin du repas, voici le père Hilaire qui se lève et qui entame un

---

(1) Transféré depuis à Lyon.

vrai discours sur mon compte. Il m'appelle : " Un excellent messager venu d'une terre lointaine." Pour être une terre lointaine par rapport à la France, le Canada l'est très certainement. Cette partie de l'exorde du père Hilaire ne saurait donc soulever le moindre débat. Mais l'excellence du messager est sujette à controverse. Et les développements que le bon père a donnés à sa pensée, en ce qui me concerne, m'ont paru exagérés. Je ne les répéterai pas, pour ne pas faire pâmer mes amis de la *Minerve*, de la *Presse* et de *l'Union libérale*, et pour ne pas exposer le père Hilaire aux amabilités dont Mgr Fèvre a été l'objet de la part de ces braves gens. Ayant accablé le pauvre " messager," le père Hilaire a abordé " la terre lointaine." Là, point d'exagération, mais une vive émotion qui s'est communiquée à l'auditoire, à moi-même tout le premier. D'une voix tremblante, presque sanglotante. le père Hilaire, qui est doué d'une rare et chaude éloquence, nous a parlé du Canada, si loin de la France et cependant si près du cœur de tout vrai Français. Il a étudié notre histoire, et il fait un magnifique résumé des commencements de la Nouvelle-France, revendiquant, avec un légitime orgueil, pour les pères récollets," une des branches de la grande famille de S. François," l'honneur d'avoir été parmi les premiers à porter la bonne nouvelle à notre vaste et beau pays. Selon ma louable habitude, j'ai été trop intimidé et confus pour pouvoir dire deux mots de réponse. Pour être juste envers moi-même. il faut ajouter que je n'étais pas seulement intimidé et confus, mais aussi terriblement ému, ému jusqu'aux larmes. Tout de même, un autre que moi aurait pu répondre d'une manière convenable. C'est tout juste si j'ai pu balbutier quelques paroles de remercîment. Décidément, je ne suis pas destiné à faire un orateur, même passable.

Après cette *épreuve*, assez douce au fond, j'ai fait une délicieuse promenade avec le père Hilaire à travers les vignobles et par les sentiers tortueux et raides de Meylan. J'ai oublié de vous dire que Meylan est une campagne située à trois ou quatre kilomètres de Grenoble, sur le flanc du Mont-Eynard, haut de 4000 pieds environ et couronné d'un fort. Le père Hilaire m'a mené aux endroits où l'on jouit des plus beaux coups d'œil ; car, comme tous les penseurs, cet humble capucin est amateur de la grande nature. Des hauteurs de Meylan, la vue embrasse la belle vallée de l'Isère parsemée de paisibles hameaux. Au côté opposé, tout en face de nous, se dresse une chaîne de montagnes dont la plus haute, Belledonne, a près de 10,000 pieds de hauteur. Toutes ces montagnes sont cultivées ou boisées jusqu'aux deux tiers environ ; mais les sommets sont arides, sauvages et presque toujours couverts de neige et de glace. Cette après-midi le soleil les baignait d'un flot de lumière. Dans le lointain, tout à fait à l'horizon, au nord-est, nous voyons très distinctement le Mont-Blanc, géant qui porte sa tête blanchie par un hiver éternel, à une hauteur de 16,000 pieds. En un mot, Meylan occupe l'un des plus beaux sites qu'il soit possible d'imaginer. Ici, comme à la Grande Chartreuse, les paroles du Psalmiste se présentent naturellement à l'esprit : *mirabilis in altis Dominus*. Mais il manque quelque chose à ces beaux tableaux pour les rendre parfaits : la vue de la mer ; *mirabiles elationes maris*.

Dans un des ravins de Meylan, se trouve une curiosité naturelle que le père Hilaire aurait voulu me montrer : les *géodes*. Ce sont des cailloux plus ou moins ronds, de la grosseur d'un œuf d'autruche, et d'apparence fort ordinaire. Mais en les brisant, on trouve, au milieu, des cristaux brillants qu'on prendrait facilement pour des diamants. Nous nous sommes rendus chez M. le curé de Meylan, qui explore souvent cette région, pour lui demander de nous y accompagner ; mais la nuit était trop proche, et M. le curé a jugé que l'expédition projetée n'était pas sans danger. Il a donc fallu renoncer à ramasser des *géodes* sur place ; j'en ai eu, cependant, car M. le curé a bien voulu me donner de très beaux échantillons de cette merveille de la nature qui, comme tant d'autres, réduit les géologues à *quia*.

Ce soir, je couche dans une cellule de moine, avec cette différence que l'on y a fait du feu. Le père qui remplace le supérieur est venu me conduire à ma chambre et nous avons causé pendant plus d'une heure.

Je commence seulement à comprendre la raison d'être et la belle harmonie des grands ordres religieux. Comme me l'a fait observer le père Hilaire, qui cherche toujours l'*universel*, les ordres religieux n'ont pas été institués pour fonder des *écoles*, pour propager des opinions particulières ; mais pour pratiquer telle et telle vertu, pour s'occuper de telle ou telle œuvre. Ce qu'il faut *croire*, l'Eglise l'enseigne à tous, grands et petits, et tous, grands et petits peuvent comprendre et doivent croire *tout* ce que l'Eglise enseigne. C'est pourquoi les *partis*, les *écoles doctrinaires* n'ont pas de place dans l'Eglise : il faut que chacun croie ce que croit l'Eglise, rien de plus, rien de moins. Mais si la *foi* doit être commune à tous, les *œuvres* ne sauraient l'être. Voilà pourquoi les ordres religieux ont été fondés afin que, le travail étant partagé, la vigne du Seigneur soit mieux cultivée.

**

Le couvent des pères capucins, à Meylan, a subi, en 1880, le même sort que les autres maisons religieuses en France : il a été *crocheté* au nom de la liberté, de l'égalité et de la fraternité...... révolutionnaires. La porte de la chapelle est encore sous scellés, ou plutôt elle est littéralement *murée*. Le public n'y entre plus. Quelques pères sont restés...... on les *tolère* dans leur propre maison ! Pauvre France, voilà à quel abîme d'impiété et de folie t'ont conduite les sectaires haineux et insensés qui se sont emparés du pouvoir !

Il y a vingt-cinq ou trente ans, les pères capucins de Savoie, craignant d'être expulsés de ce pays, alors en pleine effervescence révolutionnaire, ont acheté, à Meylan, un vieux château qu'ils ont converti en couvent, croyant trouver sur le territoire français un refuge assuré. C'est le *crochetage* qui les y attendait.

Ce château, tout près de la capitale du Dauphiné, était jadis fréquenté par la grande noblesse et même par la famille royale.

Dans la grande salle où les enfants de S. François prennent aujourd'hui leurs modestes repas, Marie de Médicis a dansé. Vicissitudes des choses humaines !

Lyon, vendredi le 14 décembre.

Cet avant-midi j'ai eu l'avantage de rencontrer le R. P. Sambin, S. J. l'un des principaux directeurs de la *Revue catholique des institutions et du droit*, ainsi que M. Desplagnes. Nous avons causé longuement du Canada et de la France. Inutile de dire que la *Revue* et la *Vérité* sont dirigées d'après les mêmes principes, absolument. Entre elles, il n'y a pas même de *nuance*, en ce qui concerne l'esprit qui les anime, bien entendu ; car pour ce qui est de la rédaction, la *Revue* traite les grandes questions sociales avec une science et une autorité que je ne saurai jamais atteindre.

J'ai pu faire avec la *Revue* des arrangements en vue de sa plus grande propagation au Canada. Je crois pouvoir annoncer que ceux de nos amis qui désirent recevoir cette publication vraiment magistrale auront la faculté de s'abonner aux bureaux de la *Vérité*. Le prix de la *Revue* n'est que de 13 francs par année. J'ose espérer que les personnes qui aiment les études sérieuses s'empresseront de prendre un abonnement. Elles ne le regretteront pas, j'en réponds.

De son côté l'administration de la *Revue* a bien voulu se charger de recevoir des abonnements à la *Vérité*.

Je suis allé de nouveau à l'évêché. Cette fois Mgr Fava était absent de la ville. Il va donc falloir que je retourne à Grenoble en arrivant de Rome, car je ne saurais quitter la France, sans avoir fait un nouvel effort pour rencontrer Sa Grandeur.

A deux heures je quittais Grenoble, et à six j'étais à Lyon. Demain matin, de bonne heure, je pars pour Clermont-Ferrand, pays de mes ancêtres paternels.

CLERMONT-FERRAND, samedi le 15 décembre.

J'ai fait une rude journée en chemin de fer. Parti de Lyon à sept heures et demie ce matin, je ne suis arrivé ici qu'à cinq heures du soir. Pourtant la distance n'est que de 195 kilomètres ; mais sur cette ligne, qui n'est que secondaire, les trains *express* ne circulent pas ; il n'y a que des trains *omnibus*, vrais instruments de torture que mes lecteurs connaissent.

Peu de choses à noter. Nous avons passé à Saint-Etienne, grande ville moderne, industrielle, bien bâtie, mais sans cachet particulier, à peu près sans monuments. Le pays, surtout aux approches de Clermont-Ferrand, est accidenté et fort pittoresque. A Thiers, particulièrement, la vue est très belle : montagnes, rivière, ravins, vastes plaines de la Limagne. Pas de neige, c'est un hiver exceptionnel, car dans l'Auvergne le climat est assez rigoureux. On se dirait au commencement d'octobre plutôt qu'au milieu de décembre.

En arrivant à Clermont, nous passons en vue du célèbre plateau de Gergovie. Là s'élevait jadis la ville gauloise du même nom que Jules César assiégea et où il fut battu par Vercingétorix. Après la soumission des Gaules, les Romains transportèrent les habitants de Gergovie à *Nemetum*, aujourd'hui Clermont, afin d'effacer le souvenir de leur défaite en ruinant la ville qui leur avait victorieusement résisté. De Gergovie il ne reste que quelques débris épars.

CLERMONT, dimanche le 16 décembre.

Dès neuf heures ce matin, je me suis mis à la recherche de mes parents. De prime abord, les chances de succès paraissaient fort minces. A l'hôtel où je loge, on m'avait assuré, dès hier soir, que personne du nom de Tardivel n'habite Clermont. Je n'avais, pour commencer, que des indications fort peu précises. Je savais seulement que mon père est né *aux environs* de Clermont, terme assez vague, et qu'il avait eu un frère prêtre, mort il y a bien longtemps. Depuis son départ de

France, il y a plus de 40 ans, mon père n'a guère eu de communications avec sa famille restée ici ; et moi encore moins. Ce n'était donc pas chose facile de se mettre sur la piste.

J'eus d'abord recours aux RR. PP. jésuites à qui j'exposai mon affaire. Elle les intéressa vivement. Avec une bonté vraiment extraordinaire, le père ministre se mit entièrement à ma disposition. Il me conduisit en premier lieu chez le Dr Imbert, jadis le médecin de Louis Veuillot lorsque celui-ci prenait les eaux à Royat. Le Dr Imbert est aussi aimable qu'original. En apprenant mon nom et ma mission, il me dit aussitôt : " J'ai soigné votre oncle, le curé ; il est mort tout de même, voilà plus de quarante ans. " Puis, examinant ma carte et voyant que je suis journaliste : — " Un journal socialiste, sans doute " Quand je lui eus dit que certains adversaires, pour m'insulter, m'appellent *petit Veuillot*, ce qui m'honore grandement, il me fit une très cordiale réception. Ayant appris que j'ai habité les Etats-Unis, il se mit à me parler anglais. " A l'évêché, me dit-il, on pourra vous dire sans doute où votre oncle est né, ce qui vous mettra sur la piste. " Nous nous rendons au secrétariat. Encore une bonté sans pareille : on se met à fouiller dans les archives. Au bout de quelques instants, on trouve que mon oncle est mort curé de Saulzet-le-chaud, près de Clermont, en février 1845, qu'il est né à Chambon, le 3 janvier 1810. Mais voici une nouvelle difficulté : dans le diocèse de Clermont, il y a deux endroits qui s'appellent Chambon, tous deux éloignés d'ici, dans les montagnes, où les communications sont difficiles ; l'un à l'ouest, l'autre à l'est de Clermont. Que faire ? Sur le conseil de M. le secrétaire de l'évêque, je m'adresse à M. le chanoine Sistrier, vieillard de soixante-quinze ans. Il se souvient de mon oncle le curé, et il a fait la classe à un autre oncle qui est aussi mort ; mais il ne peut me donner aucun autre renseignement. Toutefois il a l'extrême obligeance de me conduire chez M. le curé de la cathédrale, M. l'abbé Chaix, qui a été autrefois curé, lui aussi, à Saulzet-le-chaud. M. l'abbé Chaix me reçoit très affectueusement. " Je puis au moins vous assurer, me dit-il, que votre oncle le curé a laissé, à Saulzet, un souvenir impérissable. Il était très aimé de ses paroissiens car il était la bonté même." Puis il me donne quelques renseignements sur d'autres membres de la famille, mais il ne peut pas me dire où ils demeurent. Finalement, après de longues recherches, en m'adressant tantôt à celui-ci, tantôt à celui-là, je réussis à trouver une personne qui me donne des indications précises. J'ai des cousins et des cousines qui habitent Billom, petite ville à 25 kilomètres de Clermont. Je m'y rends en toute hâte et je suis reçu à bras ouverts.

Quand j'ai commencé mon voyage, j'ai dit que c'était comme un rêve. La journée d'aujourd'hui n'est pas faite pour me convaincre que je suis éveillé.

***

Un mot, seulement, touchant Clermont-Ferrand, ville de 40 à 50,000 âmes. C'est ici que le pape Urbain II et Pierre l'Hermite ont prêché et fait décider la première croisade. On montre encore l'endroit, sur la place Dellile, où le Souverain-Pontife a parlé, en plein air, à la multitude.

BILLOM. mardi le 18 décembre.

Je n'entrerai pas dans le détail de mon séjour parmi mes parents de l'Auvergne. L'histoire de ma famille m'intéresse beaucoup, mais ne saurait avoir le même intérêt pour mes lecteurs. Du reste, je n'ai guère le temps d'écrire, car tous ces chers cousins et cousines ont bien des choses à me dire et bien des choses à me demander. De mon côté, j'éprouve le même besoin de *parler* et de laisser reposer ma plume. C'est un très grand bonheur pour moi de me trouver, tout à coup, au milieu de parents affectueux, dont j'ignorais entièrement l'existence il y a trois jours : et ce bonheur est d'autant plus grand que je constate chez les miens des idées saines, de la foi, de la piété. Grâces en soient rendues à Dieu, ma famille est restée *catholique*, croyante et pratiquante. C'est pour moi une consolation indicible ; car, dans cette pauvre France, il y a tant de ruines morales ! Ma famille française a donné à l'Eglise un prêtre et trois religieuses.

DIX-SEPTIÈME LETTRE

Sommaire.—Coup d'œil sur l'Auvergne.—A la maison paternelle.—Le patois.—Faut-il le mépriser ?—Quelques églises de Clermont.—Un précieux cadeau.—Un livre du Dr Imbert.—De Clermont à Tulle.—Un vétéran de la presse catholique.—De Tulle à Toulouse.—Turenne.—Roc-Amadour et ses souvenirs.—Figeac, Capdenac, Villefranche.—Tolosa.—La température.—Le R. P. Regnault.—Coup d'œil sur la ville.—L'église de S. Saturnin.—Reliques et souvenirs.—Le capitole.—Les Jeux-Floraux.—Chez le R. P. At.—Notre-Dame d'Alet.—Histoire de ce sanctuaire.—Une matinée avec le père Clauzel.—Les scellés révolutionnaires.—Impiétés et folies.—La cathédrale Saint-Etienne.—Au *Caouzou*.—De Toulouse à Lourdes.—Le sanctuaire béni.—Histoire de l'apparition, d'après le père Hilaire.—Messe de minuit.

Clermont-Ferrand, mercredi le 19 décembre.

Je suis arrivé ce soir de Billom pour reprendre, demain, mon itinéraire. Mais je n'ai pu partir sitôt qu'à la condition de promettre solennellement d'y retourner en revenant d'Italie. Du reste, j'ai fait cette promesse de bon cœur, car vraiment j'ai passé d'heureux moments en Auvergne ; et ce sera avec bonheur que je goûterai, encore une fois, à la vie de famille qui m'y attend.

Hier, je suis allé dîner chez mon cousin Claude qui occupe la propriété paternelle, à Montaigu, commune située à quelques kilomètres de Billom. Mon père et mes oncles sont nés à Chambons, arrondissement d'Ambert. Cet endroit se trouve dans ce que l'on appelle la *fine montagne*. On n'y arrive pas facilement, paraît-il. Après la naissance de mon père, le plus jeune de la famille, mon grand père est venu s'établir à Montaigu ; et c'est de la maison où je dînais hier que mon père est parti, en 1847, pour aller chercher fortune aux Etats-Unis.

De la colline élevée où se trouve la maison paternelle on découvre une grande étendue de territoire, très accidenté, mais riche en vignes, en blés, en pâturages, en forêts. Au loin, vers le midi, on aperçoit la Haute-Auvergne, aujourd'hui le département du Cantal, toute couverte de neige ; tandis que la Basse-Auvergne, ou le département du Puy-de-Dôme, jouit d'une température, non d'hiver, mais d'automne. Il n'y a pas encore de neige dans cette partie du pays, et bien qu'il y gèle assez fort pendant la nuit, les journées sont tièdes, presque chaudes. Mais il faut ajouter que c'est un temps exceptionnel pour cette région. Règle générale, à pareille époque, il y a de la neige dans la Basse comme dans la Haute-Auvergne ; cependant le climat du Cantal est toujours beaucoup plus rigoureux que celui du Puy-de-Dôme. Autant que je puis voir, la Haute-Auvergne et la province de Québec se ressemblent assez pour le froid, la neige et la durée de l'hiver.

Partout, aux environs de Clermont, on cultive avec succès la vigne, particulièrement sur les flancs des coteaux exposés au soleil. Dans les plaines et sur les versants nords des collines, le blé vient très bien, car le sol est fertile.

Dans une de mes dernières lettres, j'ai dit que je n'avais pas entendu de patois en France. Je n'avais pas alors parcouru l'Auvergne. Depuis quelques jours j'entends autant de patois que de français. Plusieurs de mes cousins et de mes cousines le parlent entr'eux, mais ils parlent aussi très bien le français, sans quoi je n'aurais pas pu communiquer avec eux, sans l'aide d'un interprète, car je ne comprends guère plus le patois que le flamand.

Le patois me paraît être une véritable langue. Autant que je puis voir, c'est tout simplement le français dans sa forme primitive et prononcé comme on prononçait il y a des siècles. Quoi qu'il en soit, cela ne ressemble aucunement au français d'aujourd'hui. Parmi la génération qui s'en va, on trouve encore un certain nombre de personnes qui ne parlent et ne comprennent que le patois ; mais, règle générale, même les paysans qui parlent le patois entr'eux, ne sont nullement embarrassés pour se servir du français.

On est parfois porté à mépriser le patois et ceux qui le parlent. C'est là un préjugé aussi indigne que ridicule. N'oublions pas que la sainte Vierge a parlé patois à Lourdes et à la Salette. Voici ce que je lis, à ce sujet, dans un livre du R. P. Hilaire : *Notre-Dame de Lourdes et l'Immaculée Conception :*

" La division miraculeuse des langues a suivi la division des races ; car les choses se divisent selon leur nature : l'humanité s'est partagée comme une roche se brise en fragments déjà préparés par la structure de la pierre. Jusque dans les langues nouvelles, malgré l'arbitraire introduit par l'ignorance de l'homme déchu, on reconnaît encore la marque de l'unité primitive et la lumière de la raison. Les patois mêmes conservent quelque trace de l'institution divine, avec la franchise et la naïveté de la nature antique ; et ils ont mérité l'attention des littérateurs les plus distingués. C'est pourquoi l'on ne doit pas trouver indigne de la Vierge divine d'avoir parlé patois, à Lourdes comme à la Salette.

Si à Paris, en 1830, la Vierge parla français à sœur Catherine, si elle parla d'abord français et ensuite patois aux enfants de la Salette, elle n'a parlé qu'en patois à Bernadette : c'est même en patois qu'elle lui a donné sa formule scientifique : " *Je suis l'Immaculée-Conception (Qué soï l'Immaculée-Counceptiou*). Pourquoi s'en étonner ? N'est ce pas la pensée qui fait la science ? Or la même pensée peut s'exprimer dans toutes les langues : le son des paroles n'y fait rien, c'est l'idée qui fait tout ; et l'idée se communique également par différents signes. Tout idiome est bon pour la science comme pour la vertu. Le langage du peuple et les patois des campagnes ne déplaisent pas plus au Seigneur et à sa Mère que l'âme du pauvre et du berger. Le Créateur donne à tous, aux savants et aux simples, le don de la parole et l'intelligence du langage. " Le bon Dieu et la sainte Vierge, disait-on à Bernadette, ne comprennent pas ton patois, et ne savent point ton misérable langage "—" S'ils ne le savaient pas, répondit-elle, comment le saurions-nous nous-mêmes ? Et s'ils ne le comprenaient pas, qui nous rendrait capables de le comprendre ? "

Tulle, jeudi le 20 décembre.

Avant de quitter Clermont, j'ai visité quelques unes des églises de cette ville. La plus remarquable est celle de Notre-Dame du Port, fondée au IXe siècle, reconstruite au Xe et restaurée de nos jours. On y voit le type du style roman auvergnat, qui a un cachet tout particulier et qui est d'un grand intérêt pour les archéologues. Le chœur est décoré à l'extérieur de marqueteries composées de pierres blanches et noires et il a trois chapelles rayonnantes en hémicycle.

La cathédrale est un bel édifice gothique, commencé en 1248 et terminé au XVe siècle, dont l'intérieur harmonieux est beaucoup admiré. Une autre église gothique remarquable est celle des Carmes commencée au XIVe siècle et terminée au XVe.

Je suis allé ensuite faire visite aux pères jésuites pour les remercier de m'avoir aidé à retrouver mes parents. Le père Lambert, qui avait bien voulu m'accompagner chez le Dr Imbert, à l'évêché, etc, me dit que le bon docteur veut me revoir, qu'il a quelque chose à me donner. Je me rends en toute hâte chez cet excellent médecin qui quitte son travail pour me recevoir très cordialement. Après quelques instants de conversation sur le Canada, le Dr Imbert me dit : " Puisque vous êtes un disciple de Louis Veuillot, je vais vous faire un cadeau précieux ; c'est une plume dont le grand journaliste s'est servi pendant qu'il demeurait chez moi, en qualité de patient." Et ouvrant un tiroir, le Dr Imbert y prend une plume d'oie et me la remet en disant : " Je vous donne ma parole que c'est une plume dont Veuillot s'est réellement servi ; je n'ai pas d'autre preuve que ma parole, mais elle vous suffira, sans doute." Elle me suffit, en effet. Cette plume du grand soldat chrétien, je la garderai comme une sorte de relique.

Le Dr Imbert, qui a déjà publié des ouvrages importants, compose en ce moment un livre dont il a bien voulu me donner le plan général : c'est la *Flore de la sainte Vierge*, c'est-à-dire l'histoire des plantes que l'on a dédiées à la mère du Sauveur. Comme vous voyez, le sujet est nouveau. Le Dr Imbert le traitera avec science et piété. Il en fera un livre que tous voudront lire.

⁎

De Clermont à Tulle la distance est de 173 kilomètres. On fait le trajet en six heures. Nous passons par Royat, petite ville célèbre pour ses sources d'eau alcalines. Le pays est accidenté et nous avons souvent de beaux points de vue A notre gauche, sont les montagnes de la Haute-Auvergne couvertes de neige.

Tulle, ville de 15,000 âmes environ, est le chef-lieu du département de la Corrèze. La rivière du même nom la traverse, et de hautes collines l'entourent. Elle est assez mal bâtie, a l'air pauvre et abandonnée, et n'a de remarquable que la cathédrale, édifice mi-roman mi-gothique du XIIe siècle, dont la tourmente révolutionnaire de 1793 détruisit le chœur et le transept. Près de l'église se trouvent les ruines d'un cloître du XIIIe siècle.

Je suis arrêté à Tulle pour faire visite à un vétéran de la presse catholique, M. Gorse, directeur de l'excellente feuille hebdomadaire, *Limousin et Quercy*. M. Gorse est dans sa 81e année ; ce qui ne l'empêche pas de pratiquer comme avocat et d'écrire avec toute la vigueur de la jeunesse. Il est le père de dom Léonard Gorse, prieur de la chartreuse de Notre-Dame des Prés. Étudiant en droit à Paris en 1832-33, il fut un des huit qui, avec Frédéric Ozanam, fondèrent les conférences de Saint-Vincent de Paul. Le premier but qu'ils se proposèrent en cela fut leur propre conservation, leur persévérance dans le bien. Touchante pensée ! Faire du bien aux pauvres, c'est-à-dire à Jésus-Christ, pour rester uni à Jésus-Christ. M. Gorse fut aussi grand ami de Louis Veuillot, et contribua, je ne sais dans quelle mesure, à la fondation de l'*Univers*.

TOULOUSE, vendredi le 21 décembre.

Le trajet de Tulle à Toulouse, très intéressant, se fait en huit heures environ. Toute cette partie de la France est fort accidentée, et à chaque instant vous avez des points de vue vraiment pittoresques, même à cette saison de l'année.

En partant de Tulle, nous descendons d'abord la belle vallée ravinée de la Corrèze et passons à Aubazine, petite ville qui possède une église abbatiale remarquable du XIIe siècle, et une source que l'on considère miraculeuse dans son origine. Puis vient Brive, ville fort ancienne, de 14,000 âmes, où Gondebaut fut proclamé roi d'Aquitaine en 585. On y remarque une église des XIe et XIIe siècles, à trois nefs d'égale hauteur.

Ensuite, nous découvrons, sur un rocher élevé les ruines imposantes du château du célèbre maréchal de Turenne, près de la petite ville du même nom, chef-lieu du vicomté de Turenne. De ce château deux tours restent debout : on les voit très bien du chemin de fer. L'une est ronde et date du XIIIe siècle, l'autre, un donjon carré, a été construite un siècle plus tard.

Un peu plus loin, nous passons à quatre kilomètres du vieux village de Roc-Amadour, accroché aux bords d'un ravin. C'est un lieu de pèlerinage fort célèbre où sont venus plusieurs rois de France, saint Louis, Charles IV et Louis XI, entre autres. C'est un saint ermite, nommé Amadour, qui a donné son nom à cette localité, dès le premier siècle. Dans la chapelle de la Mère de Dieu, est une petite *Vierge noire*, en bois, que la tradition attribue à Zachée, le publicain de l'Evangile, qui monta dans un sycomore pour voir passer Notre-Seigneur, et qui se serait retiré dans cet endroit. D'après une autre tradition, c'est ici que Roland voua à Marie sa fameuse épée Durandal qui, apportée à Roc-Amadour après la mort du héros, fut enlevée dans un pillage au XIIe siècle.

Nous passons ensuite par Figeac, patrie de Champollion l'égyptologue, et Capdenac, ville importante au moyen-âge, où Sully avait un château dont il reste fort peu de chose aujourd'hui. Puis, sur la rivière Aveyron, se trouve Villefranchede-Rouergue, célèbre dans les guerres contre l'Angleterre et contre les calvinistes. Ici, comme dans plusieurs autres villes de cette partie de la France, on voit les ruines de vieux châteaux qui datent du XIIe et du XIIIe si...

Enfin, vers huit heures et demie, nous arrivons à Toulouse, ville d'environ 150,000 âmes, ancienne capitale du Languedoc, aujourd'hui chef lieu du département de la Haute-Garonne. C'est l'antique Tolosa, une des villes saintes de la Gaule, qui possédait un étang sacré renfermant un trésor considérable pillé en l'an 106 avant Jésus-Christ par Quintus Servilius Cépion. L'empire romain étant tombé, Tolosa devint la capitale des Visigoths, en 419. Elle fut prise par Clovis, en 507, sur le roi Alaric II. Au XIIIe siècle, Toulouse eut beaucoup à souffrir des guerres suscitées par la cruelle secte des Albigeois.

La température est singulièrement douce dans cette partie de la France. De Tulle à Toulouse, nous avons voyagé avec les fenêtres ouvertes, comme en été. Plus besoin de feu dans ma chambre, le soir. C'est toujours une économie d'un franc par jour.

NOTRE-DAME D'ALET, samedi le 22 décembre.

Ce matin je suis allé, de bonne heure, rue des Fleurs, où se trouvent les bureaux du *Messager du Cœur de Jésus* dont le R. P. Régnault, S. J., est le directeur depuis la mort du regretté père Ramière. Comme partout ailleurs, réception affectueuse au-delà de tout ce que l'on peut imaginer. Je suis réellement confus des bontés que me prodiguent à l'envi tous ces religieux : chartreux, capucins, bénédictins, jésuites, augustins, prêtres du S-Cœur, etc.; car je sens bien que je n'ai absolument rien fait pour mériter tant de sympathie. C'est mon titre de canadien et de journaliste catholique qui me vaut toutes ces faveurs.

Le R. P. Régnault pousse la gracieuseté jusqu'à quitter son travail, malgré mes protestations, pour me faire visiter un peu Toulouse.

Comme il n'y a pas de pierre dans les environs, toutes les maisons construites avant l'époque des chemins de fer sont en briques ; et les rues sont généralement pavées en cailloux ronds, ce qui rend la marche fatigante.

Le principal monument de Toulouse est l'église de Saint-*Sernin*, corruption de *Saturnin*. C'est certainement l'un des plus beaux édifices romans qui existent. Viollet-le-Duc, qui a présidé à sa restauration, le classe parmi les églises de style roman-byzantin, du type auvergnat. C'est un monument imposant par ses proportions et très beau, quoique tout en briques. Mais ce qui rend cette église digne d'être visitée, ce sont les précieuses reliques qu'elle renferme et les souvenirs qui s'y rattachent. Charlemagne et S. Louis, qui semblent avoir eu une grande prédilection pour ce temple, l'ont enrichi d'un nombre considérable de reliques. Dans la crypte on vénère les ossements d'un grand nombre de saints, dont six apôtres : SS. Jude, Simon, Philippe, les deux Jacques et Thadée, le crâne de S. Thomas d'Aquin, le corps de S. Exupère, évêque de Toulouse, qui vendit les vases sacrés pour nourrir les pauvres ; un morceau de la vraie croix, une épine de la couronne de Notre-Seigneur, etc. En un mot après Rome et Aix-la-Chapelle, c'est sans doute Toulouse qui possède le plus de reliques insignes. Autrefois, avant les tristesses des temps présents, on faisait, à l'époque de la Pentecôte, de magnifiques processions dans la ville pour honorer ces reliques précieuses. Maintenant, les processions doivent se faire dans l'église seulement.

S. Saturnin, dont on voit le tombeau dans l'église qui porte son nom, a prêché la foi dans ces régions, dès les temps apostoliques. Il souffrit le martyre à Toulouse au premier siècle. A l'endroit même où s'élève le temple qui lui est dédié, le saint fut attaché à un taureau qu'il avait refusé de sacrifier à Jupiter et traîné à une grande distance. Là où l'animal s'abattit, se trouve une autre église appelée : *l'église du Taur*.

Parmi les édifices profanes, l'un des plus remarquables est le *Capitole* ou hôtel de ville. C'est là que fut exécuté, en 1632, le duc Henri II de Montmorency, maréchal et gouverneur du Languedoc, convaincu de trahison. On y conserve aussi le coutelas qui a servi à l'exécution. Au capitole se trouve le siège de l'*académie des Jeux-Floraux*, l'institution littéraire la plus ancienne de l'Europe, assure-t-on. Fondée vers 1323, sous le nom de " collège du gay sçavoir, " cette académie distribue, encore tous les ans, huit fleurs en or et en argent, aux poètes et aux prosateurs qui veulent concourir. Cette distribution a lieu avec une certaine solennité le 3 mai.

**

A quatre heures de l'après-midi, j'ai pris la diligence pour Notre-Dame d'Alet où je suis arrivé vers six heures et demie. Les campagnes qui environnent Toulouse sont très fertiles et doivent être belles en été, lorsque la nature se pare de verdure et de fleurs.

Notre-Dame d'Alet, lieu de pèlerinage qui se trouve dans la paroisse de Montégut, est à 22 kilomètres au nord-ouest de Toulouse. C'est là que demeure le R. P. At, prêtre du Sacré-Cœur, écrivain de premier ordre que les lecteurs de la *Vérité* connaissent déjà, et qu'ils connaîtront davantage ; car le P. At a bien voulu me promettre sa collaboration. C'est un honneur insigne pour moi, et ce sera une bonne aubaine pour les abonnés de la *Vérité*. Parmi les vaillantes plumes mises au service des pures doctrines romaines, de la **vérité** *intégrale*, il n'y en a pas de plus alerte, de mieux trempée que celle de ce modeste prêtre du Sacré-Cœur, aussi aimable et sympathique dans l'intimité qu'il est redoutable dans la polémique.

Le père At et le père procureur m'ont offert l'hospitalité avec une exquise politesse. Après la collation, nous avons causé longuement *de omni re scibili*. Demain, nous traiterons *de quibusdam aliis*.

**

Les prêtres du Sacré-Cœur ont été fondés à une époque comparativement récente, par Mgr d'Astros. C'est une œuvre locale. Ces prêtres donnent des missions et ils ont aussi la garde du sanctuaire de Notre-Dame d'Alet, lieu de pèlerinage où la sainte Vierge se plait à accorder de nombreuses et grandes faveurs.

Voici, en résumé, l'histoire de ce pèlerinage: je trouve ces renseignements dans un opuscule intitulé: *La dévotion à Notre-Dame d'Alet*:

" Vers la fin du onzième siècle, au milieu de la célèbre forêt de Bouconne qui, à cette époque, s'étendait sur tout le territoire occupé depuis par plusieurs villages, un paysan, appelé Raymond, très pieux et justement honoré dans son pays, labourait son champ sur le plateau qui domine la paroisse de Montégut. Ses bœufs s'arrêtèrent tout à coup, comme si une force invisible les empêchait d'avancer. En vain, il les pressa; il ne parvint pas à vaincre leur résistance. C'est alors que la très sainte Vierge lui apparut, assise sur un nuage, portant l'enfant Jésus dans ses bras, et lui ordonna de bâtir une chapelle. Raymond ayant demandé en quel lieu, Marie lui répondit de jeter l'aiguillon qu'il tenait en main. Le laboureur obéit, l'aiguillon s'implanta dans le sol, en se couvrant de fleurs. Ainsi fut désigné l'endroit où devait s'élever le sanctuaire pieux. Raymond se hâta de porter cette heureuse nouvelle à ses concitoyens; il fut cru sur parole. La chapelle couronna bientôt la gracieuse colline où Marie s'était montrée. L'avenir se chargeait de prouver que Raymond n'avait été ni trompé ni trompeur."

Ravagé par les albigeois, par les protestants et par les révolutionnaires, le sanctuaire de Notre-Dame d'Alet a été relevé trois fois par la piété des fidèles et le zèle du clergé. En dernier lieu, ce sont les prêtres du Sacré-Cœur qui ont restauré la chapelle.

TOULOUSE, dimanche le 23 décembre.

Ma journée peut se résumer en peu de mots : conversations intimes et très précieuses pour moi, avec le père At et le père procureur jusqu'à 4 heures. Puis retour à Toulouse et visite chez le père Régnault et le père supérieur de la résidence de la rue des Fleurs. Ces deux bons pères m'ont aidé à tracer mon itinéraire en Espagne, afin de me permettre de voir le plus possible dans les quelques jours que je pourrai consacrer à visiter ce beau pays.

Lourdes, lundi le 24 décembre.

Le train rapide pour Lourdes ne partant qu'à onze heures et demie, j'ai pu consacrer l'avant midi à visiter certains monuments de Toulouse que je n'avais pu voir samedi. Le R P. Clauzel, S. J., que j'avais eu l'avantage de rencontrer en allant de Paris à Lille, a eu l'extrême obligeance de m'accompagner. Nous avons visité d'abord la chapelle, ou plutôt l'église attachée à la résidence des pères jésuites de Toulouse. C'est un des plus beaux édifices gothiques qu'il m'ait été donné de voir ; le style en est très pur : l'ornementation est merveilleusement belle ; les proportions sont vastes. L'architecte de ce monument est un M. Bache, et son frère, qui est jésuite, en est le décorateur. Cette église, construite par les pères il y a un quart de siècle, environ, a subi le même sort que tant d'autres chapelles en France : elle est sous les scellés de l'inique et inepte gouvernement maçonnique, soi-disant français. Le public n'y entre plus, les pères n'y disent plus la messe, et l'on ne peut pénétrer dans ce magnifique temple élevé à la gloire de Dieu que par une petite porte dérobée qui a échappé au galon et à la cire rouge de la république.

Quel acte ridicule, sacrilège en même temps, que cette expulsion des ordres religieux, que cette fermeture de leurs églises et chapelles ! Qu'a gagné la république à cette politique insensée et violente ? Qu'a t-elle gagné, même au point de vue purement humain ? Elle croyait s'asseoir solidement en pourchassant quelques moines, et la voilà qui tremble devant un sabre !

On dit que celui qui mange du jésuite, mets reconnu indigeste de tout temps, est sûr d'en mourir tôt ou tard. Quel sort attend donc un gouvernement qui a avalé, non seulement du jésuite, mais du bénédictin, du capucin, du dominicain, du prémontré, que sais-je encore ? Aucun estomac, même maçonnique, ne saurait y résister.

Autre acte de folie incomparable de ces pauvres libres penseurs qui ne savent que faire pour se rendre ridicules, tout en attirant sur eux les malédictions du ciel.

Sainte Germaine, petite bergère morte au XIIIe siècle, est à la ville de Toulouse ce que sainte Geneviève est à Paris : c'est la patronne de la cité, la sainte populaire par excellence. Jadis une magnifique statue de la petite sainte ornait une des places publiques de Toulouse. Eh bien ! le croiriez-vous ? les fanatiques qui siègent au capitole l'ont fait enlever !

Nous nous sommes rendus ensuite à la cathédrale, dédiée à saint Etienne. C'est un édifice très vaste, mais bizarre plutôt que beau. La nef, fort ancienne, puisqu'elle est en style de transition, n'est pas sur le même axe que le chœur, ce qui donne à l'ensemble un aspect singulier. Le chœur, très grand et en beau gothique, est imposant ; il a été commencé au XIIIe et terminé au XVIe siècle. Evidemment, on s'était proposé de reconstruire la nef sur le même plan et sur le même axe. Faute de ressources, sans doute, les travaux ont dû être abandonnés. Ce qui fait que le chœur, au lieu d'être *derrière* la nef, est un peu *à côté*.

Le collège des pères jésuites, situé en dehors de la ville, occupe un site magnifique. On appelle cet endroit la *Caouzou*, ce qui, en patois, veut dire *four à chaux*, je crois. Toujours à cause des décrets, les pères ont dû se faire remplacer par des prêtres séculiers et des professeurs laïques. Deux religieux seulement restent au collège pour diriger les études. Des fenêtres du collège, bel édifice construit il y a vingt-cinq ou trente ans, l'œil embrasse toute la ville de Toulouse, la vaste plaine, qui s'étend jusqu'aux Pyrénées, puis les montagnes elles-mêmes, toutes couvertes de neige et qui se confondent avec les nuages. C'est un coup d'œil ravissant.

Après ces visites, j'ai fait mes adieux aux PP. Régnault et Clauzel qui, par leurs bontés et leurs prévenances, ont rendu très agréable mon séjour à Toulouse ; puis j'ai pris le train pour Lourdes. Nous traversons la plaine fertile mais un peu monotone qui s'étend entre Toulouse et les Pyrénées ; ensuite nous côtoyons la muraille de granit jusqu'à Lourdes. La vue est très belle, car les Pyrénées valent bien les Alpes. L'air est tiède, l'herbe est encore un peu verte, les oiseaux voltigent dans les arbres sans feuilles ; et à notre gauche, à quelques kilomètres, les sommets et les flancs neigeux des montagnes nous rappellent que nous sommes en plein hiver.

Je croyais être à Rome pour Noël ; et me voici seulement à Lourdes. Après tout, je ne le regrette pas ; car n'est-il pas doux de célébrer le grand mystère de Bethléem auprès de la grotte de l'Immaculée Conception ?

Que dirai-je de Lourdes, de ce sanctuaire béni que tout le monde chrétien connaît ? Je ne saurais en faire la description : il faudrait une plume plus souple que la mienne pour peindre cette belle nature, ces rochers, ces collines, cette vallée, ces montagnes blanches dans le lointain, ce gave qui roule ses eaux limpides au pied de la grotte miraculeuse et qui fait entendre sans cesse son murmure comme un doux cantique Oui, c'est un endroit vraiment beau. Toutefois, ce n'est pas la beauté des lieux qui impressionne davantage. Il y a dans l'atmosphère de Lourdes un je ne sais quoi de suave, de paisible, de céleste qui ne se peut décrire, mais qui remplit les cœurs d'une douce et indicible émotion. Il y a un véritable parfum dans cette vallée où la Vierge a passé. Les sens ne le saisissent point ; l'âme seule le respire.—*Sicut myrrha electa, odorem dedisti suavitatis, sancta Dei genitrix !*

Je suis arrivé ici à quatre heures. J'ai donc eu le temps de visiter la grotte où se trouve la belle statue dont la couronne porte l'inscription mémorable : *Je suis l'Immaculée Conception.* C'est l'endroit même de l'apparition. Le gave, petite rivière rapide, coule à quelques pieds seulement de cet endroit Au-dessus de la grotte, à une hauteur de cinquante pieds, s'élève la magnifique basilique érigée à la demande de la Vierge Immaculée. Le chœur de l'église se trouve précisément au-dessus de la niche creusée par la nature où l'on voit la statue et d'où Marie a parlé à son humble servante. La grotte est restée dans l'état où elle était lors de l'apparition, sauf les béquilles sans nombre qui l'ornent et les cierges qui l'éclairent. Tout à côté, coule la source miraculeuse. Les abords de la grotte sont entretenus avec un grand soin ; je suis presque tenté de dire avec trop de soin, car l'on aimerait à voir ici plutôt la nature que l'art, plutôt des rochers, des arbustes sauvages, des sentiers tortueux, que ces beaux pavés, ces allées tirées au cordeau, ces gazons scrupuleusement taillés. Qu'on me pardonne cette petite critique qui est peut-être mal fondée.

Tous mes lecteurs connaissent l'histoire de l'apparition de la sainte Vierge dans la grotte de Lourdes. Cependant, ils reliront avec plaisir, j'en suis sûr, le récit de cette merveille tel que le père Hilaire nous le donne dans son beau livre : *Notre-Dame de Lourdes et l'Immaculée Conception* :

" Le 25 mars 1858, Marie descendait sur la terre pour apparaître dans la grotte de Lourdes, avec cette beauté virginale qui fit descendre à pareil jour le Verbe de Dieu dans son sein. Elle se montrait dans une auréole de lumière ; son vêtement était celui des vierges : robe blanche, voile blanc, et ceinture bleu de ciel. Empruntant sa beauté de Dieu même, elle n'avait nul besoin de parures ; mais sur ses pieds nus, à pure et virginale blancheur, comme l'albâtre sans tache, sur chacun d'eux brillait un ornement symbolique, une rose couleur d'or, emblème de la charité qui conduisait autrefois ses pas dans les montagnes de la Judée et les guidait encore aujourd'hui vers les montagnes de la France. L'apparition dans sa simplicité était belle, d'une beauté "qu'il est impossible d'exprimer" comme l'affirmait le témoin qui a vu. Point d'expression dans la langue humaine et dans l'art nulle peinture, pour rendre cette beauté apparue : cette majesté de toute la personne, l'harmonie et la régularité parfaite des traits, la grâce des mouvements, le charme et la douceur des regards et leur inexprimable tendresse. Sur son front royal, nul autre diadème que la lumière céleste et la splendeur de la sagesse, splendeur mystérieuse qui couronne cette souveraine des intelligences angéliques, cette Reine du ciel. Entre ses mains belles et pures glissaient les perles blanches d'un chapelet à chaîne d'or : Marie ne récitait point la prière, elle l'écoutait, et semblait compter les invocations que lui adressait une petite fille prosternée à ses pieds.

"Bernadette était le nom de l'enfant. Marie, qui naguère avait choisi ce qu'il y a de plus grand pour définir son dogme et imposer à toutes les âmes l'obligation de croire, choisissait maintenant ce qu'il y a de plus petit pour révéler le même mystère, et le faire aimer de tous les cœurs… Bernadette, humble fille des champs, avait la candeur et l'innocence du premier âge : elle savait peu de chose, son chapelet seulement, et pas encore son catéchisme. Mais naïve et pure, avec la grâce de son baptême, elle n'offrait aucune résistance au Seigneur, à sa droite bienfaisante.

"Marie lui apparaît ; et comme un aimant auquel rien ne résiste, elle l'attire. Ravie par l'apparition, Bernadette fixe sur la Reine des Vierges "de grands yeux insatiables de voir"; et la bouche entr'ouverte, béante d'admiration, elle semble aspirer cette grâce divine, cette lumière surnaturelle qui la pénètre tout entière et la transfigure ; son visage resplendit : et sur son front le reflet de la splendeur céleste rejaillit comme une auréole lumineuse qui ajoute à la simplicité de l'innocence la majesté du ciel.

"Autour de Bernadette, une foule immense, avide de voir, contemplait l'apparition de l'être mystérieux, invisible en lui-même, mais réfléchissant sur un miroir vivant son éclatante lumière. Aux habitants des vallées profondes, le soleil du matin annonce son lever par l'éclat qui dore la cîme des montagnes, ainsi l'Étoile du matin, l'astre virginal du ciel annonçait aux hommes son apparition par son reflet surnaturel sur le front de l'enfant pure. La foule attentive et silencieuse suivait ainsi, dans la grotte de Lourdes, tous les mouvements de l'apparition, en suivant ceux de Bernadette qui seule voyait la Vierge sainte et lui parlait.

"Ô ma Dame, disait l'enfant, veuillez avoir la bonté de me dire qui vous êtes et quel est votre nom ?" Déjà la même question avait été faite plusieurs fois et à différents jours. Depuis longtemps on attendait la réponse toujours différée, pour être désirée davantage. Mais une cinquième fois Bernadette insiste avec supplication : "Ô Dame, je vous en prie, veuillez avoir la bonté de me dire qui vous êtes et quel est votre nom ?" Alors la Vierge Sainte, ouvrant ses bras, abaisse vers le sol ses mains virginales, comme pour envoyer à la terre les bénédictions d'en haut, puis élevant de nouveau les

BASILIQUE DE N. D. DE LOURDES.

mains, elle les "joint à la hauteur de la poitrine" et regardant le ciel avec l'expression d'une indicible gratitude, elle s'écrie d'un air souriant : "*Je suis l'Immaculée Conception.*"

"Et Marie disparut aussitôt après ces paroles, les dernières qu'elle a prononcées dans la grotte de Lourdes. C'était la seizième apparition: les précédentes, accompagnées d'éclatants miracles, avaient préparé les âmes à recevoir cette étonnante révélation, que deux dernières apparitions, silencieuses, mais pleines de splendeur, suivirent encore pour la confirmer. Cette formule mystérieuse, si brève, mais si expressive, fut le couronnement de toutes les manifestations de Lourdes : c'est pour la réaliser que Marie est descendue."

———

LOURDES, fête de Noël.

Malgré une pluie torrentielle, l'église de Notre-Dame de Lourdes était remplie de fidèles, à la messe de minuit. Pour avoir une place, non point pour s'asseoir, mais pour se tenir debout et se mettre un peu à genoux, il fallait s'y rendre dès onze heures.

La basilique est belle, gracieuse, riche et littéralement tapissée de magnifiques *ex-voto* ; mais elle n'est pas grande. L'église de Sainte-Anne-de-Beaupré peut contenir deux fois plus de monde que Notre-Dame de Lourdes.

Il y a eu un très grand nombre de communions, des centaines et des centaines. Beaucoup d'hommes. Et c'étaient évidemment des habitants de Lourdes même, car de pèlerins il n'y en a guère à cette saison.

La basilique était brillamment illuminée. Mille cierges suspendus à la voûte remplissaient le temple d'une clarté forte et douce. Pour allumer ces nombreux cierges, on emploie un procédé fort ingénieux : toutes les mèches sont mises en communication, les unes avec les autres, par un fil très inflammable On allume un bout de ce fil et, dans un instant, le feu, courant de candélabre en candélabre, toutes les bougies se trouvent subitement allumées, comme par une main invisible.

Lourdes est une ville de 6,000 âmes environ, bâtie au pied d'une colline couronnée d'un ancien château qui a joué un rôle important dans les guerres du moyen âge. Le gave de Pau coule entre la ville et la grotte.

Je pars ce soir pour l'Espagne, par Pau et Bayonne.

DIX-HUITIÈME LETTRE.

SOMMAIRE. — En pays espagnol. — Un dernier mot sur Lourdes. — Dîner chez les pères. — Bernadette Soubirous — L'église du Rosaire. — Coup d'œil sur le livre du père Hilaire. — De Lourdes à Irun. — Au berceau de S. Ignace. — Loyola. — d'Irun à Zumarraga. — Température de printemps. — Dans une *fonda*. — Azpeitia. — Scènes villageoises. — Un peu de prononciation espagnole. — Chemins de fer espagnols — *Una maquina rota*. — De Zumarraga à Zaragoza. — L'envers des nuages. — Pampelune. — Coup d'œil général sur une ville espagnole. — Au collège des pères jésuites. — Notre Dame del Pilar. — *La Seo* — Église des martyrs. — La tour penchée. — Combats de taureaux. — La plaine de Saragosse. — De Saragosse à Manreza. — La nuit dans la montagne. — A la *fonda*. — Comment on boit le vin en Espagne. — La santa cueva de Manrèse. — Souvenirs de S. Ignace. — Son premier miracle.

IRUN, ESPAGNE, 25 décembre 1888.

Je ne suis qu'à deux kilomètres de la France, peut-être moins, et cependant je suis en plein pays espagnol : on ne me comprend guère et je comprends encore moins. Car lire un peu l'espagnol, le traduire même à l'aide d'un dictionnaire, et le parler ou le comprendre quand on vous le parle, voilà deux opérations fort différentes. C'est chose vraiment extraordinaire que la netteté de la ligne de démarcation entre les deux pays. (1) Vous tombez, sans transition, de la France en Espa-

(1) On m'a fait remarquer, depuis, que cette ligne de démarcation n'a rien d'extraordinaire. Si à Hendaye vous n'entendez pas un mot d'espagnol, tandis qu'à Irun vous ne pouvez pas vous faire comprendre en français, c'est que ni le français ni l'espagnol ne sont généralement parlés dans ces parages. A Hendaye et à Irun nous sommes en plein pays basque ; c'est en langue basque que les habitants des deux rives de la Bidassoa communiquent entre eux.

gne. Tout à l'heure à Hendaye, je me serais cru aux environs de Paris. Nous traversons la Bidassoa, avançons de trois kilomètres seulement, et nous voilà à Irun, que l'on dirait aux portes de Madrid. Je me suis tiré d'affaire en Hollande, je viendrai à bout de passer en Espagne, tant bien que mal.

Mais retournons à Lourdes pour quelques instants.

Le R. P. Sempé, (1) supérieur général des missionnaires de l'Immaculée Conception, avait bien voulu m'inviter à aller prendre le dîner à la résidence des pères. Il y avait, à part les quinze ou seize pères de la maison, deux ou trois prêtres étrangers et quelques laïques. Le bon père Sempé a bien voulu me donner la place d'honneur, à sa droite, toujours à cause de mon titre de Canadien qui vaut le meilleur des passeports. Nous avons causé de Lourdes, des pèlerinages, de Bernadette, du Canada. Le père Sempé me dit que Bernadette n'a jamais paru se rendre compte de la grandeur de sa mission ; une grâce spéciale du ciel semble l'avoir toujours protégée contre le démon de l'orgueil. Elle est restée jusqu'à la fin de sa vie ce qu'elle était avant l'apparition : une humble et modeste paysanne. Pourtant, humainement parlant, elle était très exposée à tomber dans l'abîme de l'infatuation. Car le monde entier s'occupait d'elle ; et l'on a vu des évêques se mettre à genoux devant elle pour demander sa bénédiction. Le fait qu'elle a toujours été humble, dit le père Sempé, est une nouvelle preuve de la réalité de l'apparition ; car elle n'a pu se maintenir dans l'humilité que par une protection spéciale de la sainte Vierge —On se demande souvent si Bernadette ne sera pas canonisée un jour, dis-je au père Sempé.—Il n'en sera jamais question, me répondit-il. D'abord, elle a été canonisée en quelque sorte par la sainte Vierge elle-même qui lui a promis le ciel. Mais pour la canonisation régulière, il faut des vertus *héroïques*. Or Bernadette avait des vertus *ordinaires*,

(1) Mort depuis.

rien de plus. C'est ce qui rend plus merveilleux encore ce grand fait de l'histoire contemporaine : le monde catholique qui court à la grotte de Lourdes sur la parole d'une petite fille qui ne sort pas du commun des chrétiens, ni par l'intelligence ni par les vertus. Le culte de Notre-Dame de Lourdes est aussi universel que l'Eglise elle-même. Chaque année, un demi million de pèlerins, venus de toutes les parties du monde, affirment leur croyance aux faits surnaturels qui se sont accomplis en ces lieux.

Après le dîner l'un des pères a bien voulu me faire visiter la nouvelle église souterraine, dite du Rosaire, qui s'achève et qui sera inaugurée dans deux ou trois ans. C'est un vaste édifice en style roman qui communique avec la basilique par des escaliers et des terrasses magnifiques. Quand ces constructions seront terminées, le tout aura des proportions grandioses et dignes des événements dont il s'agit de perpétuer le souvenir, pendant les siècles à venir.

Je m'étais proposé d'analyser rapidement le livre du R. P. Hilaire sur *Notre-Dame de Lourdes et l'Immaculée Conception*. Je renonce à la tâche, car c'est là un travail qu'on ne saurait faire qu'à tête reposée et qu'il serait téméraire d'entreprendre en voyageant. Je dirai seulement que c'est un traité savant, profondément savant, mais qu'on lit avec facilité, intérêt et grand profit. L'auteur y explique pourquoi Marie, dans la grotte de Lourdes, s'est servie de la formule extraordinaire et mystérieuse : *Je suis l'Immaculée Conception*, au lieu de dire : *Je suis Marie conçue sans péché*. C'est pour marquer que " la personne même est cette pureté originelle et sans tache, qu'il y a identité de grâce entre la pureté et la personne, selon la pensée éternelle de Dieu et selon la réalité présente et perpétuelle du mystère opéré par la grâce et achevé dans la gloire. La personne est donc inséparable de la pureté ; et la pureté est inhérente à la personne, comme y constituant pour ainsi dire l'être personnel, le caractère surnaturel et fondamental qui distingue Marie de toute autre créature. La pureté est moins un accident de sa personne, que le fonds substantiel de sa vie et le principe de ses actions."

Au ciel, chaque élu portera un nom qui n'aura rien de l'arbitraire des noms que les hommes se donnent sur la terre, mais qui exprimera le caractère propre de chacun, la raison d'être, le *pourquoi* de son existence et de sa participation à la lumière de gloire. Le caractère propre de Marie, c'est son Immaculée Conception par laquelle elle a été préservée, seule au milieu d'une race déchue, de la tache originelle.

Dans nombre de pages de ce volume, le P. Hilaire s'élève à des hauteurs extraordinaires. Il réfute victorieusement la prétention de M. Henri Lasserre qui ne voit dans l'Immaculée Conception qu'une sorte de purification progressive des ancêtres de Marie. Le privilège singulier de la conception sans tache a été accordé à Marie, non point à ses parents. Selon la parole d'un saint docteur : "Marie apparaît comme une tige sortie d'une racine noueuse et rampante, mais tige droite elle-même, pure et sans nœuds."

Et maintenant nous allons dire adieu au sanctuaire béni de Lourdes, pour prendre le chemin de Loyola, en Espagne.

De Lourdes à Bayonne, 135 kilomètres. Le chemin est d'abord fort pittoresque. Nous descendons le gave de Pau dont les eaux rapides sont gonflées par les pluies de ces jours derniers. A gauche, toujours les belles Pyrénées : la température printanière dont nous jouissons n'a pu fondre les neiges qui blanchissent leurs sommets. A notre droite s'étend une plaine fertile. Nous entrons dans le Béarn et passons à Coarraze " où Henri IV fut élevé d'une façon simple comme les enfants des paysans, courant nu-pieds et tête nue dans la campagne." Puis, voici Pau, belle ville de 30.000 âmes, jadis la capitale du Béarn, aujourd'hui chef-lieu du département des

Basses-Pyrénées, très fréquentée en hiver par les Anglais qui vont y chercher un beau ciel et un climat doux, pendant que Londres est enveloppée de brumes épaisses et froides. Le monument le plus remarquable de Pau est le château de Henri IV. Bayonne est une ville fortifiée de 25,000 âmes, près du golfe de Gascogne et à 35 kilomètres de la frontière espagnole. Puis nous passons par Biarritz où il y a des bains de mer célèbres ; par Saint-Jean de Luz où Louis XIV épousa Marie-Thérèse en 1660. Ensuite Hendaye et la frontière. Comme je suis arrivé à Irun vers huit heures et demie du soir, je ne puis rien dire du paysage qui doit être fort beau puisque nous sommes au milieu des Pyrénées.

———

Loyola mercredi le 26 décembre.

Me voici au berceau de l'illustre fondateur de la Compagnie de Jésus. Vous connaissez tous l'histoire de saint Ignace. Fils d'une ancienne et noble famille, soldat ardent et intrépide, il est grièvement blessé à Pampelune, non loin d'ici. Pendant sa convalescence, il lit la vie des saints, se convertit et, quittant la vie militaire, se fait soldat de Jésus-Christ. J'ai eu le bonheur de visiter le vieux château de Loyola. La chambre spacieuse, mais au plafond bas, où le soldat se transforma en saint, est aujourd'hui convertie en chapelle richement décorée. On y vénère un fragment d'os du grand serviteur de Dieu, dont le corps repose à Rome.

Le château même est peu considérable. Mais, tout à l'entour, on a élevé d'immenses constructions. Les pères jésuites y ont un noviciat et un scolasticat : pères et novices sont au nombre de 150. L'église est une vaste rotonde tout en marbre depuis le pavé jusqu'à la coupole. Le maître autel est d'une richesse extraordinaire et d'une grande beauté.

Un jeune père, qui parle assez bien le français, a eu la bonté de me faire visiter la maison, les chapelles et l'église.

La maison de Loyola est en pleine campagne, mais à une faible distance du village d'Azpeitia. Le site est très beau :

une belle vallée au milieu de laquelle coule une jolie rivière au cours extrêmement sinueux et rapide ; de tous côtés s'élèvent de hautes collines dont plusieurs sont presque des montagnes.

Pour arriver jusqu'ici, j'ai pris le train à Irun, à sept heures et demie, ce matin. La voie remonte le cours d'une rivière dont les eaux, grossies et troublées par les pluies incessantes, sont fort impétueuses. Nous traversons maint pont et passons par maint tunnel. Toujours des montagnes qui encadrent de belles vallées. Plus de neige sur les cîmes que nous voyons. La pluie est ennuyeuse, mais il fait très doux : ce sont des averses du mois de juin chez nous. Quel merveilleux climat ! L'herbe est verte comme au printemps. Plus de *chaufferettes* dans les wagons. C'est l'hiver de ces régions, mais, pour moi, c'est le printemps. Et quand je songe que nous sommes au 26 décembre et que chez nous l'on se promène en traineau !

Vers dix heures, nous arrivons à Zumarraga, petite ville que je n'ai fait qu'entrevoir, car il pleuvait à boire debout et, du reste, la diligence pour Loyola nous attendait. Quatre mulets nous entraînent rapidement par un bon chemin. Nous suivons toujours le cours du torrent, aussi rapide que notre équipage. De hautes collines, où broutent de troupeaux de moutons et d'où descendent des cascades bondissantes, bordent, de chaque côté, l'étroite vallée. En arrivant à Loyola, les montagnes se retirent et la vallée devient presqu'une plaine.

J'aurais voulu retourner à Zumarraga, cette après-midi, afin de prendre, ce soir, le train pour Saragosse ; mais il n'y a pas de diligence avant demain matin, et comme une voiture particulière m'aurait coûté quinze francs, je me décide à passer la nuit dans la paisible hôtellerie, ou *fonda*, qui se trouve près du château. A cet hôtel on ne sait pas un traître mot de français ; mais en y mettant de la bonne volonté, de part et d'autre, nous nous comprenons un peu. Si je pouvais persuader à ces braves gens de parler plus lentement, *mas lentamente*, ça irait mieux. Je risque timidement quelques modestes phrases espagnoles. La servante ne peut s'empêcher de rire, mais elle comprend, tout de même.

*_*_

Entre deux averses, j'ai visité le village voisin. La première chose que je remarque, c'est le grand nombre d'enfants. Sous ce rapport, c'est tout à fait canadien.

J'entre dans l'église, vieil édifice spacieux. Dans quel style est-ce ? Je n'en sais rien. Cela ne ressemble nullement aux églises de France. Ce n'est ni roman ni gothique. D'immenses piliers ronds soutiennent la voûte qui est assez hardie. On y chante les vêpres sur un ton absolument nouveau pour moi, ton fort élevé, du reste. Chacun semble chanter un peu pour son propre compte, sans s'occuper de son voisin. L'organiste accompagne les chantres comme il peut. Beaucoup de femmes à l'église et un assez grand nombre d'hommes. Toutes les femmes portent sur la tête la *mantilla* noire. Rien de plus gracieux, de plus élégant que cette très simple coiffure: les chapeaux de quinze piastres ne le valent pas, je prie mes lectrices de m'en croire. Je ne sais pas si le lendemain de Noël est une fête ic.; chose certaine, c'est que personne ne semble travailler aujourd'hui. Je n'ai pas vu âme qui vive dans les champs où le blé d'automne verdoie et où les navets sont en grande abondance.

Après les vêpres, trois musiciens partent de la place de l'église et parcourent la principale rue du village. Tous trois jouent du tambour, et deux jouent en même temps de la flûte : une main pour le tambour, l'autre pour la flûte. Ils stationnent sur une place publique où il y a deux grandes écoles. Nombre de petites filles se mettent à danser au son de cette musique champêtre. C'est une scène fort aimable. Tout ce peuple paraît heureux, gai, content et nullement gâté par le " progrès moderne "

ZARAGOZA, le 27 décembre.

Voilà comment on écrit Saragosse en espagnol. Vous le prononcerez comme vous pourrez. Le *z* espagnol est un mystère.

Ce n'est pas du tout le *z* français, ce n'est pas précisément notre *s* ou notre *c* ; ce n'est pas, non plus, tout à fait le *th* anglais, malgré ce qu'en disent les faiseurs de méthodes pour apprendre l'espagnol sans professeur : mais c'est un peu de tout cela. C'est plutôt un *s* prononcé du bout de la langue renforcé d'un *th* anglais. Exercez-vous maintenant sur *Zaragoza*.

A propos de prononciation espagnole, les faiseurs de méthodes, dont il est question plus haut, nous représentent le *j* comme une lettre à peu près impossible à prononcer ; d'après eux, il faut tirer cela du fond de la gorge comme le formidable *ch* allemand. C'est de l'exagération ; du moins, le son guttural du *j* me paraît purement facultatif. Règle générale, c'est tout simplement *l'h* fortement aspiré des Anglais. Ce n'est pas plus difficile de dire *jesuita* que *house*. Quant au *c* devant *e* et *i*, c'est à peu près comme le *z*.

※

Je demande pardon aux chemins de fer français d'avoir mal parlé d'eux : je ne connaissais pas alors *los caminos de hierro espanoles* qui sont décidément l'abomination de la désolation. Quelle lenteur incroyable ! Un coche attelé de cinq mules irait plus vite. Quels arrêts ! Quelles prodigieuses flâneries à toutes les stations ! A chaque instant, vous entendez le chef du train qui crie à tue-tête : *cinco minutos, quince minutos, veinte minutos*, sans aucune raison apparente, à moins que ce ne soit pour laisser souffler la locomotive.

J'en ai fait une journée aujourd'hui ! Parti de Loyola, à sept heures ce matin, je suis arrivé à Saragosse à dix heures du soir, et j'ai encore le courage d'écrire...C'est que j'ai eu le temps de dormir un peu le long de la route.

En entrant en gare, à Zumarraga, une des locomotives du train qui arrivait d'Irun et qui devait nous conduire à Alsasua, s'est brisée. Tous les habitants du village, tous les employés du chemin de fer, tous les voyageurs entourent affectueusement la *maquina rota* et la regardent pendant un bon quart d'heure. Puis on se décide à l'enlever, et nous partons sur une seule jambe, c'est-à-dire avec une seule locomotive, mais nous n'alons pas loin. A la première montée un peu raide, crac ! nous voilà collés. Il faut télégraphier à Alsasua pour avoir une autre machine. Les voyageurs espagnols, habitués, évidemment, à ce genre de *sport*, prennent la chose en vrais philosophes. Ils descendent du train, se drapent fièrement dans leurs manteaux, et se promènent tranquillement sur la voie en fumant leurs *cigarros de papel*, ce qui est une manière abrégée de dire *cigarettes*. Pour moi, une inquiétude mortelle me dévore : le train que nous devons prendre à Alsasua pour Saragosse et qui, d'après l'indicateur, doit partir *huit minutes*, seulement, après notre arrivée, ne finira-t-il pas par perdre patience et par nous planter là. Je m'en ouvre à un *señor* qui parle le français. "Ne craignez pas, dit-il ; en Espagne, on est toujours à temps pour prendre le train." En effet, le train à Alsasua, qui devait partir *huit* minutes après notre arrivée, a bien voulu attendre pendant une heure, puis nous a *fait attendre* pendant trois quarts d'heure.

Le paysage entre Zumarraga et Alsasua est grandiose à l'extrême ; nous passons littéralement par dessus les montagnes. La moitié du temps nous sommes dans des tunnels d'une longueur démesurée ; mais pendant l'autre moitié nous jouissons d'un coup d'œil superbe. Des vallées d'une profondeur immense sont à nos pieds ; autour de nous, des pics couverts de neige. J'ai vu, aujourd'hui, une chose tout à fait nouvelle pour moi : *l'envers* des nuages. Il faut monter haut pour voir la surface supérieure des nuées. Eh bien ! nous avons grimpé jusque là. Un nuage vu de l'autre côté, c'est tout simplement un paquet de brouillard blanc.

A partir d'Alsasua le pays est absolument sans intérêt ; c'est un plateau très élevé, sans eau et sans arbres ; des landes, des rochers et des collines nues ; peu de maisons. Cela m'a fait penser à l'ouest de l'Irlande. Nous passons à Pampelune (Pamplona) ville fortifiée. C'est là que S. Ignace a reçu la blessure qui a valu au monde la compagnie de Jésus. A Castejon il fait déjà noir et je ne vois plus rien.

Et maintenant vous me permettrez bien de vous dire *buena noche*.

SARAGOSSE, vendredi le 28 décembre.

Est-ce bien le 28 décembre ? Tout le monde le dit ; ça doit être vrai, mais, pour moi, ce n'est pas vraisemblable. Car il fait un temps du mois de juin : soleil ardent, brise tiède du sud-est ; les *senoras* se promènent le parasol à la main. Pas de pluie à Saragosse. Pendant que les cieux pleuraient là-bas, à Loyola et à Zumarraga, ils riaient ici. En somme, c'est un pays trop sec. Pour obtenir la pluie nécessaire on est souvent obligé d'avoir recours à Notre-Dame del Pilar.

Saragosse est la première grande ville espagnole que je voie ; elle a 80,000 âmes. Quelle différence entre une ville espagnole et une ville américaine, par exemple. En Amérique, tout marche à la vapeur, tous sont pressés, affairés ; on court, on se heurte, on se bouscule ; on ne songe qu'à faire de l'argent : *business, business*. A Saragosse, tout va tranquillement et posément ; on n'y court pas, c'est à peine si l'on y *marche* : on s'y *promène*, majestueusement, les hommes drapés dans leurs manteaux, les femmes, dans leurs *mantillas*. Pauvres et riches semblent pénétrés de la parole évangélique : "A chaque jour suffit sa peine." On paraît se contenter de peu, et *faire des affaires* n'est évidemment pas l'unique souci de la vie en Espagne. Cette après-midi toute la ville était à la promenade.

L'aspect général de la cité est tout à fait singulier. Les rues sont mal pavées ; les maisons sont presque toutes en briques, et encore ces briques sont-elles, pour la plupart, séchées au soleil au lieu d'être cuites comme les nôtres. C'est *l'adobe*, dont vous avez entendu parler, sans doute. Je m'imaginais que *l'adobe* n'entrait que dans la construction des petites huttes, à la campagne. Pas du tout, les hôtels, de grandes maisons, le palais de justice, et même de vastes églises sont en *adobe*, et ont une teinte jaune très curieuse. Ce matériel quelque peu primitif, résiste bien, vu l'uniformité de la température et le peu d'humidité dans l'air. On se sert aussi d'une pierre poreuse et également jaune. Que tout cela serait bientôt rongé par nos tempêtes du nord-est !

Ma première visite a été au collège des pères jésuites, vaste et bel édifice, partie en pierre, partie en briques. Le R. P. supérieur, qui parle bien le français, m'a reçu très gracieusement, et a bien voulu m'entretenir des affaires d'Espagne, lesquelles, comme les affaires du monde entier, sont un peu beaucoup mêlées ; car les erreurs modernes se glissent partout. Les élèves avaient grand congé, en l'honneur des saints Innocents, et ils célébraient la fête assez bruyamment. Dans la cour de récréation, il y avait un tintamarre assourdissant, et l'on y faisait une énorme dépense de poudre à canon : on aurait dit une ville assiégée.

J'ai visité ensuite la célèbre église de Notre-Dame del Pilar qui s'élève sur la rive droite de l'Ebre, assez grande rivière au courant impétueux. A l'extérieur, c'est une grande construction en *adobe*, à l'aspect mauresque. Mais à l'intérieur, quelle richesse vraiment incroyable ! Vous ne voyez que marbre et jaspe et or et peintures à fresque. Cela ne ressemble en rien aux grandes cathédrales gothiques de France, et il serait oiseux de vouloir établir une comparaison entre les deux genres. Le gothique vous saisit par sa hardiesse et sa simplicité ; Notre Dame del Pilar, par la profusion et la richesse des ornements. Les sculptures du maître-autel sont tout simplement merveilleuses, et plusieurs des tableaux sont dûs aux plus grands artistes d'Espagne. Pour un seul de ces tableaux, un petit *Ecce homo*, un Anglais richissime a offert 50,000 francs.

D'après une pieuse tradition, la sainte Vierge apparut en ce lieu, le 2 janvier de l'an 40 de notre ère. Voici dans quelles circonstances. L'apôtre saint Jacques le Majeur était arrivé en Espagne depuis assez longtemps déjà. Mais ses efforts pour convertir cette race altière à la foi chrétienne avaient été complètement vains. Presque découragé, le saint se mit en prières, demanda lumière et secours à la mère du Sauveur. Tout à coup, la sainte Vierge, qui vivait encore à cette époque, soit à Jérusalem soit à Ephèse, apparut à l'apôtre affligé, le consola et lui promit que jamais la vraie foi ne cesserait de fleurir sur cette terre. Saint Jacques se releva fortifié, se remit à l'œuvre et convertit bientôt toute cette contrée. Voilà ce que rapporte la tradition sur cette première apparition de la Reine des cieux. On lui éleva d'abord une modeste chapelle qui se transforma peu à peu pour devenir le temple magnifique que nous voyons aujourd'hui. La statue de la Vierge del Pilar est une véritable mine de pierres précieuses d'une valeur quasi incalculable.

La cathédrale de *la Seo* est un des plus anciens temples de l'Espagne. Sous la domination mauresque, elle servait de mosquée ; elle fut rendue au culte catholique et consacrée par l'évêque Pierre de Librana, en l'an 1019. C'est ici qu'ont eu lieu plusieurs conciles provinciaux et que furent sacrés plusieurs rois d'Aragon. Car, vous le savez, Saragosse était la capitale de l'ancien royaume d'Aragon. La façade de la Seo est en style gréco-romain ; tandis que l'intérieur renferme les styles du XIVe, du XVe et du XVIe siècle. On y retrouve le gothique, mais un gothique tout à fait particulier. Ici, comme à Notre-Dame del Pilar, les sculptures sont d'une richesse et d'une beauté incomparables. On conserve dans cette église la croix d'or sur laquelle les rois d'Aragon juraient de maintenir les célèbres *fueros*, ou franchises provinciales.

Une belle relique est l'église de la Santa Engracia, dont la partie supérieure est en ruines, ayant été détruite pendant les guerres de 1809 : il n'en reste debout que la façade qui est fort remarquable. Sous les ruines se trouve une crypte ou catacombe où l'on vénère les ossements d'innombrables martyrs mis à mort pendant la dixième persécution, en 303, sous Dioclétien. Saragosse renferme aussi beaucoup d'autres églises très riches en sculptures, en peintures et en souvenirs historiques et religieux.

Parmi les monuments profanes, le plus curieux est une tour

penchée que l'on prétend avoir été construite pour rivaliser avec la fameuse tour penchée de Pise.

Un établissement beaucoup moins édifiant que les églises est la *Plaza de torros*, immense cirque où ont lieu, de mars à novembre, les cruelles " courses de taureaux " dont les Espagnols raffolent et qui, malheureusement, sont tellement entrées dans les mœurs du peuple qu'on désespère de les en déraciner. Ces *courses*, nom qui est un euphémisme, puisque ce sont de véritables combats où il y a souvent mort d'homme, sont une institution *provinciale*, s'il vous plaît, une affaire d'État !

L'après-midi, j'ai fait une promenade à la campagne. Sur une élévation, au sud de la ville, l'œil embrasse une immense étendue de territoire, la moitié de l'Aragon ce me semble : à l'avant-plan, la ville ; puis une plaine fertile en vignes, ensuite des collines et des roches arides ; enfin, dans le lointain, les Pyrénées. Parmi les nombreux paysages grandioses qu'il m'a été donné de contempler depuis que je voyage, c'est certainement un des plus beaux.

Saragosse, dont l'origine se perd dans la nuit des temps, fut longtemps au pouvoir des Maures. De nombreuses et sanglantes batailles s'y sont livrées entre chrétiens et musulmans. La ville fut définitivement conquise par Alphonse I, roi d'Aragon, en 1118. Elle a eu beaucoup à souffrir au commencement du siècle, des guerres de Napoléon. Sur les murs de Notre-Dame del Pilar, du côté de l'Ebre, on voit encore les trous faits par les boulets français.

C'est ici, on peut le dire, que le conquérant reçut son premier échec. Napoléon avait essayé d'imposer son frère Joseph aux Espagnols ; mais ceux-ci se levèrent comme un seul homme pour défendre leur honneur national. Dans cette guerre occasionnée par l'ambition effrénée de Napoléon, Saragosse a joué un rôle vraiment noble. Rien de plus héroïque

que la résistance, en 1808, des habitants de la capitale de l'Aragon, renforcés par cinquante mille Aragonais.

L'étymologie du mot Zaragoza paraît être moins obscure et moins contestée que celle de Québec : c'est tout simplement, dit-on, une corruption arabe du mot latin, *Cæsar Augusta*.

Le principal commerce de Saragosse est celui de ses vins. Il se fabrique dans toute cette région de grandes quantités de vins fort généreux, ayant de 15 à 17 pour cent d'alcool. On les expédie en France, où des fabricants habiles les *manipulent* et les *coupent en trois*, c'est-à-dire qu'avec une tonne de vin espagnol ils font trois tonnes de vin *français*.

Quelque part dans le Montserrat, samedi le 29 déc.

Me voici tout à fait dans les aventures, puisque je ne sais pas au juste où je suis. Tout ce que je sais, c'est que j'ai voulu aller coucher au fameux monastère du Montserrat et que je n'ai pu y arriver. Voici l'affaire. Parti de Saragosse ce matin à une heure et demie, (en Espagne on prend les trains quand on peut et nullement quand on veut) j'ai voyagé tout le reste de la nuit et toute la matinée, n'arrivant à *Manreza* qu'à onze heures et demie, bien que la distance soit peu considérable relativement; après le dîner j'ai visité ce que Manrèze renferme de plus précieux ; j'en parlerai tout à l'heure. Puis, vers deux heures et demie, je suis parti, dans une espèce de méchante calèche, pour Montserrat, avec l'intention d'y passer la nuit. Je comptais sans les chemins et les ténèbres. Pour sortir de Manreza, la route était tout simplement abominable : même dans nos plus pauvres *concessions* il n'y a rien de pire. Heureusement, plus loin, le chemin est devenu meilleur, sans quoi je ne serais peut-être pas en état d'écrire ces lignes.

Nous traversons le plus singulier pays que j'aie encore vu : une étroite vallée entre deux rangées de hautes collines dénudées qui, de prime abord, ont l'air absolument stériles. On n'y voit pas d'herbe et nul autre arbre que l'olivier au feuillage sombre et terne. Mais en l'examinant de près, on voit qu'en réalité c'est un pays fort riche. A part les oliviers qui sont chargés de fruits, il y a de grands vignobles étagés sur les flancs jaunes et rouges de ces montagnes : en été, le coup d'œil doit être plus gai. Mais aujourd'hui, point de verdure, si ce n'est, par ci par là, de petits champs de blé d'automne qui brillent comme des émeraudes. Il pleut et tonne ; des coteaux descendent des torrents, les uns jaunes, les autres rouges comme du sang ; ils vont se mêler au sein de la rivière qui coule à nos pieds. Oui, c'est un bien singulier pays que la Catalogne.

Le Montserrat, dont je vous parlerai davantage demain, est très haut, et le monastère est non loin du sommet. Le chemin, assez long, y monte en spirale. Il faut trois heures pour en faire l'ascension. Il commençait à faire brun lorsque nous sommes arrivés au pied de la montagne. Mon cocher paraissant sûr de son affaire, nous avons piqué tout droit, ne restant à Monistrol, village qui se trouve au pied du mont, que le temps de faire manger et reposer un peu notre cheval. Si j'avais su au juste ce que c'est que le Montserrat, par une nuit noire, j'aurais certainement couché au village.

D'abord, cela va assez bien ; nous gravissons lentement le chemin en tire-bouchon, toujours au pas. Mais voilà que les ténèbres deviennent de plus en plus épaisses : il pleut toujours et des éclairs lointains nous aveuglent. Heureusement, le chemin jaune tranche sur la montagne noire à notre gauche, et sur le ravin plus noir encore à notre droite. Le cocher descend et marche à la tête de son cheval, tandis que je tiens les guides ; nous n'avons pas trop de nos quatre yeux. Nous allons ainsi pendant ce qui me parait être une éternité, et plus nous grimpons, plus la montagne s'élève devant nous. Enfin, je risque ces mots : *Esta lejos aun?* est-ce loin encore ? que je prononce de mon mieux. A ma grande surprise, le cocher m'a parfaitement compris. Il répond aussitôt sur un ton résigné : *Medio del camino, senor* : la moitié du chemin, monsieur. Nous grimpons encore pendant une demi-heure. Maintenant il fait noir comme dans un four ; je ne vois plus rien ; ni chemin, ni cheval, ni cocher, ni montagne, ni ravin. Ce n'est plus tenable. Le moindre écart, un faux pas, un mouvement de recul, et nous sommes au fond de l'abîme avant de pouvoir faire seulement un acte de contrition. Je fais de nouveau appel à mon petit bagage d'espagnol : *Voy à bajar del coche y à andar à pié.* (Je vais descendre de la voiture et marcher.) Le cocher me comprend encore. Il arrête le cheval et me dit que je serai mort de fatigue, que les chemins sont glissants, que nous avons encore une heure à marcher, puis il ajoute que tout près de là est une *fonda* où nous pourrons passer la nuit et d'où nous nous remettrons en route dès cinq heures. *A la fonda, à la fonda, by all means!* lui dis-je. Le cocher est fort content de ma décision, car il avoue lui-même qu'il fait **muy negro** (bien noir). Un instant après, un détour du chemin nous laisse voir la lumière de l'hôtellerie, spectacle réjouissant, je vous l'assure. Me voici donc installé chez ces braves Catalans qui ne savent pas un seul mot de français et qui parlent un espagnol qui me dépasse entièrement. Par exemple, quand on vous dit : **binte**, prononcé en une seule syllabe pour *veinte* (vingt) qui doit se prononcer en trois, on a beau savoir que *v* se prononce comme *b*, il faut être plus fort en espagnol que je ne le suis pour comprendre du premier coup. C'est qu'il y a des patois en **Espagne comme en France.** Heureusement, mon cocher parle un espagnol assez grammatical pour que je puisse le comprendre un peu.

Ce brave cocher dîne avec moi, ce qui me permet de voir comment on boit le vin en Espagne, chez le petit peuple, bien entendu. Il y avait sur la table une carafe ordinaire, avec des verres : je veux verser du vin à mon homme ; mais il me remercie, et demande à la servante de lui apporter un *perron*, ce qui est une manière de carafe du pays ornée d'un bec long et mince. Mon cocher saisit la carafe, l'élève au-dessus de sa tête et fait couler, tout droit dans son gosier, un mince filet de vin. L'art consiste à ne point perdre une goutte du liquide et à tenir la carafe aussi loin de la bouche que possible. Mon cocher, artiste distingué, évidemment, tenait son *perron* à cinq ou six pouces de ses lèvres. Le vin, dit-il, a bien meilleur goût bu de cette façon. Je ne le conteste pas, mais je n'ai pas voulu en faire l'expérience.

*

Et maintenant, retournons un instant à Manrèse, ville de vingt mille âmes, juchée en grande partie sur une colline. C'est un endroit industriel, car les Catalans sont plus actifs, plus *intéressés* que les autres Espagnols. On y fabrique beaucoup d'étoffes en laine. Mais si la ville est industrielle, elle n'a aucunement le cachet moderne : rues étroites, sales, mal pavées, ou plutôt pas pavées du tout : de la boue jusqu'à la cheville. Un vieux pont romain traverse la rivière. Mais ce n'est pas pour voir la ville que je me suis arrêté ici. Je me fais conduire tout droit à la résidence des pères jésuites. Comme à Loyola, deux ou trois pères sont occupés à enseigner le catéchisme aux enfants pauvres qu'ils réunissent tous les jours, pendant une heure ou deux, dans le vestibule de leur maison. C'est en catéchisant les petits, paraît-il, que saint Ignace a commencé sa glorieuse carrière. J'ai la bonne fortune de rencontrer trois pères français qui font leur troisième an ici. Ils me reçoivent, pour ainsi dire, à bras ouverts, car, disent-ils, il fait si bon parler français un peu. Pour moi, c'est un vrai régal, car voilà trois ou quatre jours que je ne fais que des phrases idiotes.

Ces bons pères me font visiter les trésors de Manrèse : *la santa cueva*, ou sainte grotte, où saint Ignace a passé dix mois dans les plus rudes austérités, dans la prière et la méditation, et où il a tracé ses immortels exercices spirituels et les règles de sa sainte compagnie. J'ai vu la pierre sur laquelle il écrivait, la croix qu'il y a gravée. C'est dans cette grotte, aujourd'hui convertie en chapelle, que le saint a eu sa vision de la Trinité, l'an 1522. Tout près de la grotte, dans la chapelle de sainte Lucie, saint Ignace a eu son ravissement de huit jours. Tous ces endroits sont en grande vénération parmi les fidèles, non seulement de Manrèse, mais de toute l'Espagne.

La ville est pleine des souvenirs du saint. Une inscription, au-dessus d'un puits, indique l'endroit où il fit son premier miracle. Une pauvre femme avait perdu une poule qui s'était jetée dans le puits et s'était noyée. Elle raconte sa peine à saint Ignace qui se met à prier. Aussitôt l'eau du puits monte et la poule, pleine de vie, est rendue à la femme. Une autre inscription nous fait connaître le portique où le saint passait souvent la nuit. Une famille conserve la ceinture que saint Ignace donna aux ancêtres : c'est une relique précieuse qui passe de père en fils. Le saint aurait promis que tant que cette ceinture resterait dans la famille, celle-ci aurait une modeste aisance.

Après deux heures passées avec les pères à visiter ces lieux bénis, je prends le chemin de Montserrat avec le résultat que vous savez.

DIX-NEUVIÈME LETTRE

Sommaire.— Montserrat. — Petit résumé de son histoire. — Chez Don Sardá y Salvany —Bonne année.— L'hiver en Espagne.—A Barcelone.—Choses d'Espagne.—Don Carlos et les catholiques.—De Barcelone à Marseille.—Des commis voyageurs.—La ville de S. Lazare. —Notre-Dame de la Garde. — Description de Marseille par Louis Veuillot.—Promenade.—Un type marseillais. — La Cannebière.— Visite à M. le chanoine Timon-David. — De Marseille à Monaco.— Paysages ravissants.—Le père Caisse.—Une porte de l'enfer.—Principauté minuscule.—La république française et la justice de Dieu. —Adieu à Monaco. — Gênes la superbe et les blanchisseuses.— Eglise.—Monuments.—Logique d'une dame anglaise.—Sous terre. —Carrare. — La ville éternelle. — Première impression. — Le triomphe de la papauté. — Le devoir des catholiques. — Un mot sur Pise.—Froid.

BARCELONE, dimanche le 30 décembre

Dès quatre heures et demie j'étais debout; et après avoir avalé une tasse de chocolat épais comme de la soupe aux pois, nous nous remettons en route. La lune, qui vient de se lever, nous éclaire suffisamment. A six heures nous sommes au monastère. Au moment où j'entre dans la vaste chapelle, on commence à chanter une grand'messe : orgue et orchestre ; le chant, fort étrange, ne ressemble en rien à notre plain-chant.

On a écrit des volumes sur le Montserrat qui est tout rempli de souvenirs religieux. C'est un endroit unique au monde, endroit impossible à décrire. C'est un immense amas de rochers en forme de *pains de sucre*, s'élevant, par étages, à une hauteur prodigieuse. Le monastère actuel est situé dans une sorte de niche entourée, de trois côtés, de ces singuliers rochers coniques. Du couvent, l'œil embrasse une immense étendue de territoire tourmenté. A nos pieds, une mer de montagnes brunes ; entre ces montagnes et nous flottent quelques légers nuages blancs, car nous sommes très élevés. Au loin, d'un côté, la Méditerranée, de l'autre, les blanches Pyrénées qui se dorent des premiers rayons du soleil : spectacle incomparable.

Cette montagne a toujours été consacrée au culte ; car la tradition nous dit que les païens y avaient élevé des temples à leurs idoles. A l'endroit même où nous voyons la chapelle dédiée à S. Michel se trouvait jadis un temple de Vénus.

Dès les premiers siècles de notre ère, le christianisme prit possession de cette montagne qui semble un véritable escalier pour monter au ciel. Elle a été habitée par de nombreux ermites dont les ermitages se voient encore. Mais ce qui donne surtout sa célébrité à la montagne, c'est la statue de la sainte Vierge placée au-dessus du maître-autel de la chapelle des pères bénédictins. Autrefois, dès les premiers siècles de l'Eglise, cette statue était en grande vénération à Barcelone. En 717, pour la soustraire à la profanation mauresque, l'évêque et gouverneur de Barcelone la cacha dans les rochers de Montserrat. En 880, elle fut miraculeusement trouvée par un berger dans une grotte, la *santa cueva* de Montserrat. En 896, elle fut confiée aux bénédictins. Il y a huit ans, on célébrait, avec grande pompe, le millième anniversaire de l'invention de la statue ; et une année plus tard Notre-Dame de Montserrat fut déclarée patronne de toute la Catalogne, et sa statue fut couronnée solennellement au nom de Léon XIII.

Ce lieu de pèlerinage a été visité par beaucoup de saints : par saint Jean de Matha, en 1209 ; en 1218 par saint Pierre Nolasque ; en 1409 par S. Vincent Ferrier ; en 1522, par S. Ignace qui offrit son épée à Notre Dame.

J'ai pu trouver un père bénédictin qui parle le français. Il a bien voulu me faire vénérer la statue. On monte derrière l'autel par un petit escalier tournant et l'on baise la main de la

Vierge. La salle du trésor et des offrandes renferme des richesses incalculables.

**

A dix heures, je dis adieu à ce vénérable sanctuaire, et nous descendons à Monistrol. Je puis admirer à mon aise les abîmes que nous avons côtoyés pendant la nuit.

Je prends le train à midi, et à une heure je suis à Sabadell, où habite don Sarda y Salvany, l'illustre auteur du *Libéralisme est un péché*. Je le trouve chez lui. C'est un très bel homme de 45 à 50 ans, grand et droit. Son regard est doux, sa figure extraordinairement sympathique. Il a le teint rose et les yeux bleus, ce qui est fort rare parmi les Espagnols.

Il me reçoit avec une grande bonté et des marques non équivoques d'affection. Malheureusement pour moi, il ne parle pas du tout le français. La conversation se fait donc difficilement. Cependant, nous nous comprenons un peu. Surtout, comme il me l'a dit : " Nos cœurs se comprennent mieux que nos langues ".

Le soir, je reprends le train pour Barcelone, où j'arrive par une pluie battante : de la boue, de la boue, toujours de la boue.

MARSEILLE, jour de l'an 1889.

C'est de Marseille, après une nuit en chemin, que j'envoie aux lecteurs de la *Vérité* mes souhaits du jour de l'an. Que la nouvelle année leur soit bonne et heureuse !

Mais revenons un instant sur nos pas.

De Sabadell à Barcelone, le pays change d'aspect. Nous quittons les montagnes et nous traversons une vaste plaine. Il est facile de voir que nous arrivons aux régions semi-tropicales. Des plantes étranges et nouvelles se montrent : d'énormes cactus, des fougères gigantesques, des palmiers, enfin des orangers et des citronniers chargés de fruits dorés. C'est le 31 décembre, cependant nous sommes pour ainsi dire en plein été. Impossible de se figurer que c'est la veille du jour de l'an ; ce qui est fort heureux pour moi, puisque cette illusion me préserve de l'ennui que j'éprouverais si j'étais réellement convaincu que nous sommes à l'époque des "fêtes" où les familles canadiennes éprouvent tant de bonheur à se réunir. Comment se persuader que l'on est à la fin de décembre lorsqu'on voit tant de fleurs et de verdure, que l'air est tiède, et que les moustiques, de vrais *maringouins* vous piquent. Oui, dans la nuit du 30 au 31 décembre, j'ai eu des *maringouins* dans ma chambre. Voilà, par exemple, des particuliers dont je comprends parfaitement le langage; car *los mosquitos* d'Espagne ont le même accent que leurs cousins du Canada.

Lundi, le 31 décembre il pleuvait à Barcelone et les rues étaient remplies de boue. Voyant que le temps se comportait si mal, je me décidai à partir par le train de deux heures et de voyager toute la nuit, afin d'arriver à Marseille pour le jour de l'an au matin. Pour quelques *pesetas* j'engage une voiture de place et je visite un peu la ville qui est assez grande puisqu'elle compte environ 300,000 habitants. Les rues sont généralement étroites; il y a, cependant, quelques jolis *paseos* et *ramblas*, (boulevards et allées) qui ressemblent beaucoup aux boulevards et aux allées des autres grandes villes de l'Europe. Barcelone n'a pas le cachet particulier de Saragosse.

J'ai visité le collège des jésuites, vaste et magnifique établissement. L'un des pères, qui parle le français, m'accompagne et m'entretient des affaires de son pays. Je me rends ensuite aux trois principales églises : la cathédrale, Santa Maria del Mar et Santa Maria del Pino; les deux premières, surtout, sont des édifices gothiques grandioses et imposants, mais à l'intérieur il fait si sombre que je ne puis guère voir les tableaux et les sculptures. Sur l'une des principales rues, la ville de Barcelone a élevé à Christophe Colomb un monument superbe.

Avant de quitter l'Espagne, un mot au sujet de la situation politique de ce pays. Ici, comme en France, la malheureuse question dynastique divise les catholiques. Il ne faut pas s'imaginer que tous acceptent le régime actuel : beaucoup le tolèrent, voilà tout. Don Carlos a un très grand nombre de partisans parmi les catholiques non libéralisés ; ou plutôt il en *avait* un grand nombre, car aujourd'hui il a perdu, par sa faute, l'appui de la partie la plus saine de la population. Il y a quelques mois, le *Siglo Futuro*, de Madrid, le grand organe des catholiques *intégristes*, a été chassé du parti carliste, avec plusieurs autres journaux catholiques, pour avoir défendu la vérité intégrale et combattu l'introduction des idées libérales dans les rangs du parti de la monarchie traditionnelle. Don Carlos qui, à d'autres défauts, semble joindre l'esprit d'absolutisme de Louis XIV, aurait voulu faire taire les journaux catholiques ; et n'ayant pu les réduire au silence, il les a *excommuniés*. Ce coup maladroit, pour employer une expression fort adoucie, le prive, comme je viens de le dire, de l'appui de la partie la plus saine de la population espagnole et rend son avénement au trône absolument impossible. Voilà l'opinion unanime des personnages avec qui j'ai pu causer de la situation actuelle (1).

Le chemin est long de Barcelone à Marseille. Parti à deux heures de l'après-midi, hier, je suis arrivé ici à sept heures et demie ce matin. De Barcelone à la frontière, surtout, la route a paru interminable, car bien que ce fût un train *express*, la lenteur était prodigieuse. Le chemin passe pourtant par un pays très plat où les rampes doivent être fort douces. Mais le manque de vitesse est le trait caractéristique des chemins de fer espagnols.

Jusqu'à la frontière je me suis trouvé en compagnie de deux voyageurs de commerce, évidemment du midi de la France, deux garçons fort aimables, pas impies, mais un peu portés à vouloir éblouir le prochain. Ils me semblaient proches parents

(1) L'*Univers* du 6 octobre 1889, a publié une lettre de Madrid qui annonce l'organisation d'un parti purement catholique, " destiné à devenir en Espagne ce qu'est en Allemagne le parti du centre." Si ce parti, comme il y a tout lieu de l'espérer, se tient rigoureusement en dehors des factions et sur le terrain de la vérité intégrale, il ne peut manquer de rendre d'éminents services à l'Eglise et à l'Espagne.

MGR. FAVA, EV. DE GRENOBLE

de celui qu'on accuse d'avoir dit " Té, mon cer. si Paris avait une Cannebière, ce serait un petit Marseille." Mais éblouir son prochain est un jeu qui se fait à deux. Pour leur faire pièce, je me suis mis à parler de l'Amérique, des sauvages, des esquimaux, des grands lacs, du pont Victoria, du fleuve Saint-Laurent et des rapides. Quand je leur ai dit que des bateaux à vapeur descendent les rapides régulièrement, sans accident, ils avaient l'air de se dire : en voilà une blague fort réussie.

Marseille, vous le savez, est une des plus anciennes villes du monde, ayant été fondée on ne sait pas trop quand, les uns disent par les Phéniciens, d'autres par les Phocéens. Saint Lazare, celui-là même que Notre-Seigneur ressuscita, y apporta le christianisme, d'après la tradition la plus sûre. Malgré son antiquité, Marseille ne possède presque aucun monument des siècles passés. Tout y est neuf et peu intéressant, si l'on excepte la basilique de Notre-Dame de la Garde, construction toute moderne mais qui se trouve sur l'emplacement de l'ancienne chapelle. Cette église est vraiment remarquable par son beau site, sur un rocher qui domine la ville et le port, et particulièrement par les nombreux *ex-voto* qui décorent ses murs et qui attestent la foi des marseillais dans la " Bonne Mère." La nouvelle église est en style byzantin et une très grande statue de la sainte Vierge la surmonte. Du perron de ce sanctuaire vénéré, l'œil embrasse toute la ville, entourée de montagnes peu élevées et de la Méditerranée. La cathédrale neuve, qui n'est pas encore terminée, est aussi en style byzantin et fort spacieuse. Elle est située tout près du port, à vingt pas d'une forêt de mâts.

Voici ce que dit Louis Veuillot de Marseille dans son *Parfum de Rome* :

" Nous trouvons Marseille en plein soleil, en pleine *régénération*, en pleine poussière. On démolit et on rebâtit. On dé

molit les rues, et on les reconstruit sur l'emplacement des montagnes démolies et jetées dans la mer ; on démolit les rochers et on les rebâtit en bastides et en châteaux ; on démolit la vieille cathédrale et on la rebâtit sur des magasins ; on démolit Notre-Dame de la Garde, et on la relève à côté, plus vaste et plus riche. Marseille nous fait voir la fourmillière humaine dans sa fièvre d'activité. Mille portefaix chargent et déchargent des centaines de navires porteurs de toutes les denrées de la terre et de tous les produits de l'industrie ; mille voyageurs arrivent de tous les horizons, mille voyageurs partent pour toutes les directions ; les vaisseaux glissent au loin sur la mer, les wagons courent au loin sur le flanc des coteaux, s'engouffrent dans les tunnels béants, reparaissent et fuient. Vous entendez parler toutes les langues, tonner, grincer, éclater tous les bruits. Vous voyez les collines crouler et s'éparpiller en poussière, vous voyez germer et monter les hautes maisons... Ici les fronts comme les épaules, sont chargés de fardeaux : les riches comme les pauvres, sont affairés, baignés de sueurs mercenaires. Ces grands négociants qui causent sur le seuil de la Bourse, roulent, à grand effort, des millions dans leur esprit.—
" Ah ! me disait l'un d'eux, les lourdes barriques ! et combien
" de fois les ai-je roulées encore dans mon sommeil ; combien
" de nuits horriblement lentes, durant lesquelles j'ai vu l'in-
" fâme barrique dégringoler du lieu où je l'avais montée, écra-
" ser de ses bonds furieux mes navires, mes comptoirs, ma
" maison et enfin se rompre Repos ! repos ! repos ! J'ai
" désiré la ruine pour trouver enfin le repos sur mes propres
" débris. "

Comme c'était le jour de l'an, je me suis fait des étrennes sous forme d'une promenade en voiture, par le chemin de la Corniche, taillé dans le roc sur le bord de la mer, et par le Prado, magnifique boulevard qui doit avoir plusieurs kilomètres de long et qui est planté de six rangées de platanes. C'est beau ; on ne voit rien de semblable à Paris ; mais il y a trop d'art, et pas assez de nature. Tous ces arbres sont taillés de la même manière et à la même hauteur. " L'été, m'a dit mon cocher avec orgueil, il n'y a pas une feuille qui dépasse l'autre. " Voilà le grand défaut des jardins, des parcs et des promenades en France : la main de l'homme y paraît outre mesure.

Ce cocher est un vrai type : c'est évidemment un de ceux qui ont valu aux Marseillais la réputation que vous connaissez. Pour lui, rien de beau en dehors de Marseille, tandis que tout à Marseille est extraordinaire Il me disait avec grand soin le nom de chaque restaurant devant lequel nous passions, comme si c'eût été des palais de marbre. Rendu sur le chemin de la Corniche il me dit, avec un geste superbe : " Voilà la mer ; monsieur n'a jamais vu la mer, sans doute. " Il parut fort contrarié quand je lui déclarai que je l'avais même traversée. Il me montra aussi la Cannebière, la fameuse Cannebière, qui n'a que cinq ou six arpents de long, mais qui se prolonge par la rue de Noailles, les allées de Meilhan et le boulevard de la Madeleine : le tout ensemble forme une jolie avenue où il y a beaucoup de mouvement ; mais à Paris il y en a dix qui la surpassent.

Sur le soir, je suis allé rendre visite à M. le chanoine Timon-David pour qui j'avais une lettre de la part de Mgr Fèvre. Il est le fondateur et directeur d'une œuvre admirable qui a pour but de former à la vie chrétienne les enfants de la classe ouvrière. Dix mille jeunes gens ont passé par cet établissement et y ont puisé une solide piété. M. le chanoine est un vieillard à l'aspect vénérable, un causeur charmant, profondément renseigné sur les hommes et les choses du jour. Il a bien voulu me recevoir, malgré ses nombreuses occupations, et m'entretenir longuement des grandes questions qui agitent le monde moderne.

Monaco, mercredi 2 janvier.

De Marseille ici, il y a 240 kilomètres ; le train omnibus met neuf heures à les parcourir. Partis à $7\frac{1}{2}$ du matin, nous n'arrivons à destination qu'à $4\frac{1}{2}$ h. du soir. C'est lent. Mais le temps était si beau et les paysages si charmants que je n'ai pas trouvé le chemin trop long. Quel paradis terrestre que cette partie de la France, surtout entre Cannes et Monaco ! Après les pluies torrentielles de ces jours derniers, qui ont causé de désastreuses inondations dans tout le midi, voici le soleil revenu. Le ciel est sans nuage et d'un éclat incomparable. De dix heures à quatre, il fait chaud ; mais le soir s'élève une petite brise dont il faut se défier. En quelques endroits, les rivières ont débordé et les champs sont sous l'eau. Partout ailleurs de la verdure. Les plaines et les coteaux sont couverts d'oliviers, de pins, de chênes verts et de beaucoup d'autres arbres qui ne perdent pas leurs feuilles. Dans les jardins, des orangers en grand nombre ployant sous leur fardeau doré, des palmiers aux formes gracieuses, des fleurs, des roses. A notre droite, la Méditerranée dont la nappe bleue se confond avec le bleu du ciel. A notre gauche, des villes qui couronnent les hauteurs ou s'étagent sur le flanc des rochers. Et, parfois, par une échappée entre les collines empourprées, nous apercevons les Alpes couvertes de neige et baignées de lumière. Oh ! le beau pays !

Aussitôt arrivé à Monaco. je me rends au collège de la Visitation où se trouve en ce moment le R. P. Caisse, S. J. qui passe l'hiver ici dans l'espoir de rétablir sa santé compromise par un travail excessif. Quelle joie de voir une figure amie et de pouvoir causer du pays ! Aussi avons-nous bien employé notre temps et nous nous reprendrons demain.

Ce soir j'ai vu ce qui m'a paru être une des portes de l'enfer : le trop célèbre casino de Monte Carlo. J'y ai passé une demi-heure et j'en avais assez. On y étouffe de chaleur. Mais ce qui est surtout navrant, c'est le spectacle des passions humaines dans toute leur laideur. Des vieillards aux cheveux blancs, des jeunes gens, des femmes de soixante ans, des filles de dix-huit, assis pêle mêle autour des grandes tables de jeu, suivant d'un œil anxieux les mouvements de la fatale roulette : c'est une scène inoubliable Figures sinistres et dures, malgré le fard et les beaux habits. On n'y parle guère ; le jeu absorbe tout le monde. Vous n'entendez que le cliquetis de l'or et de l'argent, et la voix monotone des employés annonçant les numéros gagnants. Que de convoitises, que de haines, que d'injustices, que de désespoirs sous ces lambris magnifiques ! Pendant la *saison*, il ne se passe guère de semaine sans que quelqu'un, sortant ruiné de ce palais, se suicide dans les jardins qui entourent le casino. Depuis la fondation de cette maison de jeu, il y a vingt-six ans, Monaco a vu quinze cents suicides, m'a-t-on dit. Le chiffre est exagéré, peut-être (1), mais, chose certaine, c'est que le nombre des désespérés qui s'ôtent la vie ici, après s'être ruinés au casino, est terriblement grand. Il y a actuellement ici un noble danois qui vient de perdre toute son immense fortune, plusieurs millions de francs. Il ne s'est pas suicidé, celui-là ; mais réduit à la mendicité, il ne peut plus quitter Monaco. Le casino, qui l'a ruiné, lui donne une pension de cinq francs par jour.

A Monaco, le casino *est* tout et *fait* tout ; sans lui, la ville ne serait rien. C'est lui qui entretient les chemins, qui éclaire les rues, qui fait vivre la municipalité, qui construit même les églises et les couvents !

La principauté de Monaco est à peine grande comme une de nos paroisses canadiennes : d'un seul coup d'œil on l'embrasse toute entière. Elle a peut-être quatre milles de long sur un mille et demi ou deux milles de profondeur. Enclavée dans le territoire français, elle jouit de l'autonomie politique, mais les douanes et les postes sont administrées par la France. Les montagnes qui s'élèvent derrière la ville sont toutes hérissées de forts occupés par des garnisons françaises. Si une armée italienne essayait de pénétrer en France par le chemin de Monaco, l'autonomie relative de ce petit coin de terre ne le

(1) A ce propos, comme acte de justice, je transcris ici une phrase que je trouve, à la date du 13 septembre 1889, dans un article de l'excellent journal la *Croix*, annonçant la mort du prince de Monaco : " Disons à cette occasion que les histoires sur la roulette de Monaco, suicides, etc., sont inventées et que presque toutes ces nouvelles publiées ont été controuvées et rédigées par malveillance."

protégerait pas contre le feu des fortifications qui le dominent. Dans quelques instants, cette petite ville si coquette, avec ses beaux palais et ses magnifiques jardins, ne serait qu'un monceau de ruines. Le prince actuel, Charles III, est un vieillard qui perdit entièrement la vue dans une émeute, il y a bien des années. Depuis deux ans, il y a un évêque de Monaco dont le diocèse comprend trois petites paroisses. La langue officielle est le français, mais l'italien est beaucoup parlé parmi le peuple.

*_**

Demain je quitterai le territoire français pour plusieurs semaines. Avant d'entrer en Italie, qu'il me soit permis de dire un mot de la politique de notre ancienne mère patrie.

Je lisais hier un article de M. Reinach, dans la *République française*. Cet écrivain est l'un des coryphées de l'opportunisme, l'un des suppôts fervents de la République *aimable* et soi-disant sage et modérée. Voici le cri d'épouvante que pousse l'un des principaux chefs républicains, au commencement de l'année 1889 :

" O pure et idéale République, dont le rêve a été la joie et la force de notre jeunesse, qu'es-tu devenue entre les mains de tant de serviteurs maladroits ou coupables ? Tu avais si glorieusement débuté ! Quand tout était perdu, tu avais sauvé l'honneur ; tu surgissais des décombres fumants pour unir,— et tout est divisé, tu t'es divisée toi même, tu te déchires, ô bien-aimée ! de tes propres mains......Et le châtiment est venu à pas de géant ; pour célébrer ce centenaire de la Révolution dont l'image vivante, malgré tant de fautes et d'erreurs, ne peut toujours être que toi, ô République ! la menace de la plus épouvantable faillite que le monde aurait jamais vue ; pour glorifier Quatre-vingt-neuf, la faillite de Quatre-vingt-neuf, la France aux pieds de M. Boulanger !

" Le ciel est noir, le vent pousse au-dessus de nos têtes des nuages toujours plus sombres...Non, non, cela ne sera pas, ô France de la Révolution ! ô pays de Bayard et de Marceau ! non, cela ne peut pas être et cet avortement hideux est impossible. Tes fautes sont lourdes, tu as défié l'avenir, tu as dédaigné la raison, tu as méprisé l'expérience.........Mais cela, oh ! cela n'est pas possible ! le châtiment, dans l'impeccable balance, surpasserait trop l'erreur, ton erreur de jeunesse éternelle ; de foi naïve et de généreuse folie ! Non, non, tu ne te laisseras pas surprendre par cet homme, tu ne lui permettras pas de prendre tes gloires, ta liberté, les principes sacrés que tu as proclamés il y a un siècle, les conquêtes si chèrement payées, et de les jeter, cette année, comme litière à son cheval !"........

Méprisables et lâches ! Vous avez été braves contre Dieu et contre son Eglise. Vous avez été braves contre les moines que vous avez expulsés de leurs demeures ; braves contre les sœurs de la charité que vous avez chassées du chevet des mourants ; braves contre les curés et les vicaires dont vous avez supprimé la faible indemnité que l'Etat leur doit ; braves contre les âmes des enfants que vous auriez voulu jeter dans l'athéisme. Contre tout ce qui est faible, sans défense, sans armes, vous avez mis toute votre bravoure ; vous l'avez épuisée ; il ne vous en reste plus ; et vous tremblez comme des poltrons en face d'un soudard médiocre ! Spectacle réjouissant pour le chrétien !

O Dieu immortel ! que votre justice est bonne et consolante même ici bas où vous nous cachez votre face adorable, où nous ne vous voyons qu'à travers un voile épais. Oui, même au milieu des ombres de la vie présente, votre justice vengeresse éclate parfois, et atteint ceux qui vous méprisent. C'est un avant-goût du grand jour de la rétribution où l'ordre sera rétabli à jamais, où chacun recevra la récompense due à ses œuvres, où ceux qui auront eu faim et soif de la justice seront rassasiés, où les damnés eux-mêmes admireront et confesseront l'équité de vos jugements !

GÊNES, jeudi le 3 janvier.

J'ai passé l'avant midi fort agréablement avec le père Caisse. Il faisait un temps vraiment délicieux. Il y avait, dans l'air, quelque chose qui rappelle les douceurs de l'été de Saint-Martin, ou " l'été des sauvages." Nous nous sommes promenés lentement par la petite ville, causant et admirant la belle nature, la mer, les montagnes, la verdure, le soleil. Quel endroit enchanteur que cette baie de Monaco autour de laquelle s'élèvent, en amphithéâtre, maisons, palais, jardins et bosquets. Ici, aucun arbre sans feuilles, aucun parterre sans fleurs, aucune brise sans parfum.

Vers une heure, il me faut dire adieu au père Caisse, et reprendre mon itinéraire. Rien de particulier à signaler le long du chemin entre Monaco et Gênes. Pendant qu'il fait clair, c'est le même paysage qu'hier. Mais la nuit nous surprend bientôt, et nous n'arrivons à destination que vers dix heures du soir.

———

Pise, vendredi le 4 janvier.

On dit *Gênes la Superbe* ; pourquoi ? je n'en sais rien. Il paraît que lorsqu'on y arrive par mer " on est frappé de son admirable aspect." C'est possible ; mais je vous assure que, vue de près, Gênes est une jolie ville, rien de plus. Les palais de marbres dont j'avais tant entendu parler, ne m'ont guère impressionné. Est-ce parce que, dans presque toutes les rues, même les plus riches, on voit aux fenêtres des mouchoirs, des draps, des nappes, des chemises qui sèchent au soleil ? Je le crois. Nulle part ailleurs je n'ai vu pareil spectacle. Si les génois savaient combien cette manière d'agir cadre mal avec l'épithète *superbe*, ils feraient autrement leur blanchissage, ou bien ils renonceraient à l'épithète.

Il faisait un froid de loup à Gênes ce matin. Un vent du nord nous glaçait jusqu'à la moëlle des os. Sans les orangers et les palmiers (et les linges aux fenêtres) j'aurais pu me croire à Québec, par un de nos premiers froids de l'automne, avant qu'il y ait de la neige. C'est que Gênes est beaucoup plus au nord que Nice et Monaco, et beaucoup moins à l'abri des vents.

Des remparts qui dominent Gênes, la vue est très belle. Derrière nous et à chaque côté, des collines couvertes d'oliviers ; à nos pieds la ville et le port ; au-delà, le golfe, et dans le lointain les Apennins qui, comme les Alpes et les Pyrénées, sont couverts de neige.

J'ai visité plusieurs des églises. Les plus remarquables sont la cathédrale de San Lorenzo et la Santa Annunziata. La première est revêtue, à l'extérieur, de marbre blanc et noir disposé en assises alternatives. La seconde, au dehors, n'offre que quatre murs absolument unis. Mais l'intérieur est richement décoré de marbres, de sculptures et de fresques. A la cathédrale le vieux bedeau m'a montré la chapelle de Saint-Jean-Baptiste où se trouvent de précieuses reliques du Précurseur, entre autres les chaînes avec lesquelles il a été lié. Mon cicerone m'assure que les femmes ne sont pas admises dans cette chapelle parce que ce sont deux femmes qui ont fait décapiter le saint. Et, à ce propos, il me raconte le mot d'une dame anglaise qu'on avait refusé d'admettre dans la chapelle pour la raison que je viens de mentionner. "Alors, dit-elle, comment fait-on pour laisser entrer les hommes dans les églises puisque ce sont des hommes qui ont crucifié Notre-Seigneur?" La logique de cette dame me paraît serrée.

Gênes, comme Barcelone, a élevé un beau monument à Christophe Colomb. C'est très bien. Mais ce qui est très mal, c'est qu'elle a aussi élevé des monuments à deux mécréants : Victor-Emmanuel et Mazzini. En voyant ces deux dernières statues, les terribles paroles que vous connaissez me sont venues à l'esprit : " Loués où ils ne sont plus, ils souffrent là où ils sont."

Départ de Gênes à 1½ h. et arrivée à Pise à 5½ h. du soir ; distance : 165 kilomètres. De Gênes à la Spezia, 91 kilomètres, le chemin de fer passe presque tout le temps sous terre. Entre ces deux villes il y a 89 tunnels dont plusieurs sont fort longs. C'est un trajet peu agréable ; car vous ne pouvez ni lire, ni jouir de la vue du paysage qui doit être fort pittoresque puisque les montagnes viennent jusqu'à la mer. Après la Spezia, la voie passe par une plaine, entre les coteaux et la Méditerranée ; ce qui nous permet de voir les célèbres carrières de Carrare. Ces carrières sont de hautes montagnes toutes de marbre blanc. On dirait des montagnes couvertes de neige. Six mille ouvriers y trouvent de l'emploi et livrent au commerce, chaque année, 140,000 tonnes de marbre.

Ce soir, à Pise, il fait encore froid, moins froid cependant qu'à Gênes.

———

ROME, mardi le 8 janvier 1889.

Je suis dans la ville des papes depuis samedi soir, et je n'ai pas eu le temps d'écrire un mot pour la *Vérité*. Et pourtant je n'ai encore rien fait, pour ainsi dire. Il a fallu d'abord m'orienter un peu ; me reposer beaucoup, car voilà un grand mois que je voyage presque sans interruption ; prendre connaissance d'un paquet de lettres accumulées depuis plusieurs semaines. Puis, la pension Lavigne, de la via della Mercede, (1) tenue par une française, madame Estignard, est le rendez-vous des Canadiens. J'y ai trouvé plusieurs compatriotes : M. le curé Dupuis, de Saint-Grégoire, M. l'abbé Jeannotte, supérieur du collège de Sainte-Marie de Monnoir, qui arrivent de Terre-Sainte ; M. le curé Bélanger, de Saint-Roch, M. l'abbé Laflamme, professeur à l'université Laval, M. Leduc, de Montréal, et plusieurs autres encore. Il va sans dire que, dans de telles circonstances, la langue marche plus volontiers que la plume.

Du reste, il est impossible de parler convenablement de Rome au bout de quelques heures. Car Rome n'est pas une ville comme une autre. La seule pensée que vous êtes dans la capitale du monde catholique, à l'ombre du siège de Pierre, à quelques pas du vicaire de Jésus-Christ ; que vous foulez un sol arrosé du sang de millions de martyrs ; que vous êtes dans le lieu le plus saint de la terre après les lieux que l'Homme-Dieu lui-même a sanctifiés ; cette seule pensée vous écrase et vous fait éprouver le besoin de vous recueillir plutôt que de vous répandre en *notes de voyage*. Mes lecteurs ne seront donc pas

(1) Transportée depuis au numéro 36 via del Tritone.

surpris si je suis très sobre de notes pendant mon séjour à Rome. Du reste, tant de plumes autorisées ont écrit sur la ville éternelle qu'il ne reste plus rien à dire, ce me semble.

J'ai vivement regretté de n'avoir pu être ici dimanche, le 30 décembre, pour pouvoir assister à la démonstration grandiose par laquelle le jubilé pontifical a été clôturé à la basilique de Saint-Pierre. Ceux qui ont eu le bonheur de voir ce triomphe de la papauté me disent que ça été un de ces spectacles qu'on n'oublie jamais. L'immense église était remplie de fidèles, car le pape a toujours son peuple à Rome. Les acclamations qui ont accueilli Léon XIII ont été une explosion d'attachement inébranlable au représentant de Jésus-Christ, un cri d'amour filial, une protestation énergique contre la cruelle position faite au pontife-roi par la révolution maçonnique. Aux protestations universelles, qu'on joigne l'action universelle en faveur de la restauration du pouvoir temporel des papes ! Que les catholiques du monde entier se disent donc, une bonne fois : Il *faut* que notre père soit libre, et nous ne devons nous donner de repos que lorsque ses chaînes seront brisées. Si nous comprenions bien ce que c'est que le chef de l'Eglise catholique, si nous nous rendions compte de sa dignité, du rôle qui lui est assigné dans le monde par Jésus-Christ lui-même ; si nous étions réellement pénétrés de l'état de souffrance dans lequel se trouve l'Eglise par suite de l'oppression des sectes ; si nous savions combien les nations ont besoin que le pape puisse exercer librement son influence et son action, il me semble que les hésitations et les tâtonnements de l'heure présente cesseraient et que l'on verrait se produire une action catholique tellement puissante que la secte ne pourrait plus y résister.

Vous parlerai-je de Pise et de ses monuments ; de sa cathédrale en marbre qui date du 11e siècle ; de son baptistère où votre cicerone, moyennant un franc, vous fait admirer un effet d'acoustique vraiment remarquable ; de son Campo Santo où l'on a fait apporter jadis de la terre de Palestine par cinquante-trois navires ; de la fameuse tour penchée sur laquelle les savants discutent pour savoir si son inclinaison est due à un affaissement du sol ou à une hardiesse de l'architecte ? Je le crois peu nécessaire, car ce sont des monuments connus. Du reste, le temps me manque. Je glisserai sur les douze heures affreuses que j'ai passées en chemin de fer, de Pise à Rome. Je dirai seulement que pendant ces douze heures j'ai plus souffert du froid que pendant douze années au Canada. N'allez pas vous imaginer que l'Italie jouisse d'un très beau climat en hiver ; ce serait une erreur. Sans doute le soleil est brillant et le ciel pur ; sans doute le froid est *relativement* peu considérable ; mais comme l'art de chauffer les maisons est pour ainsi dire inconnu dans ce pays où fleurissent tous les autres arts, il en résulte que nous grelottons. M. le curé de Saint-Roch avait bien raison de nous dire, en nous quittant, hier matin : " Je retourne au Canada pour me réchauffer." J'étais presque tenté de faire comme lui.

*_**

Ce matin, j'ai pu jeter un coup d'œil sur Saint-Pierre, un simple coup d'œil. Or, ce simple coup d'œil a duré deux heures.

VINGTIÈME LETTRE

Sommaire :—Embarras....Nom de mystère.—La capitale de l'humanité.—Saint-Pierre.—Impression que cause la vue de la basilique.—Mosaïques, tableaux, statues.—La confession.—La *catholicité* de Saint-Pierre. — Le Colisée.— Les jeux romains.— Gladiateurs et martyrs. — Deux mystères. — La folie de la croix. — Victoire du Christ et des martyrs. — Le roitelet piémontais. — Au Forum.—Te Deum.— Deux leçons.—L'*Ara cœli.* — Les prisons Mamertines. — Sur l'emplacement des temples.—Au tombeau de Pie IX. — Simplicité évangélique.— Couronnes. — Le cadeau du pauvre. — Le monument des zouaves.—Lâcheté du gouvernement italien.—Sainte-Cécile.—Saint-Paul-hors-les-murs.—Les Trois-Fontaines.—Saint-Jean de Latran.— La Santa Scala—Santa Croce.

Rome, le 20 janvier 1889.

Voilà deux semaines que je suis à Rome, et je n'ai pas encore osé entreprendre d'écrire la moindre *Note de voyage*. Pourtant, ce ne sont pas les sujets qui manquent. Loin de là, ils abondent tellement que l'on ne sait trop par où commencer. Mais ce n'est pas l'abondance des sujets qui m'embarrasse davantage. Ce qui paralyse ma plume, c'est le sentiment de mon incapacité absolue, radicale, d'écrire sur Rome d'une manière tant soit peu convenable. Il faut cependant que je balbutie quelque chose......

Louis Veuillot commence son *Parfum de Rome* par ces mots : "Rome! nom de mystère. Dès que ce nom s'est élevé sur les nations, nulle voix ne l'a prononcé sans haine ou sans amour, et l'on ne sait qui l'a emporté de l'ardeur de la haine ou de l'ardeur de l'amour." Lorsque j'ai lu ces paroles pour la première fois, avant d'avoir vu Rome, je ne les comprenais guère, je l'avoue ; elles n'offraient à mon esprit qu'un sens très vague. Aujourd'hui, elles sont d'une clarté parfaite. Oui, Rome est bien la ville mystérieuse dont on ne saurait prononcer le nom avec calme. Il est très facile de parler de Londres, de Paris, de Bruxelles, de Berlin, de Madrid, de toutes les capitales du monde, sans la moindre émotion. Mais à Rome, un saisissement indéfinissable s'empare de l'esprit ; dans l'âme surgissent des pensées qu'aucun langage ne saurait rendre. C'est que Rome est véritablement le centre du monde et qu'elle l'a toujours été depuis plus de deux mille ans. Depuis plus de deux mille ans, le genre humain tout entier tient les yeux attachés sur Rome ; il les y tiendra attachés jusqu'à la consommation des siècles. De quelle autre ville peut-on dire autant ?

Je n'ai pas eu l'avantage de voir Rome sous le gouvernement légitime des papes. Ceux qui ont eu ce bonheur, et qui la voient aujourd'hui, gémissent et disent que ce n'est plus la même ville. Louis Veuillot, sans doute, ne reconnaîtrait guère la Rome dont il nous a donné l'exquis *parfum*. Pour moi, voyant Rome pour la première fois pendant qu'elle est aux mains de la révolution, je ne puis pas me rendre compte des beautés de la ville telle que d'autres l'ont vue. Mais ce que je vois, c'est que Rome, malgré toutes les profanations sacrilèges des dix-huit dernières années, malgré tous les efforts que l'on a faits pour en faire simplement la capitale d'un pays, Rome est restée la capitale du monde catholique. On a eu beau détruire et reconstruire, on a eu beau percer de nouvelles rues, fonder de nouveaux quartiers, " moderniser " de toutes manières, on n'a pas encore réussi à enlever à notre cité le cachet que dix-neuf siècles de christianisme y ont imprimé. Les flots impurs de la révolution peuvent passer et repasser sur Rome, ils ne l'empêcheront pas d'exhaler toujours la bonne odeur que le sang des martyrs et les vertus des saints y ont déposée.

Pour le chrétien, il y a dans Rome deux endroits sacrés par-dessus tous les autres ; deux endroits que l'on voudrait visiter en même temps, si c'était possible : Saint-Pierre et le Colisée.

J'ai visité d'abord Saint-Pierre, la plus noble, la plus grande, la plus riche basilique de Rome et du monde. Louis Veuillot, après avoir vu Saint-Pierre pour la première fois, s'écrie :

"*Ave, Petre !* Salut, pasteur des peuples, plus grand que Moïse; bienheureux Simon Bar-Jona, *Simon fils de la Colombe*, à qui l'esprit daigne révéler ce que la chair et le sang ne révèlent point; et qui le premier entre les hommes as dit au Christ: Vous êtes le Fils de Dieu! Ici donc ont pris racine tes pieds que le Christ avait lavés pour te donner part à son royaume, tes pieds vainqueurs qui ont humilié le Capitole et foulé les puissances de Satan! C'est ici ta demeure, d'où tu domines le monde. C'est ici ton sépulcre plein de vie et de gloire."

Qui pourrait décrire dignement la basilique de Saint-Pierre ? Voilà cinq fois que je la visite, et je *commence* seulement à m'apercevoir que je ne l'ai encore qu'entrevue, tant elle est grande, tant elle renferme de beautés en tous genres.

Je l'avoue, en la voyant pour la première fois, j'ai éprouvé une sorte de désappointement. Je me suis dit : après tout, elle n'est pas si grande, si imposante ! Ce n'est qu'après plusieurs visites qu'on se rend compte de l'immensité de ses proportions dont l'harmonie est vraiment merveilleuse. Tout d'abord, le portique m'a paru une chose fort ordinaire. A la troisième visite, je me suis aperçu que ce portique a les dimensions d'une immense cathédrale et pourrait contenir peut-être autant de monde que toutes les églises de Québec réunies. J'avais entendu parler des *petits* anges qui soutiennent les bénitiers, et j'étais sur mes gardes : tout de même, il m'a fallu du temps pour me convaincre qu'ils ont réellement six ou sept pieds de haut. Les chapelles sont de très grandes églises ; les piliers qui soutiennent le dôme occupe chacun l'espace que couvre une église ordinaire.

L'intérieur est tout en marbre de diverses couleurs, et si propre, si frais qu'on se croirait dans une église qui vient d'être livrée au culte. Les tableaux sont des merveilles; tous sont en mosaïque, et, cependant, si vous ne le saviez pas, vous diriez de la peinture à l'huile. Comment peut-on obtenir de tels effets de lumière avec de petits morceaux de pierre? Pour moi, c'est un mystère. Il y a le baptême de Notre-Seigneur, par exemple, qui m'étonne de plus en plus, chaque fois que je le contemple : cette eau coule, elle est transparente, car elle vous laisse voir les pieds du Christ. Et les statues! Elles sont vivantes, elles parlent, comme disait Michel-Ange de son fameux Moïse, à Saint-Pierre-aux-liens. Celle de saint Longin m'a paru la plus belle de toutes : c'est bien là le centurion converti tout à coup et qui s'écrie, au pied de la croix : " Vraiment, celui-ci était le Fils de Dieu."

Sous l'immense coupole, autour de laquelle est la fameuse inscription : *Tu es Petrus*, etc., se trouve le tombeau ou la *confession* de saint Pierre. Sur cet autel, le pape seul célèbre les saints mystères. Au-dessus de l'autel est un baldaquin colossal en bronze doré, d'après les dessins du Bernin, que soutiennent quatre colonnes torses. Devant la confession brûlent constamment 142 lampes. L'autel, où se dit ordinairement la messe, est au fond de l'abside; il est également en bronze doré, et renferme la chaire du prince des apôtres. Non loin de la confession est la statue en bronze de saint Pierre, dont le pied droit est usé par les baisers des fidèles.

Mais je m'arrête, ne voulant pas entreprendre une description de Saint-Pierre, tâche entièrement au-dessus de mes forces. Un dernier mot : Dans cette basilique on voit une preuve *matérielle* de la *catholicité* de l'Eglise. Tout autour du transept sont disposés des confessionnaux pour les pénitents des différentes nationalités : *Pro gallica lingua, pro anglica lingua, pro hispanica lingua, pro germanica lingua, pro illyrica lingua*, etc. Est-ce dans un temple protestant que l'on verra jamais chose semblable?

***

Voici le Colisée! Théâtre immense, commencé par Vespasien et achevé par Titus, grâce au travail des juifs amenés

LE COLISÉE.

captifs de Jérusalem. On affirme que douze mille d'entre eux ont péri en travaillant à l'érection de ce monument gigantesque. C'est une masse énorme ; et l'on se demande comment la main de l'homme a pu ériger de telles murailles, soulever et placer de tels blocs de pierre. Cent mille personnes pouvaient s'asseoir sur ces gradins circulaires et superposés. C'est ici qu'avaient lieu les *jeux* romains, dont l'atrocité surpasse tout ce que nous pouvons imaginer. A ce propos, Champagny dit : " Il faut que les témoignages soient sans nombre et unanimes, il faut que toutes ces horreurs nous soient racontées par ceux qui les voyaient tous les jours, pour que nous autres chrétiens nous puissions les croire et reconnaître dans le cœur de l'homme l'instinct hideux qui aime le sang pour le sang."

Là, pendant des siècles, ont coulé des flots de sang ; sang de martyrs, sang de gladiateurs et de prisonniers. Parlant de ces derniers, Veuillot dit :

" Le mystère formidable, c'est la stupidité de ces troupeaux qu'on amenait pour être égorgés ; à qui l'on commandait de s'entr'égorger dans un combat sans merci et qui s'entr'égorgeaient sans merci ; qui, ne pouvant pas sauver leur vie, ne songeaient pas à la vendre, ne tentaient pas de se venger. On les rassemblait dix mille et plus qui devaient mourir. Un grand nombre étaient munis d'armes, forts, adroits en tout combat ; ils avaient souvent affronté les cohortes romaines, parfois ils les avaient fait plier. Or, il n'est jamais arrivé que les gladiateurs ni les bestiaires aient essayé de bondir sur les spectateurs, de jeter dans le cirque prince, sénat, vestales et peuple, de se donner ce jeu à eux-mêmes. Etrange effet de la peur, effrayante abjection de l'homme ! Ces victimes ne pardonnaient pas, ne se résignaient pas, ne se défendaient pas. Bien plus, elles se pliaient au cérémonial des jeux, s'acquittant de mourir comme d'un office."

Mystère du cœur humain, en effet.

Mais dans cette enceinte il s'est passé, pendant des siècles, un autre mystère, un mystère de la grâce divine. C'est ici que s'est livrée la grande bataille entre le christianisme et le paganisme ; c'est ici que les martyrs, broyés sous la dent cruelle des lions et des tigres, ont vaincu César, et le sénat, et les légions, et le peuple, et les dieux, et toutes les puissances de l'enfer.

Autant la mort des stupides gladiateurs est humiliante pour le genre humain, autant celle des martyrs est glorieuse. Eux savaient pourquoi et pour qui ils mouraient : ils mouraient pour le Christ, ils mouraient pour obtenir la vie ; ils répandaient leur sang pour laver la terre de ses souillures, pour arroser le grain de sénevé qui est devenu le grand arbre qui abrite toutes les nations du monde. Les martyrs ne se défendaient pas, mais ils se résignaient et ils pardonnaient.

O Christ ! qui pourrait songer au mystère du Colisée, à la bataille qui s'est livrée dans cette enceinte, à la victoire des vaincus et à la défaite des vainqueurs ; qui pourrait venir ici sans se jeter à genoux, et sans confesser que vous êtes vraiment Dieu et que votre Eglise est vraiment divine !

Au point de vue humain, jamais le monde n'avait vu pareille folie. Voici qu'arrive à Rome, dominatrice des nations, un pauvre pêcheur de la Galilée, sans culture, sans renom, appartenant à une race méprisée et vaincue. Et au nom de qui vient-il ? Au nom d'un autre juif, crucifié par ses propres compatriotes. Et que vient-il faire dans la capitale du monde, dans la grande cité païenne ? Prêcher une doctrine qui contredit, sur tous les points, les mœurs et les passions du peuple romain. Quelle folie ! Aussi paye-t-il sa folie de sa vie. Et combien de ses successeurs, et de ses disciples, qui, continuant sa folie, subissent le même sort ! Le puissant empire romain, César, le sénat, les légions, le peuple et les bêtes féroces finiront par exterminer cette race insensée ; n'est-il pas vrai, sages de ce monde ?

Venez au Colisée ! Montez sur cette estrade : c'est là qu'était assis César dans toute sa pompe et dans toute sa puissance. Voyez ces gradins : c'est là que se tenait le sénat, et le fier peuple, et les grandes dames romaines. Et dans cette arène immense, les chrétiens mouraient par milliers sous la griffe des fauves, pour avoir refusé un peu d'encens à Jupiter. Quelle folie !

Regardez maintenant là bas, à l'autre côté de Rome. Voyez-vous cette croix qui domine la ville ? C'est la croix de Saint-Pierre, et à son ombre vit encore celui que Néron fit mourir. Et les fils de ceux qui ont péri ici dans ce cirque remplissent le monde entier ; on les compte par millions et par centaines de millions. Et César, et le sénat, et les légions, et le peuple, et les grandes dames, qui se réjouissaient jadis au spectacle des chrétiens dévorés par les bêtes, leur mémoire est exécrée par le genre humain, et de leurs œuvres il ne reste que ces ruines qui témoignent à la fois de leur grandeur et de leur impuissance.

Sages du monde, expliquez-moi ce mystère du Colisée, ou avouez que le Christ est Dieu et que son Eglise est divine !

Dans un champ voisin du Colisée, des soldats s'exerçaient : le bruit de leurs pas et la voix des officiers s'élevaient jusqu'à moi. C'étaient les soldats d'Umberto, soi-disant roi d'Italie. Ce sont eux qui ont pris Rome au Pape ; c'est par eux qu'Umberto espère se maintenir dans la ville de Pierre.

Pauvre roitelet piémontais, qu'êtes-vous donc à côté de César qui s'asseyait jadis ici ; qu'est votre puissance comparée à la sienne ; et vos troupes, que les Abyssins taillent en pièces, que sont-elles auprès des légions romaines ? Et vous espérez vaincre l'Eglise qui a vaincu César et sa puissance, et ses légions, et les bêtes fauves, et les barbares, et les hérésiarques, et les schismatiques, et toutes les puissances de l'enfer ! Quelle folie !

Rien de plus propre à faire réfléchir sur le néant des grandeurs humaines, sur l'instabilité des empires, que la vue du *Forum romain*, endroit classique où jadis se discutaient et se décidaient les affaires du monde connu d'alors, et où paissent aujourd'hui de paisibles troupeaux. Car le *Forum* est devenu le *campo vaccino !* Parmi les colonnes brisées et renversées, sous les arcs de Septime-Sévère et de Titus—ce dernier destructeur de Jérusalem déicide—le long de la voie sacrée où passèrent autrefois triomphateurs, vaincus, bourreaux et martyrs, sur l'emplacement des rostres qui ont retenti pendant des siècles de l'éloquence romaine ; au milieu de ces ruines grandioses, les enfants prennent leurs ébats.

Plusieurs se lamentent sur ces ruines et déplorent la décadence de la puissante cité.

Il faut plutôt entonner un *Te Deum* et remercier le Christ et son Eglise d'avoir vaincu l'antique Rome et délivré le genre humain de la servitude où la civilisation païenne l'avait plongé.

En effet, quel était le sort réservé aux masses, à l'époque où ces ruines étaient des édifices somptueux ? l'esclavage le plus abject. " Le genre humain vivait pour un petit nombre." Sans le christianisme, l'état des peuples serait allé empirant toujours ; l'oppression, l'égoïsme, le désespoir seraient devenus de plus en plus affreux ; le règne de l'enfer se serait établi davantage sur la terre, de siècle en siècle. A l'heure qu'il est, le monde, sans la venue du Christ, ne serait plus habitable que pour les démons.

Ne pleurons donc pas sur la décadence de Rome païenne, mais chantons plutôt avec saint Jean : " Elle est tombée, la grande Babylone, mère des abominations ; elle est tombée ; car ses péchés sont montés jusqu'au ciel, et Dieu s'est ressouvenu de ses iniquités......Ciel, fais-en éclater ta joie ; et vous aussi, saints apôtres et prophètes ! Dieu vous a vengés d'elle ; il l'a enfin punie des tourments dont elle vous a déchirés."

Et tirons de la vue de ce forum, devenu le *champ des vaches*, deux leçons salutaires.

D'abord, le seul développement des arts et des sciences ne saurait rendre un peuple heureux ni assurer son avenir. Car, certes, les Romains étaient aussi habiles que nous dans tout ce que nous appelons, à tort, la " civilisation." Leurs constructions font le désespoir des architectes modernes, leurs statues sont des modèles qu'on imite mais qu'on n'égale pas. Et malgré leurs sciences et leurs arts, il ne reste d'eux qu'un souvenir. N'attachons donc pas une importance outrée aux choses qui passent, à notre " progrès," à nos belles inventions, à nos chemins de fer, à nos télégraphes, à nos téléphones; mais sachons que le salut des nations comme des individus ne peut venir que du Sauveur et de sa doctrine.

En brisant la tyrannie païenne, en délivrant les peuples du joug des Césars, en adoucissant peu à peu les mœurs des barbares envoyés comme fléaux de Dieu en Europe, l'Eglise a donné au monde la vraie liberté. Les nations ingrates qui ont secoué son autorité jouissent des bienfaits qu'elle leur a procurés par son influence sociale et politique. Car, comme nous l'enseigne Léon XIII, les saines libertés que nous avons sont l'œuvre de l'Eglise qui a toujours protégé la dignité humaine et favorisé les légitimes aspirations des peuples.

Tout près du Forum, s'élève l'*Ara Cœli*, à côté même du Capitole. Vous connaissez la tradition : à cet endroit, l'empereur Auguste eut une vision de la Vierge, mère de Dieu, et y fit élever un autel en son honneur. Parmi d'autres reliques insignes, cette église renferme le corps de sainte Hélène, mère de Constantin, qui retrouva la Croix. Tout près encore du centre de la Rome païenne, on voit les prisons Mamertines, où l'on égorgeait les prisonniers et où S. Pierre et S. Paul furent renfermés. J'ai vénéré la pierre où le prince des apôtres est tombé et où il a laissé une empreinte; j'ai bu de l'eau de la fontaine qu'il fit jaillir de terre pour pouvoir baptiser son geôlier converti.

Le Forum est tout entouré d'églises qui s'élèvent sur l'emplacement de temples païens : le sang purificateur de l'Agneau coule sans cesse dans ces lieux souillés par l'idolâtrie, consacrés au culte de Satan. Oui, vraiment le Christ a vaincu le monde, et Il règne encore, malgré l'impiété moderne qui voudrait faire revivre les honteuses traditions de l'impiété ancienne.

*_**

Le grand pape Pie IX avait une dévotion toute particulière pour saint Laurent, ce diacre courageux qui a mieux aimé périr par le feu que livrer les biens de l'Eglise. Pie IX a aussi souffert pour la défense des biens de l'Eglise. Il a voulu que son corps fût inhumé dans la basilique de Saint-Laurent-hors-les-murs. Par son testament il demande à reposer sous la petite arcade qui se trouve près de la pierre où le corps brûlé du saint a été placé, pierre qui porte encore les marques du sang du bienheureux lévite. Il a indiqué lui-même son épitaphe d'une simplicité évangélique: " *Ossa et cineres Pii IX. Summi Pontificis. vixit ann—in Pontificatu ann—Orate pro eo—Ici reposent les ossements et les cendres de Pie IX, Souverain Pontife. Il a vécu tant d'années, et a été pape tant d'années. Priez pour lui.* Voilà tout ce que nous lisons sur le tombeau d'un des plus grands papes que l'Eglise ait eu. Le pape qui a dépassé les années de Pierre, le pape de l'Immaculée Conception, du *Syllabus* et de l'Infaillibilité, n'a voulu pour épitaphe que ces deux lignes. Il avait aussi exigé, dans son testament, que le prix de son tombeau n'excédât point $400. Sous ce dernier rapport, je ne sais pourquoi, on n'a pas respecté la volonté du grand pape et on lui a érigé un monument somptueux; mais, au moins, on a conservé la simplicité de l'épitaphe.

Dans une des tribunes de l'église on suspend, chaque année, les couronnes qui arrivent, de toutes parts, à l'anniversaire de la mort de Pie IX. Parmi ces couronnes, il y en a de très riches: une, surtout, est touchante et belle. A la place d'honneur, sous le testament du pape, on voit une pauvre petite couronne de pensées. C'est en ferblanc peint, et cela n'a dû coûter que quelques sous. Au milieu, sur un morceau de papier commun, on lit ces paroles écrites d'une main peu exercée: *Una povera famiglia al suo benefattore Pio IX*. Je mets au défi l'homme le plus insensible de regarder cette couronne sans que les larmes lui viennent aux yeux.

Le cimetière qui entoure l'église de Saint-Laurent-hors-les-murs renferme de beaux tombeaux et de magnifiques monuments. Mais c'est vers le monument des zouaves que j'ai dirigé mes pas tout d'abord. C'est une œuvre d'art remarquable que ce monument des zouaves; un soldat à genoux qui reçoit l'épée des mains de saint Pierre. Au-dessous, on lit cette inscription : *Accipe sanctum gladium munus à Deo in quo dejicies adversarios populi mei Israel.* — Puis, les noms des zouaves tombés en l'année 1867, pour la défense du Saint-Siège. Enfin, cette belle épitaphe : *Fortissimis militibus indigenis exterisque qui, anno MDCCCLXVII, adversus copias parricidarum pluribus præliis pro religione atque urbis incolumitate demicantes, in ipsa victoria vitam cum sanguine profuderunt. Pius IX Pontifex maximus, monumentum fieri jussit quo gratæ ipsius voluntatis in filios meritissimos virtutisque eorum memoria sancta atque sacrata posteritati tradatur.*

Le misérable gouvernement italien, n'osant pas détruire ce monument, a voulu le défigurer. Sur le socle il a fait coller un gros bloc de marbre qui porte cette inscription insultante : "*Questo monumento che il governo teocratico erigeva a ricordo di mercenari stranieri, Roma redenta lascia a i posteri testimonio perenne di tempi calamitosi, S. P. Q. R 24 ottobre* 1871.—Ce monument, que le gouvernement théocratique érigea en souvenir de mercenaires étrangers, Rome rachetée le laisse comme témoignage des temps malheureux."

Je n'ai pu lire cette inscription lâche et menteuse sans éprouver un mouvement de légitime colère. Etrangers, ces braves de tout pays qui sont accourus à Rome, à la voix de leur père, défendre, contre un ennemi sacrilège, le patrimoine de l'Eglise universelle! Si j'eusse eu, à côté de moi, trois ou quatre amis comme Barnard, Prendergast, Guilbault et Couture, et que nous eussions eu une pince, je leur aurais certainement proposé d'enlever cette inscription détestable : et, j'en suis convaincu, ils auraient goûté la proposition. C'eût été courir au-devant de la prison, de l'amende, et des moqueries des journaux ; n'importe………. Pie IX et les zouaves tombés sur le champ de l'honneur nous auraient applaudis.

L'église de Sainte-Cécile est peut-être l'endroit de Rome où l'on éprouve les plus douces émotions. Mes lecteurs connaissent l'histoire de cette épouse-vierge, de cette noble romaine qui convertit son mari Valérien, son beau-frère Tiburce, et son geôlier : de toutes les traditions concernant les martyrs, celle de sainte Cécile est la plus belle et la plus touchante.

L'église est construite sur l'emplacement même de la maison de la sainte ;—plusieurs pièces sont encore dans le même état où elles étaient lors de son martyre. On voit le bain où les bourreaux ont vainement essayé d'étouffer Cécile, et la chambre où elle instruisait les païens. Dans un même tombeau reposent Cécile, Valérien et Tiburce ; et sous le maître-autel est une statue d'une beauté exquise qui représente la sainte dans l'état de parfaite conservation où on l'a retrouvée après plusieurs siècles. Le tableau par le Dominiquin qui a rendu, avec une inspiration vraiment céleste, le retour de Valérien baptisé auprès de Cécile protégée par son ange, est l'un des chefs-d'œuvre de Rome. L'église de Sainte-Cécile est l'une de celles qu'on voudrait revoir tous les jours.

Saint-Paul-hors-les-murs, à deux kilomètres de Rome, entièrement restauré par Pie IX, est d'une richesse vraiment inouïe : quels marbres ! quelles colonnes ! L'extérieur n'annonce absolument rien d'artistique : quatre murs nus et mornes. On dirait une immense grange, une usine ou un entrepôt de marchandises. L'intérieur vous éblouit, littéralement. C'est ici qu'on voit les portraits de tous les papes, depuis saint Pierre jusqu'à Léon XIII.

Plus loin, sur la voie d'Ostie, se trouve l'église des Trois-Fontaines, gardée par les pères trappistes. C'est l'endroit même où saint Paul a été décapité. On y vénère la colonne où l'apôtre des gentils a reçu le coup d'épée qui lui a ouvert les portes de ce beau ciel qu'il avait vu, mais que, malgré son éloquence, il n'avait pu décrire. Sa tête en rebondissant trois fois a fait jaillir trois fontaines qui existent encore. Elles sont toutes entourées de marbre. L'artiste qui a recouvert ces fontaines, a sculpté au-dessus de chacune la tête du saint, mais ces trois têtes ne sont pas semblables. La première est presque une tête vivante : le fil de la vie vient seulement d'être tranché ; la seconde est morte ; les traits de la troisième se décomposent déjà.

**

Avant de terminer cette lettre, un mot sur l'église de Saint-Jean-de-Latran " la mère et maîtresse de toutes les églises," ou comme le proclame l'inscription qu'on lit sur ses murs : *Sacrosancta Lateranensis ecclesia, omnium urbis et orbis ecclesiarum mater et caput.*"

Je cite ici Louis Veuillot :

" Voici ce haut Latran, le don de Constantin et de l'empire convertis. Constantin vainqueur du stupide Maxence, envoya chercher le pape Sylvestre, fugitif. Le pape se crut à l'heure du martyre ; l'empereur victorieux l'établit dans sa propre demeure... Sur le même sol s'éleva rapidement une église, vaste et digne de l'empire. On la nomma la basilique d'or. Premier séjour officiel des papes, dernier séjour officiel des empereurs, c'est ici vraiment le lieu où Pierre, sortant des catacombes, prit possession de sa royauté, le lieu où finit l'empire païen.... Lieu auguste dans Rome et dans le monde ! Durant onze siècles le Latran fut la demeure des vicaires du Christ. Ils y furent assiégés, ils en furent chassés, ils y sont revenus, ils en ont été éloignés encore pour subir la captivité et l'exil ; cette demeure leur appartient toujours... L'église de Latran a vu trente conciles. Elle a été dévastée, renversée, brûlée ; l'enfer s'est rué sur elle ; maintes fois, de la basilique d'or il n'est resté que des cendres. Elle est debout, plus riche de son nom et de sa parure de siècles que de tous les trésors dont l'a orné un amour vainqueur. Elle est l'église propre du pape."

A côté du Latran, se trouve l'église de la *Scala santa* : le grand escalier de 28 marches qui conduisait au prétoire de

Jérusalem et que notre divin Sauveur a monté le jour de sa passion pour recevoir l'inique sentence de Pilate. Ce n'est qu'à genoux qu'on gravit cette rampe auguste.

Plus loin, à l'autre extrémité de l'immense place de la porte Saint-Jean-de-Latran s'élève la basilique de *Santa Croce in Gerusalemme*, érigée par sainte Hélène sur les jardins d'Héliogabale. On y vénère une partie de la vraie Croix, un des clous qui ont percé la chair divine, deux épines de la couronne et d'autres reliques insignes.

Mais si je voulais mentionner seulement tous les trésors que renferme la ville de Rome j'écrirais un volume. Assez pour aujourd'hui.

———:o:———

VINGT-ET-UNIÈME LETTRE.

Sommaire.—La voie Appia.—Ruines païennes.—Grandes dames et petites saintes. — *Domine, quo vadis?* — Les catacombes.—Leur origine d'après M. de Rossi.—Sainte-Sabine.—Souvenirs de saint Dominique.—Inscriptions.—La primauté de Pierre.—Saint Alexis et les chevaliers de Malte.— Le *Ghetto.*— Solution pontificale de la question juive.—Invitation sublime.—La révérende fabrique de Saint-Pierre.—Chefs d'œuvre. — Le cimetière des capucins. — Bénédiction de deux agneaux.—Trait de mœurs gouvernementales.—Un gouvernement voleur.—Emeute.—Diner chez dom Bergier.—Mgr Grasseli.—Les moines et leur utilité dans le monde.—*Roma veduta, fede perduta.*

Rome, le 2 février.

La voie Appia prête aux réflexions sérieuses autant que le Colisée et le Forum. Là, les païens enterraient leurs morts, ou plutôt déposaient les cendres de leurs trépassés. Car le progrès moderne, qui copie bien plus qu'il n'invente, n'a point trouvé la crémation, il l'a empruntée au paganisme. Et c'est parce que la crémation était essentiellement païenne que l'Eglise primitive ne l'a pas adoptée ; c'est parce qu'elle est païenne que l'Eglise de nos jours la condamne encore.

Les ruines des tombeaux païens jonchent le sol le long de la voie Appia. Parmi ces débris il y a des objets d'art. Dans les murailles qui encaissent le chemin, dans les pans des maisons et des hangars, on voit des morceaux de marbres, des restes de statues qui ornaient jadis la dernière demeure des rois du monde. Les orgueilleux Romains avaient élevé ces monuments funéraires pour perpétuer leur souvenir à travers les âges : les pâtres foulent aux pieds ces magnificences, ou s'en servent pour remplacer une brique qui tombe !

Un tombeau, plus magnifique, plus solide que les autres est

encore debout, et presque intact, non loin de l'église Saint-Sébastien. C'est le tombeau d'une certaine Cœcilia Metella, grande et riche dame romaine. De Cœcilia Metella, il ne reste que le tombeau circulaire et couronné d'une frise sculptée, objet d'admiration aux yeux des antiquaires. Mais que le tombeau disparaisse demain et qui s'occupera de Cœcilia Metella ? Tandis que sainte Cécile, dont le corps est resté caché, pendant des siècles, tout près de ce fastueux monument, dans les catacombes de Saint-Calixte, est aussi chère aux chrétiens de nos jours qu'elle l'était à nos pères dans la foi. Son nom est répandu dans l'univers entier et sa touchante histoire se répète dans toutes les langues. Elle vit au ciel, elle vit sur la terre. Voilà la différence entre les grandes dames du paganisme et les petites saintes du christianisme. O Christ, vous avez vraiment vaincu la mort, et ceux qui meurent pour vous vivent même ici bas !

Sur la voie appienne s'élève un autre monument, chrétien celui-là. C'est une petite chapelle, très modeste, très nue, appelée *l'église Domine, quo vadis*. C'est ici que saint Pierre, sortant de Rome pour éviter la persécution, rencontra le Sauveur portant sa croix : il demanda au maître : "*Domine, quo vadis ?—Où allez-vous, Seigneur ?*" Et Jésus de lui répondre : " Je vais à Rome pour être crucifié de nouveau " Cette parole suffit à saint Pierre : il retourne à Rome, et c'est lui qui est crucifié.

On dit généralement que saint Pierre *fuyait* la persécution. Cette expression m'a toujours déplu. La *fuite* ne me paraissait pas digne du prince des Apôtres, de celui qui a pleuré toute sa vie la terrible défaillance qu'il eut pendant la passion de son maître. Aussi ai-je lu avec bonheur, quelque part, il y a deux ou trois ans, une explication qui me semble plus naturelle, plus vraisemblable. Saint Pierre s'éloignait réellement de Rome lorsqu'il rencontra Notre-Seigneur sur la voie appienne ; mais il le faisait à contre-cœur, et pour obéir aux prières et aux supplications de tous les chrétiens qui craignaient pour la vie de leur père. Il leur semblait, sans doute, que cette existence si précieuse était nécessaire à l'Eglise naissante. Saint Pierre était d'avis contraire ; mais il crut devoir se rendre aux sollicitations des fidèles. Les paroles du Christ lui firent comprendre que les fidèles avaient tort, et il alla au martyre sans hésiter, joyeux.

A l'endroit où Jésus s'arrêta, il laissa l'empreinte de ses pieds sur une pierre que l'on vénère à l'église de Saint-Sébastien.

Quel chrétien peut entrer dans les catacombes sans que son âme soit inondée d'émotions indicibles ? " Là, dit l'abbé Nortet, là revit la primitive Eglise, dans toute sa simplicité et sa ferveur : là se retrouve la trace de nos mystères et des dogmes de notre foi ; là repose la poussière de nos premiers martyrs, morts pour Jésus-Christ. Si vous cherchez des émotions pieuses, où en trouverez-vous de plus douces ? Si vous avez besoin de retremper votre courage, où rencontrerez-vous de plus beaux exemples ? Si ce sont des grâces de salut qui vous sont nécessaires, qui, plus puissamment que les martyrs, intercédera pour vous ? "

Je ne sais pas comment un protestant de bonne foi peut visiter les catacombes sans se convertir aussitôt ; car il a sous les yeux la preuve matérielle que l'Eglise n'a pas changé ; que son culte était aux premiers siècles ce qu'il est aujourd'hui ; qu'on célébrait alors la messe comme de nos jours ; que les premiers chrétiens vénéraient les reliques autant que nous les vénérons ; invoquaient les saints, priaient pour les morts comme nous le faisons.

Sur l'origine des catacombes je crois devoir citer une page empruntée à l'ouvrage de l'abbé Nortet. Cet ouvrage n'est qu'un résumé des grands travaux du célèbre M. de Rossi qui a tant fait pour élucider l'histoire de la *Rome souterraine chrétienne :*

" Jusqu'au milieu de ce siècle, l'opinion commune voulait que les immenses galeries des catacombes fussent d'origine païenne. On croyait, et trop de gens le croient encore, que les catacombes n'étaient autres que les excavations, faites par les Romains, pour extraire les matériaux dont ils avaient bâti leur ville et leurs remparts. Les entrées de ces carrières souterraines, oubliées depuis longtemps, auraient été découvertes, à l'époque des persécutions, par les propriétaires chrétiens des champs où elles se trouvaient enclavées. Dès lors les pontifes romains et les prêtres s'y seraient réfugiés, dans le secret et dans le mystère, pour la prédication de l'évangile, pour la célébration du saint sacrifice, pour la sépulture des martyrs et des autres fidèles, obligés qu'ils étaient de cacher tous leurs actes religieux aux regards des payens afin de ne point se trahir.

" Ainsi, ce serait dans les carrières de la vieille Rome que l'Eglise se serait formée, qu'elle aurait grandi, qu'elle aurait vécu de sa vie religieuse pendant trois siècles, dans le mystère et à l'abri du regard indiscret des persécuteurs. En un mot, les vieilles carrières romaines devenues l'asile des chrétiens seraient le berceau de l'Eglise.

" Est-ce vrai ? Est-ce possible ?

" Ni l'histoire, ni les monuments, ni les lieux ne se prêtent à cette théorie longtemps acceptée. Elle est ingénieuse sans doute ; elle ne manque pas de poésie, ni même d'une certaine vraisemblance ; mais elle est fort loin de la vérité. La science, en nos jours, a éclairé le problème, et pas un point de la véritable origine des catacombes n'est resté dans l'ombre ou dans l'incertitude.

" Non, les catacombes ne sont pas d'anciennes carrières romaines. La nature du sol, le mode d'excavation de leurs étroites galeries nous le montrent jusqu'à l'évidence.

" Non, les catacombes n'étaient point des cimetières cachés, ni l'asile secret des assemblées religieuses, ni, partant, le berceau de l'Eglise. L'Eglise a grandi et vécu au grand jour, malgré les persécutions ; toute l'histoire des premiers siècles en fait foi.

" Les catacombes étaient des lieux de sépulture légalement constitués et parfaitement connus de l'autorité.

" On y accomplit sans doute des cérémonies religieuses ; on y célébra souvent les saints mystères, sur les corps, ou auprès des corps des martyrs ; on y tint des réunions secrètes et l'on s'en servit quelquefois comme de refuges, surtout aux moments les plus douloureux des persécutions ; mais tous ces actes ne constituaient pas la vie ordinaire et commune de l'Eglise. Avec le nombre extraordinaire et toujours grandissant des fidèles, qu'on y réfléchisse, c'était impossible ! "

L'auteur démontre ensuite que les Romains pratiquaient des carrières dans le *tuf lithoïde* ou *pierre rouge*, pour en extraire des matériaux de construction ; et aussi dans le *tuf friable*, appelé vulgairement *pouzzolane*, qui entre dans la composition du célèbre ciment romain. Ces carrières existent encore, et il est évident que les chrétiens n'en ont point fait usage. Il existe, dans la campagne romaine, un troisième *tuf* dit *granulaire*, facile à tailler, mais sans aucune utilité pour les constructions ou pour la confection du ciment. Les Romains, n'en ayant aucun besoin, n'ont pas dû y faire des carrières. Or, c'est précisément dans ce *tuf granulaire* que se trouvent toutes les catacombes.

Du reste, il est facile de voir que les catacombes ne peuvent pas être d'anciennes carrières : les galeries des catacombes sont trop étroites pour permettre à des ouvriers d'y travailler tant soit peu à l'aise. Les galeries des carrières qu'on voit encore sont beaucoup plus larges et de forme toute différente.

Les catacombes sont donc tout simplement des cimetières que les chrétiens des premiers siècles ont creusés à fur et à mesure qu'ils en avaient besoin. Sans doute, ils ont parfois servi de refuge, surtout aux prêtres, plus traqués que les simples fidèles, et plus particulièrement pendant la persécution de Dèce et de Valérien. Mais elles n'étaient pas le lieu des réunions *ordinaires* des chrétiens. Notre auteur dit :

" L'Eglise vivait, se développait, s'accroissait, dans la crainte et l'anxiété, sans doute, mais non dans les ténèbres toutefois, ni dans un secret perpétuel et absolu. Aussi bien, comment les chrétiens auraient-ils pu se multiplier, dans l'obscurité des catacombes, au point qu'après deux siècles à peine d'existence, Tertullien ne craignait pas d'affirmer aux magistrats que, s'ils se décidaient à émigrer, l'empire deviendrait un désert." Et il ajoute plus loin qu'il ne convient pas, comme font trop de chrétiens de nos jours, d'assimiler l'état de la primitive Eglise aux sociétés secrètes, " végétant d'abord dans les ténèbres pour ne se montrer au grand jour que quand elles possèdent le pouvoir."

Pie IX, avant la prise de Rome, aimait à visiter les catacombes de Saint-Calixte. Sur le terrain qui avoisine l'entrée de ce vaste cimetière souterrain, il fit tracer un chemin où il se promenait souvent en récitant son bréviaire ou son chapelet ; on l'appelle encore le chemin de Pie IX. Lorsque vous y marchez dans un sens vous avez devant vous en ligne droite le tombeau de Cœcilia Metella ; en tournant le dos au tombeau, c'est le dôme de Saint-Pierre qui s'offre à vos regards. On dirait que cette route, partant du froid tombeau du paganisme, aboutit au glorieux temple du Dieu vivant. N'est ce pas là une image frappante du chemin par lequel la papauté a conduit les nations ?

Sur le mont Aventin, d'où l'on obtient une vue magnifique de Rome, se trouve l'église de Sainte Sabine, que gardent les pères dominicains. Cet endroit est riche en souvenirs du grand patriarche Dominique. Dans l'église, on vous montre la pierre que le diable lança à la tête du saint, pendant qu'il priait. Dans le monastère voisin de l'église, nous avons pu visiter la chambre de saint Dominique et celle du grand pape saint Pie V, dominicain. Le petit jardin du monastère renferme un oranger planté par saint Dominique, et un dattier que l'on *croit* avoir été planté par saint Pie V.

Dans l'église de Sainte-Sabine, sur le tombeau de je ne sais plus quel cardinal, on lit une inscription latine que je mis ici pour faire goûter la précision et la concision de langue de l'Eglise :

Ut moriens viveret
Vixit ut moriturus.

Que de choses dans six mots ! J'invite les latinistes qui lisent la *Vérité* à s'exercer sur ces six mots. Qu'ils veuillent bien essayer de rendre, par six mots français, la forte pensée de cette épitaphe.

Du reste, les belles inscriptions latines sont fréquentes à

CHATEAU ST ANGE ET St PIERRE DE ROME.

Rome. Je ne parle pas de celles du pape saint Damase qui sont bien connues ; mais d'autres, moins célèbres.

En voici deux que j'ai lues, l'autre jour, à Sainte-Marie-des-Anges, église que Michel-Ange a construite sur les thermes de Dioclétien :

Virtute vixit
Memoria vivit
Gloria viret

Encore six mots qu'il serait difficile de rendre en français autrement que par une assez longue périphrase.

Voici l'autre :

Corpus humo tegitur
Fama per ora volat
Spiritus astra tenet

Pendant que je suis à parler d'inscriptions en voici une, d'un tout autre genre, qui se trouve dans le portique de l'église dédiée à saint Isidore laboureur, sur le mont Pincio. Elle est tirée des paroles de saint Patrice, apôtre de l'Irlande, dont la statue orne la façade :

Si quæ difficiles questiones in hac insula oriantur ad Sedem apostolicam referantur ut Christiani ita et Romani sitis.

Par là on voit que la primauté de Pierre n'est pas une doctrine nouvelle. " Afin que vous soyez *romains* non moins que *chrétiens ;* " réponse éloquente à tous ceux qui prétendent être chrétiens sans être romains.

Tout près de l'église de Sainte-Sabine se trouve celle de Saint-Alexis ; on y conserve encore l'escalier sous lequel le saint s'est tenu pour demander l'aumône, pendant des années. Un peu plus loin, nous visitons l'ancien château des chevaliers de Malte qui domine le Tibre et la ville, et où se réunissent encore, je crois, les membres de cet ordre.

Tous mes lecteurs ont entendu parler du Ghetto. C'était le quartier des juifs lorsque Rome était au pouvoir de ses rois légitimes. Les papes avaient trouvé la véritable solution de la question juive, solution dictée à la fois par la miséricorde et la prudence, par la charité chrétienne. Les gouvernements purement humains n'ont jamais trouvé cette solution et ne la trouveront jamais. Ailleurs que dans la Rome pontificale, les juifs ont été aux extrêmes, non point dans le juste milieu. Jadis persécutés, pourchassés encore dans certains pays ; en d'autres endroits ils s'emparent de tout, du gouvernement, de l'influence sociale, des affaires. A Rome, sous les pontifes, ils n'étaient pas maltraités ; ils y trouvaient même un refuge contre la persécution. Mais, d'un autre côté, les papes avaient soin de ne pas livrer la ville et les états de l'Eglise à la domination juive ; ils se gardaient bien de permettre à cet élément, essentiellement anti-chrétien, d'entrer dans la vie politique et sociale, dans la vie intime du peuple, d'occuper les charges importantes. La sottise révolutionnaire, qui veut *l'égalité* des cultes, a renversé toutes les barrières, toutes les sauvegardes. Aussi le juif en a-t-il profité pour pénétrer au cœur même de ce qui fut la société chrétienne.

Le gouvernement italien, avant tout révolutionnaire, veut faire disparaître jusqu'au souvenir de la sage législation des papes à l'égard des juifs : la pioche du démolisseur, qui s'attaque à tout dans Rome, au désespoir même des protestants, abat en ce moment l'antique Ghetto qui n'est plus qu'un monceau de briques, de mortier et de poussière. Pour les juifs, ils sont maintenant répandus dans toute la ville, comme ils sont répandus dans toute la société moderne.

Au Ghetto il reste encore debout un monument remarquable, c'est l'église que les papes avaient fait construire au milieu de ce quartier *infidelium*. Je n'ai pu pénétrer dans ce temple, car chaque fois que j'ai passé par là je l'ai trouvé fermé. Mais la façade est saisissante : on y voit un grand tableau du Christ en croix, et au-dessous, cette inscription tirée d'Isaïe, et écrite en hébreu et en latin :

"*Expandi manus meas tota die ad populum incredulum qui graditur in via non bona post cogitationes suas. Populus qui ad iracundiam provocat me ante faciem meam semper.*"

Voilà la touchante et sublime invitation que, grâce à la charité des papes, les juifs du Ghetto avaient constamment sous les yeux.

*

La révérende fabrique de Saint-Pierre est un titre qui sonne un peu singulièrement aux oreilles françaises. Savez-vous ce que c'est? C'est la fabrique des mosaïques du Vatican. Les mosaïques sont, pour ainsi dire, une *spécialité* de Rome. Et quelle spécialité merveilleuse! A la fabrique du Vatican j'ai vu travailler les artistes: ils mettent trois, quatre, sept, neuf ans à faire un seul tableau. Mais quelle perfection! quel art vraiment incroyable! Les *pierres* avec lesquelles on fait les mosaïques sont plutôt des *briques*, puisqu'elles sont cuites au four. Au Vatican, on fabrique *vingt-sept mille* nuances différentes! Tout cela est classé, numéroté. Il y a toujours des mosaïques en vente. J'ai vu une sainte Vierge, avec l'enfant Jésus et saint Jean-Baptiste, la célèbre Vierge à la chaise de Raphaël, qu'on pourrait avoir pour la bagatelle de 20,000 francs. Si je les avais à dépenser, je donnerais volontiers 20,000 piastres pour avoir un tel chef-d'œuvre. Ce n'est pas souvent que je soupire après la richesse; mais je vous avoue qu'en face de telles merveilles je suis tenté sérieusement.

Ici, à Rome, l'amour de l'art vous saisit malgré vous; vous avez beau être un simple *profane*, vous devenez bientôt admirateur, je dirais même connaisseur. Je vous assure que je vois aujourd'hui la différence entre une *croûte* et un *chef-d'œuvre*. Je ne pourrais pas rendre compte des beautés d'un tableau ou d'une statue dans les termes *techniques* employés par les artistes; mais je les *comprends*, et cela me suffit.

Ce sont les papes qui ont ainsi rempli la ville de Rome de toutes ces choses ravissantes; ce sont les papes qui ont encouragé les arts, soutenu les artistes. Aujourd'hui, des quatre coins du monde, on vient à Rome pour admirer, pour étudier, car Rome est le centre du beau comme elle est le centre du vrai. Et il y a des insensés qui prétendent que l'Eglise est l'ennemie du véritable progrès, du véritable développement intellectuel de l'homme !

Une chose beaucoup plus originale que belle, c'est le cimetière des pères capucins, près de la place Barberini. Ici je laisse la parole à l'auteur du *Parfum de Rome :*

"Attenant à leur couvent, les pères ont un cimetière célèbre qui ne serait guère suivant mon goût. La terre, apportée de Palestine, dévore presque instantanément les chairs et laisse intacts les ossements. Un bandit s'était réfugié dans l'église. Ayant réfléchi sur ses œuvres passées, il ne vit pas de meilleur parti à prendre que de rester pénitent. Pour occuper ses loisirs il s'installa dans le cimetière, avec le dessein de le transformer en lieu de plaisance. De ces ossements il composa une décoration effroyable. Rosaces, lampes, lustres, pyramides, arabesques de tibias, de crânes, d'omoplates, d'épines dorsales. Parmi ces agréments, debout, couchés ou agenouillés, des squelettes entiers, revêtus de la robe du capucin. Quelques enfants des Barberini sont, par privilège, collés en ronde bosse au plafond des chapelles. Il faut beaucoup de simplicité pour prendre la chose comme elle est dans l'esprit de ceux qui l'ont laissé faire. Remarquons que les corps des religieux morts en odeur de sainteté ont été soustraits au décorateur et enfermés dans des urnes scellées. Ce décorateur a fini, dit-on, par se sanctifier dans son travail étrange, et il est mort de manière à ne pas rester en décoration. A coup sûr il avait un certain sentiment de l'horrible ; mais ce qu'il a prouvé, surtout, c'est que le squelette est fait pour être enterré."

L'autre jour, j'assistais à la bénédiction des deux agneaux qui devront être tués à Pâques et dont la laine servira à fabriquer les palliums des patriarches et des archevêques. Cette cérémonie touchante a lieu chaque année en la fête de sainte Agnès, dans l'église de Sainte-Agnès-hors-les-murs, sur la voie Nomentane. Il y avait foule cette année, comme toujours.

Les agneaux, tout enrubannés et liés, sont placés dans deux corbeilles et présentés à l'autel, où l'officiant les bénit. Puis on les confie à des religieuses qui en ont soin jusqu'à Pâques. Lorsque les agneaux bénits sont portés à travers la foule, chacun fait des efforts pour les toucher.

A propos de cette cérémonie, voici un petit trait de mœurs gouvernementales. L'administration exige que ces deux agneaux bénits, pour avoir le droit d'entrer dans la ville, soient soumis à l'octroi. Et comme ils sont en vie, on les taxe comme s'ils étaient des moutons : douze francs et demi chacun ! Voilà une des nombreuses grandeurs de l'Italie *une*.

Ce gouvernement soi-disant italien est absolument méprisable.

Le gouvernement français est sans doute très coupable, haineux, persécuteur, tout ce que vous voulez. Mais il n'est pas encore descendu aussi bas que la monarchie subalpine.

Le gouvernement révolutionnaire, installé à Rome, est essentiellement voleur : voleur en grand, voleur en petit, il ne vit que de rapines. Il a volé au Pape ses états ; aux communautés religieuses leurs biens. Non content de ces grands vols sacrilèges, il commet chaque jour de petits vols mesquins. L'autre jour, je me présente au guichet du bureau de poste pour acheter des timbres. Je donne en paiement une pièce de monnaie portant l'effigie de Victor-Emmanuel. Le commis me la remet dédaigneusement.— "Pourquoi n'est-elle pas bonne ? lui demandé-je — " Elle ne porte pas un millésimo assez récent," me répond-il. C'est-à-dire que le gouvernement n'accepte pas sa propre monnaie après un certain nombre d'années !

J'ai à peine besoin de vous dire, après cela, que la monnaie de Pie IX n'a plus cours à Rome !

Et malgré ces vols et ces répudiations honteuses, le gouvernement de l'Italie une est misérablement pauvre. Ecrasé de dettes, il écrase, à son tour, les contribuables dont beaucoup sont réduits à la mendicité. L'or ne circule pas ici comme en France ; vous ne voyez que des assignats de l'état, indice que les affaires vont mal.

**

Nous avons eu une manière d'émeute à Rome, dimanche dernier. Au centre de la ville, nous ne nous sommes aperçus de rien. Mais du côté de la Porta Pia cela avait mauvaise mine, paraît-il, à un moment donné. Il y a eu rencontre entre la populace qui réclame la république et la police qui protège la *monarchie*. Quelques blessés de part et d'autre. Le drapeau *royal* a été déchiré à la Porta Pia, à cette même porte où, le 20 septembre 1870, ce drapeau a fait son entrée sacrilège dans la ville des Papes.

**

Hier, j'avais l'honneur de dîner chez dom Eusèbe Bergier, procureur général de l'ordre des chartreux. J'y ai rencontré Sa Grandeur Mgr Grasselli, archevêque de Colosse, ancien délégué apostolique à Constantinople, aujourd'hui secrétaire de la congrégation de la Visite apostolique, congrégation dont le Saint-Père est préfet. Mgr Grasselli appartient à l'ordre des conventuels, une des branches de la grande famille de saint François. Sa Grandeur parle le français avec une facilité et une correction remarquables. Il m'a rarement été donné d'entendre un causeur aussi charmant que cet évêque qui est resté moine. Dom Bergier avait aussi invité à sa table le procureur général, et le secrétaire général de l'ordre des capucins, le père Bruno et le père Pie : aussi le père Angelo, capucin de Palerme. Que le temps paraît court en pareille compagnie ! Quels hommes savants, pieux, édifiants et aimables que ces moines que le monde méprise sans les connaître. Pour moi, j'atteste que les heures les plus délicieuses qu'il m'ait été donné de goûter depuis mon départ de Québec ont été passées dans des monastères.

Jeunes gens qui lisez ces lignes, fermez toujours et résolu

ment l'oreille à ceux qui vous parleront contre les moines, qui contesteront leur utilité dans le monde. Les moines, avec les papes et les évêques, ont été les créateurs de la civilisation en Europe, les protecteurs de la société, les conservateurs des arts et des sciences. Aujourd'hui encore ils sont vraiment le *sel de la terre*. Jeunes gens, ne vous laissez pas entraîner par la folie moderne qui pousse plus d'un catholique à mésestimer les grands ordres religieux. Faites, au contraire, ce que vous pourrez pour attirer dans notre pays ces institutions admirables qui ont fondé l'Europe et que l'Europe ingrate se prépare à chasser. Je voudrais voir l'Amérique, et particulièrement notre cher Canada, hériter de tous les moines qui, à moins d'un changement radical, ne pourront bientôt plus trouver un gîte dans le vieux monde. Je voudrais voir notre sol couvert d'établissements religieux de tous genres. L'avenir de notre continent serait assuré si les grands ordres de l'Eglise venaient à y fleurir.

**

En terminant, un mot sur une sorte de proverbe italien que j'ai vu quelque part : " *Roma veduta, fide perduta*--Rome vue, foi perdue."—Ceux qui prétendent perdre la foi en venant à Rome ont déjà perdu ce don inestimable avant de mettre les pieds dans la ville éternelle. Leur séjour ici ne leur sert que de prétexte.

On appuie souvent sur les faiblesses, les défaillances, les misères de toutes sortes que l'on voit à Rome.

Un évêque français, mort depuis quelques années, qui a fait grand bruit dans le monde, parlait un jour, devant Mgr Charbonnel, ancien évêque de Kingston, d'un voyage qu'il venait de faire à Rome : " J'ai vu, dit-il, le fumier du Vatican "— " Oui, répliqua Mgr Charbonnel, je l'ai vu, moi aussi, ce fumier-là ; mais j'ai vu également qu'il fait pousser des fleurs d'une beauté incomparable."

On raconte que certains catholiques allemands avaient un ami juif qu'ils espéraient convertir. Un jour ils apprennent, avec consternation, que leur ami est allé à Rome. Hélas ! se dirent-ils, c'est fini ! après avoir vu ce qui se passe à Rome, il ne se convertira jamais. Le juif revint, et ses amis l'abordèrent timidement. "Eh bien ! leur dit-il, me voici enfin catholique." —"Comment cela, s'écrièrent ses amis, encore plus étonnés que ravis ; nous redoutions tant ce voyage ! " "C'est pourtant bien simple, répliqua le converti ; il n'y a qu'une institution divine qui puisse résister à tant de faiblesses humaines."

Depuis que la révolution trône à Rome, le diable y travaille tout à son aise : il y commet des ravages qui font verser des larmes mais qui affermissent au lieu d'ébranler la foi. Car plus le côté humain, côté faible et misérable, se voit dans l'Eglise, plus aussi se montre le côté divin, plus éclate l'action de l'Esprit-Saint, plus se manifeste l'efficacité des promesses de Notre-Seigneur Jésus-Christ. On souffre de voir le Saint-Père prisonnier, on souffre de voir la ville Eternelle aux mains des sectaires, on souffre de voir les abus que cette inique usurpation engendre ou augmente. Oui, le chrétien souffre à Rome dans ces jours de malheur, il souffre au delà de tout ce qui se peut exprimer. Mais au milieu de cette souffrance, la foi jette dans l'âme de nouvelles et de plus fortes racines.

VINGT-DEUXIÈME LETTRE.

Sommaire :—Anniversaire de la mort de Pie IX.—Léon XIII —Travaux de Pie IX.—La Vigna Pia.—A travers champs.—La campagne romaine —Le Tibre.—Au mont Cassin.—A dos d'âne.—Le célèbre monastère.—Emeute.—La grotte bleue.—Le mal de mer.—Religieuses françaises.—A Pompéi.—Paganisme et christianisme.—Un passage secret.—San-Martino.—" Voir Naples et mourir ".—Naples et Québec.—Ascension du Vésuve.—Les guides et leurs ruses.—Réminiscence.—Le miracle de saint Janvier.—A travers les rues de Naples.

Rome, jeudi le 7 février 1889.

C'est aujourd'hui le onzième anniversaire de la mort du grand pape Pie IX, d'heureuse mémoire. Beaucoup de fidèles l'invoquent déjà, en particulier, comme un saint. On lui attribue des miracles sur lesquels l'Eglise se prononcera, sans doute, en temps et lieu ; en attendant, dans sa sagesse et sa prudence, elle prie pour le repos de son âme. C'est ainsi que chaque année, à pareille date, il se chante, à la chapelle Sixtine, une messe solennelle de *Requiem* pour le pontife défunt. Il m'a été donné d'assister à ce service, grâce à la bienveillance de dom Bergier, procureur général des chartreux, qui a pu me procurer un billet d'admission ; non sans peine, car l'espace est fort restreint et les cartes très recherchées.

Le pontife glorieusement régnant était présent, comme il l'est tous les ans, du reste, à ce service anniversaire de son prédécesseur. C'est une chose bien solennelle que cette messe de requiem chantée par les belles voix du chœur de la chapelle Sixtine, en présence du pape, d'un grand nombre de cardinaux et de prélats, de la cour pontificale, des ambassadeurs, etc.

Léon XIII a chanté lui-même l'absoute ; sa voix forte annonce une grande vitalité. Malgré ses 79 années, le Souverain-Pontife paraît encore plein de vigueur ; il marche d'un pas ferme, se tient droit et n'a nullement les allures d'un vieillard, bien que ses cheveux soient aussi blancs que la neige et que sa maigreur soit extrême.

Comme la chapelle Sixtine est relativement petite, j'ai pu voir le Saint-Père très bien et l'entendre parfaitement. J'espère avoir encore ce bonheur jeudi prochain, à l'occasion du consistoire.

Pius nonus, Pontifex maximus, voilà des mots qu'on lit partout à Rome et dans les environs. Car pendant son long et mémorable règne, Pie IX a fait faire de nombreux et importants travaux de tous genres. Ici c'est une église restaurée, là un monument érigé, ailleurs une fontaine construite pour l'usage du public. Ce pontife-roi aimait son peuple et faisait tout en son pouvoir pour le rendre heureux, pour lui donner le pain spirituel et intellectuel, et même le bien-être matériel.

Parmi les fondations de Pie IX il faut mettre, au premier rang, la Vigna Pia, orphelinat établi en 1854, à deux ou trois kilomètres de Rome, sur la Via Portuensis. J'ai visité cet établissement qui est dirigé par les frères de Notre-Dame de la miséricorde dont la maison mère est à Malines, en Belgique. On y reçoit les orphelins de la ville ; de préférence, les plus pauvres et les plus abandonnés ; on leur donne, en premier lieu, une solide formation chrétienne et, en même temps, on leur fait apprendre un métier ou la culture de la terre ; puis, à mesure qu'ils deviennent capables de gagner leur vie, on les place chez des industriels ou des cultivateurs. C'est ainsi que, grâce à la prévoyante charité de Pie IX et au dévouement infatigable des frères, de nombreux petits vagabonds deviennent des citoyens utiles et de bons chrétiens.

Pour retourner à Rome, j'ai piqué à travers champs, afin d'aller rejoindre le *tramway*, à l'église de Saint-Paul-hors-les-murs, sur la voie d'Ostie. Cela m'a donné l'occasion de voir de près un peu de la campagne romaine. Elle est triste, cette campagne célèbre, surtout à cette saison de l'année. Les chemins ne sont point bien entretenus et propres comme les belles routes que j'ai vues en France. Partout un air d'abandon. Le sol est parsemé de vénérables ruines qui donnent au paysage un aspect lugubre. Peu d'arbres, peu d'accidents de terrain qui rompent la monotonie.

Il m'a fallu traverser le Tibre en bac, lequel bac j'ai dû attendre, car il était à l'autre côté du *fleuve*, et le batelier flânait quelque part. En attendant, je me suis promené sur les bords du Tibre. Quel silence et quelle solitude à deux kilomètres de la ville!

Le Tibre a une fière chance de traverser Rome et de tomber directement dans la mer. Cette dernière condition lui donne le droit, géographiquement, au titre de *fleuve*, et son parcours à travers la capitale du monde lui vaut une célébrité qu'il n'aurait point autrement. Car, par lui même, le fameux Tibre est une misérable petite rivière qui roule une eau boueuse, large d'un arpent ou deux. S'il était en Amérique, c'est à peine s'il aurait un nom connu des géographes.

———

NAPLES, dimanche le 10 février.

J'ai quitté Rome, vendredi matin, de bonne heure. A onze heures, je descendais à la gare de Cassino, située au pied du mont Cassin sur le sommet duquel se trouve le célèbre monastère du même nom, fondé par saint Benoît, sur l'emplacement d'un temple païen, en l'an 529. De ce monastère sont sortis un grand nombre d'hommes savants et pieux. Autrefois c'était une des plus belles pépinières de l'Eglise. Hélas! la révolution a passé par là, comme partout ailleurs en Italie. Ce couvent, création de l'Eglise, a été déclaré propriété de l'Etat; et les pères bénédictins, réduits au nombre de dix ou douze, n'y sont tolérés qu'à titre de gardiens!

Pour monter au couvent il y a deux chemins, un chemin

très à pic et en zig-zag que l'on ne peut gravir qu'à pied ou à dos d'âne, et un chemin carossable, mais beaucoup plus long. Pour gagner du temps et faire de la variété, j'ai choisi le premier. On peut aller en voiture tous les jours ; tandis que le prétexte de monter un âne ne se présente pas à tout bout de champ.

Me voilà donc en négociations, conduites, de part et d'autre, un peu à la façon des sourds-muets : par signes, aidés de quelques mots de mauvais français et d'italien plus mauvais encore. Enfin, le marché est conclu et l'on m'amène l'animal. Ses oreilles sont énormes, mais, pour le reste, il n'est guère plus gros qu'un chien de Terre-Neuve. Je fais un effort suprême pour m'exprimer dans la langue du Tasse : *E molto piccolo !* Le propriétaire, d'un ton superbe, m'assure que pour être *piccolo* son âne n'en est pas moins *fortissimo;* et malgré mes scrupules, il me fait monter. Je n'exagère pas, mes pieds n'étaient pas à six pouces de terre. Ah! si le rédacteur quelconque de la *Presse,* qui s'occupe tant de mon voyage, m'avait vu gravir le mont Cassin sur cette affreuse petite bête, il aurait eu ample matière à faire au moins six colonnes d'esprit. Il aurait pu se demander, et se redemander lequel des deux, du directeur de la *Vérité* ou du baudet, avait l'air le plus comique ; et il est probable qu'avec son impartialité ordinaire il aurait jugé que c'était le premier.

Nous allons bon train, car le conducteur de l'âne, qui marche à côté de moi, *encourage* ma monture par force cris et coups de hart. Je fais l'impossible pour modérer son zèle en lui répétant à chaque instant : *Va bene, va bene!* Mais il trouve, évidemment, que ça va mal, car il crie et frappe comme un sourd. Heureusement, les ânes ont la peau dure. Heureusement, aussi, les sociétés protectrices des animaux ne fleurissent pas dans les pays latins et catholiques où l'on s'occupe plus de l'homme que de la brute. La *divine charité envers les bêtes* comme disaient certains journaux canadiens, est une invention protestante qui n'a guère pénétré en Espagne, en France et en Italie, et qui ne s'introduit dans le Canada français que par le besoin que nous éprouvons de singer les Anglais à tort et à travers. (1)

Pour rassurer les âmes sensibles, je leur dirai que, arrivé au sommet de la montagne, mon âne était moins essoufflé que moi.

Un père bénédictin français—le prêtre français, on le trouve partout encore, grâces en soient rendues à Dieu—me reçoit avec la plus grande cordialité, me fait donner un excellent dîner, et me conduit par tout le vaste établissement.

Deux cents élèves y reçoivent l'instruction. La bibliothèque, l'une des plus précieuses de l'Europe, renferme 20,000 volumes parmi lesquels des manuscrits très rares. L'église est grande et riche en marbres et en dorures. Je dirais volontiers trop riche ; car à nous, gens du nord, les églises italiennes paraissent surchargées d'ornements. Mais comme me l'a fait remarquer le père bénédictin, il faut tenir compte du caractère du peuple pour lequel ces églises sont faites. L'italien si expansif, si animé, demande que ses temples aient l'éclat et les tons chauds de son beau ciel ; il ne pourrait pas prier dans une des belles mais sévères églises du nord de la France.

Dans cette église, qui est une cathédrale, puisque l'abbé du monastère est en même temps évêque, reposent, sous le maître-

---

(1) Ces paroles ont été vertement relevées par un journal français de la province de Québec. Je n'éprouve pas, cependant, le besoin de les retirer, car je ne suis pas et ne serai jamais admirateur des sociétés protectrices des animaux qui sont, je le répète, un produit du *sentimentalisme* protestant. Faut-il, pour cela, maltraiter les animaux ? Que Dieu me garde d'insinuer, seulement, une pareille énormité. L'homme ne doit pas plus abuser des bêtes que des autres dons du Créateur. Mais enfin l'animal n'a pas de *droits* vis-à-vis de l'homme. Celui qui maltraite un animal a tort, mais son tort est envers Dieu, non envers l'animal. Dieu défend à l'homme d'abuser des choses créées pour son usage et son utilité. Peu importe que ces choses soient animées ou inanimées. Voilà pourquoi c'est un mal d'abuser des bêtes ; non pas parce que les bêtes ont le moindre droit à notre *charité*. L'homme, avec ses nombreuses misères corporelles et spirituelles, offrira toujours un champ assez vaste à l'exercice de notre charité.

autel, les corps de saint Benoît et de sa sœur, sainte Scholastique. La cellule de saint Benoît existe encore : aujourd'hui elle est convertie en chapelle.

A quatre heures j'étais à la gare et reprenais le chemin de fer pour Naples où je suis arrivé vers six heures.

Samedi matin, en ouvrant le premier journal qui me tombe sous la main, je vois que le jour même où j'ai quitté Rome, il y a eu, tout à fait dans le quartier que j'habitais, des émeutes fort sérieuses : le télégraphe a dû vous en parler. Des ouvriers qui manquent de travail se sont réunis au nombre de plusieurs mille ; puis, excités par des discours socialistes, ils ont parcouru plusieurs rues en brisant des vitrines, des réverbères, etc. Evidemment, il existe à Rome de grandes souffrances et un terrible mécontentement contre le régime actuel qui a fait de si belles promesses restées inexécutées.

Le soleil s'est levé radieux, hier, samedi. J'ai cru que je ne pouvais mieux inaugurer ma visite à Naples qu'en faisant une excursion à Sorrente, à l'île de Capri, et à la grotte bleue que tous mes lecteurs ont vue en peinture et que j'avais la légitime ambition de voir en réalité. Eh bien ! j'ai fait l'excursion, mais je n'en suis pas plus avancé.

Nous partons à neuf heures, par un beau temps. Le Vésuve, cependant, est capuchonné, ce qui n'annonce rien de bon. La ville et la baie sont baignées de lumière et le spectacle est ravissant. Mais voilà tout à coup que le vent s'élève et que le ciel se couvre : une vraie tempête. Notre petit bateau fait des plongeons terribles, mais continue bravement sa course jusqu'à Capri où presque tout le monde descend, aimant mieux y passer le dimanche que de risquer le retour par un temps pareil. De la grotte bleue il n'est plus question, bien entendu. Après une heure et demie passée à l'abri de l'île, nous retournons tout droit à Naples sans essayer de reprendre les personnes que nous avions laissées à Sorrente. Résultat net de la journée d'hier : dix francs de dépenses, pas de grotte bleue, mais six heures du plus affreux mal de mer qu'il soit possible d'imaginer. Décidément, je ne suis qu'un marin d'eau douce.

Aujourd'hui, dimanche, le 10 février, il a fait, l'avant-midi, un temps souverainement désagréable : de la pluie froide et de la neige. Le Vésuve et les montagnes voisines sont tout blancs. L'après-midi, temps magnifique. Rien de plus inconstant que la température à Naples, à cette saison.

Le matin, j'ai fait une visite au couvent des sœurs de Saint-Vincent-de-Paul. La mère supérieure est de Billom en Auvergne ; et naturellement j'avais été chargé de commissions pour elle.

S'il y a quelque chose de plus universel que le prêtre français, c'est la religieuse française : elle est partout, se faisant toute à tous, se sacrifiant, se dévouant aux œuvres de charité. Elle s'expatrie pour toujours, elle court aux quatre coins du monde, elle renonce aux affections les plus légitimes pour secourir les pauvres, pour soigner les malades, pour élever les orphelins, pour instruire la jeunesse. Ah ! l'esprit apostolique de la France, il est toujours vivace. Malgré ses profondes misères, c'est encore notre ancienne mère patrie qui fournit à la vigne du Seigneur le plus grand nombre d'ouvriers, à la civilisation chrétienne, la plus forte propagande. Le Canada français, n'en doutons pas, a un rôle analogue à jouer dans le nouveau monde, et même dans les vastes régions de l'orient : rôle grand et beau entre tous. Qu'il reste digne de ce rôle en conservant intacte sa foi.

La mère supérieure des sœurs de Saint-Vincent-de-Paul, qui a quitté l'Auvergne il y a trente ou quarante ans, est entourée d'une dizaine de religieuses, presque toutes françaises : elles se dévouent à l'enseignement des enfants pauvres de Naples et à d'autres œuvres de charité. Il va sans dire qu'elles ont dû apprendre l'italien ; mais elles n'ont pas, pour cela, oublié le français. Et comme ce n'est pas tous les jours qu'un *Auvergnat* vient à Naples, elles m'ont fait une réception particulièrement cordiale.

———

Lundi, le 11 février.

Encore un changement de température. Hier soir il faisait un temps superbe : ciel pur, beau clair de lune, légère brise du nord, un peu froide. Ce matin, je me suis réveillé au son de la pluie et au bruit du vent.

Je voulais faire l'ascension du Vésuve qui est très beau à voir de ce temps-ci ; car sans être précisément en éruption, il *fait du feu* tous les soirs. Mais par un temps pareil, il faut y renoncer, car le chemin de fer funiculaire, inauguré en 1880, ne fonctionne plus depuis quelque temps.

Entre deux orages, je fais une excursion à Pompéi, ville ensevelie, en même temps qu'Herculanu.e. par l'éruption du 29 août de l'an 79.

Ces ruines sont fort intéressantes, bien que les objets les plus curieux aient été transportés au musée de Naples.

Au point de vue des arts, de l'architecture, de la sculpture, les habitants de Pompéi étaient nos maîtres. Mais c'est ici qu'on voit jusqu'à quel abîme de dégradation morale le paganisme avait fait descendre la race humaine. Dans les rues de Pompéi il y avait des choses que la police la plus tolérante de nos jours ferait disparaître en un clin-d'œil. C'est que le christianisme a transformé le genre humain, et lui a imprimé un cachet ineffaçable. Les individus peuvent secouer le joug du Christ et descendre à tous les crimes ; les sociétés aussi peuvent se corrompre et se perdre. Mais même au milieu de leurs plus tristes égarements, les peuples sur lesque' les eaux régénératrices ont coulé conservent au moins un certain décorum extérieur que les païens ignoraient. Depuis que la terre a été arrosée du sang de Jésus-Christ, l'affreux démon de la luxure n'y a plus cet empire absolu qu'il possédait, autrefois, sur le monde païen. On outrage encore la pudeur, mais au moins personne ne songe à ériger cet outrage en vertu.

Parmi les choses curieuses que l'on voit à Pompéi est un passage secret par lequel les prêtres de je ne sais plus quelle idole se rendaient pour faire remuer la tête du *dieu* lorsqu'il devait rendre des oracles ! Comme vous le voyez, l'art de se moquer du peuple n'est pas une invention des démagogues modernes.

Les rues de Pompéi sont très étroites et pavées de blocs de lave ; on y voit encore les ornières tracées par les roues des voitures. Les maisons sont généralement petites et construites sur le même modèle. Les anciens connaissaient l'usage des vitres de fenêtres ; nous en avons ici la preuve matérielle. Les fours, les boutiques, les magasins, les banques, les bains publics, les restaurants, toutes ces choses étaient à peu près ce qu'elles sont aujourd'hui. C'est principalement dans la mécanique que nous l'emportons sur les anciens. Par exemple, leurs moulins à farine étaient fort rudimentaires.

L'après-midi, j'ai visité une antiquité d'un tout autre genre : l'église et le monastère de San Martino, perchés tout à fait sur le sommet de la haute colline qui domine la ville et tout à côté du château fort de San Elmo. Cette église et ce monastère appartiennent aux chartreux qui en ont été dépossédés, en 1867, par le gouvernement révolutionnaire et usurpateur qui a fondé l'Italie *une* sur le vol et la rapine. San Martino est aujourd'hui converti en *musée national*. On y admire de très beaux tableaux, des tapisseries d'un grand prix, des groupes en terre cuite, et une foule d'antiquités fort précieuses. Du monastère l'on obtient la plus belle vue de Naples et des environs qu'on puisse désirer.

A ce propos, qu'il me soit permis de dire bien franchement ce que je pense du fameux : *Voir Naples et mourir.* N'en déplaise à MM. Déchêne et Pinault, qui ont exprimé un avis contraire dans l'*Electeur*, ce dicton n'a pas de sens, même au figuré. D'abord, est-il bien sûr que ce *Voir Naples et mourir*, qu'on attribue à un poëte quelconque, soit autre chose qu'un affreux calembour ? Je me suis laissé dire que la véritable version est : *Voir Naples et Mori*. Mori serait le nom d'un endroit qui existerait ou aurait existé aux environs de Naples. Comme qui dirait : *Voir Québec et Lévis !* Quoi qu'il en soit, je vous affirme que, même au figuré, la phrase banale *Voir Naples et mourir*, est une grosse sottise. Il est généralement convenu qu'il faut se pâmer en voyant Naples. J'ai eu beau essayer, je n'ai pu tomber en extase, *même au figuré*. Certes, je n'en disconviens pas, la ville de Naples, vue d'un peu loin surtout, est très belle ; la baie est vraiment magnifique ; les îles de Capri et d'Ischia, les côtes de Sorrente et de Pouzzoles, les montagnes derrière Castellamare, le Vésuve, tout cela forme un panorama grandiose. Mais il y a, de par le monde, des choses aussi belles, plus belles peut-être. D'abord notre bonne ville de Québec et ses environs ne sont pas précisément à dédaigner. Les deux endroits ne se ressemblent aucunement, de sorte que toute comparaison est difficile. Mais je me souviens encore de l'impression que Québec produisit sur moi, la première fois que je le vis, il y a près de vingt ans. Or cette impression était saisissante au delà de tout ce que j'ai ressenti en voyant Naples. Par exemple, avez-vous jamais vu Québec, par un coucher de soleil, des hauteurs de Charlesbourg ? Il me semble que les québecquois ne savent pas assez que leur ville occupe un des plus beaux sites du monde.

On parle beaucoup de la baie de Naples ; c'est d'un bleu merveilleux, sans doute ; mais elle n'est pas parsemée d'îles et d'îlots comme Clew Bay, sur la côte ouest de l'Irlande. En fait de montagnes, celles de la Grande Chartreuse, des environs de Grenoble, le Montserrat, en Espagne, surpassent le Vésuve qui est curieux, parfois formidable, plutôt que pittoresque. Conclusion : disons que Naples et ses environs sont très beaux, mais qu'ils ne donnent nullement envie de mourir, que ce soit au figuré tant que vous voudrez.

Mardi, le 12 février.

La neige ne saurait tenir longtemps sur le Vésuve ; aussi ce matin ai-je cru pouvoir tenter l'ascension du célèbre volcan. Le temps était peu favorable, la partie supérieure de la montagne étant enveloppée de nuages, mais je n'avais pas le loisir d'attendre davantage.

Je me rends donc par le *tramway* jusqu'à Résine, village construit en partie sur l'emplacement de l'antique Herculanum. Là je prends un âne—de dimensions plus congrues que celui du mont Cassin—et je commence à grimper, accompagné d'un guide, bien entendu ; car ce serait une folie de s'aventurer tout seul sur le Vésuve, particulièrement par un temps semblable.

A dos d'âne, je me rends jusqu'à la base du cône. Là il faut mettre pied à terre et commencer la partie vraiment pénible de l'ascension. Une compagnie anglaise, je crois, a entrepris de reconstruire le chemin de fer funiculaire, détruit par un incendie il y a quelques mois. Plusieurs ouvriers y travaillent.

Depuis l'observatoire, situé vers le milieu de la montagne, nous sommes dans les nuages ! c'est-à-dire que nous sommes enveloppés d'un brouillard épais et froid qui nous glace et nous empêche de voir à plus de vingt pas autour de nous. Par un temps favorable la vue doit être vraiment ravissante de ces hauteurs qui dominent toute la baie de Naples.

Je ne crois pas porter un jugement téméraire en disant que ce sont les guides du Vésuve qui valent à Naples sa mauvaise réputation. Quelle race infâme ! Comme ces gens-là savent mentir habilement ! A quelles ruses n'ont-ils pas recours pour vous extorquer de l'argent ! Par exemple, ils prennent le plus mauvais chemin qu'ils puissent trouver : un chemin où vous enfoncez dans le sable jusqu'aux genoux, dans l'espoir que, rendu à bout par la fatigue vous finirez par accepter la corde qu'ils vous tendent, de temps à autre, en offrant de vous traîner. Mais si vous avez le malheur de toucher à cette corde, aussitôt ils retrouvent le bon chemin, et vous aurez quatre ou cinq francs de supplément à payer. Puis, arrivé sur le sommet, ils ne savent plus où se trouve la lave coulante qu'ils avaient promis de vous montrer. Ils ont des compères sur la montagne avec qui ils s'entendent: tous vous assurent que la lave a pris une autre direction, qu'elle descend vers Torre del Greco ou Pompéi; en bon français, cela veut dire qu'il faut promettre quelques francs en plus du prix convenu, si vous voulez voir la lave couler. Et pourquoi grimper sur le Vésuve, si ce n'est pour voir couler la lave, afin de pouvoir répéter, avec quelque vérité, ces vers ronflants de Virgile :

> Vidimus undantem ruptis fornacibus Ætnam,
> Flammarumque globos liquefactaque volvere saxa !

Donc vous promettez le surplus exigé; puis, sans hésiter, votre gredin de guide vous mène tout droit à la lave qui n'est peut-être pas à cinquante pas de l'endroit où vous étiez Et après tout cela ils ont le toupet de vous demander cinquante centimes pour " boire à la santé de monsieur ! "

Mon guide m'a poursuivi pendant dix minutes pour avoir son pourboire. Je ne voulais pas céder, par principe. Lui m'accablait d'un déluge d'éloquence destiné à m'attendrir. Le malheureux parlait français! Quel français! L'emploi et la suppression de l'article sont de profonds mystères pour ce hâbleur. C'est ainsi qu'il me lance tout à coup cette phrase homérique : " Vous voyez bien, monsieur, que vous n'avez pas la raison." J'ai cru entendre le suave M. Nantel m'apostropher dans la *Presse*, et ce souvenir de la patrie absente fond les glaces de mon cœur; je lui jette son pourboire.

Tout de même, et malgré les désagréments que vous causent les guides, l'ascension du Vésuve est à faire par ceux qui peuvent supporter une telle fatigue.

Cette montagne qui lance des pierres à une hauteur de mille pieds avec un bruit qui ressemble au mugissement des vagues se brisant sur les rochers; cette lave rouge—feu liquide—qui coule lentement à vos pieds; ces ouvertures dans le flanc du cône d'où s'échappent des gaz sulfuriques et des vapeurs brûlantes, tout cela est saisissant et vaut la peine d'être vu. Seulement, on ne tient pas à rester longtemps dans cet endroit sinistre ; et c'est avec un certain soulagement qu'on se retrouve parmi les vignes et les villages de la plaine.

Pour monter le cône il faut une heure et plus ; tandis qu'on le dégringole—descendre n'est pas le mot—en cinq ou six minutes.

C'est à Naples que s'accomplit, deux fois par année, le célèbre miracle de la liquéfaction du sang de saint Janvier ; miracle dont tous les lecteurs de la *Vérité* ont entendu parler ; miracle très authentique, puisque les savants et les esprits forts essaient en vain, depuis longtemps, de l'expliquer par des causes naturelles. L'accomplissement de ce miracle donne lieu parfois à des scènes qui nous paraîtraient pour le moins étranges. Lorsque le sang du martyr tarde un peu à se liquéfier, le peuple, massé dans l'église, s'impatiente ; les prières deviennent plus ardentes, plus bruyantes ; on emploie même de véritables injures, des menaces ; on dit au saint qu'il n'a plus de pouvoir, qu'il ne vaut plus rien, qu'on va jeter ses reliques à la mer ! Puis, lorsque le miracle s'est enfin accompli — ce qui ne manque jamais d'arriver,—tous les fidèles éclatent en démonstrations d'enthousiasme et de joie. Les façons des napolitains peuvent nous paraître singulières, mais il faut reconnaître que ce peuple est resté profondément croyant. N'oublions pas que la foi est une vertu théologale qui transporte les montagnes. Ces bonnes vieilles qui prient bruyamment mais qui croient assez fermement pour que, chaque année, un grand miracle se produise en leur faveur, rendent, sans aucun doute, infiniment plus de gloire à Dieu que ces prétendus grands savants modernes qui dissertent à perte d'haleine sur les couches géologiques et les nébuleuses, mais qui ne récitent jamais un *Ave Maria*.

J'avais entendu dire que l'immoralité de Naples était quelque chose d'incroyable et de hideux ; que le vice s'y étalait d'une manière honteuse. Or, j'ai parcouru Naples en tous sens, à toute heure du jour et même le soir, je n'y ai absolument rien vu de déplacé.

Par exemple, on voit à Naples des choses d'un autre siècle. Certains attelages sont de vrais monuments. Quelques chevaux et ânes portent sur le dos une construction en cuivre, haute de deux ou trois pieds, qui ressemble à la flèche d'une église gothique. Tout y est, jusqu'à la girouette !

Des boutiques en plein air ; des rues étroites et peu propres ; des troupeaux de chèvres et de vaches que l'on trait aux portes des maisons, (moyen infaillible d'avoir du lait pur) ; des écrivains publics qui font la correspondance pour les illettrés ; des costumes étranges ; une grande animation ; des conversations bruyantes : voilà des choses qui donnent à Naples un aspect particulier. Ce n'est pas une ville *moderne*, et le *progrès*, tel qu'on l'entend aujourd'hui, n'y fleurit pas beaucoup. Mais, en somme, cette population, quelque peu primitive vaut mieux, peut-être, que les habitants d'autres villes qui se vantent de leur civilisation.

Les napolitains ont une manière toute particulière, aussi naïve que gracieuse, de saluer le saint Sacrement. En sortant des églises, au lieu de faire une génuflexion, comme nous, ils prennent de l'eau bénite et envoient de la main un baiser vers l'autel ! Cette coutume, qui indique une confiance et une familiarité enfantines, peint bien le caractère de ce peuple.

VINGT-TROISIÈME LETTRE.

Sommaire :—Retour à Rome.—La crèche.—Le consistoire.—Léon XIII.
—Quelques personnages.—Adieux à la ville éternelle. — L'avenir.—
Lorette.—Le père Pierre-Marie de Malaga.—Résumé de l'histoire de
la sainte maison.—Castelfidardo. — Assise et S. François.—Les impôts et la misère en Italie.—A Fiesole.—Le R. P. Anderledy. —La
compagnie de Jésus.—Accusations portées contre elle.—La chartreuse d'Ema.—Coup d'œil sur Florence.

Rome, jeudi le 14 février.

Je suis revenu de Naples, hier. Le mauvais temps se maintient toujours : de la pluie dans les vallées, de la neige sur les montagnes. En somme, l'hiver en Italie est assez triste. Je préfère, décidément, notre froid sec à ce temps humide et pénétrant.

Arrivé à Rome à deux heures, j'ai eu la bonne fortune, dès quatre heures, de voir l'insigne relique de la crèche que l'on conserve à l'église de Sainte-Marie-Majeure et que l'on ne montre pas souvent. Hier, on la faisait voir à la colonie canadienne, grâce à Mgr Duhamel, archevêque d'Ottawa, qui nous a obtenu cette faveur. Parmi les personnes présentes, j'ai remarqué, à part Sa Grandeur, son secrétaire, M. l'abbé Campeau, et les ecclésiastiques du séminaire canadien, M. l'abbé Piché, curé de Terrebonne, M. l'abbé Dupuy, curé de Saint-Grégoire, M. l'abbé Jeannotte, supérieur du collège de Sainte-Marie de Monnoir, M. l'abbé Trépanier, aumônier de l'asile des sourdes-muettes de Montréal, M. Forget, notaire, et M. Lapointe, marchand, tous deux de Terrebonne, M. Tanguay, architecte de Québec.

La relique de la sainte crèche consiste en trois planches

noircies par le temps, trois pauvres planches brutes. Voilà où le Maître du monde, le Fils unique de Dieu, a voulu reposer, voilà l'humble lit dont s'est contenté Celui par qui la terre et les cieux ont été créés ! Quelle leçon pour nous tous qui sommes si attachés aux biens périssables d'ici bas ; qui aimons tant l'aisance, le confort et même le luxe ; qui fuyons la pauvreté beaucoup plus que le péché !

Ce matin, il m'a été donné d'assister au consistoire public où les trois nouveaux cardinaux, les Eminentissimes d'Annibale, Dusmet, et Macchi ont reçu le chapeau. Les deux derniers seuls étaient présents à la cérémonie, le cardinal d'Annibale étant malheureusement retenu au lit par une assez grave indisposition.

J'ai vu le Saint-Père de très près. Il a passé à quelques pas de moi, deux fois. Rien au monde de plus imposant que le spectacle de ce vieillard porté sur la *Sedia gestatoria* afin que tous puissent le voir ; de cette foule silencieuse et recueillie qui se jette à genoux pour recevoir la bénédiction du vicaire de Jésus-Christ ; de cette cour pontificale aussi grave que brillante.

Le Saint-Père avait l'air fatigué et malade : on dit que le mouvement, si faible qu'il soit, de la chaise sur laquelle il est porté, lui donne toujours un véritable mal de mer. Il lui faut une grande somme d'énergie pour résister pendant si longtemps ; car ceux qui ont été en proie à ce terrible mal savent combien il anéantit la force de la volonté. Léon XIII aime mieux souffrir que de rien changer au cérémonial ordinaire. Sans doute, ce serait infiniment moins pénible pour lui de marcher ; mais alors beaucoup ne le verraient pas. Or voir le pape et recevoir sa bénédiction, c'est pour cela principalement qu'on vient à Rome.

Vu son âge avancé, les médecins du Saint-Père ne veulent pas qu'il prodigue les audiences qui sont fatigantes pour lui. Voilà pourquoi beaucoup d'étrangers sont obligés de quitter

Rome sans avoir pu voir le pape. Je dois donc me considérer comme très heureux d'avoir été admis à deux cérémonies : le service de Pie IX et le consistoire, pendant lesquelles j'ai pu contempler les traits de celui qui représente Jésus-Christ sur la terre.

*_**

Pendant mon séjour à Rome, j'ai été admis auprès de plusieurs cardinaux et autres personnages éminents : leurs Eminences les cardinaux Siméoni, préfet de la Propagande, Rampolla, secrétaire d'Etat de Sa Sainteté, Parocchi, vicaire de Sa Sainteté, Monaco La Valetta, secrétaire du Saint-Office, Zigliara, préfet de la congrégation des Etudes, le cardinal Mazzella, (1) Mgr Grasselli, archevêque de Colosse et secrétaire de la congrégation de la Visite apostolique, Mgr Battandier, vicaire général du regretté cardinal Pitra, dom Bergier, procureur général de l'ordre des chartreux, le révérend père Bruno, procureur général des pères capucins, les révérends pères Balerini et Rinaldi, de la *Civilta cattolica*, etc. Tous m'ont reçu avec bienveillance ; plusieurs, et non les moins importants, qui lisent la *Vérité*, ont bien voulu me donner de précieux encouragements. Sur ce chapitre je n'entre dans aucun détail afin d'épargner à ces hauts personnages les avanies dont on a abreuvé Mgr Justin Fèvre pour avoir bien voulu m'accorder une marque d'approbation et de sympathie. Il n'est pas désirable que ces scènes disgracieuses recommencent.

Le cardinal Rampolla, qui est véritablement le premier ministre du Pape en tant que souverain temporel, est l'un des plus jeunes membres du sacré collège, étant né le 17 août 1843 ; et on lui donnerait à peine quarante ans. Il est grand et maigre comme Léon XIII ; mais tandis que le Pape a les cheveux blancs comme la neige, ceux de son secrétaire d'Etat sont noirs comme de l'ébène. Le cardinal Rampolla parle très bien le français.

L'éminentissime Parocchi est le grand vicaire du pape, si

(1) Aujourd'hui, préfet de la S. congrégation de l'Index.

l'on peut s'exprimer ainsi. C'est lui qui remplace d'ordinaire le Souverain-Pontife dans ses fonctions d'évêque de Rome. Il occupait jadis le siège de Bologne où il se fit remarquer par son inflexible fermeté en face de la franc-maçonnerie. Devenu cardinal vicaire, il a plus d'une fois fait preuve de la même qualité précieuse dans ses relations avec le gouvernement municipal de Rome ; particulièrement par sa lettre vraiment apostolique au syndic de la ville lorsque celui-ci, sous prétexte d'empêcher le choléra d'envahir la cité, avait pris des mesures arbitraires à l'égard de l'aumônier d'un hôpital. Au physique on dit qu'il fait songer à Pie IX. Il y a dans ses yeux noirs et remarquablement beaux, un je ne sais quoi de doux et de sympathique qui inspire la confiance et vous met aussitôt à l'aise ; tant il est vrai que la douceur accompagne toujours la véritable force de caractère.

Je ne sais pourquoi, je m'étais imaginé que le cardinal Zigliara devait avoir une figure sévère. Est-ce parce que je savais qu'il est Corse et compatriote de Napoléon Ier ? Peut-être. Quoi qu'il en soit, en l'apercevant j'ai eu une nouvelle preuve que c'est inutile de se faire d'avance une idée de quelqu'un qu'on n'a jamais vu. Personne au monde ne ressemble moins à un guerrier que ce moine devenu cardinal et qui porte toujours son costume de dominicain. Le cardinal Zigliara est un des princes de la théologie. Lors de mon passage à Rome, il était indisposé et j'ai dû me présenter trois fois chez lui avant de pouvoir être admis. Et encore, la troisième fois, j'ai lieu de croire qu'il s'est littéralement levé de son lit pour me recevoir ne voulant pas me faire revenir de nouveau. Il a daigné me retenir longtemps auprès de lui, m'entretenant des sujets les plus graves.

Son Eminence le cardinal Monaco La Valetta a soixante-deux ans, étant né le 23 février 1827. C'est une figure bien vénérable. " Je m'appelle Monaco, me dit-il, cela veut dire *moine*, et c'est en moine que je vis." Le cardinal Siméoni est un vieillard de 73 ans ; il est né le 12 juillet 1816. Son âge avancé ne l'empêche pas de diriger l'une des plus importantes congrégations de la sainte Eglise. Comme les cardinaux Parocchi et Zigliara, le cardinal Mazzella est né en 1833, le 10 février. Depuis la mort du regretté cardinal Franzlin, c'est lui qui représente la compagnie de Jésus dans le sacré collège. Ancien professeur au collège des jésuites à Woodstock, Etats-Unis, le cardinal Mazzella parle, à part l'italien qui est sa langue maternelle, le français et l'anglais ; l'allemand aussi, je crois. Son séjour en Amérique l'a mis bien au courant des grandes questions qui s'agitent dans le nouveau monde.

Ce soir je fais mes adieux à la ville éternelle ; malgré les tristesses de l'heure présente, je pars consolé et fortifié ; plus déterminé que jamais à combattre pour la vérité catholique intégrale, à suivre fidèlement les enseignements et les directions du Souverain-Pontife, à me pénétrer de plus en plus des encycliques et des allocutions du chef de l'Eglise, et à faire tout ce que je pourrai, dans mon humble sphère, pour ramener les lois et les institutions de notre cher Canada à l'idéal chrétien que Léon XIII nous a proposé dans son *Immortale Dei*.

Reverrai-je jamais Rome ? Ce n'est guère probable. Mais ce qui me paraît certain, c'est que je ne la reverrai plus dans l'état où elle se trouve aujourd'hui. De graves événements s'y préparent, comme dans tout le reste de l'Europe, cela ne saurait être contesté. Les esprits sont anxieux, inquiets ; car les émeutes de ces jours derniers ne sont que le commencement d'une série de soulèvements qui pourraient bien amener la chute de la royauté. Les turbulents de vendredi dernier disaient : "Aujourd'hui les vitres, demain les bourses, après demain les têtes." Ne viendra-t-il pas un moment où le Saint-Père devra quitter Rome ? On l'a souvent affirmé. Quoi qu'il en soit, le devoir des catholiques, dans le monde entier, est de prier avec ardeur pour la délivrance de leur père, et de travailler courageusement, par tous les moyens dont ils disposent, à remettre le Souverain-Pontife dans une position digne de la mission divine qui lui est confiée.

ANCÔNE, samedi le 16 février.

Nous sommes en plein hiver: froid et grand vent. Entre Foligno et Ancône, il y a de la neige, non seulement sur les montagnes, mais aussi dans la plaine. Toute cette partie de l'Italie est fort pittoresque et doit être ravissante en été.

A quatre ou cinq lieues au sud d'Ancône, sur les bords de l'Adriatique, se trouve la petite ville de Loreto qui, vous le savez, a l'insigne privilège de posséder la sainte maison de Nazareth. J'y suis allé aujourd'hui, et malgré le froid, malgré les importunités des cicerones dont la ville est infestée, j'ai passée une journée vraiment délicieuse.

Le père conventuel, Noël Grégoire, pénitencier français, et le père Pierre-Marie de Malaga, capucin et directeur général de l'affiliation universelle de la sainte maison, ont bien voulu s'intéresser à moi. Le père Pierre-Marie de Malaga est espagnol; il parle très bien le français; et, ce qui plus est, il est l'ami intime de don Sarda y Salvany qui, dit-il, est le premier prêtre d'Espagne. C'est vous dire qu'il s'est établi aussitôt entre le père Pierre-Marie et moi une de ces amitiés profondes et durables qui ne se forment que par une communauté parfaite d'idées et de sentiments. Nous avons causé longuement de l'Espagne, de don Sarda, du Canada.

Quel parfum suave et délicieux dans cette humble maison de Nazareth, petite et pauvre aux yeux des mondains, grande et riche par-dessus tous les palais des rois, aux yeux de Dieu et de la cour céleste; que dis-je, aux yeux des croyants sur la terre. Car bien que nos sens ne nous montrent que quatre murs grossiers et nus, la foi nous enseigne qu'ici s'est accompli le sublime mystère de l'Incarnation, qu'ici est née la très sainte Vierge, qu'ici elle a vécu avec Jésus et Joseph, qu'ici a travaillé et prié la sainte Famille, qu'ici a commencé l'œuvre du salut, qu'ici les premiers fidèles se réunissaient autour de ce même autel où le prince des apôtres célébrait la sainte messe. De lieu plus saint, de plus auguste, il ne saurait y en avoir sur la terre.

Tous mes lecteurs connaissent l'histoire de la sainte maison : un très court résumé suffira.

Dès les temps apostoliques, dès avant l'Assomption de la sainte Vierge, selon Suarez, cette maison fut consacrée comme église, et devint aussitôt un lieu de pèlerinage pour les premiers fidèles. Lors du saccage de Nazareth par Tite Vespasien, l'an 71, cet auguste sanctuaire échappa miraculeusement aux attentats de la soldatesque. Sainte Hélène fit entourer la sainte maison d'un temple magnifique sur la façade duquel elle fit graver ces mots :— *Hæc est Ara in qua primo jactum est humanæ salutis fundamentum.* — Voici le lieu où a été posé d'abord la pierre fondamentale de notre salut." Au treizième siècle, la Palestine tomba définitivement au pouvoir des musulmans. C'est alors que pour préserver la maison de la Vierge de toute souillure et de toute profanation, les anges la détachèrent de ses fondements et la transportèrent d'abord en Dalmatie, l'an 1291 ; puis, pendant la nuit du 9 au 10 décembre 1291, dans un bois de lauriers près de Recanati, en Italie. Mais ce lieu, infesté par des voleurs, ne garda pas longtemps son trésor ; huit mois après, elle fut transférée sur une haute colline, près de Recanati. L'affreuse cupidité des propriétaires de cet endroit l'en chassa bientôt, et elle fut définitivement déposée sur la hauteur où les fidèles la vénèrent encore aujourd'hui.

L'authenticité de ces diverses translations miraculeuses est établie au delà de tout doute par des témoignages irrécusables. Le fait est historiquement certain.

La sainte maison, dont les murs sont littéralement usés par les baisers des fidèles, renferme plusieurs objets vénérables qui ont suivi le sanctuaire dans ses diverses pérégrinations. D'abord une statue de la sainte Vierge tenant l'enfant Jésus dans ses bras, attribuée à saint Luc ; l'autel où saint Pierre disait la messe ; l'armoire et deux écuelles de bois dont la sainte Famille se servait. C'est dans une de ces écuelles qu'on met les médailles, chapelets, etc., pour les bénir.

Tout près de Lorette, se trouve le trop célèbre champ de bataille de Castelfidardo où la vaillance de l'armée pontificale succomba glorieusement écrasée par le nombre.

Les Italiens y ont élevé un monument pour perpétuer ce souvenir néfaste. Quand la France viendra-t-elle ériger ici au moins une croix sur la plaine où tant de ses enfants sont tombés en combattant pour la plus sainte des causes ?

Pérouse, dimanche le 17 février.

Longue journée, aujourd'hui. A cinq heures et demie j'étais debout et à sept heures et un quart je partais d'Ancône pour Assise où je suis arrivé vers une heure.

Encore la plaie des *cicerones* ; c'est pire qu'à Lorette. Il y en a un qui m'a suivi depuis la gare jusqu'à la ville—une distance de deux kilomètres—malgré mes protestations ; il a pénétré avec moi dans l'église, me parlant tout le temps en très mauvais français que je comprends beaucoup moins que du bon italien. Enfin, je le supplie, pour l'amour de saint François, de me laisser tranquille. Il me répond avec un aplomb que je n'oublierai jamais : " Je laisserai monsieur *trankouille* s'il veut me donner quelque chose." Cette fois, par exemple, j'ai résisté jusqu'au bout : il n'a rien eu du tout, et il a fini par m'abandonner à mon sens réprouvé. Lui parti, je me suis adressé à un bon père conventuel qui comprend le français et qui parle si bien l'italien que je saisis parfaitement tout ce qu'il dit. Nous nous entendons très bien, car je n'ai eu qu'à lui dire que j'avais eu l'honneur d'être reçu par Mgr Grasselli, le jour même de mon départ de Rome, pour me mettre tout à fait dans ses bonnes grâces. Il me montre le tombeau du séraphique saint François, taillé dans le roc, les insignes reliques du grand saint, la constitution de son ordre écrite de sa main et confirmée par le Pape Honorius III ; le drap qui a couvert le corps du bienheureux après sa mort, etc. Il y a trois églises superposées ; la chapelle qui entoure le tombeau, l'église mitoyenne et l'église supérieure. Cette dernière, en style gothique, n'est pas actuellement livrée au culte. Cette insigne basilique jouit des mêmes privilèges que la basilique de Saint-Pierre. Le maître-autel de l'église mitoyenne est un autel papal : seul le Souverain-Pontife peut y célébrer les saints mystères.

*_**

Tous ont entendu parler de l'indulgence de la Portioncule. La chapelle de la Portioncule, où saint François obtint cette indulgence et fonda son ordre, se trouve non loin de la ville d'Assise, dans la plaine. Cette petite chapelle, qui existe encore, est entourée aujourd'hui d'une magnifique basilique. Elle fut construite dès 352 par quatre ermites venus de Terre-Sainte. Ces pèlerins avaient une relique provenant du tombeau de la sainte Vierge que saint Cyrille leur avait donnée; ils la déposèrent dans leur chapelle qu'ils dédièrent à Marie *Assumpta in cælum*, d'où le nom de Notre-Dame des Anges que porte encore la basilique. En 512, saint Benoît trouvant cette chapelle abandonnée la rebâtit et y fit ajouter un petit monastère que les bénédictins appelaient *Portiuncula*, parce que c'était la plus petite de leurs possessions. Après six siècles, les bénédictins l'abandonnèrent à leur tour, et saint François la restaura de ses propres mains en 1208, et y établit sa première communauté. A part cette chapelle, l'église renferme la chambre où saint François mourut, et, tout près de là, on voit le buisson d'épines dans lequel le saint se jeta pour triompher d'une tentation. Aussitôt les épines se convertirent en rosiers couverts de fleurs. Ces rosiers existent encore; ils sont sans épines, mais du moment qu'on les transplante, ils reviennent à leur état naturel. On considère ces rosiers, dont les feuilles portent une tache rouge, comme un miracle permanent.

Assise et Pérouse, voilà deux villes italiennes où on ne travaille pas le dimanche; où les magasins sont fermés comme à Québec et à Montréal. Hélas! il n'en n'est plus ainsi à Rome et à Naples. Le travail du dimanche, c'est là une des grandes et nombreuses plaies de l'Europe, plaie qui doit attirer des malédictions sur la terre, plaie qui appauvrit le peuple, car la violation du repos dominical est punie même en ce monde. Puisse notre pays être à jamais préservé de ce désordre affreux qui est si général dans le vieux monde !

FLORENCE, le 19 février.

Hier matin avant de prendre la voie ferrée pour Florence, j'ai eu le temps de parcourir les principales rues de Pérouse et de visiter plusieurs églises. C'est une ville très propre ; et comme toutes les petites villes de cette partie de l'Italie, elle est perchée sur le sommet d'une haute colline. La vue, des remparts, est très belle ; les horizons sont vastes. Partout des montagnes et des vallées riches en oliviers et en vignes ; dans le lointain les Appennins couverts de neige. Toute cette région est un véritable jardin ; et cependant les paysans sont pauvres, je dirai même misérables. Le fléau de l'émigration sévit ici. Jadis, sous le gouvernement des Papes, les contribuables ne payaient guère d'impôts ; aujourd'hui, m'assurent des personnes absolument dignes de foi, les impôts enlèvent *cinquante pour cent* des produits de la terre ! A propos de taxes, on m'a raconté des choses vraiment monstrueuses : les agents du fisc mettent un impôt sur tout. Près de Florence, il y a un couvent de franciscains. Le percepteur du revenu a dit un jour à ces religieux :—C'est tant par messe.—Mais, répondirent-ils, nous ne recevons guère plus de messes.—Si vous étiez plus *industrieux*, leur répliqua-t-on, vous en trouveriez ; donc payez quand même.

A Turin, un prêtre mort en odeur de sainteté, fonda un hospice qui aujourd'hui recueille de trois à quatre mille malades et pauvres. Cet hospice, soutenu par la charité des catholiques, soulage la misère publique et rend par là d'incalculables services à la société. Eh bien ! la chose est à peine croyable, l'Etat

prélève sur cette institution 40,000 francs d'impôts par année !
Voilà les beautés du régime actuel, voilà les douceurs de
l'Italie *une*.

Aujourd'hui j'ai visité Fiesole, village admirablement situé
sur une haute colline, non loin de Florence. C'est une ancienne
ville étrusque ; l'on y voit les ruines d'un amphithéâtre et de
la muraille d'enceinte. Ce n'est pas, toutefois, pour admirer
ces antiquités que j'y suis monté, mais bien pour présenter
mes hommages au T. R. P. Anderledy, général de la compagnie de Jésus, qui, de cet endroit écarté, dirige la nombreuse
famille de S. Ignace dont les membres sont dispersés aux
quatre coins du globe. Il m'a fait l'honneur de me recevoir et
de converser longuement avec moi, entretien dont je ne saurais
exagérer la valeur pour moi ; car j'ai à peine besoin de le dire,
celui qui arrive à la tête de la compagnie de Jésus doit posséder nécessairement des mérites et une science peu ordinaires.

Le père Anderledy est un homme d'une soixantaine d'années, de taille un peu au-dessous de la moyenne, maigre et
brun. Il est né en Suisse et a beaucoup voyagé, étant allé jusqu'en Amérique. Je ne sais pas combien de langues il parle ;
quatre, certainement : le français, l'allemand, l'anglais et l'italien. Mais à l'entendre parler le français, vous diriez qu'il n'a
jamais parlé autre chose. Est-il plutôt allemand que français ?
Je n'en sais rien. Je crois qu'il est uniquement jésuite, c'est-à-
dire *catholique* profondément pénétré de cet esprit *universel* qui
animait S. Paul et qui lui faisait dire qu'il n'y avait plus ni
Juifs, ni Grecs, mais des frères en Jésus-Christ. On accuse parfois la compagnie de Jésus (de quoi ne l'accuse-t-on pas ?) de
détruire le patriotisme, d'être trop cosmopolite. Comme toutes
les autres accusations portées contre cette illustre société,
celle ci est fausse. Jamais les jésuites n'ont voulu étouffer les
légitimes aspirations du patriotisme, jamais ils n'ont condamné
l'amour de la patrie, toujours ils ont su favoriser, en le dirigeant vers le bien, le sentiment national des peuples au milieu

desquels ils vivent. Au Canada, depuis les commencements de la colonie jusqu'à nos jours, les jésuites ont été les amis sincères du peuple dans toutes les luttes que la conscience pouvait approuver. En Irlande, à l'heure qu'il est, je l'ai constaté moi-même, la cause nationale n'a pas d'appuis plus solides que les pères jésuites.

Mais si les jésuites sont les amis et les défenseurs du vrai patriotisme, ils ne se laissent pas entraîner dans un faux nationalisme, ils ne permettent pas que chez eux l'amour de la patrie dégénère en haine des autres nations, en idées étroites, en préjugés mesquins; car ils se souviennent toujours que l'Eglise est la mère de tous les peuples chrétiens, que la commune et véritable patrie de tous est au ciel. Je ne crois pas commettre une injustice en disant que, de tous les ordres religieux, c'est la compagnie de Jésus qui tient le mieux, le juste milieu dans les questions où il s'agit de sentiments nationaux. Ennemis déclarés des excès et des exagérations de l'esprit national, ils ne tombent pas dans la funeste erreur de ceux qui voient dans tout mouvement populaire un crime ou un péril social. Et c'est précisément parce qu'ils savent tenir ce juste milieu que les hommes de parti les accusent souvent *de se mêler de politique*. De tous les prêtres ce sont incontestablement les jésuites qui se mêlent le moins aux luttes des factions; mais fermement attachés à la *vraie* doctrine de l'Eglise, possédant à fond la *vraie* science théologique, ils appliquent impartialement aux affaires politiques et sociales cette doctrine et cette science. Or, cette application ne cadre pas avec les préjugés du partisan, avec les exigences des coteries. De là ces accusations incessantes de *se mêler de politique, de troubler la paix*, portées par les factions contre la compagnie de Jésus, accusations portées également par les factions contre Celui dont les jésuites ont pris le nom. Mais pour les hommes qui se mettent au-dessus de l'esprit de parti, au-dessus des luttes mesquines des coteries, l'action sociale des jésuites est admirable, parce qu'elle est inspirée par le véritable esprit de l'Eglise, cette mère dont l'enseignement est inflexible et qui, cependant, tient si miséricordieusement compte des besoins, même des faiblesses de ses enfants.

Mais nous voilà loin de Fiesole, me dira-t-on. Non, je n'en suis pas loin. Car c'est en écoutant attentivement le père Anderledy que j'ai parfaitement compris, pour la première fois, le véritable *pourquoi*, en même temps que la complète inanité des accusations qui ont toujours été et qui seront toujours portées contre les jésuites par les ennemis de l'Eglise, et même par certains catholiques que l'esprit de système ou de parti aveugle.

———

FLORENCE, le 10 février.

Fiesole est au nord de Florence; du côté opposé, à quelques kilomètres de la ville, se trouve la chartreuse d'Ema que j'ai visitée aujourd'hui.

Il n'y a rien de moins semblable qu'un chartreux et un jésuite; l'un est habillé en noir; l'autre en blanc. Le jésuite est avant tout un soldat; son action se porte directement sur la société; le chartreux est surtout un homme de prière. Retiré dans sa cellule, menant une vie terriblement austère, le chartreux, comme Moïse sur la montagne, prie pour l'armée qui se bat dans la plaine. Malgré la dissemblance si grande entre le jésuite et le chartreux, il y a, cependant, entre eux, un lien étroit, à part le lien *général* de la charité chrétienne qui réunit tous les enfants de Dieu. C'est que l'ordre des chartreux est le seul où un jésuite puisse entrer de *plein droit*, sans permission spéciale.

La chartreuse d'Ema a joué un rôle marquant dans l'histoire. C'est là que Pie VI, prisonnier de Napoléon, a été renfermé pendant onze mois. J'ai vu les trois modestes pièces que le Pontife occupait. Son lit est encore là, tel qu'il l'a laissé. Autrefois cette chartreuse comptait trente moines. Depuis les jours néfastes du premier empire français, pendant lesquels le monastère a été dépouillé, ils sont réduits à une dizaine. Pour comble de malheur, l'aimable gouvernement italien a déclaré cette chartreuse propriété nationale, comme il a fait partout, du reste. Les moines ne sont là qu'au titre précaire *d'occupants*.

Les tableaux, les fresques, les marbres, les sculptures, les statues de la chartreuse d'Ema sont vraiment remarquables; tandis que le site, une colline couverte de bois et de vignes, est tout à fait charmant.

✱

La ville de Florence est belle, mais trop grande pour sa population. Victor-Emmanuel y avait transporté la cour de Turin, en 1864; en 1870, profitant des malheurs de la France, le roi voleur étendit ses faciles mais sacrilèges conquêtes jusqu'à Rome qui devint, en attendant l'heure de la justice divine, la capitale de l'Italie *une*, dont une partie est encore en France et une autre partie en Autriche, disent les italianissimes. Ce changement porta un grand coup à la prospérité de Florence qui, si l'on excepte les beaux arts, ne paraît avoir aucune industrie particulière.

Les musées de Florence sont nombreux et riches. J'en ai visité les deux principaux, celui des Uffici et celui des Pitti. Ces deux musées sont réunis entre eux par une longue gallerie qui traverse l'Arno. Il y a là d'innombrables chefs d'œuvre; mais on ne me fera pas croire que ce mélange de Madones et de Vénus constitue un effet de l'art. Et quelles Vénus !

Le dôme, ou cathédrale de Santa Maria del Fiore, est une vaste construction tout en marbre, commencée en 1296. La coupole est merveilleuse, et c'est elle qui a donné à Michel Ange l'idée de la coupole de Saint-Pierre, beaucoup plus merveilleuse encore.

Hier, en passant devant la synagogue, j'y ai jeté un coup d'œil. Bel édifice peint à fresque, mais, bien entendu, sans la moindre image ou statue; seulement des inscriptions en hébreu. Trois ou quatre rabbins y chantaient un office quelconque devant une dizaine de fidèles—tous des hommes—restés coiffés. Le chant était lugubre; parfois, c'étaient de véritables cris de détresse. Pauvre peuple déicide ! porteras-tu toujours le fatal bandeau qui t'empêche de voir le soleil de justice qui luit sur le monde depuis 19 siècles ?

VINGT-QUATRIÈME LETTRE

Sommaire :—Visite d'un compatriote. — De Florence à Bologne — Portiques.—Sous le beau ciel d'Italie.—Deux tombeaux illustres.—Les épreuves de l'Eglise.—Réflexions échangées avec un confrère.—La folie des armements.—Cataclysme inévitable.— Venise. — La ville silencieuse.—La gondole.—Origine de Venise. — Saint-Marc.—Chevaux voyageurs.— Le pont des soupirs. — Le carnaval. — Un coin de l'orient.—Bénédictins arméniens.—Souvenir de lord Byron.—A Milan. Le gothique.—Saint Ambroise.—*In medio stat virtus.*—Comment il faut entendre cet axiome.—Don Albertario.—*L'Osservatore cattolico.*—Esprits divers.— A Turin.—Journée bien employée. — Don Bosco et ses œuvres.— Don Rua.—A Val Salice.—Visite à des confrères.—Quelques églises de Turin.—Un grand miracle.—A travers les Alpes.

BOLOGNE, mercredi le 20 février.

Aujourd'hui, avant de quitter Florence, j'ai eu le plaisir de recevoir la visite de notre compatriote, monsieur Antoine Falardeau (1), artiste, chez qui j'avais laissé ma carte, hier. M. Falardeau habite presque toujours la campagne près de Fiesole, mais il possède, à Florence même, un grand palais où il s'est réservé un pied-à-terre. En apprenant que j'étais allé à sa maison de la rue S. Spirito, il s'est empressé de venir me voir à mon hôtel. Nous avons causé longuement du Canada ; car notre compatriote, bien qu'il ait quitté Québec il y a 43 ans, n'en est pas moins resté canadien-français de cœur.

Il faut près de trois heures et demie en train rapide pour venir de Florence à Bologne. C'est un chemin fort pittoresque,

---

(1) Pendant l'été de 1889, le public canadien, a été très peiné d'apprendre la mort tragique de M. Falardeau. Il revenait à Florence de sa maison de campagne. Au moment de traverser l'Arno, le cheval qu'il montait a pris l'épouvante et s'est précipité dans la rivière, entraînant M. Falardeau avec lui.

car la voie ferrée traverse la chaîne toscane des apennins qui sépare le nord de l'Italie du centre. Nous franchissons vingt fois le Rena et passons sous quarante-six tunnels. C'est dire que nous sommes presque la moitié du temps à plusieurs cents pieds sous terre. Au point culminant, le regard embrasse un panorama grandiose. L'air est vif et la neige borde la voie.

Dans mon compartiment se trouvait un monsieur âgé, à l'aspect distingué. Il m'adressa la parole en anglais, évidemment sans trop compter sur une réponse dans la même langue. Nous eûmes bientôt lié conversation et je découvris qu'il était citoyen de la république américaine. C'était un ferme croyant au surnaturel, au monde des esprits, quoique non catholique. Il me questionna beaucoup sur les miracles qui se produisent dans l'Eglise, sur ceux de Lourdes et la liquéfaction du sang de S. Janvier, et voulut savoir s'il se fait des miracles au Canada. Je lui parlai, naturellement, du sanctuaire de Sainte-Anne-de-Beaupré. Je vis bientôt que je n'avais pas affaire à un protestant, mais à un *spiritiste ;* peut-être même à un partisan de ce que l'on appelle *Faith cure*: la guérison par la foi ; car il m'affirmait avoir eu un parent ainsi guéri. Il m'interrogea aussi sur l'infaillibilité du Pape, voulant savoir, au juste, en quoi elle consiste. D'une chose à l'autre, il vint à parler des Canadiens-français émigrés aux Etats-Unis. "Ils prennent rapidement possession de toute la partie nord-est de la république, me dit-il ; ils y seront bientôt les maîtres. Autrefois, on ne les trouvait que dans les centres industriels, employés dans les fabriques et les usines. Les voilà maintenant qui s'emparent des terres." Je voudrais que cette dernière assertion fût vraie ; car alors l'avenir de nos compatriotes émigrés serait moins inquiétant. Si ce mouvement vers la prise de possession du sol n'existe pas, ne serait-il pas à propos de travailler à le créer, du moins parmi ceux des nôtres qui sont déterminés à rester aux Etats-Unis ?

**

Bologne, capitale de l'Emilie, est une ville fort ancienne ; elle compte aujourd'hui un peu plus de 100,000 habitants

Presque chaque ville européenne, surtout parmi les anciennes, a son cachet particulier. Ce qui distingue Bologne ce sont de nombreuses maisons à portiques. Les trottoirs passent sous des arcades. Cela a ses avantages par un temps de pluie ou de grande chaleur, sans doute ; mais par un temps froid comme celui que nous avons ces jours-ci, on cherche le soleil. J'ai vu dans les rues de Bologne de véritables bancs de neige de deux ou trois pieds d'épaisseur, tout comme à Québec ou à Montréal, vers la fin de l'hiver. Ici les maisons sont mal closes, mal chauffées, et vous me croirez sans peine lorsque je vous dirai qu'il faut venir sous le beau ciel d'Italie pour souffrir du froid. Un ami m'écrivait naguère pour me féliciter de pouvoir fuir vers le sud pendant la saison rigoureuse. La vérité est que je ne me souviens pas d'avoir jamais passé un hiver aussi rude que celui-ci.

*
* *

Bologne possède deux tombeaux illustres : celui de saint Dominique, dans l'église dédiée au fondateur d'un des plus grands ordres religieux, et celui de sainte Catherine de Sienne, cette femme remarquable suscitée par Dieu pour ramener la papauté à Rome après l'exil d'Avignon. C'est lorsqu'on songe aux terribles crises par lesquelles l'Eglise a passé dans le cours des siècles que l'espérance revient. Combien de fois la situation n'a-t-elle pas été sans issue, absolument désespérée, au point de vue des calculs humains ? Au moment où tout semble perdu, Dieu intervient par un saint, par une sainte, ou par quelque grand événement, les nuages se dissipent et l'Eglise, tout en restant continuellement militante, triomphe.

Dans ce moment la vue bornée de l'homme ne peut rien découvrir qui puisse nous faire espérer une amélioration de l'intolérable situation où se trouve l'Eglise et son auguste chef. La secte maçonnique détient le pouvoir presque partout et les fidèles, à part quelques exceptions, sont ou endormis, ou paralysés ou corrompus par l'affreux naturalisme moderne. Du côté des hommes point de secours qui s'annonce. Mais nous savons que la barque de Pierre ne saurait périr, que la tempête actuelle ne l'engloutira pas plus que ne l'ont fait les tempêtes des siècles passés. D'où et comment viendra le secours ? Quand viendra-t-il ? C'est le secret de Dieu. Tout ce que nous savons, c'est qu'il viendra efficace et en temps opportun.

Telles sont les réflexions que j'échangeais, tout à l'heure, avec mon excellent confrère, M. Antoine Malaguti, ancien soldat dans l'artillerie pontificale, aujourd'hui directeur du journal militant *l'Unione*, de Bologne. M. Malaguti, bien que, dans sa modestie, il prétende le contraire, s'exprime avec facilité et correction en français, ce qui nous a permis de converser tout à notre aise. Nous avons commencé par établir l'échange entre *l'Unione* et la *Vérité*, qui défendent la même cause sur un théâtre fort différent ; puis nous avons discouru sur la situation qui n'est pas gaie, il faut l'avouer.

Le malaise est général. Partout, en Europe, les gouvernements sont pris d'une véritable folie : la folie des armements monstrueux. Chaque année on dépense des millions et des milliards pour armer les peuples les uns contre les autres. C'est une double ruine ; car les impôts deviennent de plus en plus lourds, tandis que le nombre des bras absolument improductifs augmente d'année en année. C'est un état de choses que le monde n'a jamais vu encore. C'est le dernier mot du progrès moderne qui a voulu délivrer le genre humain de *l'oisiveté* des moines ! Et l'oisiveté de la caserne, qu'en faites-vous ? La folie générale s'est emparée du gouvernement anglais. Dans son récent discours du trône, la reine déclare que l'Angleterre doit faire comme les autres pays : s'armer. En Italie ce n'est plus de la folie, c'est de la rage. Le gouvernement italien, dans l'espoir de se faire prendre au sérieux, est en voie de ruiner le pays à courte échéance.

Les nations atteintes de cette folie, juste châtiment du Dieu qu'elles ont abandonné dans leur orgueil impie, courent nécessairement vers une banqueroute générale, ou bien vers une guerre d'extermination ; vers l'une et l'autre plutôt, car il n'y a aucune raison pour que ces armements progressifs s'arrêtent autrement que par un cataclysme formidable. L'égoïsme et la méfiance ayant remplacé l'esprit évangélique, aucun gouvernement n'ose commencer le désarmement tant désiré par les peuples écrasés et réduits à un véritable esclavage. Il n'y aurait qu'un seul moyen pratique pour les nations de sortir de l'impasse terrible où elles se sont engagées, ce serait de dire au pape : " Vous êtes le père de tous les peuples ; désarmez vos enfants pour qu'ils ne s'entr'égorgent point, après s'être ruinés." Mais les nations prévaricatrices auront-elles la grâce de dire au pape cette parole qui les sauverait ? Hélas ! on peut à peine l'espérer.

Le cataclysme paraît donc inévitable. Après le cataclysme, et sur les ruines de ce que l'on appelle la " civilisation moderne, " Dieu, par le moyen de son Eglise, édifiera une société nouvelle, comme il a fait après la chute de la civilisation romaine, moins coupable peut-être que l'apostasie sociale de nos jours.

Venise, dimanche le 24 février.

Voilà bien des villes que je parcours depuis six mois. La plus singulière de toutes est Venise, jadis la reine de l'Adriatique et l'une des puissances du monde, tombée aujourd'hui au rang de simple curiosité. Mais comme curiosité, certes, Venise peut encore enlever la palme à toutes ses rivales.

Tout le monde sait que Venise est bâtie sur pilotis au milieu des lagunes de l'Adriatique. Mais il faut voir ce phénomène pour s'en faire une idée tant soit peu exacte. Des ruelles, mais point de rues ; partout des canaux. Dans toute la ville, pas une voiture à roues, pas un cheval, pas même un âne. La fameuse gondole, voilà, avec quelques bateaux à vapeur sur le grand canal, l'unique moyen de transport. Aussi quel étrange silence dans cette ville de 133,000 âmes ! Trois charrettes dans un village font plus de bruit que toutes les gondoles de Venise qui glissent sur ces eaux toujours placides. C'est très intéressant pour une journée ou deux, mais pour rien au monde je ne voudrais établir ma demeure ici.

En venant de la gare à l'hôtel, en gondole, je me suis demandé comment font les gens distraits. Car j'ai remarqué un grand nombre de perrons qui aboutissent, non au trottoir, qui souvent n'existe pas, mais tout bonnement au canal. De ces maisons il ne fait pas beau sortir en laissant trottiner sa pensée ailleurs !

La fameuse gondole que l'on a poétisée et dont le monde entier a souvent entendu parler, est tout simplement un canot long et étroit pointu aux deux bouts, le devant armé, ou plutôt orné d'une sorte d'éperon en acier. Le gondolier conduit son embarcation, en se tenant debout sur l'arrière, au moyen d'un seul aviron à palette large et flexible. Au centre se trouvent des sièges pour trois ou quatre personnes. Plusieurs gondoles ont au milieu, au-dessus des sièges, une manière de *capote*, comme les voitures couvertes, dans laquelle on peut se mettre entièrement à l'abri. Toutes les gondoles sont peintes en noir, afin, sans doute, qu'elles puissent mieux se voir la nuit. Les gondoliers font preuve d'une grande habileté. Les embarcations se croisent en tous sens sans accident, mais il faut dire qu'elles ne vont pas vite. On peut aller plus rapidement à pied, et sans courir encore.

_

Vous connaissez l'origine de Venise : quelques familles, fuyant devant la fureur d'Attila, se réfugièrent dans les lagunes. Peu à peu une ville s'y fonda.

Le patron de Venise est saint Marc l'évangéliste dont le corps repose sous le maître-autel de la cathédrale. Les vénitiens allèrent chercher la dépouille mortelle du saint à Alexandrie et élevèrent, en son honneur, de 977 à 1071, l'église qui porte son nom. C'est un édifice remarquable en style byzantin ; c'est-à-dire à l'aspect oriental. L'intérieur est richement orné de marbres, de sculptures, de bronzes, de dorures et surtout de mosaïques. Les pilotis semblent mal soutenir le parquet qui est tout par trous et par bosses. Sur la façade, au-dessus de la porte principale, sont quatre chevaux gigantesques en bronze ; singulier ornement pour une église, il faut l'avouer. Ces chevaux datent du temps de Néron, paraît-il. Ils ont été transportés de Rome à Constantinople, par le fondateur de cette dernière ville, puis à Venise en 1205, et à Paris du temps de Napoléon ; enfin, de nouveau à Venise en 1815. Voilà des chevaux qui, pour être de bronze, n'en sont pas moins de fiers voyageurs. Ce sont, du reste, les seuls que Venise possède.

Sur la place S. Marc se trouvent les deux fameuses colonnes dont l'une porte le célèbre lion ailé de l'évangéliste, patron de la ville, l'autre la statue de S. Théodore debout sur un crocodile. A vrai dire, la place S. Marc est le centre et le cœur de la ville. Tout est là, ou dans les environs : la basilique, le campanile, le palais royal, le palais des doges, la prison des plombs. Ces deux derniers sont réunis par le pont des soupirs qu'on a poétisé à l'égal de la gondole. Ce pont est un chemin couvert en pierre qui franchit un canal étroit, le *rio di Palazzo*, et relie le palais des doges à la prison des plombs. C'est par là que les condamnés à mort passaient, *en soupirant*, d'où le nom.

Une troisième chose que l'on a poétisée, c'est le carnaval de Venise. Il y a même une chanson à propos de ce " carnaval joyeux " que j'ai souvent entendu chanter, hélas! Eh bien! ce fameux carnaval, je l'ai vu aujourd'hui même. Je puis donc en parler avec connaissance de cause. C'est grotesque tant que vous voudrez, un peu drôle, peut-être. Mais de poésie là dedans il n'y a pas un vestige. C'est une mascarade bouffonne, en bateaux à vapeur et en gondoles, d'abord sur le grand canal, puis à pied sur le quai des Esclavons. Des accoutrements, des costumes bizarres, des masques hideux, des faux nez énormes, des hommes habillés de manière à représenter des chevaux, et portant d'autres hommes sur leur dos : voilà le carnaval de Venise. Et toute la population court, se bouscule, s'écrase pour voir passer cette folie. Le divertissement dure toute l'après-midi et même une partie de la nuit ; car à l'heure où j'écris ces lignes, dix heures du soir, j'entends, sur la place S. Marc, un tapage incroyable.

Aujourd'hui j'ai visité quelque chose qui m'a beaucoup plus intéressé que le carnaval : c'est le couvent arménien de l'île S. Lazare, à deux ou trois kilomètres de Venise. Cette institution fut fondée en 1715 par douze moines arméniens fuyant devant l'invasion musulmane. Ils venaient de Morée où ils s'étaient d'abord établis ; ils avaient à leur tête Mékhithar, ce qui signifie *Consolateur*, prêtre arménien mort en odeur de sainteté dont on s'occupe de la canonisation, m'a-t-on dit. La congrégation qu'il a fondée sur l'île de S. Lazare porte le nom de mékhithariste et suit la règle de S. Benoît. L'abbé a le titre d'archevêque de Siunie. Quoique vivant en Europe, tous ces prêtres sont arméniens et sujets turcs. Ils s'occupent exclusivement de la formation de jeunes lévites destinés à évangéliser l'Arménie, ou plutôt à la ramener du schisme à l'unité. Ils ont aussi une imprimerie considérable et, chaque année, ils font des livres de propagande, soit en arménien, soit dans d'autres langues orientales. Comme tous les bénédictins, ce sont des savants qui se livrent à des travaux d'érudition considérables. Pour le jubilé de Léon XIII, ils ont traduit en latin un ouvrage de S. Jean Chrysostôme dont il n'existait qu'une version arménienne. J'ai à peine besoin de vous dire qu'ils suivent exclusivement le rite arménien. A part ce couvent, ils ont une grande école à Venise même, et une autre à Padoue. Le père qui m'a fait visiter l'institution est un arménien né à Constantinople ; ce qui ne l'empêche pas de parler très bien le français. Le français, m'a-t-il dit, est généralement connu en orient ; car, malgré les fautes du gouvernement français, c'est encore la France qui protège l'Eglise catholique dans ces lointains pays.

Le bon père m'a montré le portrait de lord Byron et la chambre que ce triste sire a longtemps occupée dans ce couvent, où il a étudié l'arménien. C'est le dernier endroit au monde où je serais allé chercher un souvenir de l'auteur de Don Juan !

La nuit dernière, il a gelé très fort. En quelques endroits la glace n'a pas fondu de la journée. Au soleil il faisait bon, mais à l'ombre le vent du nord-est était perçant.

MILAN, lundi le 25 février.

Trajet peu intéressant de Venise à Milan ; la voie ferrée traverse un pays absolument plat. Dans le lointain, au nord, nous apercevons les Alpes du Tyrol. Sur notre route, nous trouvons Padoue, ville ancienne à l'aspect oriental à cause de ses dômes en style byzantin. Puis, le célèbre champ de bataille de Solferino où s'élève une haute tour et une chapelle commémorative dans laquelle on a réuni les ossements de 7,000 soldats tués pendant ce mémorable combat.

Milan est sans doute une des plus belles villes de l'Italie ; elle est peut-être aussi la plus prospère. Sa population est de 322,000 environ ; son commerce et son industrie sont considérables. Cependant, ce qui attire surtout les regards, c'est sa cathédrale gothique, l'une des merveilles de l'art chrétien, l'un des plus beaux temples élevés à la gloire de Dieu. Elle n'a sans doute pas toute la hardiesse, toute la délicatesse de lignes des cathédrales gothiques de France ; mais elle l'emporte sur elles par les proportions, qui sont vraiment grandioses, par la richesse des matériaux, par la beauté des ornements, par le fini du travail. Tout est en marbre. A l'extérieur, on compte 116 aiguilles surmontées chacune d'une statue. Le nombre des statues, tant à l'intérieur qu'à l'extérieur, est d'environ 6,000. La voûte, revêtue de sculptures étonnantes, forme, avec les colonnes, une véritable forêt de pierre. Oui, une cathédrale gothique est vraiment le triomphe par excellence du génie de l'homme. Voilà des centaines d'églises que je visite depuis six mois ; j'en ai vu de très belles et de très riches comme Saint-Pierre, Saint-Paul-hors-les-murs, l'église du mont Cassin, Saint-Marc de Venise, la cathédrale de Florence, etc. Et après avoir admiré toutes ces magnificences, je dois dire que c'est encore le gothique qui m'impressionne davantage.

**

Sur l'autel de l'abside de Saint-Pierre, quatre statues colossales en bronze soutiennent la chaire du prince des apôtres : celles de saint Ambroise, de saint Augustin, de saint Athanase et de saint Jean Chrysostome, les quatre grands piliers de l'Eglise. C'est ici, à Milan, théâtre de ses travaux, que repose le corps de saint Ambroise, sous le maître-autel de l'antique église fondée par lui en 387. J'ai visité ce sanctuaire vénéré qui n'a rien des proportions grandioses et imposantes de la cathédrale actuelle. Mais devant cette modeste église s'est accompli l'un des actes les plus sublimes dont l'histoire fasse mention : c'est de cette porte que saint Ambroise a repoussé l'empereur Théodose après le massacre des habitants de Thessalonique.

Ah ! si dans ce temps-là il eût existé ce que nous appelons aujourd'hui, bien à tort, la *presse conservatrice*, le courageux prélat eût été, sans aucun doute, traité de révolutionnaire, de contempteur de l'autorité civile, de démagogue, de *rouge*, peut-être.

Cependant, l'Eglise le déclare saint et docteur ; elle l'honore comme une de ses gloires les plus pures. Et avez-vous remarqué que, généralement, les grands saints ont été de grands lutteurs, souvent des adversaires déterminés de la puissance civile ? Par contre, connaissez-vous beaucoup de courtisans du pouvoir que l'Eglise vénère ? C'est que l'Eglise, pour n'être point démagogique et révolutionnaire, n'en est pas moins la protectrice née des faibles et des petits contre les puissants de ce monde. Elle a la révolte contre l'autorité légitime en horreur ; elle prêche le respect, la soumission et la patience aux peuples. Mais aussi, quand les princes et les gouvernements s'égarent, comme cela arrive souvent, hélas ! elle ne craint pas de les reprendre avec une grande et sainte sévérité.

Tâchons donc d'imiter la sagesse de l'Eglise divinement inspirée. Elle se tient également éloignée de l'esprit révolutionnaire qui voudrait tout bouleverser, et de l'esprit d'adulation qui, sous prétexte de respecter l'autorité civile, amnistie tous les forfaits des gouvernements. En d'autres termes, elle applique impartialement la loi de Dieu aux petits et aux grands; aux uns et aux autres elle rappelle sans cesse leurs devoirs. De nos jours, surtout, où la presse et la tribune exercent une influence prépondérante sur la destinée des peuples, il devient plus nécessaire que jamais de se pénétrer profondément de l'esprit de l'Eglise afin d'éviter les deux écueils opposés: le gouffre du radicalisme et le marais du servilisme.

J'ai eu l'honneur de faire la connaissance, à Milan, d'un intrépide lutteur de la presse catholique, don Albertario, directeur de l'*Osservatore cattolico*, de Milan. Au physique, comme au moral, don Albertario ressemble beaucoup à don Sarda y Salvany. C'est un grand et bel homme, dans toute la force de l'âge. Et autant il est redoutable lorsqu'il s'arme de sa vaillante plume pour combattre les ennemis de l'Eglise, autant il est doux et charmant dans le commerce intime de la vie. Peu de journaux ont soutenu d'aussi rudes combats que l'*Osservatore cattolico*. C'est vraiment la bête noire de la secte maçonnique, en Italie, et de tous ceux qui, sans être de la secte, font merveilleusement son œuvre. Les lecteurs de la *Vérité* connaissent le procès inique que l'on a suscité, dans ces derniers temps, contre l'*Osservatore*, devant les tribunaux civils, tout simplement parce que ce journal avait vaillamment défendu les droits de la vérité. Ce procès a coûté cinquante mille francs à l'*Osservatore*. Dans la pensée de ses ennemis il devait y succomber. Mais, grâces à Dieu, il n'en a pas été ainsi, et cette feuille admirable a puisé dans cette épreuve une nouvelle vigueur.

Bien que l'*Osservatore* soit un grand journal quotidien, je n'ai eu qu'à demander l'échange pour l'obtenir.

Turin, mercredi le 27 février.

Nous voici en plein hiver. Aujourd'hui, toute la journée, nous avons eu de la neige ; mais de la vraie neige canadienne ; de la neige qui ne fond pas à fur et à mesure qu'elle tombe et qui rend la circulation des voitures à roues très difficile. Bien entendu qu'à Turin il n'y a pas de traîneaux.

J'ai bien employé ma journée. D'abord, j'ai visité l'établissement fondé par don Bosco, ce prêtre remarquable dont le monde entier a entendu parler et qui est mort en odeur de sainteté, il y a un peu plus d'un an. A propos de ce grand serviteur de Dieu, j'ai ouï dire, pendant que j'étais à Rome, que Son Eminence le cardinal Alimonda, archevêque de Turin, se propose d'introduire prochainement, à la congrégation des Rites, la cause de la béatification du fondateur de l'ordre des salésiens.

L'institution qu'il a fondée à Turin est vraiment admirable. J'ai pu la visiter en détail, grâce à la complaisance de M. l'abbé Roussin, jeune prêtre français, et rédacteur de la version française du *Bulletin salésien*, excellente publication que connaît plus d'un lecteur de la *Vérité*. Dans cette vaste maison, il y a actuellement 900 enfants pauvres, recueillis un peu partout, principalement à Turin. Presque tous apprennent un métier, car dans l'établissement même il y a une imprimerie très considérable, une fonderie de caractères, un atelier de reliure, une forge, une boutique de tailleur, etc. Tous ces enfants ont l'air gais et contents. Don Bosco était lui-même joyeux, et son esprit est resté dans la maison.

Un certain nombre d'enfants apprennent le latin. C'est parmi eux principalement que les salésiens se recrutent.

J'ai eu l'honneur de voir don Rua, le digne successeur de don Bosco ; homme aimable et gai, lui aussi. Il suffit de quel-

CATHÉDRALE DE MILAN.

ques minutes de conversation avec lui pour se convaincre qu'entre ses mains l'œuvre de don Bosco ne périclitera pas. La congrégation compte aujourd'hui environ six cents prêtres qui travaillent à sauver la jeunesse de la corruption, dans plusieurs grandes villes, et qui se dévouent aux missions, particulièrement dans l'Amérique du sud. Pour le moment, m'a dit don Rua, suivant en cela le conseil de don Bosco et de Léon XIII, nous ne fondons plus de maisons nouvelles; nous travaillons à asseoir sur des bases plus solides celles qui existent.

La vie de don Bosco est remplie de merveilleux. Il était, on peut le dire, une merveille vivante. Sans aucun doute, il a été un des serviteurs les plus dévoués de la sainte Vierge que le monde ait connu. Il l'invoquait constamment sous le titre de Marie Auxiliatrice, et la bonne mère l'a comblé de grâces et de faveurs extraordinaires. Il n'était ni un savant, ni un orateur, ni un grand génie, ni un esprit brillant. Et cependant les foules se pressaient sur son passage. Les personnes de toutes les classes et de toutes les conditions, les riches, les nobles, les pauvres, les humbles, les hommes instruits et les ignorants, s'estimaient heureux de pouvoir l'approcher, d'échanger quelques paroles avec lui, de se recommander à ses prières. Et que de difficultés, que d'obstacles n'a-t-il pas eu à vaincre et à surmonter, que de combats n'a-t-il pas dû livrer! Beaucoup de gens de bien, de graves théologiens, le considéraient comme un pauvre visionnaire, un exalté à bonnes intentions, mais sans jugement. Son œuvre, disait-on, périrait avec lui. Et cependant la société des prêtres salésiens, approuvée par Pie IX et Léon XIII, est aujourd'hui solidement établie. En 1864, don Bosco entreprit d'élever ici même à Turin une église en l'honneur de Marie Auxiliatrice. Le jour où il fit commencer les travaux, il avait juste huit sous en caisse, et il fallait plus d'un demi million de francs. Sa patronne lui trouva cette grosse somme, et beaucoup d'autres encore. La confiance de don Bosco en Marie était une véritable mine où il a puisé des millions.

La chambre où don Bosco est mort reste telle qu'il l'a laissée. Ses enfants auraient voulu ensevelir leur père dans le sanctuaire de Marie Auxiliatrice ; les autorités de Turin s'y sont opposées, craignant, sans doute, une épidémie de vocations religieuses. Il a donc fallu déposer le corps du vénérable prêtre en dehors de la ville qui lui doit tant, au collège de Val Salice, non loin de Turin. J'ai visité également cet établissement, vaste et beau séminaire, où l'on forme les missionnaires salésiens. J'ai eu le plaisir d'y rencontrer un jeune ecclésiastique français, M. de Malijay, cousin de M. de Malijay que plusieurs de nos zouaves ont dû connaître.

J'ai fait aussi plusieurs autres connaissances très agréables ; entre autres, celle du R. P. Sanna Solaro, de la compagnie de Jésus, qui vient de fonder, avec la haute approbation de Léon XIII, une revue mensuelle intitulée : *Le règne de Jésus-Christ*, publiée sous les auspices de la société des fastes eucharistiques, dont le président est M. le baron de Sarachaga, que j'ai eu l'avantage de rencontrer au congrès de Lille.

Le père Solaro a eu la complaisance de me faire visiter plusieurs églises de Turin, entre autres, celle des saints martyrs, enlevée aux pères jésuites par le gouvernement italien. C'est dans cette église que repose le corps du grand écrivain catholique, le comte Joseph de Maistre. Rien de plus modeste que son tombeau qui porte cette seule inscription : Joseph-Marie de Maistre. Son génie lui a élevé un monument plus impérissable que le marbre et le bronze.

Il Padre Vasco est un père jésuite qui a fondé, à Turin, il y a déjà plusieurs années, un journal quotidien, le *Corriere Nazionale* qui porte en sous-titre : *Réconciliation de l'Etat avec l'Eglise*. Est-il nécessaire de vous dire que le père Vasco entend sa devise dans le sens catholique, non point dans le sens révolutionnaire ? Sans doute, il faut que l'Etat se réconcilie avec l'Eglise, en redevenant chrétien. Mais cela ne veut pas dire que l'Eglise doive se réconcilier avec l'Etat moderne en devenant libérale. J'ai eu quelques instants de conversation avec le père Vasco, et avec un autre prêtre, journaliste, don Tinetti, directeur de l'*Unità cattolica*, excellente feuille fondée par le grand polémiste catholique, don Margotti. Don Tinetti a succédé à cet écrivain hors ligne, et il dirige l'*Unità cattolica* selon l'esprit de son fondateur. Il m'a été facile d'obtenir, pour la *Vérité*, l'échange du *Regno di Gesù Cristo*, du *Corriere* et de l'*Unità cattolica*.

**

L'an 1453, le 8 juin, un soldat qui avait volé un ostensoire contenant le très saint Sacrement et qui l'avait mis dans son sac, jeté sur le dos d'un âne, s'enfuyait avec son butin. Rendu à un certain endroit dans la ville de Turin, l'âne, tout à coup, s'agenouilla, l'ostensoir sortit du sac et la sainte Hostie monta dans les airs, où elle brilla comme un soleil aux yeux de 12,000 personnes accourues pour voir le miracle. L'évêque vint avec un calice et pria Jésus de descendre, ce que Notre-Seigneur fit aussitôt. Pour perpétuer le souvenir de ce grand événement, les fidèles de Turin élevèrent une église à l'endroit même où le prodige avait eu lieu; c'est l'église appelée *Corpus Domini* et elle existe encore. J'ai eu le bonheur de la visiter en compagnie du père Solaro. Nous avons aussi visité ensemble la cathédrale de Turin où se conserve l'insigne relique du saint Suaire que l'on n'expose que fort rarement.

GRENOBLE, jeudi 28 février.

Douze heures de chemin de fer à travers les Alpes par un temps froid et brumeux ! C'est une journée qui peut compter. Quel pays tourmenté que cette partie de l'Italie et de la France que je viens de traverser. C'est une véritable mer de montagnes. Nous avons passé par le fameux tunnel du mont Cenis, mal nommé puisque le mont Cenis est à 27 kilomètres de

C'est le *col de Frejus* sous lequel la voie passe. Peu importe le nom, ce tunnel est une merveille. Il a plus de 12 kilomètres de long, est à double voie et a coûté la bagatelle de 75 millions de francs. Au centre, le point le plus élevé, le tunnel est à 1294 mètres au-dessus du niveau de la mer et à 1247 mètres au-dessous du sommet de la montagne. Pour franchir le tunnel en allant de la France en Italie, il faut 45 minutes ; tandis qu'il n'en faut que 25 en sens inverse (1). C'est que la voie monte beaucoup plus de l'ouest au centre que de l'est au centre. Pour arriver à l'entrée du grand tunnel, particulièrement du côté italien, il faut parcourir nombre de zig-zags et franchir plusieurs autres tunnels d'une longueur considérable.

C'est étonnant tout ce que les hommes de notre siècle font quand il s'agit de travailler pour eux-mêmes. S'ils en faisaient seulement la moitié pour Dieu, que ce serait beau !

A Modane, petite ville sur le territoire français, encaissée dans les montagnes, à l'entrée du tunnel, j'ai vu une centaine d'émigrants italiens, des familles entières qui partaient pour l'exil. Il en est ainsi tous les jours, me dit-on ; l'Italie une écrasée par les impôts se dépeuple.

Inutile de vous dire que sur tout le parcours, depuis Turin jusqu'à Grenoble, il y a de la neige en abondance. A Modane, il y en avait bien deux pieds. J'y ai remarqué quelques traîneaux, les premiers que je voie depuis que je suis en Europe.

(1) Ces chiffres sont empruntés au guide Bœdeker. A propos de ce guide, et du guide Joanne, il faut s'en défier. Ils sont faits dans un esprit plutôt hostile que favorable à l'Eglise.

VINGT-CINQUIÈME LETTRE

Sommaire :—A Meylan.—Pénitence pour les autres.—Mgr Fava.—Un évêque militant.—Un magistrat intègre.—Réflexion sur les *modérés*.—De retour à Lyon.—Une grande ville catholique.—Chez M. l'abbé Lémann.—La grande industrie lyonnaise. — Paray-le-Monial. — Le culte du Sacré-Cœur et Louis XIV.—Les deux Frances.—La chapelle de la Visitation.—Le musée eucharistique.—Les RR. PP. jésuites de Paray.—A Billom.

Meylan, près Grenoble, vendredi le 1er mars.

Me voici de nouveau chez mes chers et aimables capucins de Meylan, auprès du bon père Hilaire, pour y goûter quelques instants de repos du corps et de l'esprit, avant de reprendre mes courses, mes *dernières* courses ; car, enfin, mon long voyage sera bientôt terminé.

J'occupe la même cellule que la dernière fois ; j'ai sous les yeux le même paysage grandiose. Mais la température n'est plus la même. Lorsque j'ai passé ici, au mois de décembre, il faisait beau, il n'y avait point de neige. Aujourd'hui, la terre est toute blanche et le froid pénétrant. Pour moi, j'ai du feu ; mais ces bons moines n'en ont pas. Et bien qu'ils soient toujours joyeux, je ne puis m'empêcher de voir qu'ils souffrent terriblement. Quelle différence entre les austérités, les mortifications de ces religieux, et le luxe, le confort, le bien-être que nous, gens du monde, nous exigeons ! Quand je compare la mollesse de ma vie avec la dureté de la leur, je rougis... Mais hélas ! je me contente de rougir ; je n'ai pas le courage de faire comme eux. C'est là ce qui prouve la nécessité de ces grands ordres de pénitence qui prient et qui se mortifient pour ceux qui ne font guère ni l'un ni l'autre. Que deviendrait le monde sans eux ?

Ce matin, à Grenoble, j'ai eu l'honneur d'être reçu par Mgr Fava qui a bien voulu m'entretenir longuement de la franc-maçonnerie dont il est certainement l'un des plus redoutables adversaires. Sa Grandeur a bien voulu, aussi, m'encourager à continuer la lutte contre la secte néfaste qui enlace le monde entier.

L'évêque de Grenoble est un brave parmi les braves : grand, fort, dans toute la vigueur de l'âge, il possède évidemment la bravoure physique aussi bien que le courage moral, deux qualités qui ne vont pas toujours ensemble. C'est le type de l'évêque militant qui descend dans l'arène et ne craint pas de se prendre corps à corps avec l'ennemi. Il ne redoute ni les coups des maçons, ni les railleries des prétendus catholiques qui, pour n'avoir pas à lutter, nient le péril maçonnique. Un entretien avec Mgr Fava fait du bien, donne du courage et du cœur. Les journalistes catholiques militants ont en lui un ami sincère et dévoué. Plus les écrivains dévoués à la défense de l'Église portent de rudes coups, m'a-t-il dit, plus je les aime. Le meilleur soldat est celui qui fait le plus de mal à l'ennemi ; et celui qui, sur le champ de bataille, ne se bat pas, trahit. Voilà comment parle Mgr Fava, et je suis certain de ne pas lui déplaire en rapportant ici le sens de ses paroles.

J'ai eu le plaisir de revoir M. Albert Desplagnes, l'un des directeurs de la *Revue catholique des Institutions et du Droit*. J'ai déjà parlé de cet homme aussi distingué que modeste ; mais voici, sur son compte, un trait édifiant qui m'a été raconté, à Rome, par un curé du diocèse de Grenoble.

M. Desplagnes était jadis magistrat à Grenoble, et en cette qualité il avait dix mille francs de traitement par année. Un jour le gouvernement lança ses iniques décrets ordonnant la dispersion des religieux. Pour n'avoir pas à exécuter cette infamie, M. Desplagnes donna sa démission, sans hésiter. D'autres magistrats français en ont fait autant, je le sais ; mais le courage de M. Desplagnes n'en est pas moins digne d'être signalé avec éloge dans ce siècle où l'amour de l'or fait commettre tant de bassesses et de crimes.

J'ai aussi fait la connaissance de M. C.-C. Charaux, professeur de philosophie à la faculté des lettres de Grenoble, frère du R. P. Charaux, S. J. et de M. Auguste Charaux, de Lille ; homme charmant, causeur aimable, et surtout catholique fervent. M. Charaux est l'auteur de plusieurs ouvrages philosophiques, il m'a fait cadeau d'un exemplaire de ses *Pensées sur l'histoire* dont j'extrais le passage suivant que je livre à la méditation des *modérés*.

" Les modérés, les gens sensés, les hommes de *juste milieu*, comme on les a nommés quelquefois, demeureraient-ils ce qu'ils sont, ne tomberaient-ils pas au-dessous d'eux-mêmes, si les excessifs, les hommes d'avant garde, les turbulents même—nous excluons les violents—ne cessaient de les piquer, de les irriter, de les tenir en éveil, de les contraindre à sortir de leurs positions pour les mieux garder. On ne sait pas, sans l'excès de quelques-uns, jusqu'où descendrait la modération, j'allais dire l'inertie du grand nombre."

Voilà une réflexion aussi juste que bien dite. En ma qualité de modéré et d'amateur du *juste milieu* j'ai pris la résolution de ne jamais mépriser les écrivains d'avant-garde ; les paroles de M. Charaux m'ont convaincu de leur utilité.

———

Lyon, dimanche le 3 mars.

Comme vous le voyez, j'ai une forte tendance à refaire tout mon voyage. Cela se comprend : j'ai été si bien reçu partout. Si l'heure de songer sérieusement au retour n'était pas sonnée, je repasserais volontiers partout où je suis allé en France, depuis la Manche jusqu'à la Méditerranée, depuis les Alpes jusqu'aux Pyrénées, car partout j'ai fait plus que de simples connaissances, j'ai trouvé de véritables et solides amis. Et, certes, Lyon ne fait pas exception à la règle. Du reste, cette grande ville, je l'aime pour elle-même, malgré les froids brouillards qui l'enveloppent ; je l'aime comme je n'aime aucune autre ville de France, si ce n'est Lourdes. Je l'aime parce qu'elle est catholique.

Le 8 décembre, je l'avais vue à la clarté de la belle illumination en l'honneur de l'Immaculée. Aujourd'hui, je l'ai vue dans une occasion ordinaire : un dimanche quelconque de l'année. Et j'affirme que j'ai été encore plus édifié aujourd'hui que le 8 décembre.

Au point de vue de l'observance du dimanche, il y a autant de différence entre Lyon et Paris qu'il y en a entre le jour et la nuit, sans exagération. Ici on *se repose* le jour du Seigneur. Les affaires sont entièrement suspendues ; presque tous les grands magasins sont fermés ; pas de camionnage ; pas de travail. A Paris, il faut beaucoup de bonne volonté pour voir la moindre différence dans l'aspect général de la ville, le dimanche et les jours de la semaine. A Lyon, cette différence est aussi manifeste qu'à Québec. Non seulement les Lyonnais *se reposent* en ce jour, mais ils le *sanctifient*. Aux vêpres, remarquez bien, aux *vêpres*, la cathédrale était littéralement *remplie* de fidèles (1). Peut-on en dire autant de la basilique de Québec ? Plus je vois, plus je suis convaincu que les *vrais* catholiques de France valent mieux que nous qui nous vantons si volontiers d'être le peuple le plus catholique du monde. Je crois qu'il est temps d'en rabattre un peu.

Bien entendu, je me suis rendu à l'institut des sourds-muets, de la montée Balmont. M. l'abbé Joseph Lémann était à Montpellier, mais son *alter ego*, M. l'abbé Augustin, m'a reçu avec la même cordialité que la première fois. Je dois en dire autant de l'excellent M. Forrestier. Malheureusement, à cause de son

---

(1) Et cependant Lyon élit Thévenet, le phénoménal garde des sceaux ! C'est là un des mystères du suffrage universel.

infirmité et de mon ignorance de l'alphabet des sourds-muets, nous ne pouvons causer qu'avec l'aide d'un interprète. Mais aucune telle barrière n'existe entre M. Lémann et moi. Aussi ai-je passé, comme lors de ma première visite, plusieurs heures délicieuses avec ce prêtre aussi savant qu'aimable. J'ai ouï dire qu'il y a certaines personnes qui n'aiment pas les juifs même convertis. Celles-là ne connaissent pas MM. les abbés Lémann.

Lyon, lundi le 4 mars.

Six mois aujourd'hui depuis mon départ de Québec. Le proverbe qui dit que temps passé est toujours court souffre des exceptions. Ces six mois me paraissent comme autant d'années ordinaires, tant ils sont remplis d'événements divers, tant j'ai vu d'hommes et de choses pendant cet intervalle.

M. Lucien Brun, comme je m'y attendais, du reste, est à Paris ; mais j'ai vu M. Lucien Brun fils, qui a bien voulu me faire visiter une partie de Lyon que je n'avais pas vue, plusieurs églises, le vieux quartier, la bourse et le musée où sont exposés beaucoup d'objets ayant trait à la culture et au tissage de la soie, ainsi que de magnifiques produits de cette industrie dont le centre principal est à Lyon. Il y a dans cette collection des *portraits tissés*, des *livres*, etc, merveilles qui rappellent les chefs-d'œuvre en mosaïque de Saint-Pierre et du Vatican.

Paray-le-Monial, mardi le 5 mars.

Me voici auprès du vénéré sanctuaire où, il y a juste deux siècles, le Sacré-Cœur de Jésus s'est révélé à la bienheureuse Marguerite-Marie. C'est donc ici, dans cette petite et modeste chapelle des religieuses de la Visitation, filles spirituelles de sainte Jeanne de Chantel et de saint François de Salles, qu'a pris naissance le culte spécial du divin Cœur " qui a tant aimé les hommes," culte aujourd'hui répandu dans tous les pays du monde, mais qu'il faudrait faire connaître davantage, qu'il faudrait faire pénétrer dans chaque foyer, dans chaque cœur, chez les petits et chez les grands, chez les pauvres et chez les riches, chez les gouvernés et chez les gouvernants. Ces derniers, surtout, sont plus particulièrement appelés au culte du Sacré Cœur; car dans ses révélations à la bienheureuse, notre divin Sauveur a déclaré qu'il veut être honoré des grands de la terre, vu que ce sont les grands qui l'ont le plus outragé et humilié pendant sa passion. Hélas! Ce sont encore les grands qui l'outragent davantage. Eux dont l'exemple est si puissant pour le bien comme pour le mal, que ne répondent ils pas à l'invitation du divin Cœur! La face de la terre serait bientôt renouvelée si partout s'établissait le culte *social* du Sacré-Cœur; si les rois, les princes, les magistrats, les législateurs se consacraient officiellement au cœur très aimant du Sauveur, comme l'a fait la république de Garcia Moreno. C'est ce culte public et officiel des grands que le Sacré-Cœur avait demandé, il y a deux siècles, en ordonnant à la bienheureuse de faire savoir à Louis XIV que le roi de France et sa cour devaient se consacrer à Lui, et que son image devait être imprimée sur le drapeau français, comme un nouveau *Labarum*. On le sait, la bienheureuse Marguerite-Marie s'est fidèlement acquittée de la mission qu'elle avait reçue de son Maître. A qui la faute, si les désirs du Sacré-Cœur n'ont pas été accomplis? Est-ce à la supérieure de l'humble religieuse, au père Lachaise, confesseur du roi, ou à Louis XIV lui-même? On l'ignore, je crois. Chose certaine, c'est que la consécration sollicitée n'a pas eu lieu; et un siècle plus tard, année pour année, la monarchie française succombait sous les coups de la révolution satanique! Ah! qui ne voit combien différent eût été le sort de la France si Louis XIV et sa cour se fussent rendus à la céleste invitation! Au lieu de s'abîmer dans la corruption sous Louis XV, la monarchie française se serait purifiée; et donnant le bon exemple à la nation, gouvernant chrétiennement, c'est-à-dire avec sagesse, elle aurait guéri les plaies de la France, rendu le peuple vertueux en même temps que prospère, et aurait ainsi épargné au monde entier les résultats funestes de la grande révolution.

Aujourd'hui, le mal semble irréparable en France. Il est vrai que, comme l'avait aussi demandé le Sacré-Cœur, un magnifique temple s'élève en son honneur, l'église votive de Montmartre ; il est également vrai que les zouaves commandés par de Sonis et de Charette ont placé l'image du cœur de Jésus sur leur bannière, que plusieurs hommes éminents de France, des législateurs même, se sont consacrés publiquement à ce cœur ; mais pour être souverainement édifiants, ces actes ne constituent pas une consécration *nationale* et *officielle* de la France à Celui qui attend cet hommage depuis deux cents ans.

Pour réparer autant que possible l'injure deux fois séculaire faite au divin Sauveur, les catholiques de France organisent, pour le 28 juin prochain, un grand pèlerinage national au sanctuaire de Paray-le-Monial. Entre autres, MM. les abbés Lémann travaillent à cette organisation. Pendant que la France révolutionnaire célèbrera avec bruit, avec éclat et avec impiété le centenaire de 1789, la France chrétienne, par la prière, la pénitence et les pèlerinages, fera la commémoration des glorieux événements de 1689.

Toujours les deux Frances en face l'une de l'autre ! Si, dans les desseins impénétrables de la divine Providence la France croyante doit l'emporter finalement sur la France impie, ce sera, n'en doutons pas, par le culte du Sacré-Cœur de Jésus.

Le corps de la bienheureuse Marguerite-Marie repose sous le maître-autel de la chapelle des religieuses de la Visitation. C'est à ce même autel qu'ont eu lieu les principales apparitions du Sauveur. Chose remarquable, dans ce sanctuaire il ne s'opère point de guérisons du corps. Mais les âmes qui ont trouvé la santé dans ce lieu bénit sont pour ainsi dire innombrables, m'a dit M. l'abbé Augustin Lémann.

J'ai visité le magnifique musée des *fastes eucharistiques* que M. le baron de Sarachaga a formé et qui est installé dans la maison où, avant les décrets iniques, les RR. PP. jésuites faisaient leur troisième an. Tableaux, gravures, livres se rapportant au culte de la sainte Eucharistie et aux miracles eucharistiques se trouvent réunis, soit dans le musée, soit dans la bibliothèque.

Le R. P. supérieur des jésuites, qui m'a accueilli avec la plus grande bonté, m'a fait visiter le tombeau du vénérable père Claude de la Colombière si intimement mêlé aux événements miraculeux qui ont eu lieu à Paray-le-Monial en 1689. Le père de la Colombière est mort à l'âge de quarante-et-un ans. Il repose dans la petite chapelle des pères jésuites, sanctuaire que les grands hommes de la troisième république ont eu soin de mettre sous scellés.

Les RR. PP. jésuites n'ont plus la direction du pèlerinage de Paray-le-Monial. Mgr Perraud, évêque d'Autun, l'a confié à une société de prêtres du Sacré-Cœur, qu'il ne faut pas confondre avec les prêtres du Sacré-Cœur du diocèse de Toulouse, dont fait partie le R. P. At.

Les sœurs de la Visitation sont cloîtrées. Leur chœur se trouve en arrière du maître-autel. On ne peut les voir, mais on les entend très bien réciter l'office. Ces voix de femmes, lentes, solennellement plaintives, produisent une de ces impressions qui ne se peuvent oublier. La chapelle où les apparitions eurent lieu, a été conservée, autant que possible, dans son état primitif. Lourdes, Lorette et Paray-le-Monial, voilà trois sanctuaires qui exhalent un parfum exquis. J'aurais voulu visiter aussi Notre-Dame de la Salette; mais c'est chose absolument impossible à cette saison de l'année. Il n'y a guère qu'en juin, juillet, août et septembre que l'on puisse gravir les sentiers escarpés et périlleux des Alpes qui conduisent à ce dernier endroit.

VINGT-SIXIÈME LETTRE

Sommaire :—En Auvergne.—Crocheteurs crochetés.—Un souvenir du Canada.—A Clermont.—Une qualité à imiter.—A Riom.—Un prince peu difficile.—La cathédrale de Bourges.—Saint Martin, apôtre des Gaules.—La basilique de Tours.—Ligugé.—Berceau de la vie monastique en France.—La chambre du cardinal Pie.—A Poitiers.—A Angers.—Visites.—A Solesmes.—Prononciation du latin.

BILLOM, lundi le 11 mars.

Depuis le 6 je me repose chez mes parents d'Auverge, et je laisse reposer mes lecteurs ; double repos " dont le besoin se faisait sentir", pour employer la phrase banale par excellence A moins de parler de la pluie et du beau temps, de promenades en *barrot*, (sorte de charrette à bœufs, ou plutôt à *vaches*,) par des chemins affreux, et d'exploits semblables, les sujets de chronique sont rares ; car la petite ville de Billom, pour m'être très chère à titre de berceau de ma famille, n'en est pas moins fort peu mouvementée. Ce n'est pas ici que se jouent les destinées du monde, ni même celles de la France ; le nom de ce paisible endroit ne figure pas souvent dans les journaux.

Toutefois, il vient de se passer, tout près d'ici, au village de Lezoux, arrondissement de Thiers, un événement digne de mention : un crochetage en bonne et due forme. Mais, par un de ces retours extraordinaires des choses humaines où il faut voir la main de la Providence, ce sont les crocheteurs qui se sont fait crocheter.

Voici l'affaire en deux mots.

Il y avait à Lezoux une école élémentaire, dite maternelle, dirigée par les sœurs de Saint-Vincent-de-Paul. Cette école, sous le contrôle de la municipalité et installée dans un local appartenant à la commune, a été naguère laïcisée par "ordre supérieur." Le conseil municipal de Lezoux a la louable prétention de rester maître chez lui, autant que la loi le lui permet. Il s'est dit, s'appuyant sur le sentiment public : l'école maternelle sera congréganiste ou elle ne sera pas. Ne pouvant maintenir les sœurs malgré "l'ordre supérieur," il a fait ce que la loi lui permettait de faire : il a voté la suppression pure et simple de la dite école, et a loué le local à un particulier quelconque. Ce qui n'a pas empêché l'inspecteur primaire de venir installer l'institutrice laïque à la place des sœurs et de lui remettre les clefs de l'école. Mais le conseil municipal ne se tint pas pour battu. Celui qui avait loué la maison d'école demandant à être mis en possession de son local, les autorités de Lezoux sont allées bravement sommer l'institutrice laïque de déguerpir et, sur refus de celle-ci d'obtempérer à cette invitation, elles l'ont tout bonnement *crochetée*, à la barbe même du sous-préfet de Thiers. Celui-ci, aux dernières nouvelles, avait complètement le dessous, ayant dû battre en retraite devant la fermeté du conseil et les démonstrations hostiles des mères de famille de Lezoux. Ah ! si sur tous les points du territoire français il y avait seulement un peu de résistance à la tyrannie maçonnique et révolutionnaire, notre ancienne mère patrie serait bientôt débarrassée de l'oppression des sectaires.

J'ai retrouvé dans ces montagnes de l'Auvergne un souvenir de notre pays. Dans la principale église de Billom est une grande statue en pierre de la sainte Vierge, fort peu remarquable au point de vue de l'art, mais en grande vénération parmi la population billomoise. On l'appelle *Notre-Dame du Canada !* Mais, chose singulière, personne n'a pu me dire *pourquoi* on l'appelle ainsi. Tout ce que l'on sait, c'est que la statue est ici et s'appelle ainsi depuis longtemps, dès avant la révolution, et qu'on l'a toujours regardée comme privilégiée, pour ne pas dire miraculeuse. Mais la tradition qui la rattache au Canada s'est complètement perdue. Pourtant ce nom de

Notre-Dame du Canada n'est pas arbitraire ; il doit avoir sa raison d'être. Voilà une bonne occasion pour ceux qui s'occupent de l'histoire primitive du Canada de faire des recherches intéressantes. Qui nous dira pourquoi cette statue s'appelle *Notre Dame du Canada ?* Si j'étais riche, j'offrirais une récompense honnête à celui qui donnerait une réponse satisfaisante à cette question. Hélas ! je ne le suis pas, et ceux qui voudront creuser ce curieux problème devront travailler uniquement pour la " gloire."

Riom, mardi le 12 mars.

Ce matin, j'ai dit adieu, probablement pour toujours, à mes chers parents de Billom et je me suis remis en route pour ne plus m'arrêter, cette fois, que lorsque je serai rendu chez moi, vers la mi-avril.

Quelques heures passées à Clermont m'ont permis de revoir le R. P. Lambert. S. J. que j'avais connu en décembre dernier, et d'avoir avec lui une aimable et instructive causerie. J'ai eu, également, le plaisir de saluer, encore une fois, l'excellent Dr Imbert. Je l'ai trouvé à la préfecture, plongé dans de vieux bouquins manuscrits. Le Dr Imbert est un travailleur infatigable. On dirait un jeune homme qui commence sa carrière et qui veut réussir. A ce propos, parmi les qualités qu'ont généralement les Français et que nous ferions bien d'imiter un peu plus, est l'amour du travail. Sous ce rapport, comme sous le rapport de l'économie, nous leur sommes beaucoup inférieurs.

Le Dr Imbert, qui lit la *Vérité* depuis quelque temps, a bien voulu me dire, dans son langage toujours original, qu'il voit avec plaisir dans cette feuille la *furia ultramontana*.

***

Je suis arrêté à Riom uniquement pour faire visite à une tante que je n'avais pas encore vue ; car, en elle-même, cette petite ville n'a guère rien d'intéressant, si ce n'est qu'elle fut jadis la capitale de l'Auvergne et en quelque sorte la rivale de Clermont ; aujourd'hui elle ne compte que dix mille habitants. Elle est bâtie principalement en pierre noirâtre provenant des coulées de lave de Volvic, ce qui lui donne un aspect très sombre.

**

Les journaux sont remplis de détails touchant la rentrée en France du duc d'Aumale, qui est revenu d'exil, grâce au gouvernement de M. Tirard. En rapportant le décret d'expulsion lancé contre l'oncle du comte de Paris, il y a bientôt trois ans, le cabinet n'a évidemment fait qu'une manœuvre politique : il espère, par ce moyen, faire un peu de diversion et " drainer," comme on dit, le courant boulangiste. S'il était mu par de bons motifs, s'il voulait réellement inaugurer une ère d'apaisement, il rappelerait indistinctement tous les expulsés, surtout les religieux.

En annonçant à la chambre le rappel du duc, le ministre a fait la déclaration suivante qu'on lit dans le compte-rendu officiel des débats : " Nous avons estimé, et un grand nombre de républicains ont partagé notre avis, que pour *la faute commise, l'expiation était suffisante.*"—" S'il revient après cela, s'est écrié un député de la droite, M. le comte de Kersauson, c'est qu'il n'est pas difficile." Hélas ! les grandes et légitimes fiertés royales ne sont plus de mise dans notre siècle d'abâtardissement général. Le duc d'Aumale, ayant " suffisamment expié sa faute," au dire de MM. Tirard et Constant, est revenu de Bruxelles tout comme les amnistiés reviennent de Nouméa.

———

Tours, mercredi le 13 mars.

Parti de Riom ce matin à neuf heures, je suis arrivé à Tours ce soir à dix heures et demie. J'ai fait une halte de trois ou quatre heures à Bourges, uniquement pour visiter la cathédrale, l'une des plus belles de France. Comme vous voyez, ma passion pour le gothique ne s'affaiblit pas avec l'âge. Il en

GRENOBLE ET LES ALPES.

est de même de toutes les passions qu'on ne combat pas. Plus on leur donne, plus elles exigent. Heureusement, la passion du gothique ne saurait avoir des suites bien graves. C'est toutefois un avertissement ; car si une autre passion s'emparait de moi je ne la combattrais probablement pas davantage.

Bourges, ville de 40,000 âmes, a joué un rôle important dans l'histoire. C'est l'*Avaricum* des Romains, capitale des *Bituriges*, peuple qui opposa une résistance héroïque mais inutile à l'envahisseur des Gaules, Jules César. La ville de Bourges a été successivement prise par Euric, roi des Visigoths, par Clovis, par Pepin le Bref et par les Normands. Sous Charles VII jusqu'à la délivrance d'Orléans par Jeanne d'Arc, en 1429, elle fut la capitale du royaume français. Plus tard, elle devint la capitale du duché de Berry. Aujourd'hui, elle n'est que le chef-lieu du département du *Cher*. Bourges est la patrie de Bourdaloue.

Tours, belle et grande ville sur la Loire, est célèbre surtout comme siège du grand saint Martin, justement appelé l'apôtre des Gaules.

De l'antique basilique de Saint-Martin-de-Tours, orgueil de la Touraine, il ne reste que quelques débris. Les fidèles auraient voulu restaurer ce monument, dans ces derniers temps, sur un plan grandiose. C'était l'intention de se servir des anciennes fondations et d'ériger un monument digne du grand saint. Mgr Meignan, archevêque de Tours, a cru devoir s'opposer au projet généreux des fidèles : au lieu d'une belle et grande basilique on érige une simple chapelle qui coûte très cher, dit-on, mais qui n'aura certainement rien d'imposant.

———

LIGUGÉ, vendredi le 15 mars.

Me voici encore une fois chez moi, autant qu'on peut l'être en pays étranger. Je suis l'hôte des RR. PP. bénédictins de Ligugé, village situé à huit kilomètres au sud de Poitiers sur les bords du Clain. C'est un endroit fort paisible aujourd'hui, mais jadis il s'est livré près d'ici deux célèbres batailles : celle où Clovis vainquit les Visigoths sous Alaric II, et celle où

Charles Martel écrasa la puissance des Sarrazins et préserva la France de l'invasion mauresque. Mais ce qui rend Ligugé particulièrement célèbre, c'est que la vie monastique en occident y a pris naissance au quatrième siècle. En effet, c'est ici même que saint Martin, après avoir quitté l'armée romaine, est venu se livrer à la méditation et à la prière, entouré de nombreux disciples, jusqu'à ce que sa renommée l'eût fait monter, malgré lui, sur le siége de Tours. C'est ici qu'il fit un de ses plus grands miracles. Un catéchumène était mort subitement, sans avoir pu recevoir le baptême. Par ses prières, saint Martin le ressuscita le troisième jour. Une petite chapelle marque encore l'endroit où s'est opéré le prodige.

Saint Martin est le plus populaire de tous les saints français. Il est vénéré dans toutes les parties du pays ; partout des temples s'élèvent en son honneur. C'est que saint Martin est véritablement l'apôtre par excellence des Gaules. Sans doute, avant lui, dès les temps apostoliques, des évêques intrépides étaient venus fonder des églises dans toutes les principales villes des Gaules ; saint Denis, à Paris ; saint Lazare, à Marseille ; saint Saturnin, à Toulouse, etc.; et ces églises étaient florissantes dès les premiers siècles. Mais de même que la vraie foi se maintient mieux, de nos jours, dans les campagnes que dans les villes, de même, alors, les populations rurales restèrent plus longtemps attachées aux pratiques et aux superstitions du paganisme. Au troisième et au quatrième siècle, tandis que les populations urbaines avaient toutes embrassé le christianisme, les campagnes étaient encore plongées dans le culte dégradant des faux dieux (1). Saint Martin a porté la lumière de l'évan-

(1) La langue même proclame cette vérité. En effet, païen vient de *paganus*. Or, la signification propre de *paganus* est tout simplement : *celui qui habite la campagne.* Peu à peu, les gens de la campagne restant dans l'idolâtrie tandis que ceux des villes se convertissaient, *paganus* est devenu synonyme d'*adorateur des faux dieux*. On remarque la même particularité dans la langue anglaise. *Heathen*, aujourd'hui, veut dire *idolâtre*. Primitivement, ce mot signifiait : Celui qui demeure sur le *heath*, ou la *bruyère*.

gile dans tous les coins et recoins de la France. Martin naquit en Pannonie qui fait aujourd'hui partie de la Hongrie, vers le commencement du quatrième siècle. Porté à la piété dès sa plus tendre enfance, il eût voulu se consacrer à la vie religieuse sous la direction de saint Anastase, évêque de la ville de Pavie où la famille du futur apôtre s'était établie. Mais le père de Martin, ancien tribun de l'armée romaine et païen obstiné, pour détruire les tendances monastiques de son fils, le dénonça lui-même aux officiers chargés du recrutement de la milice, et Martin fut incorporé dans l'armée romaine. Il fut un modèle de vertu au milieu de la licence des camps. Sa légion fut envoyée dans les Gaules. Après plusieurs années passées sous les drapeaux, Martin put obtenir son congé. Aussitôt il se rendit auprès de saint Hilaire, évêque de Poitiers, dont il se fit le disciple. Bientôt après il entreprit le voyage de Pannonie, où ses parents étaient retournés. Il convertit sa mère. Puis, poussé par l'esprit apostolique, il se mit à combattre les idolâtres et les hérétiques, ce qui lui suscita une violente persécution. Enfin, il revint à Poitiers et obtint de saint Hilaire la permission de se fixer à Ligugé où il établit la vie monastique qui fleurissait depuis longtemps déjà en orient, mais qui n'avait pas encore été introduite en occident. Le cénobite fut bientôt entouré de nombreux disciples et son humble monastère devint un foyer de zèle apostolique. A la mort de saint Lédoire, Martin fut choisi pour lui succéder sur le siège de Tours ; mais il fallut avoir recours à la ruse et à la violence pour faire sortir l'abbé de son monastère. Devenu évêque de Tours, Martin fonda, en face de cette ville, un nouveau monastère : *Marmoutier* qui devint bientôt très important, d'où son nom qui est une corruption de *majus monasterium*. Après vingt-six années d'épiscopat, saint Martin mourut à Candes. Le monastère de Ligugé a passé par bien des vicissitudes : détruit d'abord par les Sarrasins ; une deuxième fois par les Normands ; une troisième fois par les Anglais, au quatorzième siècle. Au seizième siècle, un esprit peu religieux s'introduit à Ligugé et le monastère s'éteint. Puis, nous y voyons apparaître les enfants de saint Ignace de Loyola. La tourmente révolutionnaire dévaste de nouveau le sanctuaire de saint Martin (1).

Le grand cardinal Pie, évêque de Poitiers et digne successeur de saint Hilaire, a voulu faire refleurir la vie monastique à Ligugé. Il y appela des fils de dom Guéranger et les installa dans le vieux monastère que les bénédictins d'avant la révolution avaient occupé. Hélas! cette bonne œuvre, comme tant d'autres, a été entravée, sinon entièrement brisée par les fameux décrets de 1880, aussi ineptes qu'impies. Les moines qui ne s'occupaient que de chanter des louanges au Seigneur, d'étudier et de faire du bien au prochain, ont été brutalement chassés de leur demeure. Plusieurs d'entre eux sont allés fonder une nouvelle maison près de Burgos, en Espagne. Les autres sont restés à Ligugé. En 1883, ils rentrèrent dans leur couvent, mais ils en furent de nouveau chassés. Aujourd'hui, le gouvernement *tolère* qu'ils étudient et qu'ils couchent au monastère, pourvu qu'ils prennent leurs repas ailleurs. Il paraît que la république ne sera pas menacée par ces redoutables moines tant qu'ils mangeront au presbytère! Ah! si ces pauvres républicains français savaient comme ils se rendent ridicules aux yeux du monde civilisé!

Le cardinal Pie venait souvent passer quelques jours à Ligugé avec les bons et savants moines. On lui avait préparé une très modeste chambre où il travaillait et couchait. C'est là qu'il a composé l'oraison funèbre de dom Guéranger et son grand sermon prononcé à Lourdes. J'ai eu l'insigne honneur de passer la nuit dans cette chambre et de dormir dans le lit du cardinal.

Je suis venu à Ligugé plus particulièrement pour revoir dom Chamard, qui, lors de notre rencontre à Lille, l'automne dernier, m'avait invité cordialement à lui faire visite. Depuis

(1) *Saint Martin et son monastère de Ligugé*, par le R. P. dom François Chamard.—Passim.

que je voyage j'ai rencontré bien des hommes fort aimables, surtout dans les monastères : aucun ne surpasse dom Chamard. Quelles heures délicieuses et profitables j'ai passées en sa compagnie et en la compagnie des autres pères !

Angers, lundi le 18 mars.

Depuis samedi, je suis l'hôte de monsieur et de madame Aubry. C'est dire que je jouis d'une hospitalité exquise.

Avant de quitter Poitiers, il m'a été donné de voir M. le chanoine U. Maynard, l'un des plus intrépides champions de l'intégrité doctrinale en France. Ses écrits vigoureux sont connus de ceux qui suivent le mouvement catholique dans le vieux monde. M. le chanoine Maynard, quoique âgé, paraît plein d'énergie et disposé à livrer encore de rudes combats contre le libéralisme de toute nuance.

J'ai aussi eu l'honneur de dîner chez M. l'abbé Bernaud, curé de Notre-Dame de Poitiers, autre champion des saines doctrines, ami de la presse catholique, plus particulièrement de l'*Univers* et de ses rédacteurs. Voici un petit trait qui peint bien l'homme. Ses connaissances, son intelligence, et sa parfaite orthodoxie, l'influence de Mgr Pie aidant, l'avaient fait nommer, à son insu, coadjuteur de Maux. Après avoir d'abord cédé aux instances du grand évêque de Poitiers et accepté la nomination, il tomba malade de chagrin de s'être chargé d'un pareil fardeau et envoya sa démission au nonce !

*_**

A Angers j'ai visité, entre autres personnes, les RR. PP. Jacques Terrien et Jetté, jésuites. Ce dernier est le fils de M. le juge Jetté de Montréal. Les pères jésuites ont la direction de l'université d'Angers, et le père Jetté y poursuit ses études avec un succès marqué.

Je n'ai pas manqué d'aller présenter mes hommages à M. l'abbé Jules Morel (1) ancien collaborateur de l'*Univers*, écrivain

---

(1) Mort à la fin de mars 1890.

connu surtout par son excellente *Somme contre le catholicisme libéral*. M. Morel a été le premier, en France, à signaler la nouvelle hérésie du libéralisme, dont il décrit les commencements d'une façon magistrale dans le premier chapitre de sa *Somme*. La sûreté constante de sa doctrine lui a valu le poste important de consulteur de l'Index. Aujourd'hui, M. Morel est retiré des luttes, bien qu'il suive toujours avec intérêt le mouvement des idées. Malgré ses 83 ans, il conserve intactes toutes ses facultés. C'est de lui qu'on peut dire en toute vérité : *Mens sana in corpore sano*. Grand, droit, il a le teint vermeil, les cheveux et la barbe blancs comme de la neige. Quel beau vieillard que ce vétéran de la presse catholique !

Il m'a été donné, aussi, de présenter mes hommages à Mgr de Kernaëret, (1) écrivain distingué qui prend une part active au bon combat engagé en France contre les erreurs qui ont conduit notre ancienne mère patrie à la situation déplorable où elle se débat péniblement depuis tant d'années. Mgr de Kernaëret s'occupe tout spécialement des questions sociales. Il est professeur à l'université d'Angers où il donne ses cours gratuitement. Mgr de Kernaëret a rencontré plus d'une fois notre compatriote, M. le sénateur Trudel, et il s'est informé de lui avec beaucoup d'intérêt et d'affection.

SABLÉ, mardi le 19 mars.

Sablé est une jolie petite ville située sur la Sarthe, dans le département du même nom. Le chemin de fer qui va d'Angers à Paris, par Le Mans, vous y conduit. C'est la station qui des-

(1) Prononcez Kernaër*elle*. Au Canada, nous prononçons presque toujours les noms propres terminés en *el* comme s'il y avait *elle* : Forget-*te*, Blanchet-*te*, Verret-*te*, etc. Je croyais que cette manière de prononcer nous venait de notre contact avec les Anglais. Nous la tenons plutôt de nos ancêtres bretons. Mgr de Kernaëret est de la Bretagne, et l'on me dit que dans cette partie de la France on prononce beaucoup de noms propres terminés en *el* absolument comme nous.

sert Solesmes, village peu considérable au point de vue des choses humaines, mais dont le nom est connu de l'univers catholique. Qui, en effet, n'a point entendu parler de dom Guéranger, de sa restauration de l'ordre bénédictin en France, de son autre œuvre, plus admirable encore, la restauration de l'unité liturgique brisée par le gallicanisme?

Le monastère de Solesmes, une ancienne abbaye bénédictine, occupe un très beau site sur la petite rivière la Sarthe, à deux ou trois kilomètres de Sablé. M. Aubry avait bien voulu m'y accompagner. Nous y sommes arrivés à midi, au moment même où les pères se mettaient à table. Le R. P. hôtelier, dom Fonteneau, nous reçoit avec cette politesse vraiment délicieuse dont les moines ont le secret. Selon le cérémonial, il nous présente de l'eau pour nous laver les mains ; puis il nous introduit dans le réfectoire, au milieu des pères, des novices et des frères qui sont fort nombreux. Le réfectoire est installé dans un méchant hangar, car ici, comme à Ligugé, plus rigoureusement qu'à Ligugé même, le monastère est fermé aux moines et gardé par les gendarmes. Piteuse besogne pour des militaires français ! Après le dîner, nous passons la récréation au milieu des pères, et la conversation roule, naturellement, sur le Canada.

Puisque nous sommes à Solesmes, parlons de dom Guéranger, ami de Louis Veuillot.

De ce moine, aussi modeste que grand, le pape Pie IX a fait l'éloge suivant, dans un bref adressé au cardinal Pie, pour le féliciter de son oraison funèbre du père abbé de Solesmes :

" Vous avez prouvé avec évidence qu'il a rempli sa double mission, soit en relevant et en propageant dans la France l'institut et la discipline monastique, soit en persuadant de rétablir avec l'Eglise romaine l'uniformité des rites, détruite par le vice des temps, soit en défendant et en mettant dans un plus grand jour les droits et les privilèges de ce siège apostolique, soit en réfutant toutes les erreurs et surtout ces opinions vantées comme la gloire de notre époque. Ses efforts ont eu un tel succès que cet accord de sentiments entre les véritables catholiques, ce dévouement universel, cet amour vraiment filial par lequel la France Nous est unie, doivent être, à bon droit, attribués en grande partie à son activité laborieuse, à sa grâce et à sa science."

Et dans un autre bref, plus général, en date du 19 mars 1875, le même illustre pontife a rendu à dom Guéranger le témoignage éclatant que voici :

" Doué d'un puissant génie, possédant *une merveilleuse érudition* et une science approfondie des règles canoniques, *il s'est appliqué, pendant tout le cours de sa longue vie, à défendre courageusement, dans des écrits de la plus haute valeur, la doctrine de l'Eglise catholique et les prérogatives du Pontife romain, brisant les efforts et réfutant les erreurs de ceux qui les combattaient.* Et lorsque, aux applaudissements du peuple chrétien, nous avons, par un décret solennel, confirmé le céleste privilège de la Conception immaculée de la sainte Mère de Dieu, et tout récemment, lorsque nous avons défini, avec l'approbation du très nombreux concile œcuménique, l'infaillibilité du pontife romain enseignant, *ex cathedra*, notre cher fils Prosper *n'a pas manqué au devoir de l'écrivain catholique. Il publia des ouvrages pleins de science sacrée*, qui furent une preuve nouvelle de son esprit supérieur et de son dévouement inébranlable à la chaire de saint Pierre. Mais l'objet principal de ses travaux et de ses pensées, a été de rétablir en France la liturgie romaine dans ses anciens droits."

C'est ce grand serviteur de l'Eglise, ainsi loué par Pie IX, que M. l'abbé L. Duchesne, de l'institut catholique de Paris, et l'un des écrivains du *Bulletin critique*, accuse de *s'être dépensé* " dans des controverses incessantes qui devaient donner à la nouvelle congrégation un pli assez fâcheux (1)."

Cette attaque inconsidérée a valu à son auteur une magis-

---

(1) Voir un article publié par M. l'abbé Duchesne dans le *Bulletin critique* et reproduit par l'*Univers* du 27 février 1889

trale correction que vient de lui administrer dom Chamard dans l'*Univers*, à la date du 6 et du 12 mars courant. Je détache de l'article du 12 les lignes suivantes qui résument admirablement les polémiques de dom Guéranger :

" Pour obéir au programme imposé par le Saint-Siège à sa nouvelle congrégation bénédictine, dom Guéranger écrit, avec une érudition merveilleuse, l'histoire de la liturgie en général et celle de la France en particulier Chemin faisant, il a dû nécessairement signaler les errements des deux derniers siècles. Aussitôt les tenants du gallicanisme l'accusent de calomnier et d'injurier les églises de France, et quelques-uns essayent de prouver son *ignorance* en liturgie et en théologie. Dom Guéranger rétorque l'accusation en faisant toucher du doigt l'*ignorance* de ses adversaires.

" Cette réplique, si justement méritée, lui vaut la réputation de *violent* dans le camp des gallicans obstinés. En vain Grégoire XVI d'abord et Pie IX ensuite approuvent-ils, de toutes les manières, non seulement le fond, mais encore l'opportunité de cette polémique : les opposants n'en crient que plus fort contre l'intrépide défenseur de la vérité.

" M. de Broglie publie une série de volumes qui touchent de très près à deux questions fondamentales dans l'histoire du christianisme : sa propagation miraculeuse et son union avec le pouvoir civil. La première se rattachait au naturalisme et la seconde au libéralisme. Dom Guéranger, toujours pour obéir à la mission imposée par Grégoire XVI, établit sur ces deux points la doctrine de l'Eglise contre les insinuations hostiles et dangereuses du prince historien. Nous avons entendu Pie IX applaudir à son zèle.

" Le concile du Vatican s'ouvre, et le père Gratry, poussé par de funestes conseils, répand une série de follicules contre l'infaillibilité pontificale, dans lesquels l'ignorance et le mensonge se donnaient la main. Dom Guéranger répond sous la même forme et n'a pas de peine à démontrer l'inanité des sophismes du philosophe mal inspiré.

" Mgr Maret, en deux volumes in-8°, essaie de formuler un

système soi-disant pacifique sur cette importante question. Dom Guéranger, dans une magistrale brochure, non seulement renverse l'échafaudage du prélat, mais encore établit, d'une manière aussi neuve que péremptoire, la vérité de la doctrine attaquée. Le concile du Vatican tout entier applaudit à la netteté, à la modération, à la force invincible de cette lumineuse exposition, et les adversaires eux-mêmes déposent les armes."

Tout le monde sait que dom Guéranger a travaillé, avec grand succès, au milieu de déboires sans nombre, à la restauration de l'unité liturgique dans les églises de France. Mais il n'est peut-être pas aussi généralement connu qu'il s'est également proposé de ramener dans notre ancienne mère patrie la véritable prononciation (autant qu'on peut la connaître aujourd'hui) de de langue latine. Au moins a-t-il voulu rétablir l'*unité* de prononciation en France. Je dis *rétablir* et non point *établir*, car, avant Erasme, le protestantisme et le gallicanisme, les Français prononçaient le latin comme les autres catholiques. Aujourd'hui, ils ont une prononciation qu'on ne trouve nulle part ailleurs dans le monde. Par *Français*, je comprends tous ceux qui parlent notre langue, qu'ils habitent l'Europe ou l'Amérique.

Lorsque nous parlons le latin nous prononçons la lettre *u* d'une façon toute particulière. Nous disons que nous donnons à cette lettre le même son en latin qu'en français. Mais il suffit d'un instant de réflexion pour se convaincre que tel n'est pas le cas. Prenez, par exemple, la phrase *per Dominum nostrum Jesum Christum*. Nous prononçons, comme s'il y avait *Dominomme nostromme*, etc., en donnant à l'*o* le son bref. Si nous prononcions vraiment à *la française*, il faudrait dire : *Dominum nostrum*, etc. Quelques Français, plus amis de la logique que de l'harmonie, prononcent ainsi, mais une telle prononciation paraît atroce même à la plupart des Français.

La vérité est que notre prononciation du latin n'est ni

logique, ni harmonieuse, ni conforme à la prononciation de l'immense majorité des catholiques, particulièrement de ceux qui, comme nous, appartiennent à la race latine. Sans doute, personne ne peut dire avec certitude quelle était exactement la prononciation du latin aux jours de Virgile et de Cicéron. Mais, chose évidente pour tous, c'est notre prononciation qui s'en éloigne davantage. Comme l'a dit en ma présence le R. P. Bruno, procureur général des capucins, à Rome, un bon Français pourtant, notre propre langue nous condamne. Dans les mots dérivés du latin nous traduisons souvent l'*u* par *ou*; *loup*, par exemple, qui vient de *lupus*. L'autre jour, en Auvergne, j'ai remarqué un exemple très frappant. Cette partie de la France est pleine des souvenirs de Jules César. Un jour on avait dit au conquérant qu'il ne pouvait pas traverser telle rivière. *Cur non ?* s'est-il écrié. Eh bien! cet endroit a pris dès lors et a conservé jusqu'à nos jours ce nom. Seulement, pour conserver la prononciation de Jules César, il a fallu modifier l'orthographe; le nom de l'endroit dont je parle s'écrit aujourd'hui *Cournon :* nouvelle preuve que l'*u* latin doit se prononcer *ou*.

Dom Guéranger et ses fils ont eu le courage de rompre avec la prononciation soi-disant française. C'est beau d'entendre psalmodier les bénédictins de Solesmes et de Ligugé.

VINGT-SEPTIÈME LETTRE.

Sommaire :—Retour à Paris.—Les frères de Ssaint-Vincent-de-Paul.—
Visite au R. P. Leclerc.—Œuvres de charité et leurs fruits.—Chez
un évêque militant.—Le dernier mandement de Mgr Freppel.—Sa
dernière brochure sur 1789.—Courte analyse de cet ouvrage.—Chez
Mgr Fèvre.—Le Père Ludovic de Besse et les luttes sociales.—La
vie de Louis Veuillot.

PARIS, vendredi, le 22 mars.

Rentré à Paris, mercredi soir, j'ai consacré la journée d'hier et celle d'aujourd'hui à faire des courses et des visites. J'ai revu le père Th. de Regnon et le père Brucker ; j'ai vu le père Desjacques, qui, comme le père Brucker, est l'un des principaux collaborateurs des *Etudes religieuses*.

Dans le quartier pauvre de Vaugirard se trouve la maison principale des frères de Saint-Vincent-de-Paul. Cette communauté, de fondation comparativement récente, s'occupe principalement des œuvres de patronage ; elle se compose de prêtres et de frères. A Paris, ces derniers, tout en vivant de la vie religieuse, s'habillent comme de simples laïques afin de pénétrer plus facilement dans tous les coins et recoins de la grande cité, parmi les pauvres et les ignorants chez qui, malheureusement, la vue d'une soutane excite souvent des colères insensées. Que voulez-vous? ces infortunés ne lisent guère autre chose que les journaux infâmes qui inondent Paris. Ils ont l'esprit obscurci et faussé par la lecture constante de cette presse haineuse et mensongère qui représente le prêtre, cet ami sincère du travailleur, comme l'ennemi mortel du peuple. Les victimes des journaux sont plutôt dignes de pitié que de colère ; mais pour les journalistes qui font métier d'empoisonner leurs semblables, ils méritent toute notre exécration.

Le R. P. Leclerc, supérieur général de la maison, a bien voulu me faire visiter son vaste établissement. De bonnes œuvres de toutes sortes y fleurissent. D'abord, trois cents orphelins y trouvent l'abri, la nourriture, le vêtement et, ce qui est mille fois plus important, une solide instruction chrétienne. Il y a aussi l'œuvre des enfants qui fréquentent les écoles laïques. Les frères de Saint-Vincent-de-Paul les réunissent deux ou trois fois la semaine pour leur enseigner le catéchisme. L'œuvre des ouvriers sans travail y est également fondée. En un mot, ces excellents religieux, très modestes et qui ne font guère de bruit dans le monde, se dévouent, nuit et jour, à toutes les œuvres de charité. Au point de vue humain, leur tâche est assez ingrate ; ils ne rencontrent pas toujours de la reconnaissance ; et ce n'est pas en se consacrant à ce ministère obscur qu'on arrive aux dignités et aux honneurs. Mais ils ont des consolations d'un ordre plus élevé. Par exemple dans cette grande paroisse de Saint-Lambert de Vaugirard, qui compte 30,000 âmes, il n'y avait jadis que dix ou douze hommes et jeunes gens qui s'approchaient des sacrements, à Pâques ; aujourd'hui, il y en a des centaines.

Mes lecteurs le savent, sans doute, ce sont les frères de Saint-Vincent-de-Paul qui dirigent le patronage de Québec depuis quelques années.

Aujourd'hui, j'ai eu l'honneur d'être reçu par Mgr Freppel, le grand évêque militant de nos jours. Il est encore dans toute la force de l'âge, et les travaux qu'il accomplit sont vraiment étonnants. Comme député, il est toujours sur la brèche. Du haut de la tribune, il revendique, avec énergie et éloquence, les droits de l'Eglise et met à nu les projets néfastes et les sophismes des sectaires. Comme évêque, il enseigne ses ouailles par des mandements vraiment lumineux où il applique la doctrine catholique aux questions sociales et politiques. Comme écrivain, il publie des livres et des brochures remarquables par leur clarté, leur vigueur et leur parfaite orthodoxie. C'est une grande et belle figure que celle de l'évêque d'Angers : figure franche, loyale, courageuse, énergique, une figure d'apôtre et de vaillant soldat de Jésus-Christ. Mgr Freppel est absolument le contraire du *chien muet* des saintes Écritures.

Son dernier mandement de carême a fait grand bruit en France. Dans ce document, Mgr Freppel avait rappelé hardiment aux fidèles confiés à ses soins leurs devoirs en tant qu'électeurs. Après avoir exposé sommairement les maux dont l'Eglise de France est accablée en ce moment, il s'écrie :

" Le seul moyen de mettre un terme à un pareil état de choses, c'est de vous souvenir, le jour du vote, qu'il y a pour vous un devoir grave de ne jamais porter votre suffrage sur des hommes hostiles à la religion."

Ce mandement a fait bondir de rage les sectaires qui prétendent avoir le droit d'attaquer impunément la religion. L'un des députés les plus haineux, un certain Rivet, a fait une interpellation au gouvernement dans l'espoir que les ministres s'engageraient à réprimer l'*abus* commis par l'évêque d'Angers. Mais les ministres, malgré leur bonne volonté *libérale*, ont dû admettre que Mgr Freppel n'avait aucunement prêté le flanc à ses adversaires. L'évêque d'Angers frappe fort ; mais tout en portant de rudes coups aux ennemis de l'Eglise, il n'outrepasse jamais son droit. C'est qu'il est vraiment *prudent ;* car la prudence chrétienne ne consiste pas, comme beaucoup semblent le croire de nos jours, dans une complète inaction au milieu de circonstances difficiles ; mais bien dans une action constante et très énergique réglée par la sagesse *chrétienne*, non point par la pusillanimité décorée du nom de *modération*.

La fausse manœuvre du sieur Rivet a eu pour unique résultat d'attirer davantage l'attention de la France entière sur le mandement de l'évêque d'Angers. Ce document magistral sera mis en brochure et imprimé à cent mille exemplaires !

Je profite de cette occasion pour signaler de nouveau aux lecteurs de la *Vérité* la dernière brochure de Mgr Freppel intitulée : " *La Révolution française à propos du centenaire de 1789.*" MM. Royer et Chernowiz en sont les éditeurs. La lecture de ces pages, si claires et d'une logique si serrée, portera la lumière dans un grand nombre d'esprits engoués de 89. Je voudrais voir cet ouvrage entre les mains de tous nos hommes publics, de tous nos jeunes gens instruits, de tous ceux qui sont appelés à diriger, maintenant ou plus tard, l'opinion publique dans notre pays. Par la discussion qui s'est produite naguère, dans les journaux canadiens, à propos de l'exposition de Paris, on a pu constater combien peu le véritable caractère de 89 est compris de nos écrivains. Sous prétexte qu'il ne s'agissait pas de 93, plusieurs auraient voulu que la province de Québec prît part officiellement à la célébration qui se prépare à Paris. M. Drolet est allé même jusqu'à invoquer le nom de Mgr Freppel à l'appui de ses singulières prétentions ! Voici ce que l'illustre évêque d'Angers pense de 89 et de 93. Nous lisons à la page 28 et à la suivante :

"On voudra bien le remarquer, ce n'est pas dans les excès ni dans les crimes de 1793 que nous cherchons le caractère doctrinal de la révolution française......... Ce n'est pas en 1793, mais bien en 1789 que la France a reçu la blessure profonde dont elle souffre depuis lors et qui pourra causer sa mort si une réaction forte et vigoureuse ne parvient pas à la ramener dans les voies d'une guérison complète. C'est en 1789 qu'en renonçant à la notion de peuple chrétien, pour appliquer à l'ordre social le rationalisme déiste ou athée, ses représentants ont donné au monde le lamentable spectacle d'une apostasie nationale jusqu'alors sans exemple dans les pays catholiques. C'est en 1789 qu'a été accompli, dans l'ordre social, un véritable déicide, analogue à celui qu'avait commis, sur la personne de l'Homme-Dieu, dix-sept siècles auparavant, le peuple juif, dont la mission historique offre plus d'un trait de ressemblance avec celle du peuple français."

Il est grand temps que nos journalistes cessent de prôner 89 et de chercher à tranquilliser leur conscience en disant qu'ils condamnent 93. Sans doute des crimes affreux ont été commis pendant la Terreur ; mais c'est en 1789 que s'est perpétré le grand forfait : le reniment national de Notre-Seigneur Jésus-Christ.

Mgr Freppel insiste sur un fait que beaucoup perdent de vue en parlant de 1789. C'est que cette année s'est ouverte par un grand mouvement de réforme qui n'avait absolument rien de révolutionnaire. Tous les Français, le roi Louis XVI en tête, admettaient la nécessité d'apporter à l'administration des affaires publiques d'importantes modifications. Il s'était introduit dans le gouvernement des abus graves qu'il fallait faire disparaître. "Mais, dit Mgr Freppel, ces abus, nul ne songeait à les maintenir ; ces réformes, tout le monde était d'accord pour les opérer. Jamais, à aucune époque, ni dans aucun pays, on n'avait vu, de la part d'un gouvernement ou d'un ordre politique, autant de générosité et de bonne volonté pour la transformation pacifique d'un état social." Toutes les réformes désirées auraient pu s'accomplir, non seulement sans la moindre effusion de sang, mais même sans le plus léger bouleversement politique. C'est la franc-maçonnerie, principalement, qui a fait dévier le légitime mouvement de 89 et l'a converti en mouvement révolutionnaire et antichrétien.

Par un raisonnement sans réplique, Mgr Freppel démontre que la France ne doit absolument au mouvement révolutionnaire que d'indicibles malheurs. Les quelques réformes opérées depuis un siècle ont été autant de victoires remportées sur l'esprit de 89. Cette partie de son ouvrage est particulièrement intéressante et instructive ; car nous entendons souvent des catholiques répéter de confiance :—Après tout, il faut admettre qu'il y avait du bon dans la révolution, qu'il en est sorti des réformes vraiment utiles. Mgr l'évêque d'Angers *prouve* qu'il n'est sorti de la révolution que tyrannie et désordre.

Voila un rapide aperçu de cet ouvrage que les amis de la *Vérité* voudront sans doute lire et propager.

Mgr Freppel, malgré ses nombreuses occupations, a bien voulu s'entretenir longuement avec moi, tant sur les affaires du Canada que sur celles de France. Il a eu la bonté de bénir

LE COMTE DE MUN

mon œuvre et de m'engager fortement à continuer la lutte engagée contre le mal révolutionnaire au Canada.

Louze, lundi le 25 mars.

Oui, au risque de faire pâmer les rédacteurs de la *Presse*, de la *Minerve*, du *Monde* et *tutti quanti*, je dirai que je suis l'hôte de Mgr Fèvre depuis samedi soir. Et certes, je m'en trouve fort bien. Mgr Fèvre a eu la bonté de m'offrir son aimable hospitalité, encore une fois, avant mon départ, et j'aurais cru mon voyage incomplet sans ces quelques heures passées au presbytère de Louze. Voilà ! Maintenant, libre aux journalistes sus mentionnés de jaser tant qu'ils voudront.

En venant à Louze j'ai dû passer par Troyes et y attendre une heure le train pour Montiérender; j'ai profité de cet arrêt pour aller présenter mes respects au R. P. Ludovic de Besse, capucin, qui prêche le carême à Troyes. Le P. de Besse, mes lecteurs le savent, s'occupe beaucoup et avec succès des œuvres sociales. Il se propose tout particulièrement de grouper et d'organiser les forces chrétiennes sur le terrain des affaires, afin d'opposer ainsi une digue au formidable courant maçonnique qui envahit la société de tous les côtés à la fois. Ecoles, politique, presse, affaires, finances, la secte veut s'emparer de tout pour tout déchristianiser. Les catholiques doivent donc porter la lutte sur tous les terrains.

Paris, jeudi le 28 mars.

De retour à Paris depuis mardi soir, je continue mes courses et mes visites. Entre autres, j'ai eu le plaisir de revoir encore une fois M. Eugène Veuillot. Le directeur de l'*Univers* met en ce moment la dernière main à la vie de son illustre frère, ouvrage attendu avec impatience en France comme au Canada

VINGT-HUITIÈME LETTRE

Sommaire :—Chez M. le comte de Mun.—A la *Croix*.—Le père Picard.—Propagande de la bonne presse.—Association catholique de la jeunesse française.—Deux monuments, l'église de Montmartre et la tour Eiffel —A l'institut agricole de Beauvais.—Bel exemple.—Adieux à la France.—Les deux cités.—Une définition du cardinal Zigliara.—L'imprimerie de Notre-Dame-des-Prés.—Fuite du général Boulanger.—Sur la mer.—Un héros chrétien.—Retour.—L'Europe et l'Amérique.

Paris, le 29 mars.

J'ai fait mes dernières visites aujourd'hui, car demain je dois quitter définitivement la capitale de la France.

Je me suis présenté chez M. le comte Albert de Mun à sa résidence, rue François Ier. Malgré les nombreuses occupations que lui imposent ses devoirs de député et de directeur général de l'admirable œuvre des cercles catholiques d'ouvriers, le grand orateur m'a reçu avec cordialité et s'est entretenu avec moi des affaires du Canada qui l'intéressent beaucoup. Rien ne lui ferait plus de plaisir que de pouvoir visiter notre pays ; surtout à l'occasion de la prochaine fête du 24 juin et de l'inauguration du monument Cartier-Brébœuf. Mais, dit-il, comment voulez-vous que je m'absente en ce moment ? Plus que jamais la France est sur un véritable volcan. D'un instant à l'autre, de graves événements politiques et sociaux peuvent se produire ; il faut donc que les catholiques français mêlés à la lutte restent à leur poste. Plus tard, peut-être, notre pays entrera dans une ère plus calme, plus normale, alors je pourrai visiter le Canada dont le passé, le présent et l'avenir m'inspirent un si vif intérêt. Peut-être aussi, au lieu d'une période moins tourmentée, touchons-nous, en France, à une situation tellement mauvaise que le combat deviendra impossible pour nous ; alors, nous irons établir nos pénates dans la Nouvelle-France. En attendant, m'a dit le comte de Mun, veuillez, je vous en prie, présenter mes hommages à mes amis du Canada. Comme les amis que le vaillant orateur catholique compte dans notre pays sont très nombreux, je me sers des colonnes de la *Vérité* pour faire l'honorable commission dont il m'a chargé.

Tout près de la résidence de M. le comte de Mun, au numéro 8 rue François Ier, se trouvent les bureaux de la *Croix*. J'y entre pour faire mes adieux au directeur, le R. P. Bailly. On m'introduit dans une salle où tous les pères augustins sont réunis pour la récréation, ayant au milieu d'eux le père Picard, leur supérieur, connu par toute la France comme le grand organisateur des pèlerinages de pénitence en Terre-Sainte. Pendant une de ses courses apostoliques en Espagne, le P. Picard a fait une chute douloureuse et s'est brisé les jambes ; les effets de ce pénible accident durent encore, car le père ne peut plus marcher comme autrefois. Lorsque je l'ai vu, il était étendu sur une chaise longue, immobile. Mais cette cruelle épreuve ne l'abat nullement, et ne l'empêche point d'être encore l'âme des grands pèlerinages français.

Les amis de la *Croix* venaient justement de clore une série de réunions destinées à étudier les moyens qu'il convient de prendre pour propager de plus en plus cet excellent journal populaire dont le succès étonnant réjouit tous les vrais catholiques et jettent la consternation dans les rangs ennemis. A l'heure qu'il est, la *Croix* à une circulation d'environ 110,000 exemplaires par jour. Elle pénètre dans tous les coins et recoins du pays et fait un bien incalculable, principalement parmi les classes ouvrières, qui, jusqu'ici, n'avaient guère d'autre lecture que celle du *Petit Journal* et de feuilles plus mauvaises encore. Sur simple avis, un grand nombre de zélateurs, tant laïques que prêtres, viennent de se réunir, aux bureaux du journal, pour mettre à l'étude divers projets de propagande. Il m'a été donné de rencontrer, chez les pères, quelques-uns de ces amis dévoués de la bonne presse qui ne craignent pas de s'imposer de grands sacrifices pour procurer à leurs frères les bienfaits d'une lecture saine, instructive, et tellement peu dispendieuse que les moins fortunés peuvent en profiter. La *Croix* a atteint, ce me semble, l'extrême limite du bon marché. Grâce au zèle et à l'abnégation des fondateurs et des amis de l'œuvre, ce journal quotidien se donne pour la modique somme de *trois sous par semaine !* Les succès de la *Croix* sont une preuve qu'avec de l'énergie, de l'entente, de la persévérance et du dévouement on peut faire des merveilles, même dans ce siècle d'indifférence. Si tous les journaux catholiques avaient une organisation de propagande aussi bien établie que celle de la *Croix*, la mauvaise presse ne ferait pas le demi-quart des ravages qu'elle occasionne. Malheureusement, il n'en est pas toujours ainsi. Beaucoup d'amis de la bonne presse se contentent de prendre un abonnement pour eux-mêmes. Ce qui manque aux journaux catholiques, c'est la propagande ; une propagande active et constante ; une propagande qui atteigne ceux qui sont hostiles à l'Église, ou indifférents, ou plongés dans l'erreur et le préjugé. Voilà les personnes qui ont *surtout* besoin de la bonne presse. C'est ce que l'on a compris en France ; de là un mouvement admirable pour faire pénétrer la *Croix* dans les endroits rendus arides par les journaux, les brochures et les livres de la révolution.

Une autre organisation sociale qu'il m'a été donné d'admirer, ces jours-ci, est celle de l'*Association catholique de la jeunesse française* dont le vicomte de Roquefeuil est président et le R. P. Le Tallec, S. J., directeur. J'ai eu l'honneur d'être reçu par ce dernier qui a bien voulu me mettre au courant de l'organisation de l'œuvre qu'il dirige.

Deux monuments dominent Paris, l'un au nord, l'autre au sud de la Seine. Ces deux monuments se voient de loin, attirent forcément les regards ; tous deux sont modernes, tous deux représentent une *idée*, un *principe*. Mais là se borne toute analogie entre eux, là commencent les dissemblances et les contrastes.

Le monument qui s'élève au nord de Paris et qui couronne les buttes de Montmartre—mont des martyrs—est né d'une pensée de foi et d'humilité. Au lendemain des désastres de la guerre franco-prussienne et de la commune, les catholiques de France, voyant dans ces douloureux événements un juste châtiment du ciel, se sont jetés à genoux en s'écriant :—Cœur de Jésus, sauvez la France, ayez pitié de la fille ainée de votre Église. Il y a près de deux siècles, à Paray-le-Monial, vous avez demandé que la France vous fût solennellement et officiellement consacrée, et qu'une basilique s'élevât en votre honneur. Hélas ! la France ne s'est point rendue à vos pressantes sollicitations ; au lieu de s'approcher de vous, elle s'est éloignée chaque jour davantage. Aussi a-t-elle passé par les horreurs de la révolution, par un siècle de bouleversements continuels, pour tomber dans l'abaissement, humiliée et mutilée, sous le pied de l'envahisseur. Pitié, mon Dieu, pour la patrie défaillante ! Vous seul qui l'avez faite grande pouvez la relever de ses ruines. Autant qu'il est en nous, nous allons accomplir les désirs que vous avez révélés à la bienheureuse Marguerite-Marie ; nous faisons vœu d'ériger une basilique au Sacré-Cœur.

Voilà l'origine de l'église du vœu national. Commencée aussitôt que possible après les tristes événements de 1870-71, cette vaste basilique sera entièrement terminée l'année prochaine, on l'espère du moins. Déjà la crypte, vaste église souterraine, est livrée au culte et reçoit les nombreux pèlerinages qui ne trouvent plus de place dans la petite chapelle provisoire dont les murs sont tapissés de riches et de touchants *ex-voto* au Sacré-Cœur.

La basilique du Sacré-Cœur, de proportions assez considérables, est en style roman. Il a fallu dépenser de fortes sommes pour asseoir les fondements ; car le terrain sur les buttes de Montmartre manque de solidité. Mais les difficultés ont été vaincues, grâce à la générosité des fidèles, et aujourd'hui le parachevement du temple est assuré. Ce sera un édifice digne de la France catholique. Sans doute il n'aura pas l'aspect grandiose, imposant des grandes cathédrales gothiques de France. L'art d'élever des monuments comme ceux de Reims, d'Amiens, de Chartres, de Bourges, de Rouen, est aujourd'hui un art perdu ; parce que la foi, même chez les bons, n'a plus ces hardiesses sublimes, ces élans merveilleux qui caractérisaient les fidèles du moyen âge. Mais étant donnée la taille des hommes de nos jours, l'église du vœu national est une noble entreprise.

Lorsque vous arrivez à Paris par l'un des chemins de fer qui viennent aboutir à la gare de Mont-Parnasse ou à celle de Saint Lazare, vous apercevez, longtemps avant de voir la ville, une très haute construction, mince, fluette, qui affecte tout à fait la forme d'une cheminée d'usine. Seulement, cette longue cheminée, au lieu d'être en briques, comme les cheminées ordinaires, est en fer. Et, de plus, vous voyez le jour à travers les parois composées de pièces enchevêtrées qui se soutiennent les unes les autres. (1) Vous avez reconnu la fameuse tour Eiffel, née d'une pensée absolument opposée à celle qui a donné naissance à l'église du vœu national.

Nous lisons au chapitre XI de la Genèse que les habitants de la plaine de Sennaar se dirent un jour entr'eux : " Bâtissons-nous une tour dont le faîte touche au ciel, et rendons célèbre notre nom." Vous savez ce qui advint : le Seigneur confondit.

(1) On vient d'ériger au pont Dorchester, à Québec, trois tours en fonte afin de soutenir les fils électriques à une hauteur suffisante pour permettre aux bâtiments à grande mâture de remonter la rivière Saint-Charles. Multipliez une de ces tours par dix et vous avez une assez bonne idée de la tour Eiffel.

la langue de ces orgueilleux qui ne purent achever leur tour. Les babyloniens modernes ont pu faire ce que leurs devanciers ont dû abandonner : ils ont élevé leur tour dont le faîte touche au ciel (1) et les journaux ont rendu leur nom célèbre par toute la terre. Mais ils n'ont pas retrouvé l'unité de langage et de sentiments que la révolution leur a fait perdre. Hélas! jamais le peuple français n'a été plus profondément divisé qu'en ce moment. Ce que les uns maudissent, les autres acclament ; ce que les uns vénèrent et respectent, les autres blasphèment ; ce que les uns aiment, les autres haïssent. Les factions s'insultent, se menacent, se vilipendent les unes les autres en attendant qu'elles en viennent aux mains à l'ombre de la grande tour. Dans la plaine de Sennaar la confusion n'a pu être plus grande.

La tour Eiffel pèse 7 millions de kilogrammes, a coûté 7 millions de francs, a 300 mètres de haut, soit près de 1,000 pieds. C'est une hauteur relativement prodigieuse que n'atteignent ni les pyramides, ni Saint-Pierre de Rome, ni la cathédrale de Strasbourg. Les babyloniens modernes voulaient que leur tour dépassât en hauteur tout ce qui avait été érigé jusqu'ici par la main de l'homme. Eh bien! après ? Le Mont-Blanc, selon la pensée de François Coppée, n'en continue pas moins à lever les épaules de pitié en regardant la tour Eiffel.

Puis, croyez-vous que quelqu'un admire votre tour ? Elle écrase littéralement tout le reste de Paris. Le Trocadero et les Invalides ne paraissent plus que comme des bicoques à côté de ce monstre.

Sous la main de l'artiste, la pierre, le bois, même la brique sont susceptibles de prendre des formes gracieuses, élégantes. Une construction en fer est toujours raide, guindée, anguleuse.

(1) Il est littéralement vrai de dire que la tour Eiffel touche au ciel. Le 29 mars 1889 je traversais le pont de la Concorde d'où l'on voit très bien le fameux monument. Il faisait un temps sombre ; les nuages étaient très bas et le sommet de la tour y était caché !

A la tour Eiffel on peut appliquer une foule d'épithètes : elle est énorme, monstrueuse, gigantesque, immensément haute, vertigineuse, titanesque, extraordinaire, cyclopéenne, colossale, etc., etc. Mais personne ne s'avisera de dire que ce gros tas de fer est beau ou grand. Ce n'est pas même grandiose ; ce n'est pas même une preuve de progrès matériel. Les pyramides, pour être moins élevées, sont plus étonnantes et ont exigé, dans leur construction, plus de travail et plus de génie. On peut en dire autant des obélisques, du temple du soleil, à Balbek, sans parler du temple de Salomon, de Saint-Pierre de Rome et d'une foule d'autres basiliques.

En somme, la tour Eiffel représente à merveille l'esprit moderne qui pose pour la grandeur et qui, malgré de bruyantes réclames, n'atteint que le grotesque.

Parlant de la tour Eiffel, l'abbé Bernard O'Reilly dit : " Cette entreprise, au lieu d'être une œuvre d'art, est tout simplement une bonne affaire commerciale. Nous ne sommes plus au moyen âge, lorsque Dieu était la lumière du monde, lorsque l'art et ses célestes aspirations étaient aussi familières au maçon et au charpentier qu'au philosophe et au poëte. Alors, des ouvriers chrétiens s'efforçaient de couvrir le sol de créations immortelles."

———

BEAUVAIS, dimanche le 31 mars.

Depuis hier je suis l'hôte du cher frère Eugène-Marie, directeur de l'institut agricole, où deux de nos compatriotes, MM. Edouard Desjardins et Globensky, poursuivent leurs études. Voilà deux jeunes gens qui donnent un bel exemple. Pour se perfectionner dans les connaissances théoriques et pratiques de l'agriculture, ils ne craignent pas de quitter patrie, parents et amis et de s'astreindre à de longs mois d'un rude labeur. Car le frère Eugène ne permet pas que ses élèves perdent leur temps, je vous l'assure. Pour être son ami il faut aimer le travail. MM. Desjardins et Globensky méritent de chaleureuses félicitations. Non seulement ils rapporteront plus tard au pays

ÉGLISE DU SACRÉ-CŒUR, MONTMARTRE.

des connaissances utiles dont leurs compatriotes devront profiter ; mais, dès à présent, leur exemple est toute une leçon. Au Canada, comme partout ailleurs, l'une des plaies de la société est un engouement funeste pour les professions libérales, le commerce, les affaires et les emplois publics. L'agriculture, qui est pourtant la base de la société au point de vue matériel —et, dans une certaine mesure, au point de vue moral—est de plus en plus délaissée, méprisée, déconsidérée. Un préjugé stupide veut qu'il y ait une véritable incompatibilité entre l'agriculture et l'instruction. On dirait vraiment que du moment qu'un homme a appris à lire et à écrire il ne saurait, sans compromettre sa dignité, cultiver la terre. De là tant de pauvres déclassés dans nos villes, lesquelles grandissent au détriment des campagnes Des fils de famille qui auraient pu facilement et légitimement entrer dans une profession libérale et qui préfèrent, cependant, s'adonner aux études agricoles, font donc œuvre de bons patriotes ; car ils réagissent, par l'exemple, contre les préjugés funestes de l'époque.

NEUVILLE SOUS MONTREUIL-SUR-MER, mardi le 2 avril.

Dans quelques heures j'aurai quitté la France, peut-être pour ne plus jamais la revoir. Bien que j'aie grandement hâte d'être encore une fois au milieu des miens, dans notre vieux et paisible Québec, ce n'est pas sans un sentiment de profonde tristesse que je vois approcher le moment où il faudra dire adieu au " plus beau royaume après celui du ciel." Car, je l'avoue, j'ai appris à aimer le pays de nos ancêtres.

M. Beaugrand, paraît-il, a prédit, dans une de ses lettres à la *Patrie*, qu'à la suite de mon séjour en France je me montrerais plus *coulant*, moins intransigeant, comme d'autres de nos compatriotes sont devenus opportunistes, de militants qu'ils étaient, après quelques semaines passées en Europe. Il n'en sera rien. Au contraire, ce que j'ai vu depuis sept mois me confirme, de plus en plus, dans la conviction où j'étais déjà, que c'est un devoir impérieux pour tout catholique qui tient une plume de combattre avec la dernière énergie, non seulement l'impiété maçonnique et révolutionnaire, le naturalisme brutal, le matéralisme dégradant, c'est-à-dire le radicalisme sous toutes ses formes, mais aussi, je dirai même *surtout*, cet ensemble de demi-erreurs que l'on appelle le *libéralisme modéré* ou *catholique* qui énerve les caractères et qui prépare les voies au règne de Satan. Donc la prédiction de M. Beaugrand ne se réalisera point, avec la grâce de Dieu. La révolution m'inspire plus d'horreur que par le passé, parce que je l'ai vue de près pendant des mois. J'ai vu comme elle dégrade les peuples qui s'inoculent son poison, comme elle les rend misérables, comme elle les couvre de ridicule. Car, il faut le dire, les hommes de la Révolution, ne sont pas seulement *impies*, ils sont aussi *petits* et *grotesques*. Juste châtiment, du reste, qui atteint toujours ceux qui s'élèvent contre Dieu. Mais si la France révolutionnaire et frivole m'inspire plus de répugnance que jamais, la France catholique m'apparaît dans tout son éclat ; elle m'édifie et m'attire davantage chaque jour. C'est elle que j'aime, c'est elle que je ne saurais quitter sans un pénible serrement de cœur.

Au fond, la lutte est la même dans tous les pays ; elle a été la même dans tous les siècles ; que dis-je ? avant le commencement des siècles. Car ce qui a fait tomber Lucifer et ses cohortes, c'est le *naturalisme* tel que nous le subissons aujourd'hui. Ebloui par sa propre lumière, par sa beauté et sa puissance, Satan a cru qu'il pouvait se passer de Dieu et de la grâce divine, qu'il pouvait arriver à ses fins en s'appuyant sur la seule nature angélique. N'est-ce pas là le *naturalisme* du XIXe siècle et de tous les siècles depuis l'apparition de l'homme sur la terre ? Pour parvenir à leur but, les anges rebelles comptaient sur les seules forces de leur propre nature ; pour atteindre ses destinées, le monde compte sur les seules forces de la nature humaine. Enivré par ses succès, par ses conquêtes sur la matière, par ses découvertes et ses inventions, par son *progrès*, il croit n'avoir plus besoin de la grâce de Dieu, des mérites de Jésus-Christ, des secours et des lumières de son Eglise. Atteint de la même folie qui perdit Lucifer, le monde périt avec lui et comme lui.

En face de cette armée de la folie et de l'orgueil, rangée sous la bannière de l'archange Michel, poussant son cri de guerre qui est en même temps un cri d'humilité: *Quis ut Deus !* l'armée des fidèles lutte pour Dieu en s'appuyant sur lui, certaine de remporter la victoire finale et définitive.

Telles sont les deux armées qui se font la guerre depuis le commencement et qui combatteront l'une contre l'autre, sans la moindre trêve, jusqu'à la fin des temps.

Selon les époques et les lieux, le champ de bataille a changé, les armes aussi ; les combattants secondaires tombent et sont remplacés. Mais, des deux côtés, les mêmes cris de guerre retentissent, les mêmes bannières se déploient, les mêmes chefs commandent.

Il est permis de croire, je suppose, que même parmi les anges, au commencement du grand combat, il y avait des *catholiques libéraux*. C'est-à-dire des esprits qui, tout en se tenant du côté de saint Michel, prêchaient la modération et faisaient remarquer que Lucifer et ses généraux avaient de beaux casques et de brillants boucliers. Il y avait peut-être aussi des *libéraux modérés* qui, rangés sous la bannière de Satan, ne laissaient pas de louer les *conciliants* de l'autre camp et de chercher avec eux un *arrangement à l'amiable*.

Dans une longue et intime conversation que j'eus, pendant mon séjour à Rome, avec le savant et illustre cardinal Zigliara, son Eminence me dit que le libéralisme moderne peut être comparé à un pont par lequel on passe de la cité de Dieu dans la cité de Satan, mais par lequel on ne saurait revenir. Il doit y avoir toujours eu des esprits et des hommes occupés à construire ce pont entre les deux camps, car il n'y a rien de nouveau sous le soleil. Chose certaine, c'est que de nos jours ces singuliers architectes, qui trahissent la cause de Dieu peut-être sans le savoir, sont nombreux dans tous les pays et poussent leurs travaux avec une grande activité.

J'écris ces lignes à la chartreuse de Notre-Dame-des-Prés où je suis venu présenter mes hommages, encore une fois, aux bons pères, goûter pendant quelques instants aux douceurs de cette belle solitude et m'entretenir avec mon ami dom Jules Livernois. C'est par Notre-Dame-des-Prés que je suis entré en France. C'est par là que je la quitte. On ne saurait trouver une plus belle porte, soit pour arriver, soit pour partir.

A ma première visite à la chartreuse de Notre-Dame-des-Prés j'ai dit un mot, je crois, de la belle imprimerie que les pères dirigent. Jadis, avant l'invention de Gutenberg, les moines étaient les grands, on peut dire les uniques conservateurs des bibliothèques ; c'étaient eux qui passaient leur vie à transcrire les livres, transmettant ainsi aux générations futures les chefs-d'œuvre de la pensée humaine. Sans leur travail patient, que d'ouvrages précieux seraient perdus aujourd'hui ! Et ce sont ces amis des lettres que le monde ingrat accuse d'être les fauteurs des " ténèbres du moyen âge " ! L'esprit qui animait autrefois les moines copistes règne encore dans les monastères. C'est ainsi qu'à Notre-Dame-des-Prés l'on a édité toute une bibliothèque.

Sur le SERVIA, dimanche le 14 avril.

Depuis mon départ de Notre-Dame-des-Prés, le 3 avril au matin, rien de bien remarquable à signaler, si ce n'est, peut-être, la fuite du général Boulanger à Bruxelles. Le brave homme, évidemment, n'ambitionne pas le martyre ; ce qui est assez naturel, du reste, lorsqu'on ne travaille pas pour un motif élevé. L'héroïsme est l'apanage des grandes âmes. Or personne ne soupçonne le général Boulanger d'être autre chose qu'un aventurier vulgaire qui s'agite uniquement en vue des affaires de ce monde. Si Dieu le mène en vue du châtiment de la république opportuniste et du parlementarisme, ce n'est pas lui qui en a le mérite.

Du reste, il est fort possible que si le général n'avait pas mis la frontière entre lui et ses ennemis, on lui eût fait un très mauvais parti. Car les opportunistes affolés demandaient tout simplement sa tête et poussaient le gouvernement aux actes de violence.

Parti de Montreuil-sur mer le 3, j'ai passé par Boulogne et Folkestone, arrivant à Londres le même soir. Jeudi le 4 j'ai fait une nouvelle visite au couvent de Notre Dame de Willesden ; puis, vendredi, le 5, je me suis rendu à Liverpool, ville fort commerçante, mais morne, triste et absolument sans intérêt. Le 6 je me suis embarqué sur le *Servia*. C'est le même navire qui m'a transporté en Europe, au mois de septembre dernier ; bâtiment sûr, mais peu rapide. Le nombre des passagers de première classe est très restreint ; mais, par contre, il y a de mille à onze cents émigrants. Avec les hommes de l'équipage, nous devons être au moins quatorze cents personnes ; tout un village. Et sur le steamer il n'y a que quatorze bateaux de sauvetage ! C'est dire qu'en cas d'accident, des centaines de passagers périraient nécessairement. Heureusement qu'il y a une Providence toute spéciale pour les navigateurs. Il faut dire, aussi, que les employés de la ligne Cunard sont très prudents et prennent toutes les précautions possibles. Depuis que la compagnie existe elle n'a pas perdu un seul passager.

Nous arrivons à Queenstown de très grand matin, dimanche ; mais il faut attendre les " malles de Sa Majesté " qui n'arrivent de Dublin qu'à midi. Nous sommes à l'ancre au milieu du port, et il nous est impossible de mettre pied à terre avant onze heures, le *tender* ne venant au steamer que lorsque cela plaît à messieurs les employés. Plusieurs passagers catholiques se rendent à Queenstown avec l'espoir de pouvoir entendre la messe. Mais lorsque nous arrivons à l'église la dernière messe achève ; nous pouvons cependant assister au sermon, excellente instruction sur le Précieux Sang. Si les employés de la compagnie voulaient envoyer le *tender* au steamer un peu plus tôt, le dimanche matin, les voyageurs catholiques ne seraient pas dans la pénible nécessité de manquer la messe deux dimanches de suite. Il me semble que ce ne serait pas trop leur demander.

La traversée a été assez belle ; pas de tempête, ni même de gros temps ; mais des vents et des vagues contraires presque continuellement, ce qui nous a empêchés d'arriver à New-York dimanche soir, comme nous l'espérions. Je ne connais rien de plus monotone qu'un voyage de huit ou neuf jours sur l'océan : toujours les mêmes horizons, le même pont, les mêmes visages peu sympathiques, les mêmes bruits, les mêmes vibrations, le même balancement, les mêmes odeurs très variées mais toutes plus nauséabondes les unes que les autres. Pour moi, la lecture est difficile, car j'ai beau prendre sur moi et dire que c'est " une affaire de nerfs," le mouvement du navire m'est fatal. L'ahurissement des passagers est extrême. Le petit bout de conversation qui suit peut vous en donner une idée. J'étais couché sur un canapé, inerte, anéanti. Un jeune Anglais passe et me dit —" Comment allez-vous aujourd'hui ?—Aussi mal que possible ; et vous-même, êtes-vous malade ?—Non, je voudrais l'être.—Pourquoi ?—Pour rompre la monotonie ! "— C'est textuel.

Malgré tout, j'ai pu lire, pendant la traversée, la vie de Garcia Moreno, par le R. P. Berthe. Quel beau et bon livre ! S'il y avait un remède contre le mal de mer, ces pages magnifiques m'auraient guéri.

Garcia Moreno est l'une des plus sublimes figures qu'ait enfantée le christianisme. Dieu l'a suscité au milieu de ce siècle de matérialisme comme une réponse péremptoire aux âmes pusillanimes, tièdes et découragées qui, pour se donner un prétexte de fuir la lutte, prétendent que la réalisation de la thèse catholique sur la constitution chrétienne des Etats, est une impossibilité matérielle. L'immortel président de l'Equateur a trouvé son pays dans un état déplorable : déchiré, appauvri par les factions, en proie aux guerres intestines, attaqué sans cesse par les ennemis du dehors, dominé, trahi par les loges maçonniques, livré à la désorganisation politique, sociale et religieuse. Si jamais une nation semblait vouée pour toujours à l'*hypothèse libérale*, c'était bien le petit peuple de l'Equateur. Doué d'un courage à toute épreuve, d'une énergie indomptable, d'un génie immense, mais surtout d'une foi vive et d'une piété angélique, Garcia Moreno, capitaine, homme d'état et apôtre admirable, a pu, en quelques années, relever son pays du profond abaissement matériel et moral où il était tombé. Il y a dompté la révolution maçonnique, restauré les finances, construit de grands travaux publics, imposé le respect aux ennemis du dehors, et fait fleurir la religion, les sciences et les arts. Le libéralisme moderne a inventé cette formule qui a séduit trop de chrétiens de nos jours: *Liberté en tout et pour tous.* La devise de Moreno était : *Liberté en tout et pour tous, excepté pour le mal et les malfaiteurs.* Je ne connais rien de plus fortifiant, de plus salutaire que la lecture de ce livre plus attrayant que n'importe quel roman, aussi édifiant que la vie d'un saint. Lisez-le, jeunes gens. Vous y trouverez un puissant antidote contre le poison mortel des erreurs modernes, la preuve irrécusable que la foi en Notre-Seigneur Jésus-Christ est encore capable de transporter les montagnes.

Québec, le 16 avril 1889.

Enfin, me voici à New-York ; puis sur le train, et mardi matin je descends à la gare de Montréal où plusieurs amis m'attendent pour me souhaiter la bienvenue. Ah ! le bonheur de revoir le Canada et des Canadiens après une si longue absence ! D'autres amis viennent à ma rencontre à Lachevrotière ; d'autres encore m'attendent à la gare de Québec. A tous j'offre mes plus sincères remerciments pour cette marque d'amitié.

Voilà donc ce long voyage terminé. Maintenant que je suis de retour, je m'aperçois que le proverbe qui dit : " temps passé est toujours court," est profondément vrai. Les sept mois et demi qui se sont écoulés depuis mon départ, me paraissent comme autant de semaines. Il me semble que c'est hier seulement que je disais adieu aux amis de Québec et de Montréal.

Sans doute, " rien n'est si beau que son pays." Loin de moi la pensée de contredire à ce sentiment si vrai, si patriotique ; mais je ne puis déposer la plume sans avouer que mon séjour en Europe a détruit chez moi une illusion que je partageais avec bon nombre de personnes nées de ce côté-ci de l'Atlantique. Nous avons généralement l'habitude de nous imaginer que, pour tout ce qui regarde le *bien-être matériel*, le *confort*, le *progrès*, l'Amérique est en avant de l'Europe. Eh bien ! il faut en rabattre, et beaucoup. C'est tout le contraire qui est vrai. Pour les applications de l'électricité, nous sommes peut-être un peu plus avancés que les Européens. Mais pour le reste, nous sommes leurs inférieurs, incontestablement. Partout, en Europe, il y a un air de solidité, de puissance, de richesse qui manque tout à fait en Amérique. Sur ce continent, aux Etats-Unis comme au Canada, il y a un je ne sais quoi de superficiel, de temporaire, d'inachevé qui vous frappe singulièrement après un voyage de quelques mois sur le vieux continent. A mon départ de New-York pour l'Europe, il me semblait que la métropole des Etats-Unis était bien imposante ; à mon retour, cette ville m'a paru comme une cité qui aurait poussé dans une nuit, un peu à la façon des champignons.

Un instant de réflexion suffit, du reste, pour nous convaincre qu'il doit en être ainsi. Deux mille ans de civilisation chrétienne ont imprimé à l'Europe, même dans les choses de l'ordre matériel, un cachet de stabilité et de grandeur qui ne saurait s'acquérir dans deux ou trois siècles.

L'œuvre principale de l'Eglise est de sauver les âmes, de peupler le ciel. Aussi cette œuvre éclate-t-elle également partout, dans les villes de l'Europe, dans les forêts de l'Amérique, dans les steppes de l'Asie, dans les vastes régions de l'Océanie, parmi les glaces du nord, sous le soleil brûlant du midi. Mais c'est en parcourant l'Europe qu'on se rend bien compte de son rôle secondaire dans le monde, de son rôle civilisateur. Qu'ils sont volontairement aveugles, ceux qui n'admettent pas que l'Eglise catholique est la grande bienfaitrice de l'humanité ! Voyez les deux rives de la Méditerranée. Quelle différence entre la rive nord et la rive sud, entre les régions que la vraie foi a fécondées et celles que l'islamisme a dévastées ! Partout où la religion de Jésus-Christ s'est implantée la terre s'est couverte de monuments qui font la gloire du genre humain ; partout où on l'a repoussée, les hommes sont restés ou retombés dans la barbarie et la misère. Oui, si l'Europe l'emporte sur le reste du globe par la grandeur et la beauté de sa civilisation, c'est au christianisme qu'elle le doit.

Depuis la prétendue réforme, les nations de l'Europe tendent à s'éloigner de plus en plus de l'Eglise. Aussi que voyons-nous ? Si ces nations conservent encore les formes extérieures de la belle civilisation que l'Eglise leur a donnée, elles perdent rapidement la sève vivifiante qui descend du Golgotha ; elles retournent à grands pas vers la désolation païenne. Ecrasées par les armées permanentes, fruit de la force brutale mise à la place des lois évangéliques ; menacées par des bouleversements sociaux effroyables, elles gémissent sous le joug de Satan homicide que la charité du Christ avait brisé. Les peuples de l'Amérique seront-ils au moins instruits par l'exemple de l'Europe ? Comprendront-ils que la civilisation ne saurait avoir d'autre fondement solide que Celui qui a été posé comme la pierre angulaire du genre humain racheté ? Rediront-ils avec le roi-prophète : *Nisi Dominus ædificaverit domum, in vanum laboraverunt qui ædificant eam ; nisi Dominus custodierit civitatem, frustra vigilat qui custodit eam ?*

TABLE DES MATIÈRES

                                                                                                PAGES

A la jeunesse canadienne-française.. 5

PREMIÈRE LETTRE

SOMMAIRE :—Départ.— De Québec à Montréal.—Nos compatriotes expatriés.—De Montréal à New-York.— Coup d'œil sur la métropole américaine.— *L'elevated.*— Le pont.— Les marchés.— *The meadows.*—Le parc central.—L'église St-Patrice.—La cinquième avenue.—Wall street.— Edifices publics.— Broadway. Un embarras de voitures.— Au *Freeman's Journal.* — Sur le *Servia.*—En pleine mer.— La houle.— Le mal de mer.—Tempête.—Brume.—Les passagers.—*Divine service.*—La mer.—Les navires.—Oiseaux aquatiques.—Arrivée a Queenstown 7

DEUXIÈME LETTRE

SOMMAIRE :—Encore Queenstown.—Un capitaine de long cours et le canal de Panama.—A travers les champs.—Nouveau genre de sport.— La vallée de la Lee.— Cork.— Un mot d'histoire.— Le château de Blarney et sa merveilleuse pierre.— A travers les rues.— Father Mathew.— Father Kennedy.— De Cork à Glengarriffe.— Un système maudit de Dieu et des hommes.— Deux poëtes irlandais.— En diligence.—Les chemins.— De Glengarriffe à Kenmare et à Killarney.— Paysans.— A propos de langage.— Des montagnes, encore des montagnes. — Les fameux lacs.— Ruines et souvenirs.— Paysages irlandais et canadiens comparés.—Quelques *fermes* irlandaises.—Dernier coup d'œil. —De Killarney à Thurles.—Mgr Croke.—Une soirée agréable. —Communautés religieuses et ruines.— Courte entrevue.— Désappointement.—Father Bannon.—Un mot sur Dublin.—Le patriotisme irlandais.. 21

TROISIÈME LETTRE

SOMMAIRE : — La population de Dublin. — Quelques églises. — Odieuses spoliations. — Le Phœnix Park. — " Pardonnez-nous nos offenses comme nous pardonnons à ceux qui nous ont offensés." — Les édifices publics et statues. — Le port.—De Dublin à Galway.—Relations avec l'Espagne.—Le *Claddagh*. —L'amour de la justice *versus* l'amour paternel.—Les RR. PP. jésuites de Galway.— Diner en famille.— Un vrai roi. — Eglise volée.—En diligence — Pays inculte.— A propos de landlords. —Anecdote du père Bannon.—Une bonne récolte.—La mode. —Visite à Father Lynsky. — De Clifden à Westport.— Accueil sympathique.—Réflexions sur la manière de voyager en Europe et en Amérique.— La plaie du pourboire.—Croagh-Patrick. — Progrès matériel.—Nouvelles du pays.—Antiquités irlandaises. —Remerciements à qui de droit.— La question scolaire.— Les fameux *outrages*. — Moissons célestes. — Le *boycottage*. — Le *plan de campagne*.—Emigration.—Félicitations à un confrère. 44

QUATRIÈME LETTRE

Sommaire :—Londres par une nuit pluvieuse.—Souvenirs.—Aspect général du pays.—Un franc-maçon complaisant ou un *shilling* bien placé.—A la chapelle de Maiden Lane.— Fausses impressions sur Londres.— L'immensité de la ville.—Chez les frères et chez les pères. — A la cathédrale.—Prédicants.— Musées et exposition.—Hyde Park.—Un peu de navigation.—Le grondement de Londres. — Les rues. — La population catholique.— Meurtres.— Visite à l'est. — La cité.—Saint-Paul. — Mansion House.—Guild Hall.—Antiquités romaines.—La Tour de Londres.—Whitechapel.— Le chemin de fer souterrain.—Regent's Park.— Le collège de Tooting. — Chez madame Tussaud. — Notre-Dame de Willesden.—Un inventeur anglais.—Un jésuite poète. — L'église de Farm street. — Un trait de fanatisme. — L'abbaye de Westminster. — Tombeau d'Edouard le Confesseur.—Persécutions secrètes.—Une statue de la sainte Vierge. —La conversion de l'Angleterre.—Le libéralisme anglais........ 67

CINQUIÈME LETTRE

Sommaire :—De Londres à Cantorbéry.— La récolte du houblon.— Trait de mœurs anglaises.—Le collège Sainte-Marie.—Un monastère inachevé.— Coup d'œil sur la cathédrale et la ville.— Le père Du Lac.—Le père Herbreteau.— Promenade à travers la ville.— Le *stage coach*.— Encore la cathédrale.— Le gothique.—Saint Thomas et Henri VIII.— Relique de saint Augustin.— M. le comte de Mun.— Dernier coup d'œil sur la vieille

basilique.— La traversée.— De Calais à Montreuil-sur-mer.—
Commis-voyageurs anglais et français.— Vingt-quatre heures
dans une chartreuse.— Dom Jules. — Le monastère.— Ce que
c'est qu'un chartreux. — Prêtres flamands. — Office au milieu
de la nuit. — La messe des chartreux. — Deux heures avec le
père Berthe.—La *Vie de Garcia Moreno*.— A Paris.—Aux bureaux de l'*Univers*.—A la rue de Sèvres.—Un hôtelier mystifié.   90

SIXIÈME LETTRE

Sommaire :—Paris et Londres.—Anglais et Français.—Que sont les
Canadiens-français ?—Un reste de christianisme.—Les rues de
Paris et celles de Londres.—Visite à la *Croix*. — Fuite. — La
maison d'Athis.—Art et nature.—Un dimanche à Paris.—Violation systématique du repos dominical.—Les bons et les mauvais.—Leçon salutaire pour les Canadiens-français.—Visite de
deux compatriotes. — Au collège de la rue de Vaugirard.—Un
philosophe chrétien.—M. l'abbé Biron.—A la maison de la rue
Oudinot.—Au palais Bourbon.— Mœurs parlementaires.—Visite à l'*Univers*.— Louis et Eugène Veuillot. — Grossièreté diplomatique.—A Beauvais.—La fabrique de tapisseries.— L'endroit et l'envers de la vie.— L'église Saint-Etienne et la cathédrale.—Horloge merveilleuse.— A Beauséjour, au marais et à
la ferme.—Idées du père Eugène.—Son appréciation d'un Canadien   111

SEPTIÈME LETTRE.

Sommaire :—Chez Mgr Justin Fèvre, à Louze. — Un établissement
de moines.—Promenades.—Paysages d'automne.—Campagnes
françaises. — Cultures. — Essences forestières. — Un pain de
sucre d'érable.— Elevage et pêche de la carpe.—Un dimanche
à la campagne.—Triste indifférence.—Tâche ingrate.—Causes
de cette indifférence.— Leçon salutaire. — L'église de Ceffonds.
—Forêts communales. — Souvenirs de Napoléon 1er. — Anecdote.—Un mot de la politique allemande.   129

HUITIÈME LETTRE

Sommaire :—Adieux à Mgr Fèvre. — Promenade matinale.—Eglise
et marché de Montiérender. — Les chemins de fer français.—
Saint-Dizier.— Châlons-sur-Marne. — Un souvenir de Mérovée
et d'Attila.—A Reims.—Visite aux RR. PP. Jésuites.— Le R.
P. Thro.—A l'hôtel de la Croix blanche.— " Nous n'y pensons

pas, monsieur."—Visite aux églises de Reims.—La cathédrale Notre-Dame.—Evénement historique.— Le sacre des rois.—La sainte ampoule.—Le culte de saint Rémi.—Au Val-des-Bois.—La corporation chrétienne.— Solution du problème social.—La charité *versus* l'égoïsme.— Action de l'ouvrier sur l'ouvrier.— Les retraites d'hommes.— A Bruxelles.— La *Correspondance catholique* et son directeur.— *La Croix*.— Les Ardennes et la Meuse.—Coup d'œil sur la Belgique.—Un peu d'étymologie.— Un petit Paris.—Sainte-Gudule 138

DIXIÈME LETTRE (1)

Sommaire :—A Bruxelles.—Eglises de Sainte-Gudule et de N. Dame du Sablon. —A l'exposition.—Œuvres du moyen âge.—Tramway à l'électricité.— Quelques rues de Bruxelles.— A Gand.— Paysages d'automne.— En pays flamand.—Comparaison entre le flamand et l'allemand — Attelages de chiens.—Visite à un confrère.—Les églises de Gand.—Anvers.— Un mot d'histoire. —Un peu de statistique. — Au collège de Notre-Dame. — En pays étranger.—La langue hollandaise.— Retour à Anvers.— La cathédrale Saint-Jacques, Saint-Paul. — Musée de peinture et musée Plantin.—Amsterdam.—Au Krytherg.— La Venise du nord. — Origine de la Hollande. — Chez M. l'abbé Brouwers. — Une ferme hollandaise. — Quelques églises.—Le poëte Vondel.— Au musée.—En famille. — Campagnes hollandaises.— Dernière journée à Bruxelles.— A Enghien.—Un peu de politique pour finir.— La liberté en tout et pour tous, ou la liberté comme en Belgique 156

ONZIÈME LETTRE

Sommaire :— Chez M. Charles Périn. — Un mot sur cet écrivain éminent.—A Mons, chez le père Augustin, capucin.—La thèse, l'hypothèse et l'antithèse.—Notre-Dame de Tournai.—Un ancien zouave pontifical.—Mort glorieuse d'un journal.—A Lille. —Entrevue avec le père Félix.—La prochaine assemblée générale des catholiques du Nord et du Pas-de-Calais —Visite chez M. Charaux.—L'université catholique de Lille —Un associé céleste. — Un fil puissant. — Chez des catholiques. — Les RR. PP. Fristeau et Braun.—En chemin de fer.—Combats contre

(1) Par suite d'une erreur typographique, la neuvième lettre porte le titre de *dixième*, la *dixième* celui de *onzième*, et ainsi de suite.

le froid.—Nouvelles du Canada.—Un attrape-nigaud.—Amiens et sa cathédrale.—A Saint-Acheul.—Toujours le gothique.—Visite à Mgr Jacquenet.—Saint-Martin et le mendiant.—Lutèce par un temps de pluie.—A Saint-Sulpice.—Deux visites.—Un incident.—A la Villette.—A l'*Univers.*—Visite aux musées.—L'art moderne et l'art ancien.—Un peu de politique pour finir. 176

DOUZIÈME LETTRE

Sommaire :—Une séance de la chambre française.—"Brelan de cartels."—Paul de Cassagnac à la tribune.—Tempête et hurlements.—Un épileptique.—La manie du duel.—Le régime parlementaire en France.—En Normandie.—Rouen.—Un souvenir historique.—Jeanne d'Arc.—Un nid d'églises gothiques.—Quelques vieilles rues.—Les deux Corneille.—A Serquigny.—La mort de Frédéric III.—Révélations du Dr Mackenzie.—"Affaires d'honneur" réglées.—Dans un village normand.—Quelques noms canadiens.—En route.—Caen.—Évitons les occasions. — Un train *omnibus* et ses mystères. — A Saint-Lô.—Encore des noms canadiens.—A Pontorson.—Le procès Numa-Gilly.—Commis voyageurs gras et maigres.—Au Mont-Saint-Michel.—La *merveille.*—Une œuvre du moyen âge.—Influence du *Gulf stream.*—Toujours des noms canadiens.—Une matinée à Saint-Malo.—Une ville canadienne en France.—Le pont roulant.—Le tombeau de Châteaubriand.—Un mot de politique. 197

TREIZIÈME LETTRE

Sommaire :—Chez Mgr Maupied.—Un savant chrétien.—Statue miraculeuse.—Épisode de la révolution.—Bretons et Canadiens.—Vannes.—Saint-Brieuc.—Pontivy.—L'influence indue.—La langue bretonne. — Sainte-Anne d'Auray. — Saint-Vincent Ferrier.—Angers.—Chez M. Aubry.— Haut enseignement catholique.—Adoration perpétuelle du Saint-Sacrement.—Trait touchant. — Un magistrat *épuré.* — M. l'abbé Jules Morel et Mgr Freppel.—Dîner chez M. Eugène Veuillot.—Mgr Bourret.—Un peu de politique.—Boue et sang.— Trait de mœurs parisiennes.—Le fléau des théâtres 219

QUATORZIÈME LETTRE

Sommaire :— De Paris à Lille. — Une aimable *tête de méduse.* — Quatre heures avec dom Chamard.—Le père Clauzel.—Ouverture du congrès catholique.—Ardeur et prudence dans la lutte.

—Résumé des travaux du congrès. — Revue de l'année catholique.—Solution du problème social.—Voyageurs de commerce chrétiens. — Le vœu national. — Réparation par catégories sociales.— L'Hindoustan.—Les maris en danger.— L'abbé Garnier et son œuvre.—Pèlerinage national.—Incident regrettable. —Les savants modernes.—Démonstration catholique de '89.— Paray-le-Monial.—La traite des noirs.— Grande séance de clôture.—Le travail des commissions — Le Canada au congrès de Lille. — Connaissances précieuses. — L'*Univers* et les dominicains.— Léo Taxil.— Chez des moines journalistes. — Un mot de politique.. 232

QUINZIÈME LETTRE

Sommaire : — Une race maussade. — Réflexions sur le respect humain.—L'haleine des glaciers.—A Lyon.— Froid et brouillard. —A la montée Balmont.—Les abbés Lémann.—Solution chrétienne de la question juive.— Chez M. Lucien Brun.—Lyon à Marie.—Illumination en l'honneur de l'Immaculée.—Un quasi miracle. — Souvenir de 1870. — Pèlerinage à Notre-Dame de Fourvière.—Démonstration grandiose.—Coup d'œil sur la ville. —Les églises.—La place des Terreaux.—Saint Pothin et sainte Blandine.—Diner chez M. Lucien Brun.— Le musée de la propagation de la foi. — Un exilé de la Suisse. — La question romaine à Lyon et devant la législature de Québec.—De Lyon à Grenoble. — Première vue des Alpes.— *Gratianopolis*.— Chez M. Desplagnes. — Abus du concordat. — Nomination des évêques par la franc-maçonnerie.—La situation politique............ 251

SEIZIÈME LETTRE

Sommaire :—A la Grande-Chartreuse. — Paysages alpestres. — Voreppe.—Saint-Laurent du Pont.—Dans le cœur des montagnes. — Le Désert. — Justice révolutionnaire. — Le monastère.—Le Grand Som.—Frère Joseph.—Un *pourquoi* sans réplique.—La chartreuse. — Descente vertigineuse. — Usages primitifs. —A Meylan. —*Tutiorisme et probabilisme*.—Le père Hilaire.— Au réfectoire des pères capucins.—Honneurs inattendus.—Un discours du père Hilaire.— Epreuves.— Promenade.—Coup d'œil magnifique. — *Mirabilis in altis Dominus*.— Les géodes.—Réflexions dans une cellule de moine.—Crochetage.—Vicissitudes. — Chez le père Sambin. — La *Revue* et la *Vérité*.—La ville de l'Immaculée Conception.—De Lyon à Clermont-Ferrand.—Souvenir de Jules César.—A la recherche de mes parents.—Le Dr Imbert.—Succès.—Au sein de ma famille...... 268

DIX-SEPTIÈME LETTRE

Sommaire :—Coup d'œil sur l'Auvergne. — A la maison paternelle. —Le patois.— Faut-il le mépriser ?—Quelques églises de Clermont. — Un précieux cadeau. — Un livre du Dr Imbert.— De Clermont à Tulle. — Un vétéran de la presse catholique. — De Tulle à Toulouse.—Turenne.—Roc-Amadour et ses ouvriers.—Figeac, Capdenac, Villefranche.—Tolosa.— La température.— Le R. P. Régnault. — Coup d'œil sur la ville. — L'église de S. Saturnin. — Reliques et souvenirs. — Le capitole. — Les Jeux Floraux.—Chez le R. P. At.—Notre-Dame d'Alet.—Histoire de ce sanctuaire. — Une matinée avec le père Clauzel.—Les scellées révolutionnaires. — Impiétés et folies. — La cathédrale Saint-Etienne.— Au *Caouzou*. — De Toulouse à Lourdes.— Le sanctuaire béni. — Histoire de l'apparition, d'après le père Hilaire,—Messe de minuit...... 282

DIX-HUITIÈME LETTRE

Sommaire. — En pays espagnol. — Un dernier mot sur Lourdes. — Diner chez les pères.—Bernadette Soubirous.—L'église du Rosaire.— Coup d'œil sur le livre du père Hilaire.—De Lourdes à Irun.—Au berceau de S. Ignace. — Loyola. — d'Irun à Zumarraga. — Température de printemps.—Dans une *fonda*.—Azpeitia.—Scènes villageoises.—Un peu de prononciation espagnole.—Chemins de fer espagnols.—*Una maquina rota*.—De Zumarraga à Zaragoza.— L'envers des nuages.— Pampelune.—Coup d'œil général sur une ville espagnole. — Au collège des pères jésuites.—Notre Dame del Pilar.— *La Seo*. — Eglise des martyrs.—La tour penchée.—Combats de taureaux.—La plaine de Saragosse.—De Saragosse à Manreza.—La nuit dans la montagne. — A la *fonda*. — Comment on boit le vin en Espagne.—La santa cueva de Manrèse. — Souvenirs de S. Ignace.— Son premier miracle 298

DIX-NEUVIÈME LETTRE

Sommaire.— Montserrat. — Petit résumé de son histoire. — Chez don Sarda y Salvany.— Bonne année.—L'hiver en Espagne.— A Barcelone.—Choses d'Espagne.— Don Carlos et les catholiques.—De Barcelone à Marseille.—Deux commis voyageurs.—

La ville de S. Lazare. — Notre-Dame de la Garde. — Description de Marseille par Louis Veuillot.—Promenade.—Un type marseillais.— La Cannebière.—Visite à M. le chanoine Timon-David. — De Marseille à Monaco.—Paysages ravissants.— Le père Caisse.—Une porte de l'enfer.— Principauté minuscule.— La république française et la justice de Dieu.—Adieux à Monaco. — Gênes la superbe et les blanchisseuses.— Eglises.— Monuments.—Logique d'une dame anglaise.— Sous terre. — Carrare. — La ville éternelle. — Première impression. — Le triomphe de la papauté. — Le devoir des catholiques. — Un mot sur Pise.—Froid.. 316

VINGTIÈME LETTRE

SOMMAIRE :—Embarras.—Nom de mystère.— La capitale de l'humanité.—Saint-Pierre.—Impression que cause la vue de la basilique. — Mosaïques, tableaux, statues. — La confession. — La *catholicité* de Saint-Pierre. — Le Colisée.—Les jeux romains.—Gladiateurs et martyrs.—Deux mystères.— La folie de la croix.—Victoire du Christ et des martyrs. — Le roitelet piémontais.—Au Forum. — Te Deum. — Deux leçons. — L'*Ara cœli*. — Les prisons Mamertines. — Sur l'emplacement des temples. — Au tombeau de Pie IX. — Simplicité évangélique. — Couronnes.— Le cadeau du pauvre. — Le monument des zouaves. — Lâcheté du gouvernement italien.—Sainte-Cécile.—Saint-Paul-hors-les-murs.—Les Trois-Fontaines.—Saint-Jean de Latran.—La Santa Scala—Santa Croce.. 333

VINGT-ET-UNIÈME LETTRE

SOMMAIRE :—La voie Appia.—Ruines païennes.—Grandes dames et petites saintes.—*Domine, quo vadis ?*—Les catacombes.—Leur origine d'après M. de Rossi. — Sainte-Sabine. — Souvenirs de saint Dominique.—Inscriptions.—La primauté de Pierre.—Saint Alexis et les chevaliers de Malte. — Le *Ghetto*. — Solution pontificale de la question juive.—Invitation sublime.—La révérende fabrique de Saint-Pierre.—Chefs d'œuvre.—Le cimetière des capucins.—Bénédiction de deux agneaux.—Trait de mœurs gouvernementales. — Un gouvernement voleur. — Emeute.— Dîner chez dom Bergier.— Mgr Grasselli.—Les moines et leur utilité dans le monde.—*Roma veduta, fede perduta*............. 347

VINGT-DEUXIÈME LETTRE

SOMMAIRE : —Anniversaire de la mort de Pie IX. — Léon XIII.— Travaux de Pie IX.—La Vigna P...—A travers champs.—La campagne romaine — Le Tibre. — Au mont Cassin. — A dos d'âne.—Le célèbre monastère.—Emeute.—La grotte bleue.—Le mal de mer.—Religieuses françaises.—A Pompéi.—Paganisme et christianisme.—Un passage secret.—San-Martino.—" Voir Naples et mourir".—Naples et Quebec.—Ascension du Vésuve. —Les guides et leurs ruses.—Réminiscence.—Le miracle de saint Janvier.—A travers les rues de Naples 361

VINGT-TROISIÈME LETTRE

Sommaire :—Retour à Rome.—La crèche.—Le consistoire.—Léon XIII.—Quelques personnages.—Adieux à la ville éternelle.— L'avenir.—Lorette.—Le père Pierre-Marie de Malaga.—Résumé de l'histoire de la sainte maison.—Castelfidardo.—Assise et S. François.—Les impôts et la misère en Italie.—A Fiesole.—Le R. P. Anderledy.—La compagnie de Jésus.—Accusations portées contre elle. — La chartreuse d'Ema. — Coup d'œil sur Florence 375

VINGT-QUATRIÈME LETTRE

Sommaire :— Visite d'un compatriote. — De Florence à Bologne.— Portiques.—Sous le beau ciel d'Italie.—Deux tombeaux illustres.—Les épreuves de l'Eglise.—Réflexions échangées avec un confrère.—La folie des armements.—Cataclysme inévitable.— Venise.—La ville silencieuse.—La gondole.—Origine de Venise. —Saint-Marc.—Chevaux voyageurs.—Le pont des soupirs.—Le carnaval.—Un coin de l'orient.—Bénédictins arméniens.—Souvenir de lord Byron.—A Milan.—Le gothique.—Saint Ambroise. —*In medio stat virtus.*—Comment il faut entendre cet axiome. —Don Albertario.—*L'Osservatore cattolico.*—Esprits divers.— A Turin.—Journée bien employée.—Don Bosco et ses œuvres. —Don Rua.—A Val Salice.—Visite à des confrères.—Quelques églises de Turin.—Un grand miracle.—A travers les Alpes........ 389

VINGT-CINQUIÈME LETTRE

Sommaire :—A Meylan.—Pénitence pour les autres.—Mgr Fava.— Un évêque militant.—Un magistrat intègre.—Réflexion sur les *modérés*.—De retour à Lyon.—Une grande ville catholique.— Chez M. l'abbé Lémann.—La grande industrie lyonnaise.— Paray-le-Monial.—Le culte du Sacré-Cœur et Louis XIV.—Les deux Frances.— La chapelle de la Visitation.—Le musée eucharistique.—Les RR. PP. jésuites de Paray.—A Billom........ 405

VINGT-SIXIÈME LETTRE

Sommaire :—En Auvergne.—Crocheteurs crochetés.—Un souvenir du Canada.—A Clermont.—Une qualité à imiter.—A Riom.—Un prince peu difficile.—La cathédrale de Bourges.—Saint Martin, apôtre des Gaules.—La basilique de Tours.—Ligugé.—Berceau de la vie monastique en France.—La chambre du cardinal Pie.—A Poitiers.—A Angers.—Visites.—A Solesmes.—Prononciation du latin..................... 413

VINGT-SEPTIÈME LETTRE

Sommaire :—Retour à Paris.—Les frères de Saint-Vincent-de-Paul.—Visite au R. P. Leclerc.—Œuvres de charité et leurs fruits.—Chez un évêque militant.—Le dernier mandement de Mgr Freppel.—Sa dernière brochure sur 1789.—Courte analyse de cet ouvrage.—Chez Mgr Fèvre.—Le Père Ludovic de Besse et les luttes sociales.—La vie de Louis Veuillot..... 428

VINGT-HUITIÈME LETTRE

Sommaire :—Chez M. le comte de Mun.—A la *Croix*.—Le père Picard.—Propagande de la bonne presse.—Association catholique de la jeunesse française.—Deux monuments, l'église de Montmartre et la tour Eiffel.—A l'institut agricole de Beauvais.—Bel exemple.—Adieux à la France.—Les deux cités.—Une définition du cardinal Zigliara.—L'imprimerie de Notre-Dame-des-Prés.—Fuite du général Boulanger.—Sur la mer.—Un héros chrétien.—Retour.—L'Europe et l'Amérique........ 434

TABLE DES GRAVURES.

I.—S. S. Léon XIII.	Frontispice.
	PAGES.
II.—Son Em. le cardinal Parocchi	16-17
III.—Son Em. le cardinal Simeoni	32-33
IV.—S. G. Mgr Croke	40-41
V.—Son Em. le cardinal Rampolla	64-65
VI.—La cathédrale de Cantorbéry	96-97
VII.—Sépulture d'un chartreux	104-105
VIII.—Son Em. le cardinal Monaco la Valetta	128-129
IX.—La cathédrale de Reims	144-145
X.—Son Em. le cardinal Zigliara	160-161
XI.—Son Em. le cardinal Mazzella	176-177
XII.—Mont-Saint-Michel	208-209
XIII.—S. G. Mgr Freppel	224-225
XIV.—Le T. R. P. Anderledy	240-241
XV.—M. Lucien Brun	256-257
XVI.—Pont de Saint-Bruno	272-273
XVII.—Notre-Dame de Lourdes	296-297
XVIII.—Mgr Fova	320-321
XIX.—Le Colisée	336-337
XX.—Le Château S. Ange et S. Pierre de Rome	352-353
XXI.—La cathédrale de Milan	400-401
XXII.—Grenoble et les Alpes	416-417
XXIII.—M. le comte de Mun	432-433
XXIV.—Église du Sacré-Cœur, Montmartre	440-441

ERRATUM.—En tête des pages 17 et 19, lisez : *A bord du Servia*, au lieu de : *A bord du Sarnia*.

www.ingramcontent.com/pod-product-compliance
Lightning Source LLC
Chambersburg PA
CBHW071703230426
43670CB00008B/895